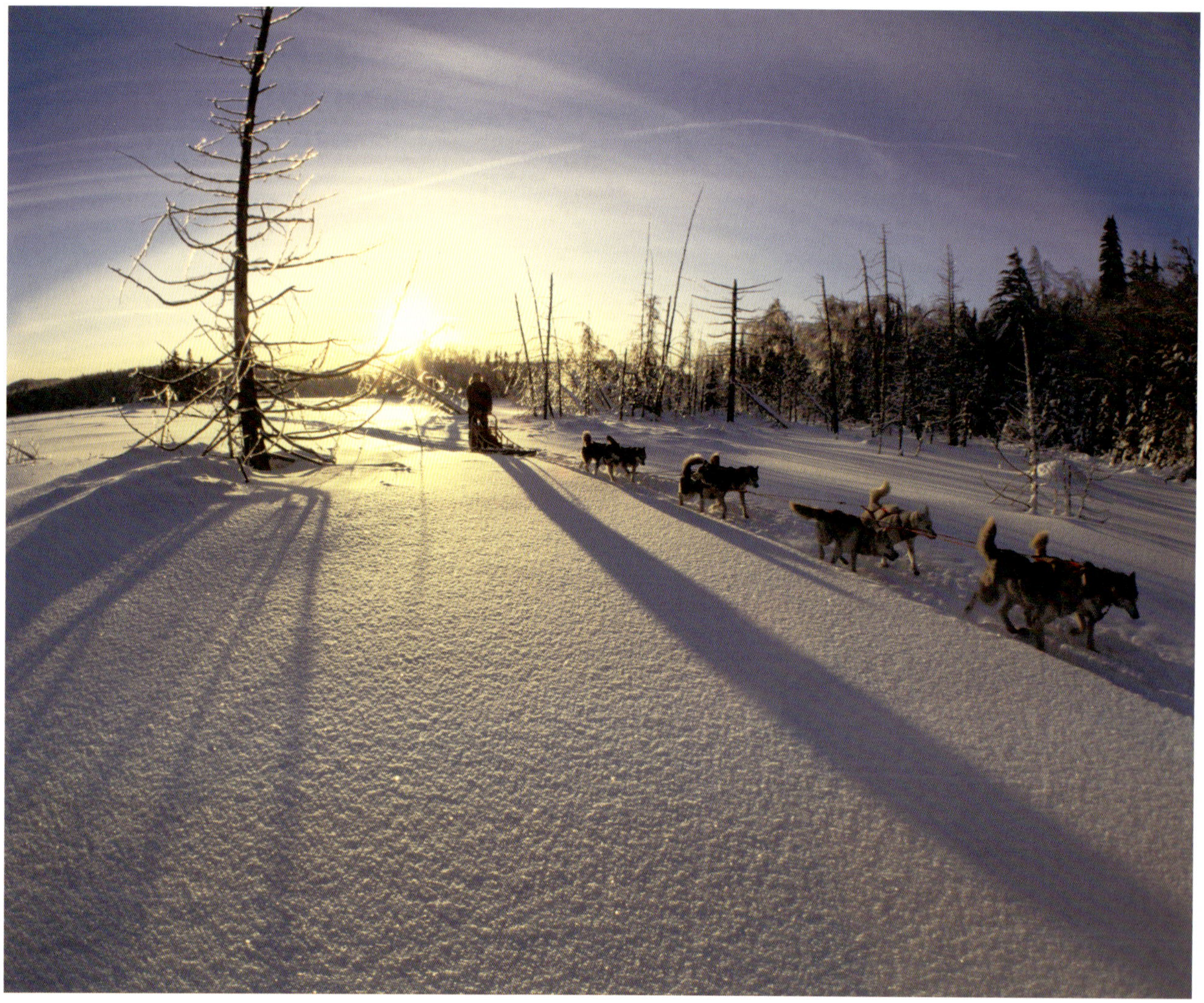

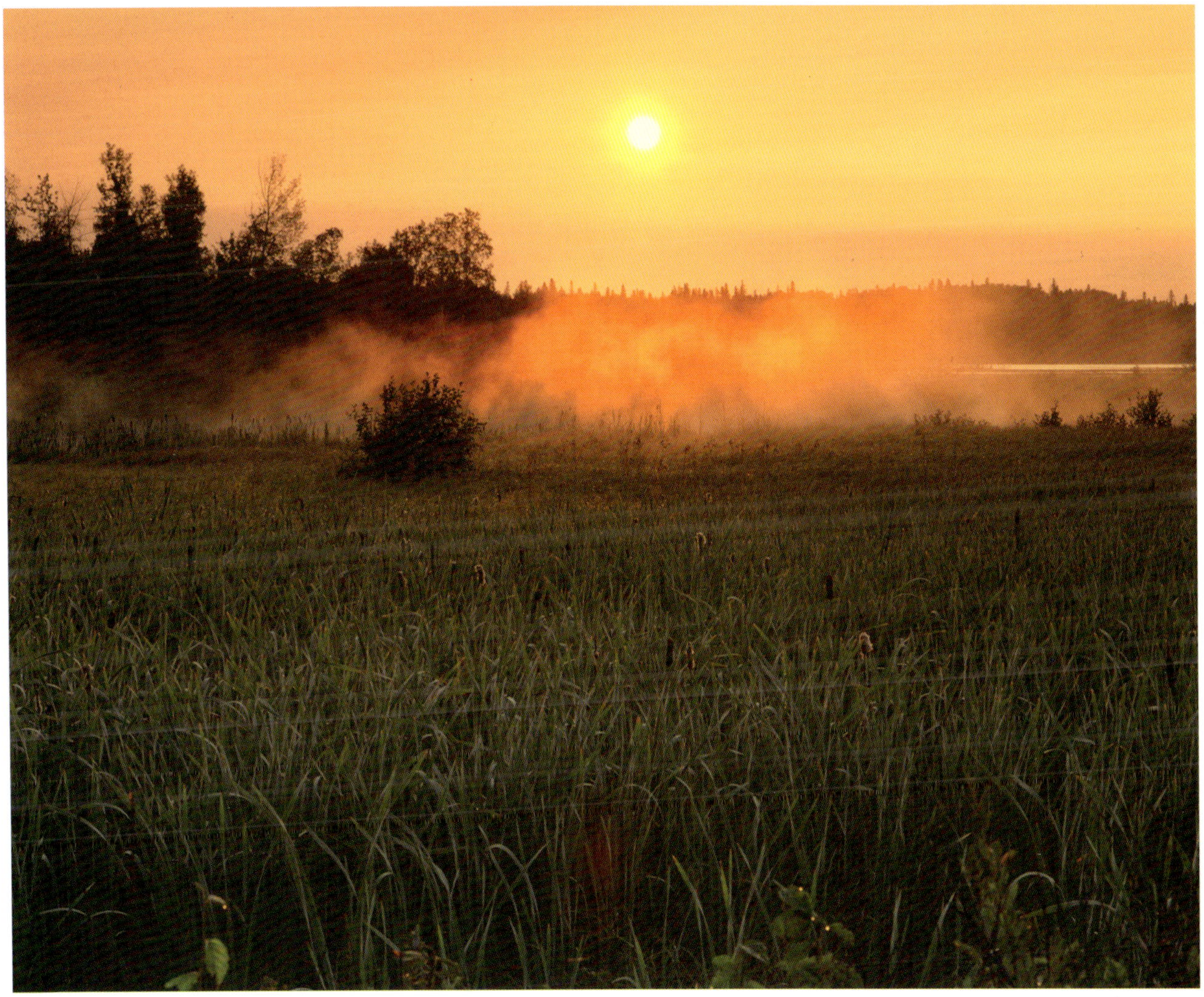

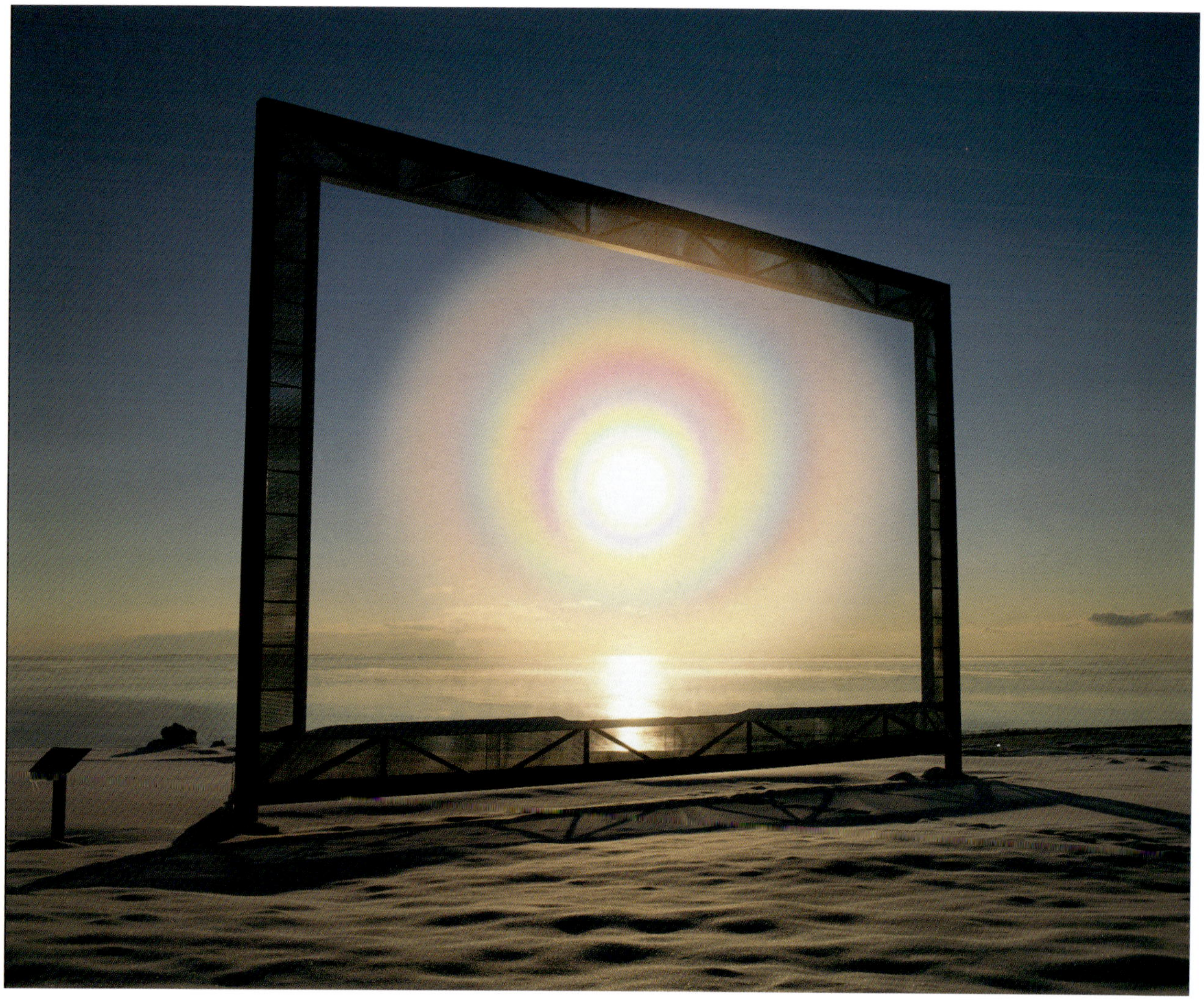

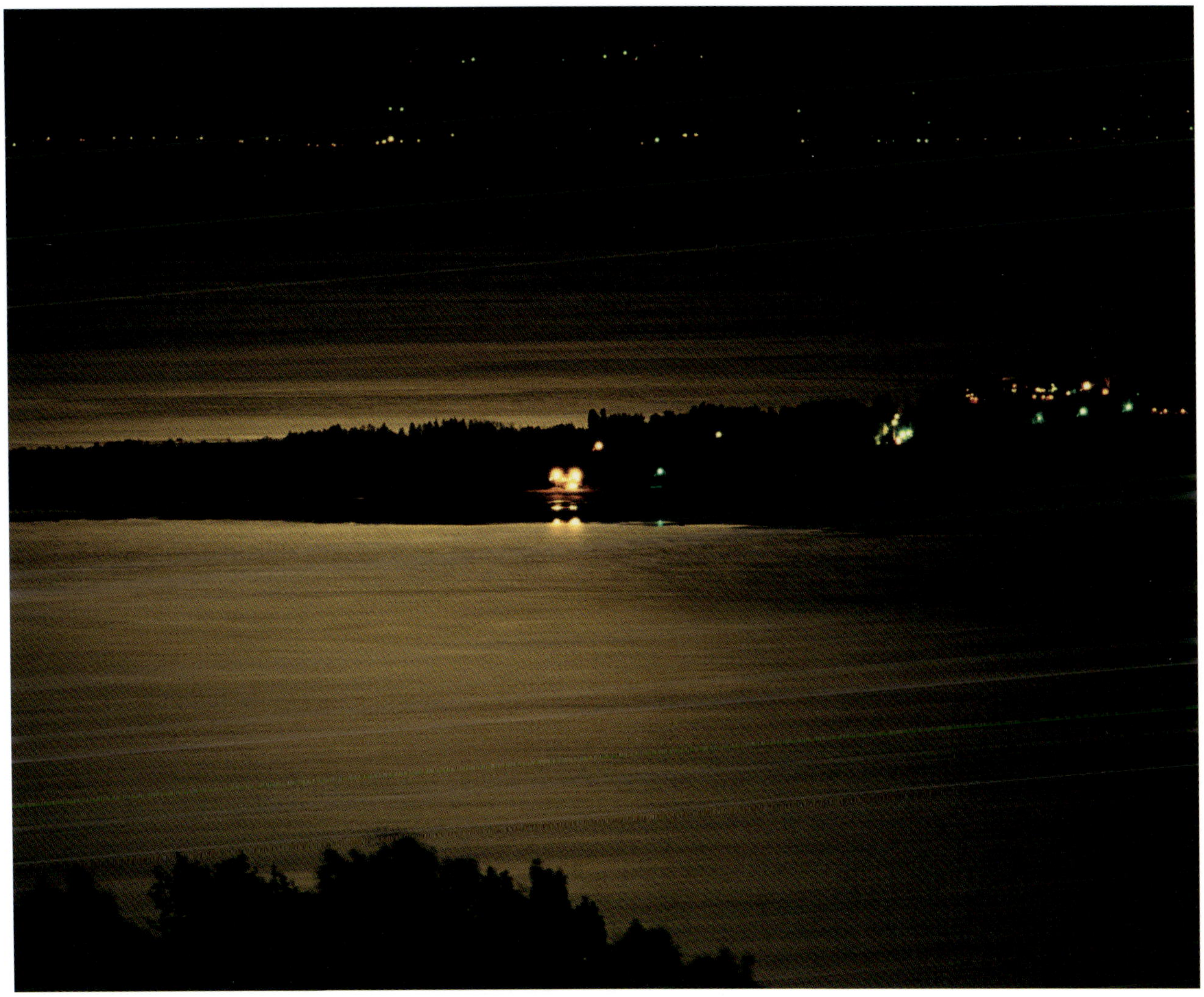

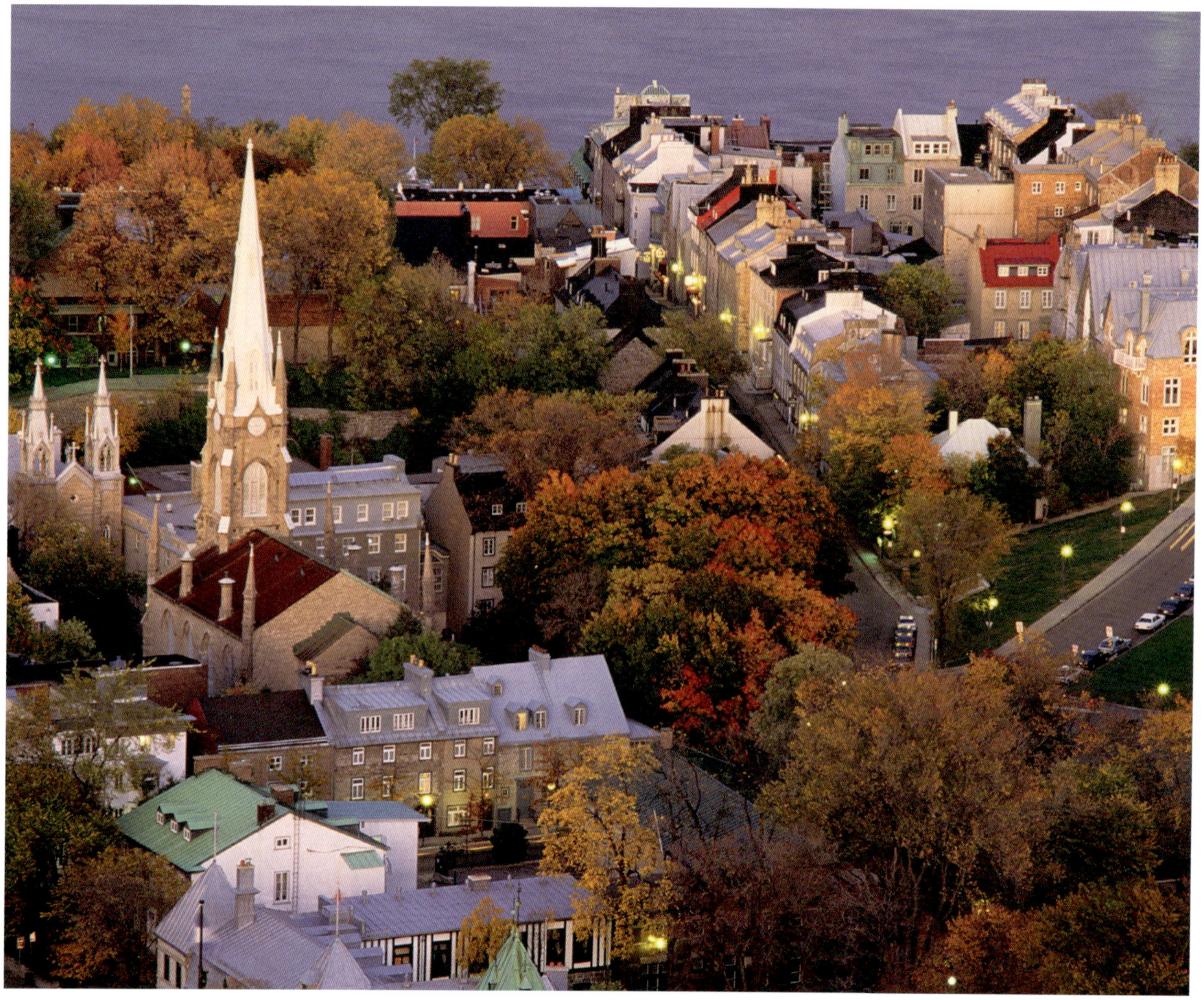

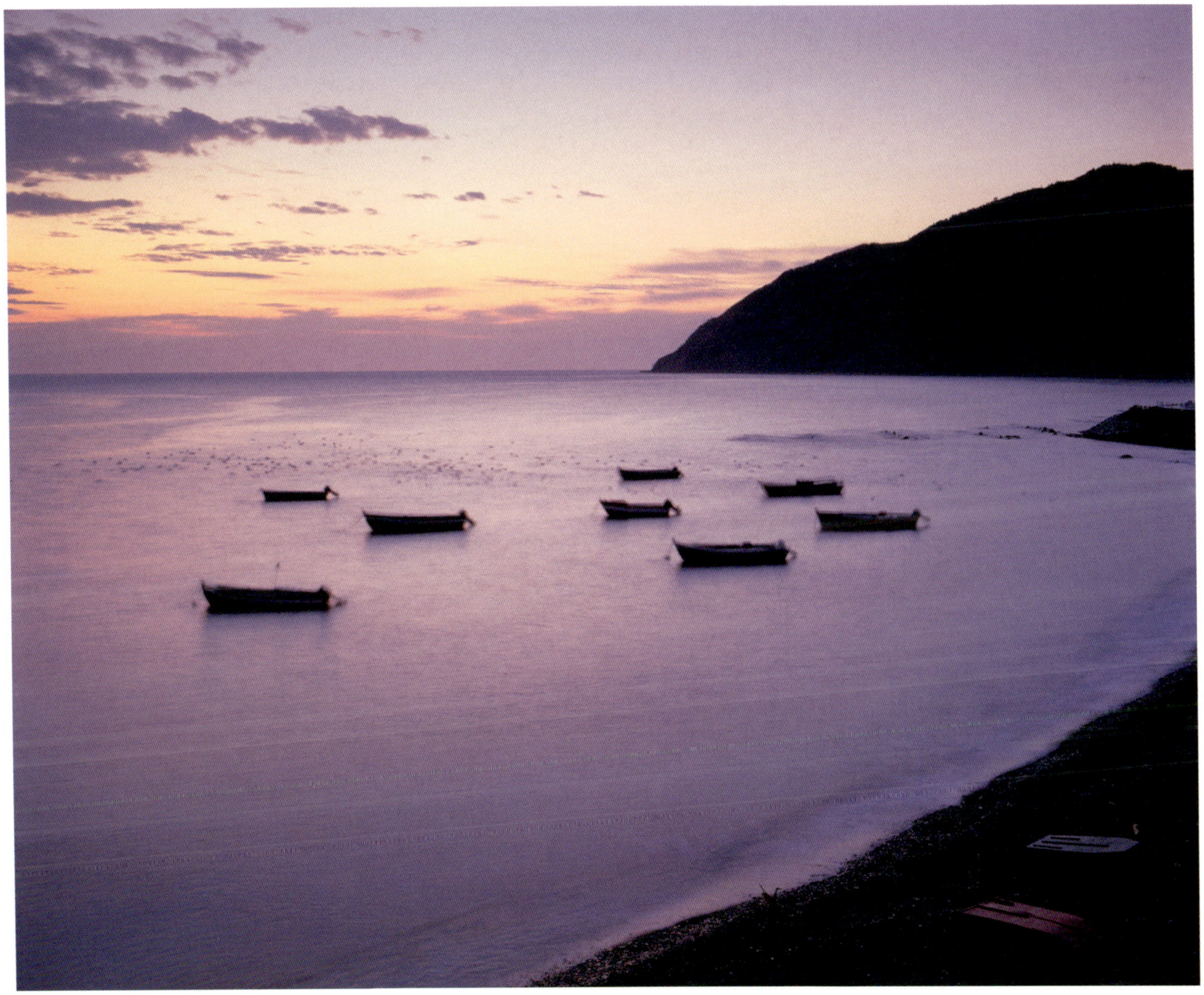

Couverture : Au lac Monroe, dans le parc du Mont-Tremblant.
P. 2 : À Entrelacs, dans Lanaudière.
P. 3 : Au lac Dufault, en Abitibi.
P. 4 : À Maria, en Gaspésie.
P. 5 : L'île aux Coudres, dans Charlevoix.
P. 6 : Le Vieux-Québec en automne.
P. 7 : L'Anse-Pleureuse, en Gaspésie.
P. 234 : L'Anse-de-Roche, sur la Côte-Nord.
P. 235 : Le Saint-Laurent vu de Baie-Saint-Paul.
P. 236 : Vue lointaine sur l'île aux Coudres.
P. 237 : Harrington Harbour, sur la Côte-Nord.
P. 238 : Le pont Guthrie à Saint-Armand, en Montérégie.
P. 239 : Petite-Rivière-Saint-François et le Massif, dans Charlevoix.
P. 240 : Le refuge Ligori et l'île aux Coudres au loin.

La majorité des photographies de ce livre ont été prises avec un appareil de format moyen de 6 x 7 cm sur pellicule Fujichrome.

Photographies : Yves Marcoux (www.yvesmarcoux.com)
Conception graphique : Christine Hébert
Traitement des images : Mélanie Sabourin
Révision linguistique : Céline Bouchard
Correction des épreuves et rédaction
des légendes de photos : Céline Sinclair

Catalogage avant publication de la bibliothèque nationale du Canada

Marcoux, Yves
Québec, terre de contrastes

1. Québec (Province) – Ouvrages illustrés. 2. Québec (Province).
I. Éthier, Chantal. II. Provost, Martine. III. Titre.

FC2912.M37 2004 917.14'0022'2 C2004-940301-X

Gouvernement du Québec - programme de crédit d'impôt pour l'édition de livres - Gestion SODEC – www.sodec.gouv.qc.ca

L'Éditeur bénéficie du soutien de la Société de développement des entreprises culturelles du Québec pour son programme d'édition.

Conseil des Arts du Canada | Canada Council for the Arts

Nous remercions le Conseil des Arts du Canada de l'aide accordée à notre programme de publication.

Nous reconnaissons l'aide financière du gouvernement du Canada par l'entremise du Programme d'aide au développement de l'industrie de l'édition (PADIÉ) pour nos activités d'édition.

Dépôt légal : 1er trimestre 2004
Bibliothèque nationale du Québec

ISBN 2-7619-1877-0

DISTRIBUTEURS EXCLUSIFS :

- Pour le Canada
  et les États-Unis :
  MESSAGERIES ADP*
  955, rue Amherst
  Montréal, Québec
  H2L 3K4
  Tél. : (514) 523-1182
  Télécopieur : (514) 939-0406
  * Filiale de Sogides ltée

- Pour la France et les autres pays :
  INTERFORUM
  Immeuble Paryseine, 3, Allée de la Seine
  94854 Ivry Cedex
  Tél. : 01 49 59 11 89/91
  Télécopieur : 01 49 59 11 96
  Commandes : Tél. : 02 38 32 71 00
  Télécopieur : 02 38 32 71 28

- Pour la Suisse :
  INTERFORUM
  Case postale 69 - 1701 Fribourg - Suisse
  Tél. : (41-26) 460-80-60
  Télécopieur : (41-26) 460-80-68
  Internet : www.havas.ch
  Email : office@havas.ch
  Distribution : OLF SA
  Z.I. 3, Corminbœuf
  Case postale 1061
  CH-1701 Fribourg
  Commandes : Tél. : (41-26) 467-53-33
  Télécopieur : (41-26) 467-54-66

- Pour la Belgique et le Luxembourg :
  INTERFORUM
  Boulevard de l'Europe 117
  B-1301 Wavre
  Tél. : (010) 42-03-20
  Télécopieur : (010) 41-20-24

Pour en savoir davantage sur nos publications, visitez notre site : www.edhomme.com
Autres sites à visiter : www.edjour.com • www.edtypo.com • www.edvlb.com • www.edhexagone.com

Québec
terre de contrastes

Québec
terre de contrastes

photographies de Yves Marcoux
textes de Chantal Éthier de Martine Provost

LES ÉDITIONS DE L'HOMME

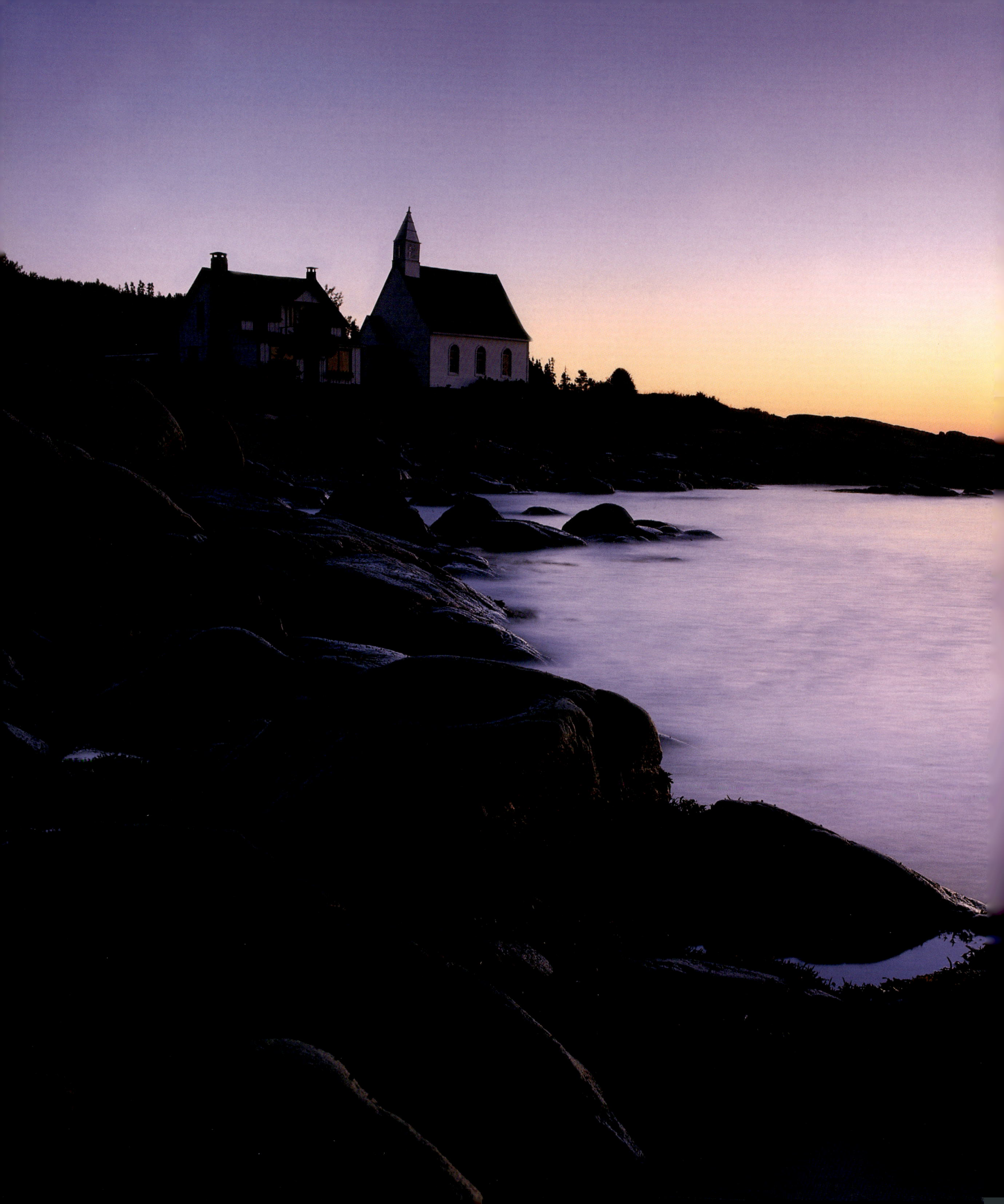

À Lucie, lumière de ma vie.
Merci à toi, qui as su garder le phare
pendant les multiples voyages qui
m'ont permis de saisir la lumière de ces pages.

À Nicolas.

À Isabelle Éthier, pour la complicité des premières heures.

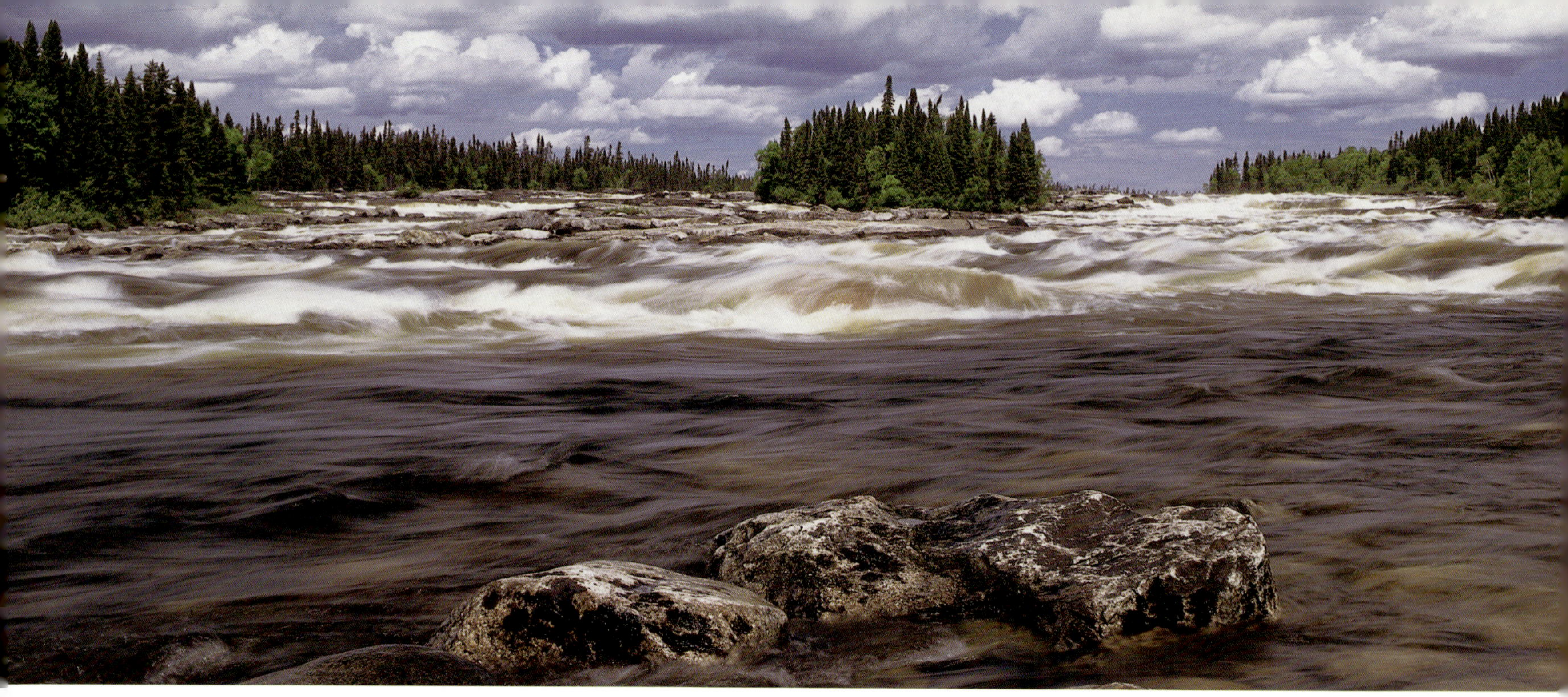

Plus grand
QUE NATURE

Terre immense, démesurée, le Québec déploie ses splendeurs sur 1 700 000 km^2. Ce vaste territoire, qui pourrait contenir trois fois la France ou cinq fois le Japon, aime changer de visage pour mieux surprendre le voyageur impénitent. Entre montagnes et vallées se faufilent lacs et rivières, tandis que la plaine se fait parfois littoral, baignant ses fines dentelles tantôt en eau douce, tantôt en eau salée. Et, paradoxe, cette parcelle du Nouveau Monde sur laquelle Christophe Colomb planta son drapeau repose sur le doyen des amas rocheux de la planète, le Bouclier canadien, vieux de quelques milliards d'années.

Royaume de l'or bleu, ce pays recèle 1 million de lacs et plus de 130 000 cours d'eau. Le plus important, le fleuve Saint-Laurent, parcourt le Québec avant de se jeter sans autres façons dans l'immensité de l'Atlantique. Pailletées dans ce grand fleuve, des milliers d'îles nées de la mer servent de refuge aux oiseaux et aux mammifères, petits et grands.

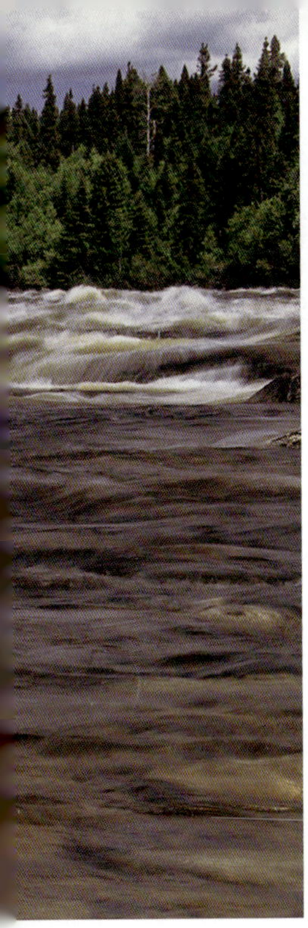

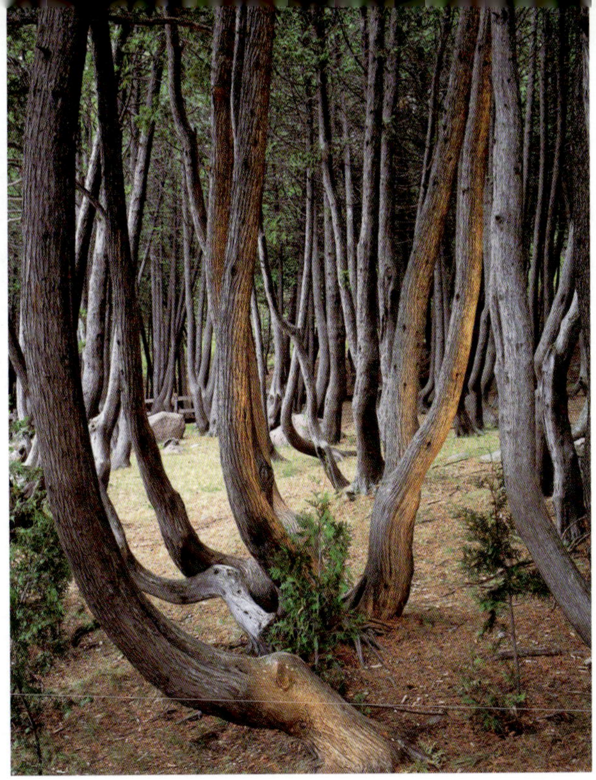

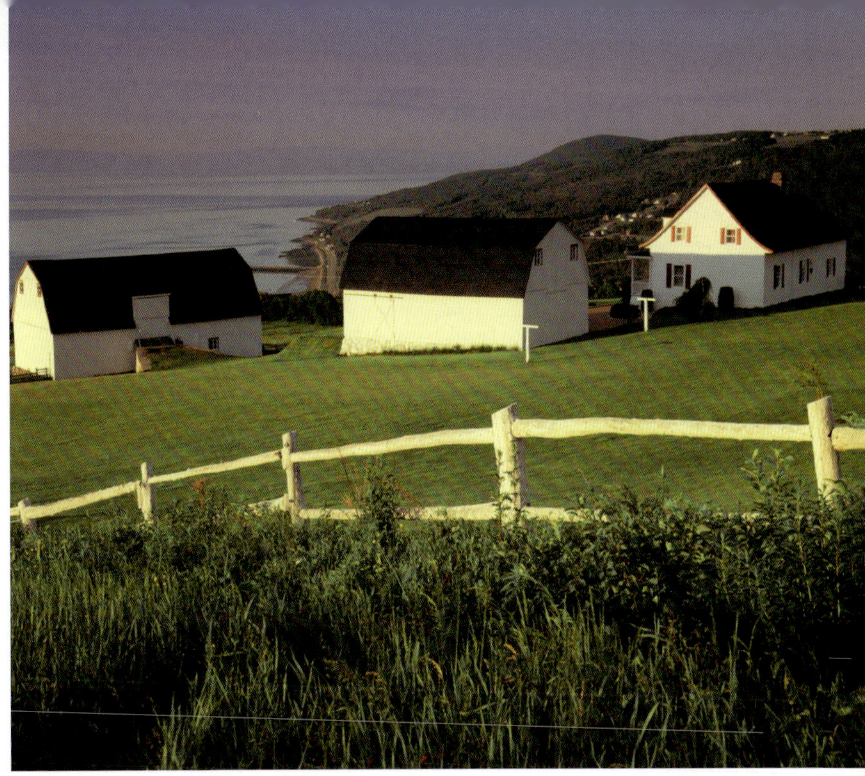

Constellé de plantes et de fleurs, tapissé de forêts denses et majestueuses, le Québec doit la richesse de sa végétation à la variété de son climat. Car, quoi qu'en dise la chanson, ce pays planté en pleine trajectoire des plus importantes masses d'air du continent n'est pas qu'hiver. Balayé de vents contraires venus du nord et de l'ouest, le territoire québécois est certes sous l'emprise des embruns, giboulées, blizzards et autres bourrasques. Mais il bénéficie également – dieu soit loué ! – de masses d'air tropical venues du Mexique.

Et, bien sûr, ce qui en fait une terre à nulle autre pareille, c'est sa nordicité et cette lumière féerique qui teinte parfois la neige de subtiles nuances d'or, de bleu et de rose. Par ailleurs, que dire de ce ciel piqué d'étoiles et irisé, à ses heures, par une aurore boréale ?

C'est à un voyage éclair tout en couleurs et en lumière au cœur de ce pays plus grand que nature que nous vous convions.

(à gauche) L'impétueuse rivière Rupert est taillée pour plaire aux coureurs des bois modernes.

(au centre) La Forêt enchantée et ses troncs qui, tels des serpents charmés par un air de flûte, s'élèvent comme à regret.

(à droite) La charmante simplicité de Saint-Irénée s'épanouit sous les rayons d'un soleil tout neuf.

Pages précédentes : Port-au-Persil, un lieu d'harmonie où l'on n'a qu'à s'étendre sur les rochers pour que le temps s'arrête.

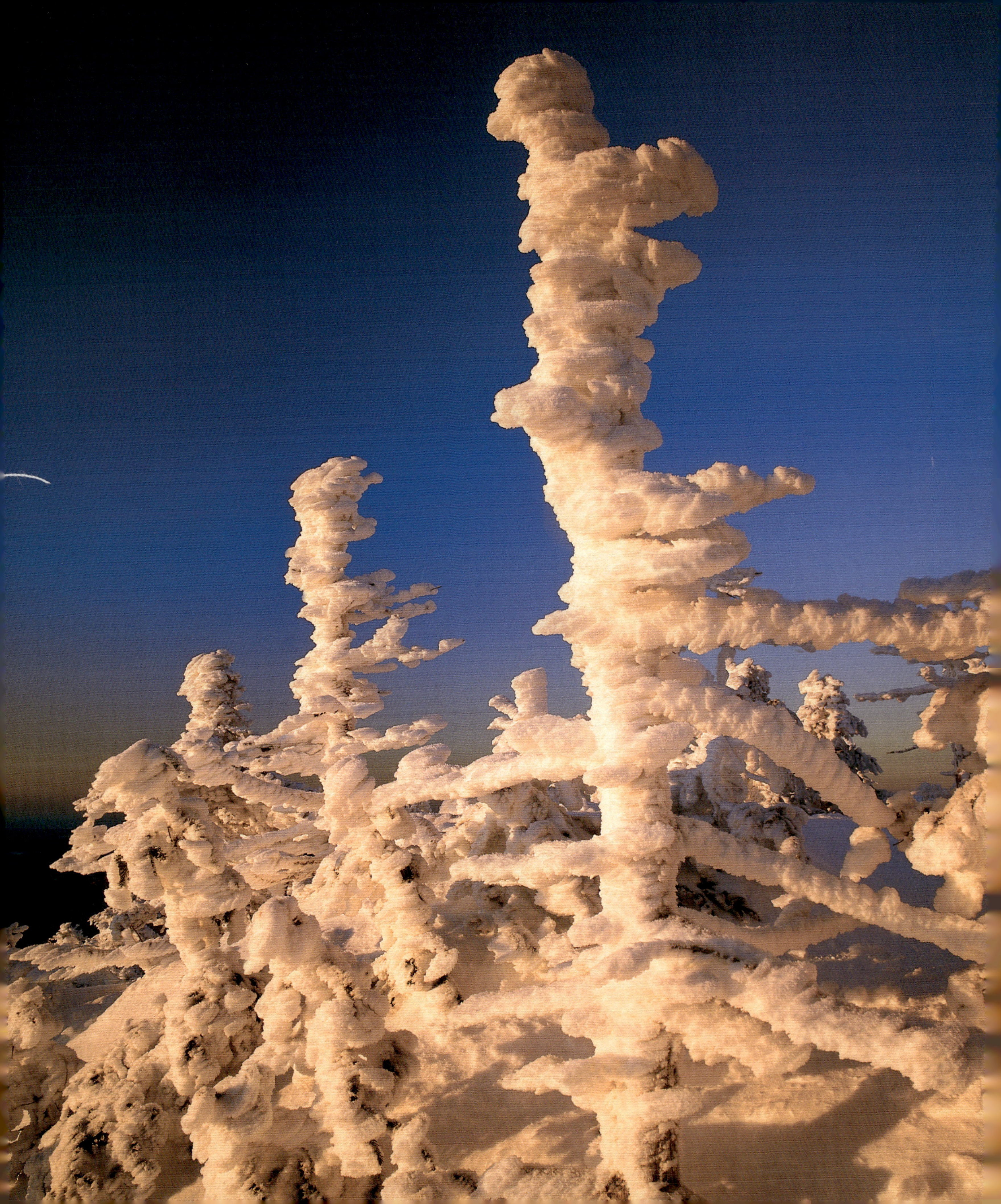

De froidure ET DE CANICULE

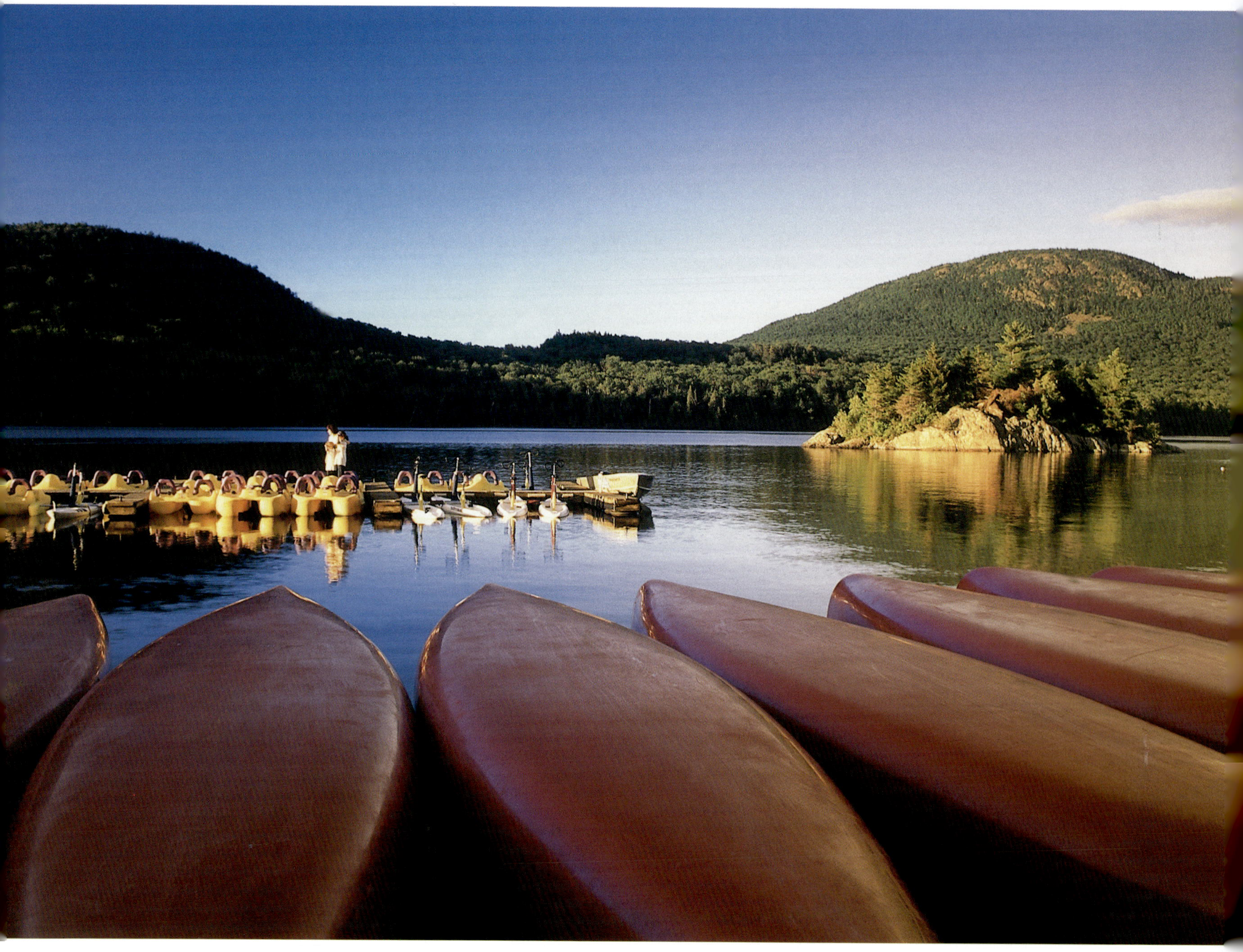

Une belle journée d'été s'étire dans le parc national du Mont-Orford.

Page précédente : Au sommet du mont Mégantic, sous la neige croûtée, tout semble figé, de glace.

Le temps qu'il fait : sempiternel sujet de conversation des Québécois. Et pour cause ! Car si le Québec est une terre de contrastes, c'est d'abord par son climat. La couleur du temps y est toujours différente, souvent imprévisible. Et tant pis pour les météorologues. Les vents virent au dernier moment, des nuages s'amènent sans prévenir, le beau temps s'entête alors qu'on avait prédit des catastrophes. Et ce qui s'annonce comme la tempête du siècle ne laisse au sol que quelques flocons... En fait, le Québec connaît de grands écarts de température. En hiver, le mercure peut plonger sous les -30 °C et, l'été venu, il peut dépasser les 30 °C. La plus chaude température jamais enregistrée a été de 40 °C, au Témiscamingue, en 1921. La plus froide a été de -54 °C, à Senneterre, en Abitibi, le 5 février 1923.

Immense, le Québec est sous l'influence de plusieurs zones climatiques. Au sud du 50e parallèle, à la hauteur de Val-d'Or et de Chicoutimi, tout le territoire jouit d'un climat continental humide qui entraîne un été chaud, un hiver froid et des précipitations abondantes. Mais plus on file vers l'est, en direction de l'Atlantique, plus la mer tempère le climat, offrant des hivers plus doux et des étés plus frais. Au nord de Val-d'Or, et jusqu'à Kuujjuaq, une zone subarctique produit des hivers frigorifiants et des étés plus courts et frisquets. C'est le royaume de la forêt boréale et de la taïga. À l'extrémité nord de la province règne un climat polaire. Là-bas, on ne parle plus d'été mais d'une courte période de dégel...

LES CAPRICES DU CLIMAT

Au solstice d'hiver, l'hémisphère Nord, le plus éloigné du soleil, entre dans la saison froide, tandis qu'au Sud, on célèbre l'arrivée de l'été. Vivre au rythme de quatre saisons bien définies est le privilège des régions tempérées, situées à mi-chemin entre l'équateur et les pôles. Comme le Québec se trouve plutôt au nord de la planète, l'automne et le printemps représentent des périodes plus brèves entre un hiver froid, voire glacial, et un été chaud, parfois torride. Le printemps est furtif : une dernière bordée de blancs flocons s'amène souvent à la mi-avril et voilà que, un mois plus tard, on se promène en t-shirt !

Si au moins l'été se contentait d'être l'été et si l'hiver en faisait autant ! Or, le mercure fluctue même à l'intérieur des saisons, ce qui peut amener de la pluie en janvier et de la neige en mai. À Montréal, par exemple, la température moyenne en janvier est de -9 °C, mais en 1950 le mercure a déjà grimpé jusqu'à 12,8 °C. Et même si la moyenne pour juillet est de 22,3 °C, on a déjà sué à 36,1 °C, en 1931. À Gaspé, en plein mois d'avril, il a déjà fait 27,5 °C ! Ces caprices du temps s'expliquent par le passage de plusieurs masses d'air importantes au-dessus du territoire québécois. D'une part, un air glacial nous arrive de l'Arctique. Puis les vents dominants qui soufflent toujours d'ouest en est apportent du temps froid et sec de l'Alberta. Le nord de l'Atlantique et le Labrador envoient humidité et mauvais temps sur le Québec. L'été, enfin, des masses d'air tropical remontent du Mexique et de la côte est des États-Unis. Lorsque tous ces systèmes se rencontrent et s'affrontent, parfois « on gèle au Sud, on sue au Nord », comme le chante Jean-Pierre Ferland…

LA RONDE DES SAISONS

Mais pourquoi se plaindre de la canicule, lorsque l'été est si court ? Nous avons si peu de temps pour profiter du foisonnement des couleurs et du tourbillon de parfums exquis. Dès la première belle journée, les terrasses des bistros sont envahies. Mais attention ! Car s'il peut faire chaud l'été au Québec, certaines nuits, dans le vaste territoire au nord du Saint-Laurent, le mercure peut se rapprocher du point de congélation.

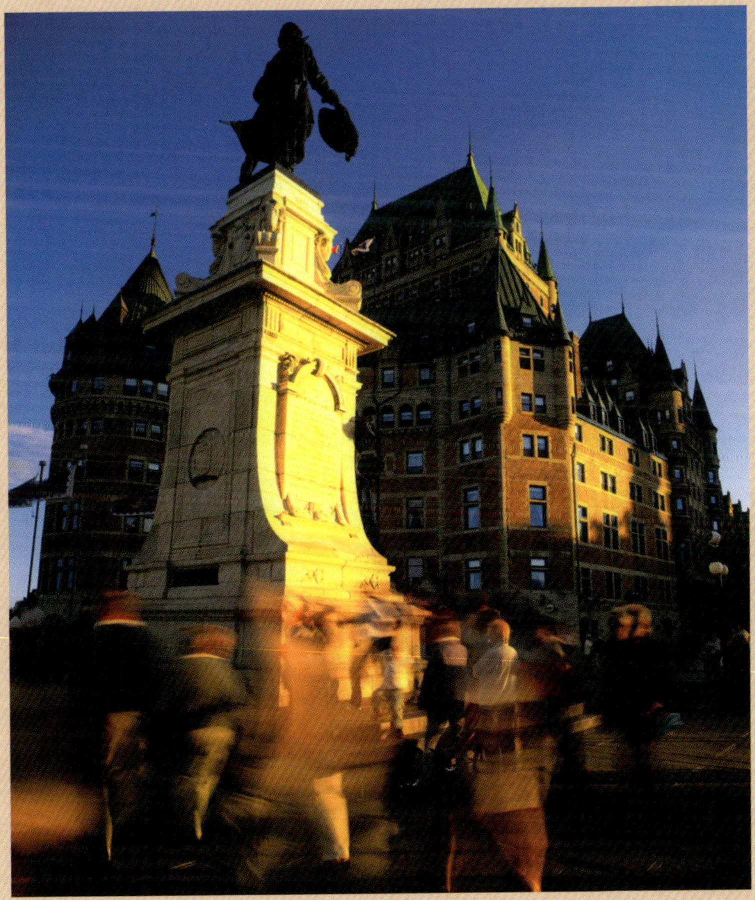

Les derniers rayons du soleil s'accrochent de tout leur éclat à la terrasse Dufferin, à Québec.

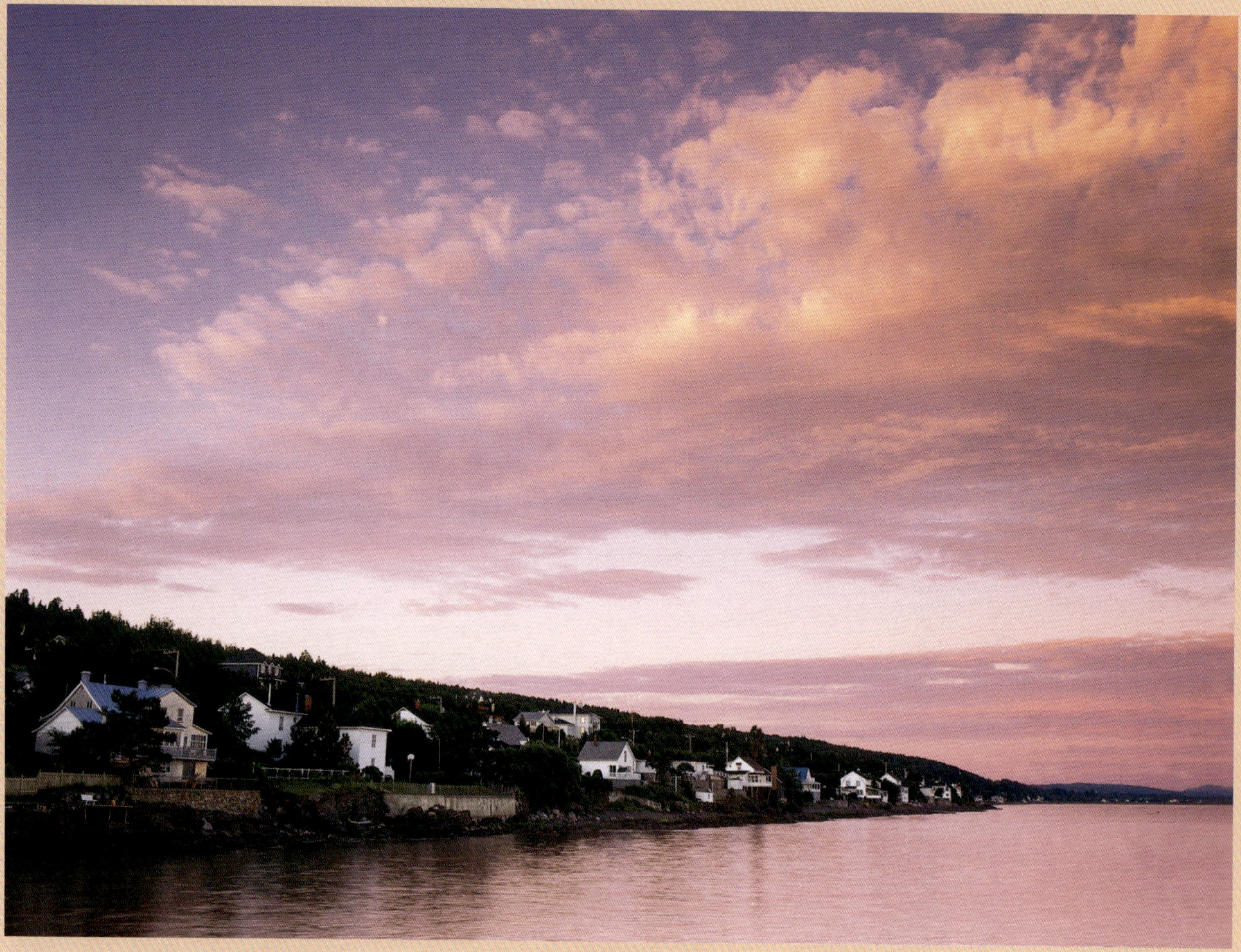

À Notre-Dame-du-Portage,
il y a de ces aubes de ciel magique.

Puis août arrive, les jours raccourcissent, les ombres s'allongent. Signes à peine perceptibles mais bien réels que l'été se meurt… Dans les marais et les prés, le chant des grenouilles fait place à celui des grillons. Dans l'air flotte une certaine mélancolie. En montagne, une feuille ou deux se parent d'un manteau vermeil, telles des invitées arrivées trop tôt à la fête. Puis, c'est le temps des pommes et des citrouilles. On entend les bernaches en route pour le Sud, dans une cacophonie de criaillements et de voix. Et voilà qu'il est temps de calfeutrer portes et fenêtres et de ressortir le « linge d'hiver », qui avait cédé sa place aux vêtements d'été dans les placards. On se prépare à hiberner, en quelque sorte.

La noirceur arrive plus tôt. Le bleu du ciel pâlit, comme pour faire place aux fabuleuses couleurs de l'automne. Tout au long de la saison estivale, la chlorophylle, qui donne aux feuilles leur couleur verte, est en constante production. Lorsque les jours raccourcissent, les nutriments atteignent les feuilles de plus en plus difficilement, ce qui fait diminuer la production de chlorophylle, qui finit par cesser tout à fait. D'autres pigments ont alors la chance de s'exprimer : les jaunes, les rouges, les mauves. Les arbres ne rougissent pas tous au même rythme ; les frênes et les érables sont les premiers à entrer dans la danse. Le phénomène se produit dans tous les pays tempérés, mais l'intensité du grenat, de l'orangé et de l'ocre est typiquement nord-américaine.

Avec un peu de chance, il y aura un été des Indiens, phénomène de réchauffement climatique qui se produit entre le début d'octobre et la mi-novembre. On l'appelle ainsi parce que les Amérindiens profitaient de ce redoux pour mettre leurs récoltes à l'abri et organiser leurs quartiers d'hiver. Mais le terme est souvent galvaudé ; le vrai été des Indiens doit durer au moins trois jours et être précédé de gel.

Novembre. Gris du ciel, gris des troncs nus et des branches dégarnies qui agitent leurs doigts de squelette. C'est le temps des grands vents et des pluies froides qui viennent tambouriner aux fenêtres. Contraste entre la nature hostile et la chaleur douillette de la maison. Et si un feu brûle dans la cheminée, c'est encore mieux…

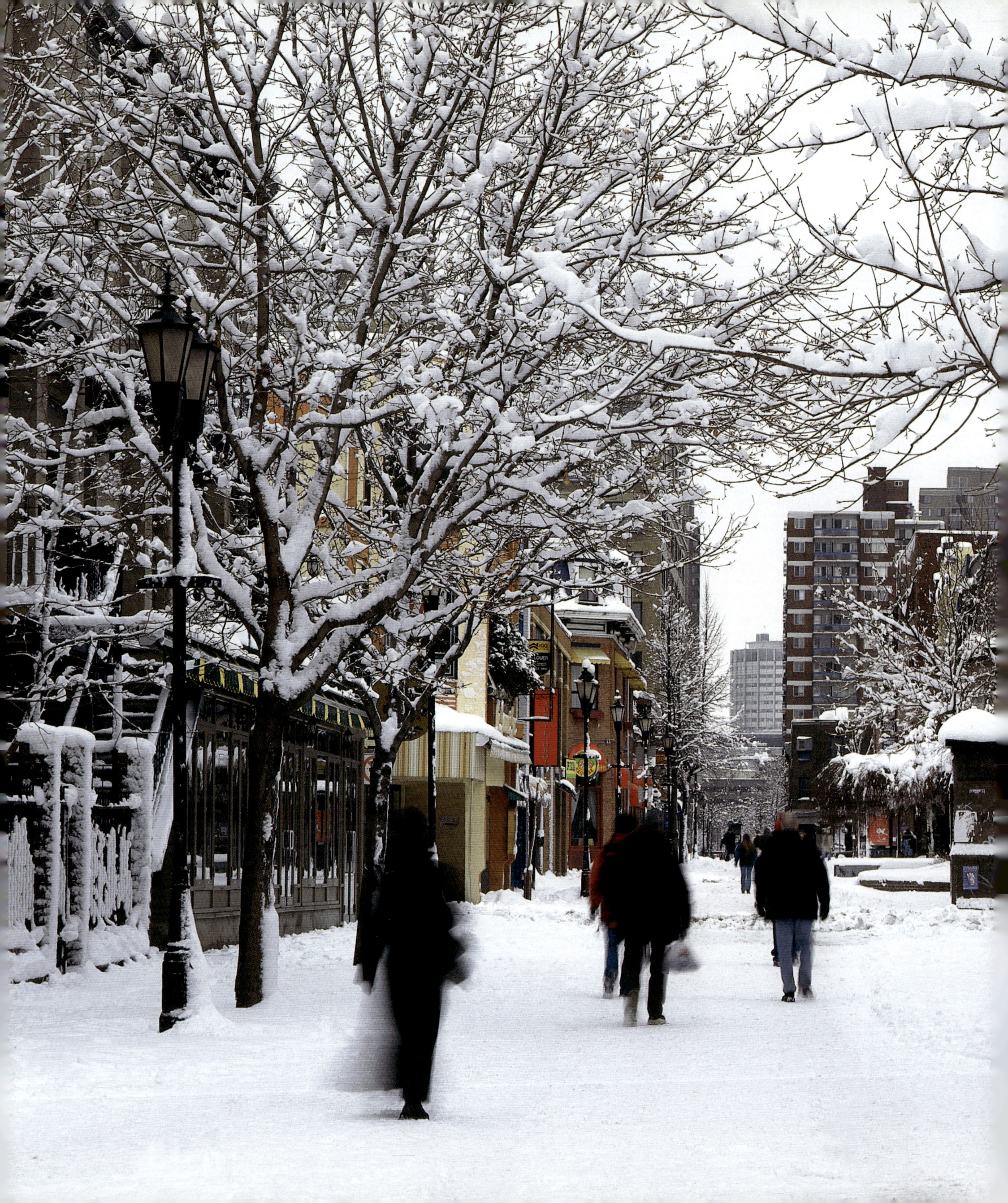

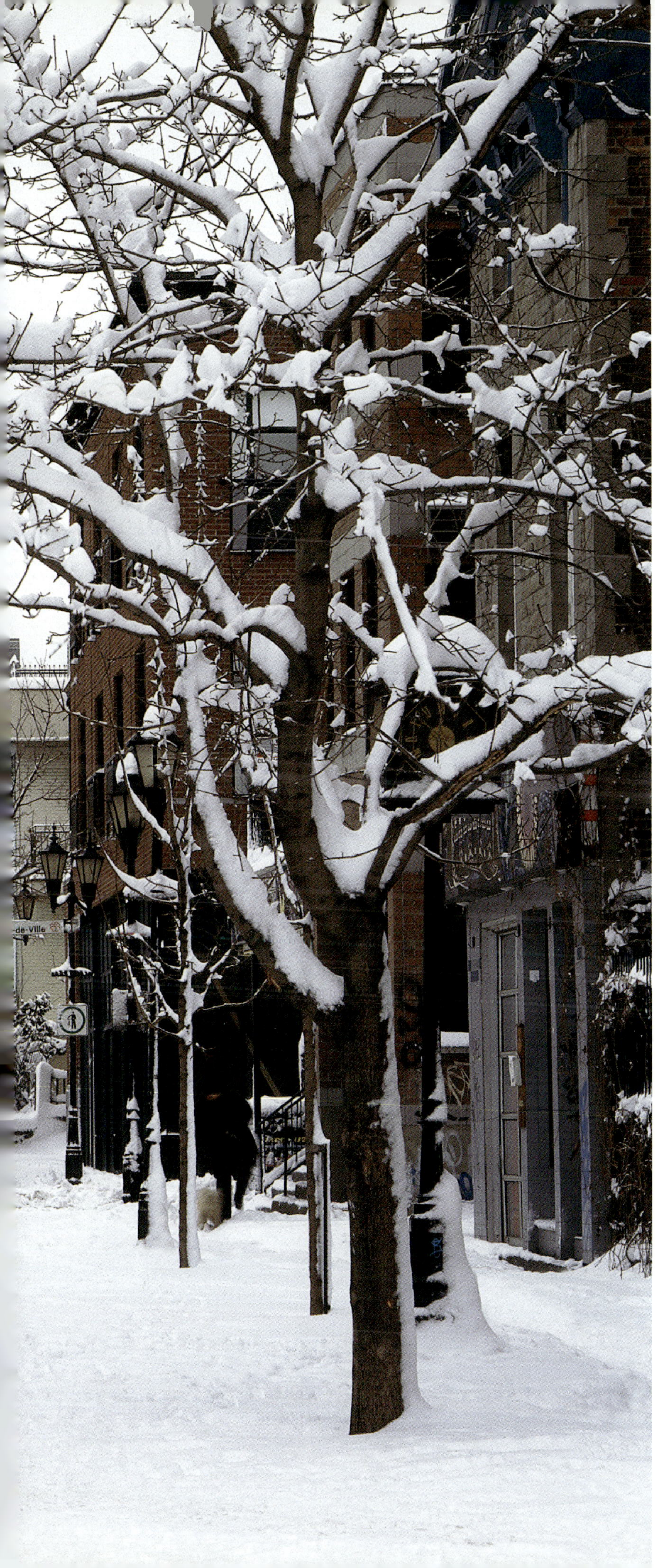

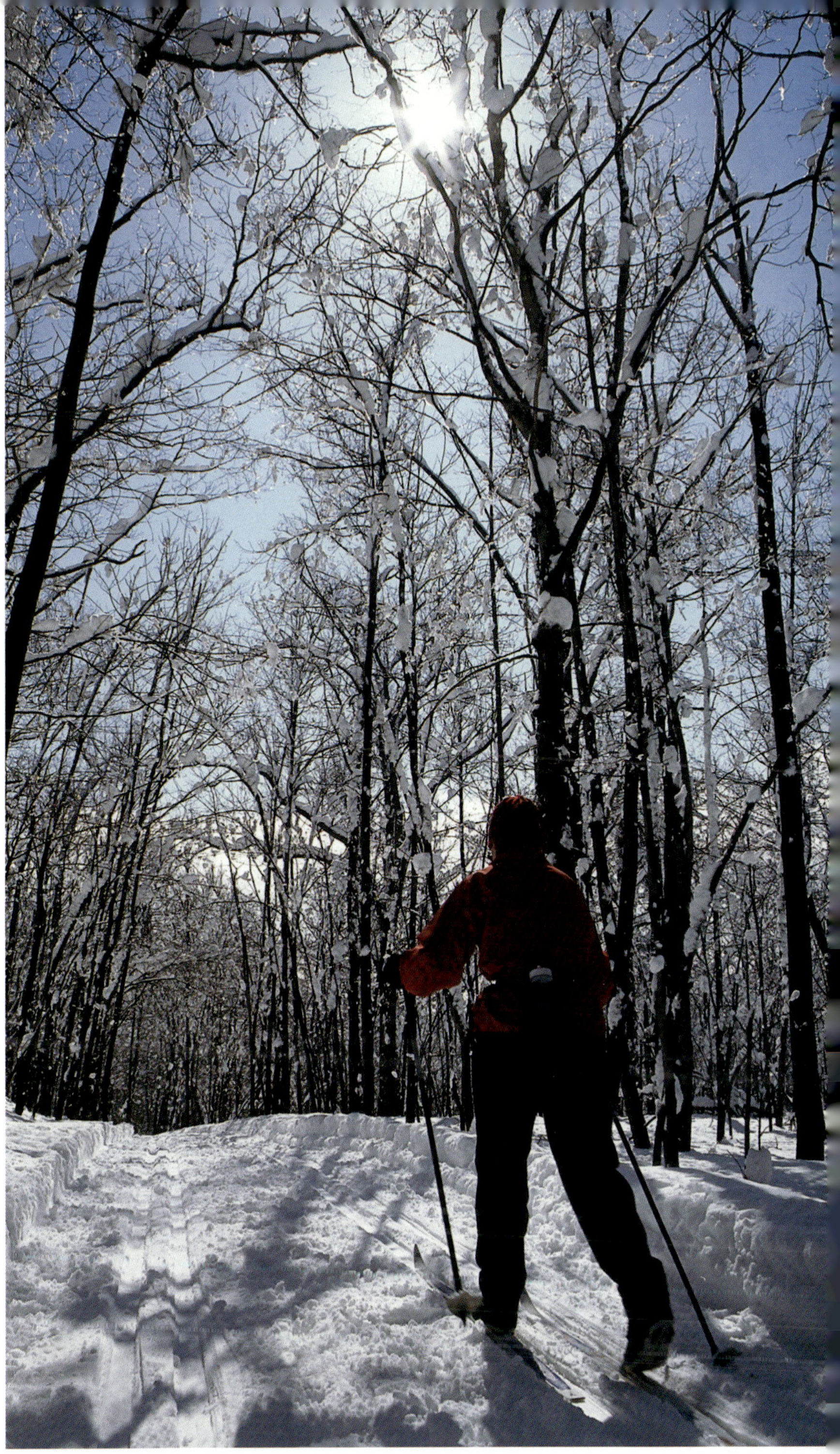

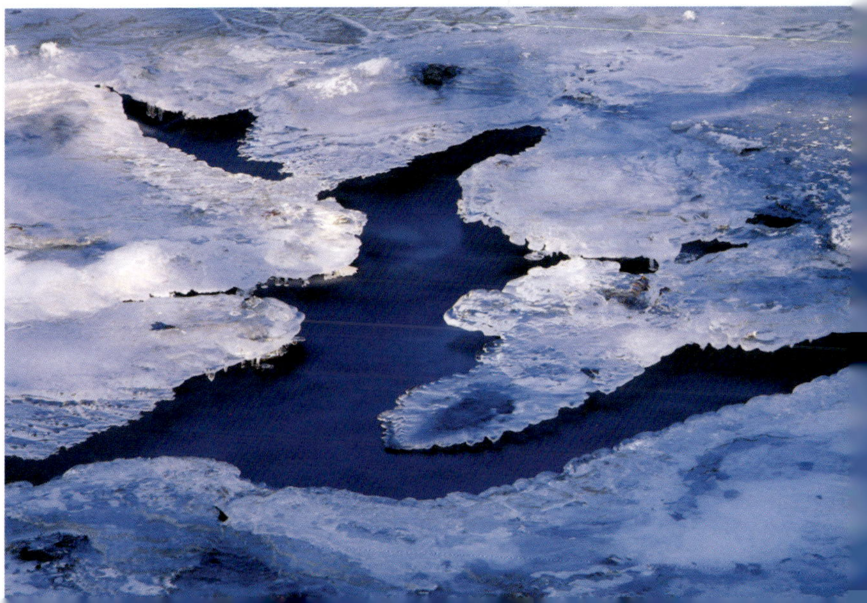

Les feuilles se sont envolées avec les derniers oiseaux. Ceux qui restent, merles et mésanges, se sont acclimatés. Ce qui n'est pas le cas des tourterelles tristes, qui passent néanmoins de plus en plus l'hiver ici, on se demande bien pourquoi. Il n'est pas rare que cet oiseau, qui auparavant quittait nos contrées pour des cieux plus cléments, souffre d'engelures aux pattes. Lors des nuits glaciales, les tourterelles se regroupent dans des conifères pour se tenir au chaud, mais celles qui se retrouvent le plus loin du tronc dorment au froid et au vent, les pieds dans la neige… Quel sort attend ces petites éclopées qui perdent une griffe ou une patte dans le cruel hiver québécois ?

Pages précédentes :
(à gauche)
À Montréal, la rue Prince-Arthur baigne dans une atmosphère feutrée par la neige.

(en haut à droite)
Un petit paradis de froidure sur le mont Saint-Bruno.

(en bas à droite)
La lumière se joue d'un ruisseau glacé à Saint-Jean-de-Brébœuf.

La première neige peut arriver dès le début du mois. Si tôt que certains arbres n'ont pas eu le temps de se dévêtir. Insolite vision que ces flocons accrochés aux feuilles. Si la période d'enneigement dure en moyenne 12 à 16 semaines à Montréal, elle peut s'étendre jusqu'à 23 semaines en Gaspésie et sur la Côte-Nord ! Cela dit, il neige quand même plus à Montréal que dans certaines villes plus septentrionales comme Moscou ou Oslo. C'est que le Québec ne profite pas, comme l'Europe, des courants chauds du Gulf Stream. Montréal se trouve à la même latitude que Bordeaux, en France. Pourtant, les rares fois où tombe de la neige là-bas, elle a tôt fait de disparaître. Heureusement, l'hiver au Québec n'est pas synonyme de grisaille. Les Européens sont toujours surpris par l'ensoleillement de l'hiver québécois, tellement plus généreux que celui de Paris, de Londres ou de Bruxelles. Plusieurs peintres se sont d'ailleurs inspirés de cette luminosité hivernale qui teinte la neige des couleurs de l'arc-en-ciel. Bleue au petit matin. Argentée à midi. Rose ou or au couchant. Et grise les jours de tempête.

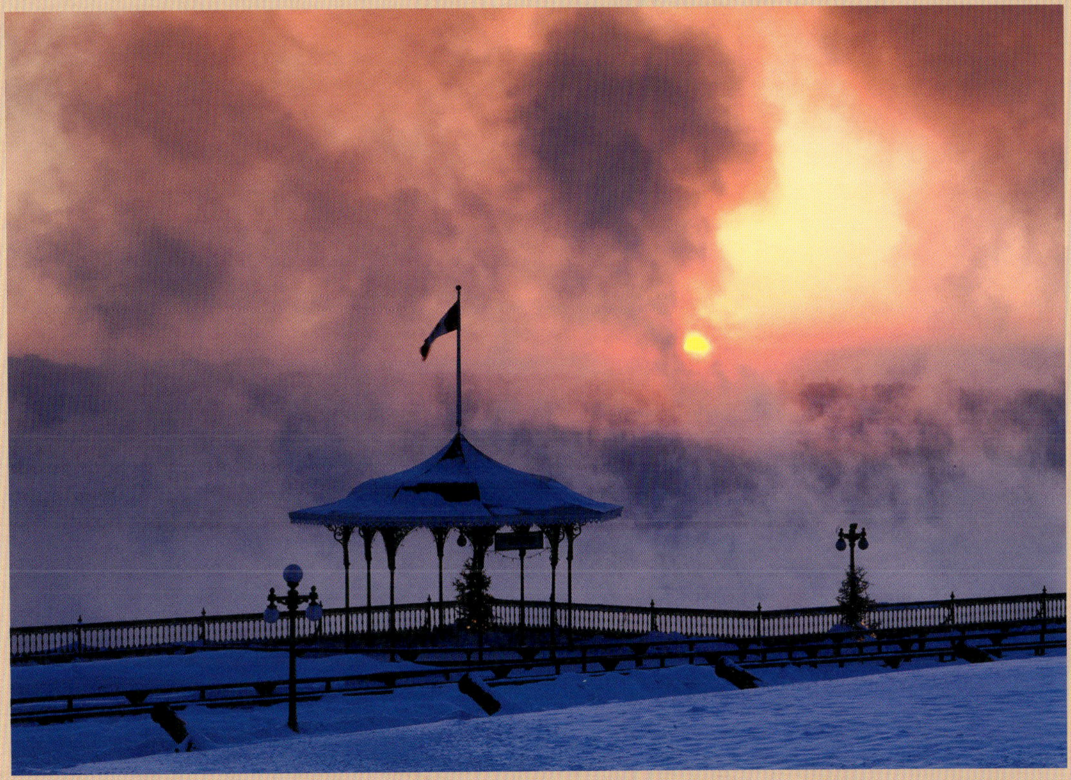

Il gèle à pierre fendre sur la terrasse Dufferin, à Québec, et le fleuve est dans les vapeurs.

Magie de la neige. Les flocons sont composés de milliards de petits cristaux de glace agglutinés. Triangle, colonne, aiguille, etc. Aucun de ces cristaux n'est tout à fait identique à un autre. Ce phénomène est causé par la température et le taux d'humidité. Par temps très froid virevolte une neige fine et poudreuse, au grand plaisir des skieurs. Mais autour du point de congélation, les flocons deviennent lourds et collants. C'est la neige idéale pour faire des bonshommes.

« Mon pays, c'est l'hiver » ? Avec beaucoup moins de territoire à proximité du cercle polaire que le reste du Canada, le Québec n'est pourtant pas en reste au rayon de la rigueur. Val-d'Or arrive au premier rang des villes canadiennes pour le plus grand nombre de jours (un peu plus de 100) avec chutes de neige. Et Chicoutimi rafle la première place pour le plus grand nombre de jours de poudrerie, tandis que Rimouski arrive en deuxième et Rivière-du-Loup, en troisième. Rouyn-Noranda et Sept-Îles, quant à elles, se classent en troisième position, l'une pour la froidure et l'autre pour la quantité de neige reçue.

Ainsi va l'hiver et ainsi arrive mars, mois interminable s'il en est. On pourrait même avancer que c'est la période de l'année où le Québécois moyen se plaint le plus du temps « qu'il fait sur son pays ». Alors que l'hiver s'accroche comme une mauvaise grippe, nous surveillons les

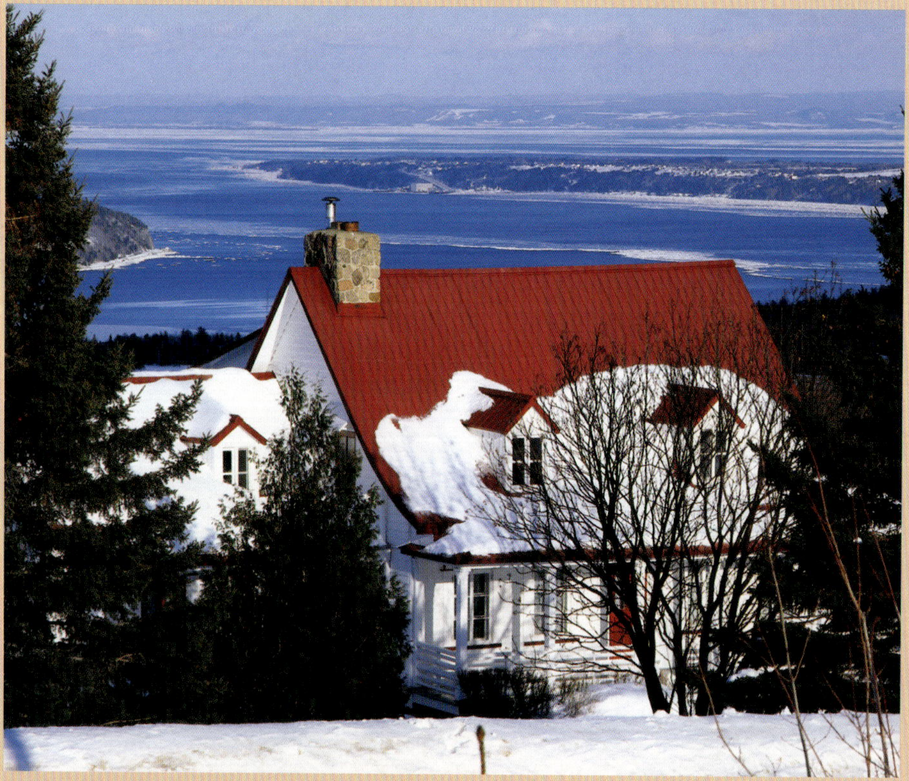

Dans le rang Saint-Antoine, à Baie-Saint-Paul, la limpidité de l'air pousse le regard vers l'infini, bien au-delà de l'île aux Coudres.

allées et venues de la marmotte. Verra-t-elle son ombre ou pas ? Bon an mal an, sous l'œil inquisiteur des caméras de télé, le petit rongeur sort timidement de son terrier au début de février. Si le soleil est au rendez-vous et qu'elle voit son ombre au sol, la sympathique petite bête retourne dormir. Et il faut s'armer de patience parce que l'hiver durera encore six bonnes semaines. Mais si le temps est couvert et qu'elle ne voit pas son ombre, le printemps sera précoce. Entre vous et moi, cette croyance populaire ne se vérifie qu'une fois sur trois, mais...

Si son entrée officielle est prévue pour le 21 mars, le printemps arrive toujours avec un retard au calendrier. Comme le disaient si sagement nos grands-mères, « en avril ne te découvre pas d'un fil », car il arrive trop souvent qu'une dernière bordée de neige vienne nous rappeler les « joies » de l'hiver. La lassitude de la saison froide aidant, on ressort les pelles en maugréant. Pourtant, que serait le temps des sucres sans un peu de neige pour étaler la tire d'érable ? Sans compter que c'est l'alternance des nuits froides et du chaud soleil du printemps qui fait monter la sève dans les arbres. Mais, tôt ou tard, la fonte des neiges gorge d'eau rivières et ruisseaux, les bernaches et les oies blanches reviennent au pays et on patauge allègrement dans un mélange de boue et de neige mouillée alors surnommée « sloche », non sans un brin de raillerie.

Vivement la verdeur des bourgeons ! L'érable à Giguère, l'une des essences les plus répandues en terre québécoise, est le premier arbre à voir repousser ses feuilles, suivi du bouleau et du chêne. Ils revêtent alors un vert tendre tout frais.

De Montréal, plus on descend vers l'estuaire du Saint-Laurent, plus le printemps se fait attendre. À Québec, les petites pousses vertes commencent à poindre deux semaines plus tard qu'à Montréal et un mois plus tôt qu'à Tadoussac. En Gaspésie et sur la Côte-Nord, c'est plus tard encore. À Gaspé, par exemple, les lilas ne fleurissent qu'en juillet. Mais pour rattraper le temps perdu, les cycles de la végétation déboulent littéralement. Ici, pas de saison des fraises, des framboises et des bleuets, comme dans la vallée du Saint-Laurent. Tous les petits fruits mûrissent en même temps. Plus on grimpe vers le nord, plus les jours sont longs, et l'abondance de la lumière compense la brièveté de la saison. Plantes et fleurs y explosent littéralement de vie et croissent presque sous nos yeux.

À Montréal, si mars est encore un mois d'hiver, avril commence à sentir le printemps avec une température moyenne aussi élevée qu'à Toronto, pourtant située plus au sud. Le mois de mai venu, il fait plus chaud à Montréal que dans la Ville Reine, et ce sera ainsi tout l'été – douce revanche sur cette ville qui connaît un hiver moins rigoureux.

LES COLÈRES DU CLIMAT

Le Québec, terre de cataclysmes ? N'exagérons rien ! Quoique... Le 14 juillet 1987, Montréal recevait plus de 100 mm de pluie en 2 heures, un déluge ayant inondé les principales artères de la ville. En 1996, des pluies diluviennes tombaient au Saguenay – Lac-Saint-Jean. En 1998, une tempête a laissé entre 40 et 100 mm de verglas sur tout le sud du Québec. Phénomènes causés par l'effet de serre ? Le réchauffement du climat ? On ne saurait l'affirmer avec certitude, car de tout temps, la nature a connu des sautes d'humeur. Le verglas, par exemple, qui se crée lorsqu'une goutte d'eau froide touche une surface encore plus froide, fait bel et bien partie de l'hiver québécois, au même titre que le blizzard, une tempête de neige poussée par des vents violents. Les statistiques montrent bien que la nature dérape ponctuellement. En 1932, entre 100 et 200 mm de pluie s'abattaient sur les régions du Bas-Saint-Laurent, de Charlevoix et du Saguenay. En 1961, Montréal recevait 30 mm de pluie verglaçante. En 1971, on y essuyait une tempête qui a laissé en tout 50 cm de neige sur son passage. En 1986, le sud du Québec, principalement la Montérégie, recevait des grêlons de 8 cm de diamètre.

Mais force est d'admettre que les températures moyennes autour du globe augmentent ; le xxe siècle a été le plus chaud du dernier millénaire. On prévoit même que les températures au Québec pourraient connaître une augmentation de 4 à 6 °C d'ici 2080. Ces changements – les plus importants et les plus rapides depuis 10 000 ans – auront certainement un impact notable sur les écosystèmes et sur notre vie à tous. À suivre…

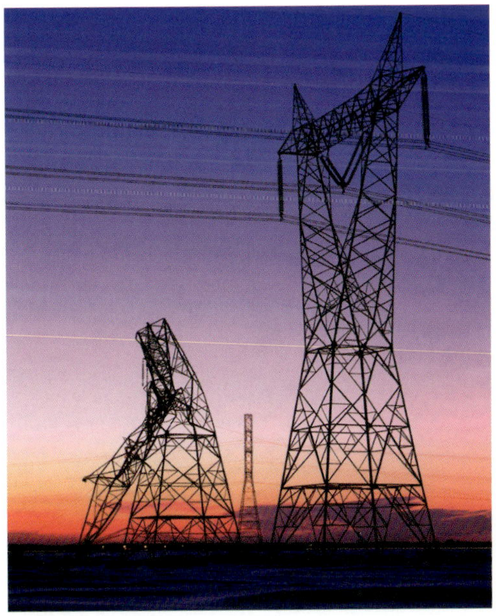

L'horizon de feu ne suffira pas à ranimer
le géant de fer écrasé par le verglas,
en Montérégie.

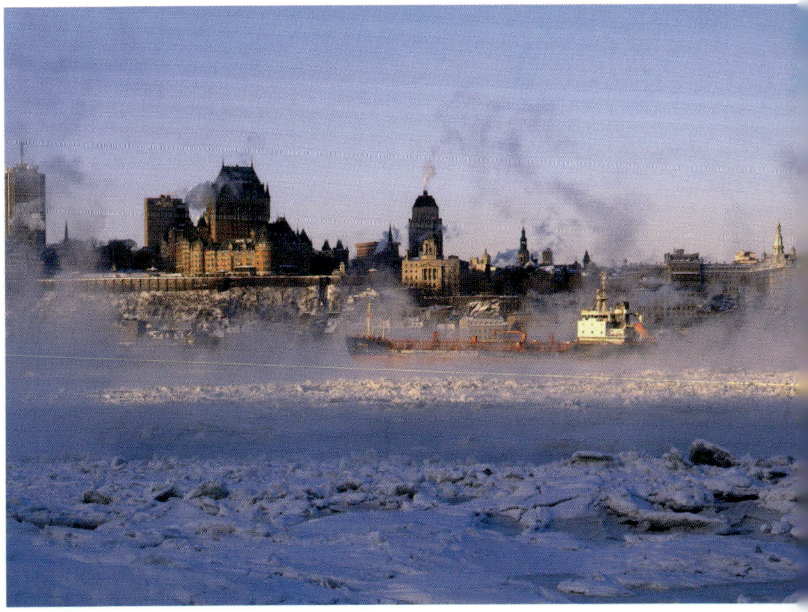

Le fleuve est tout embrumé par l'air glacial,
au large de Québec.

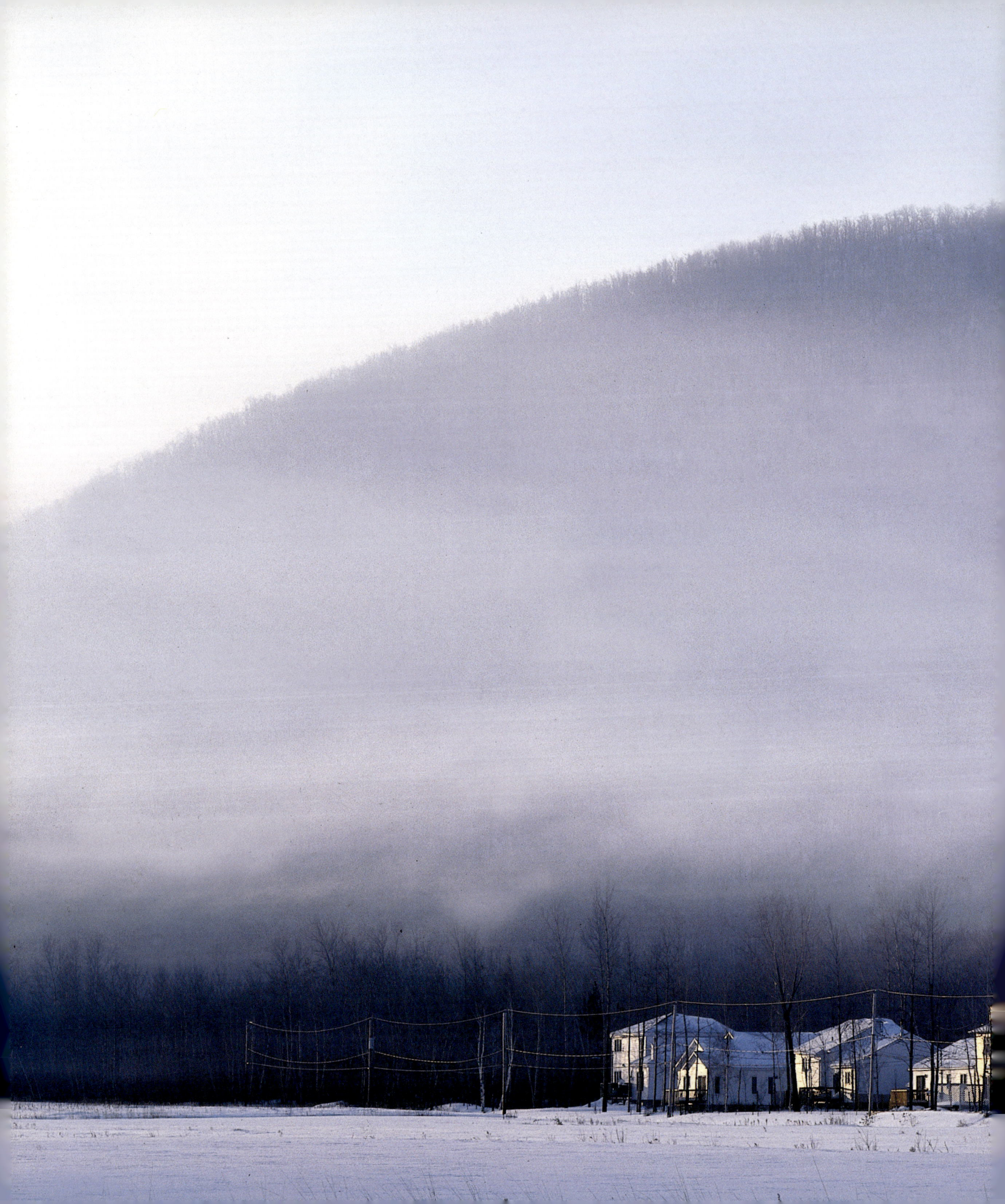

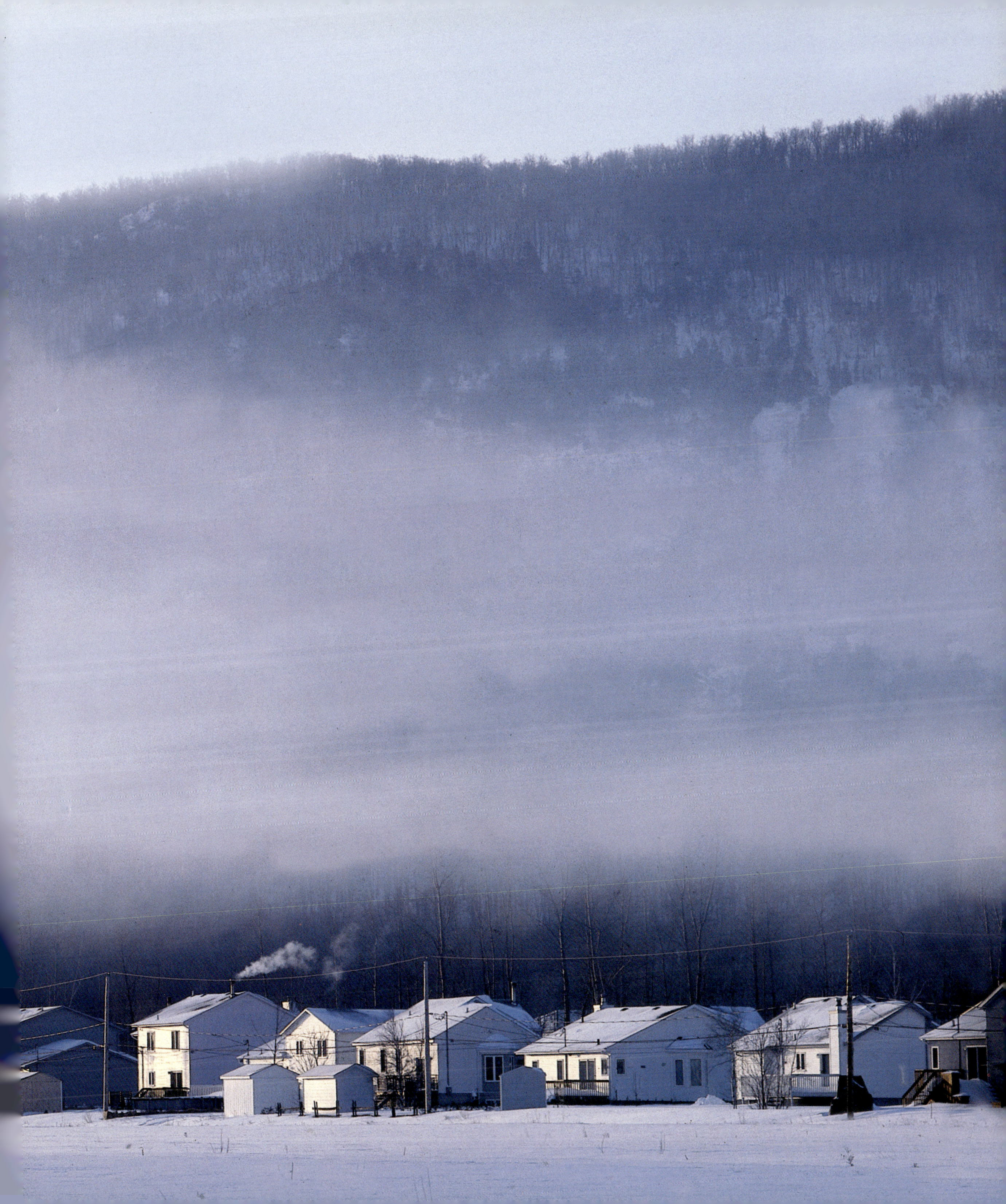

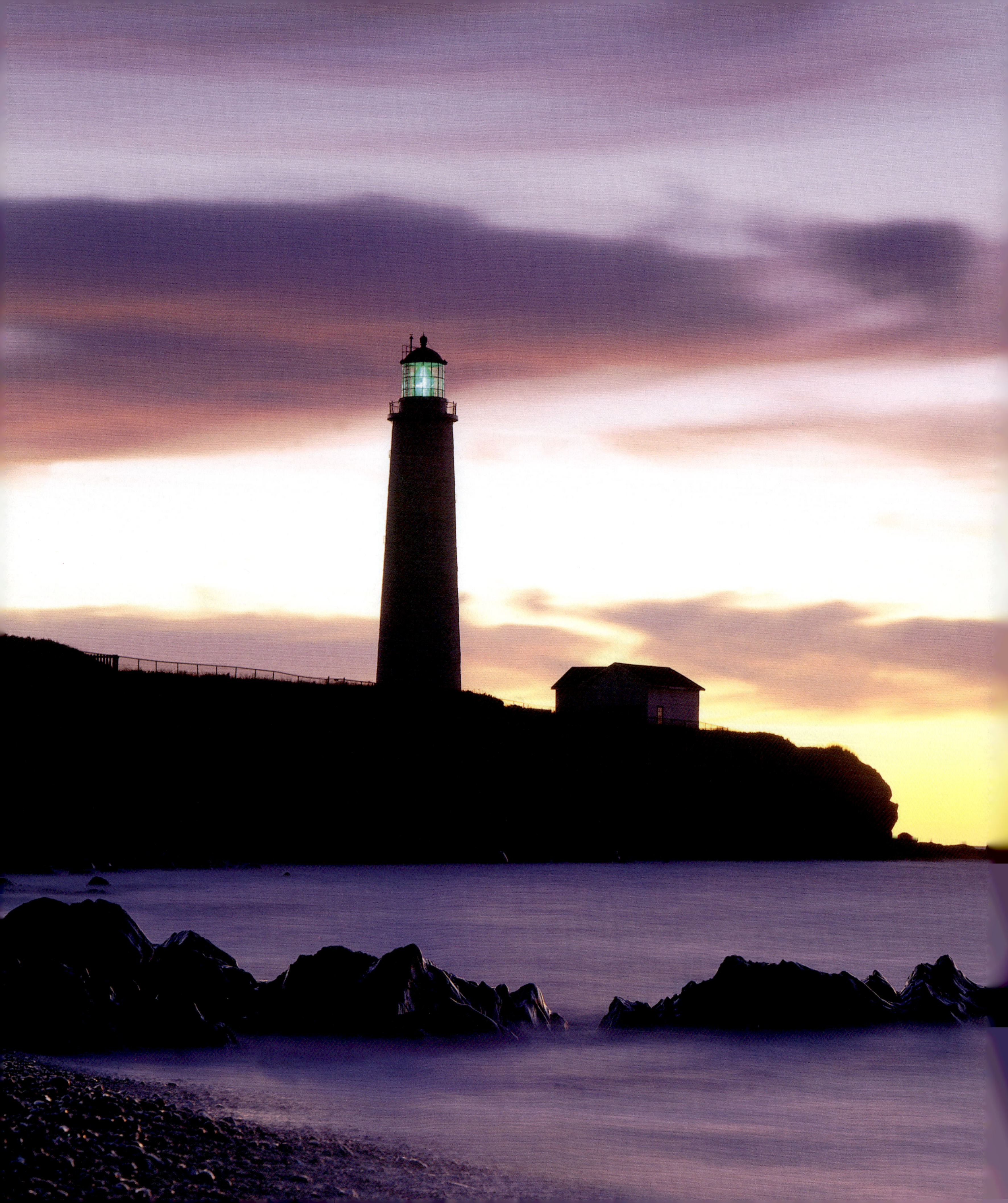

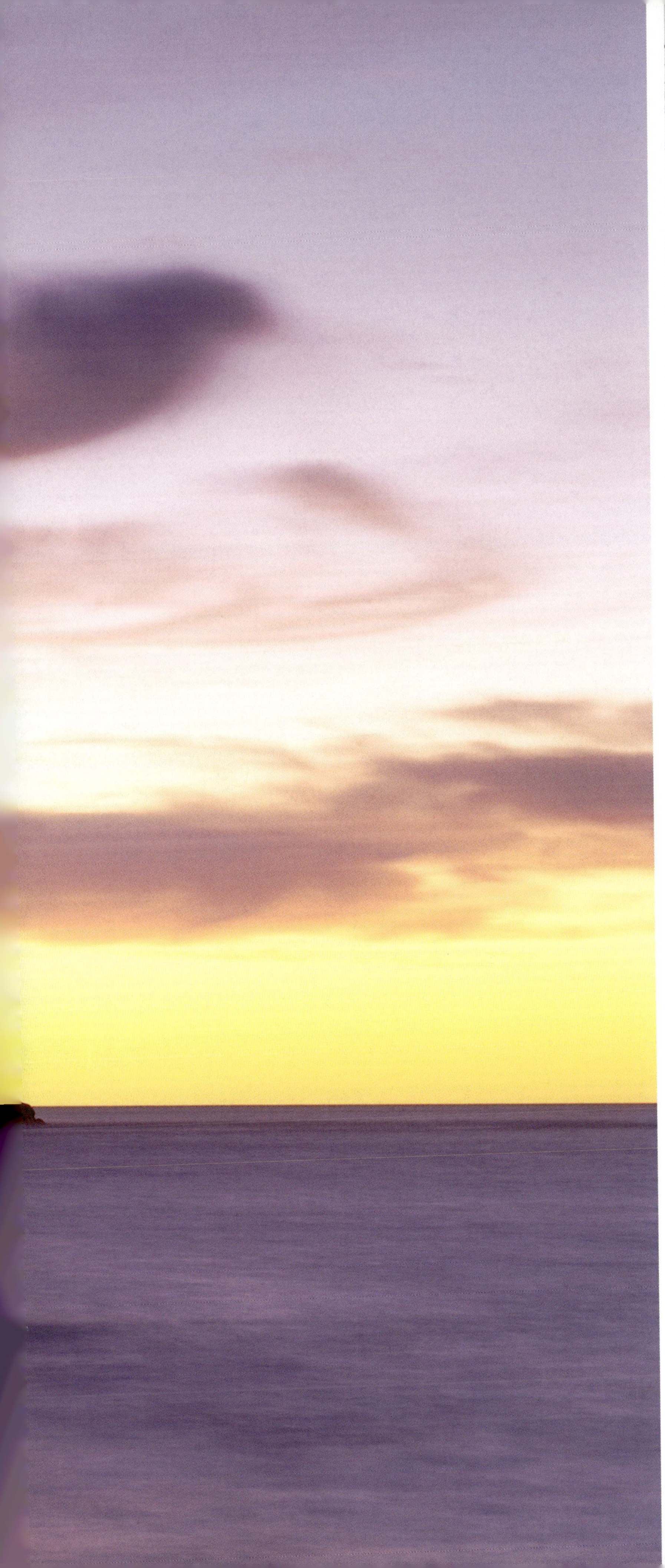

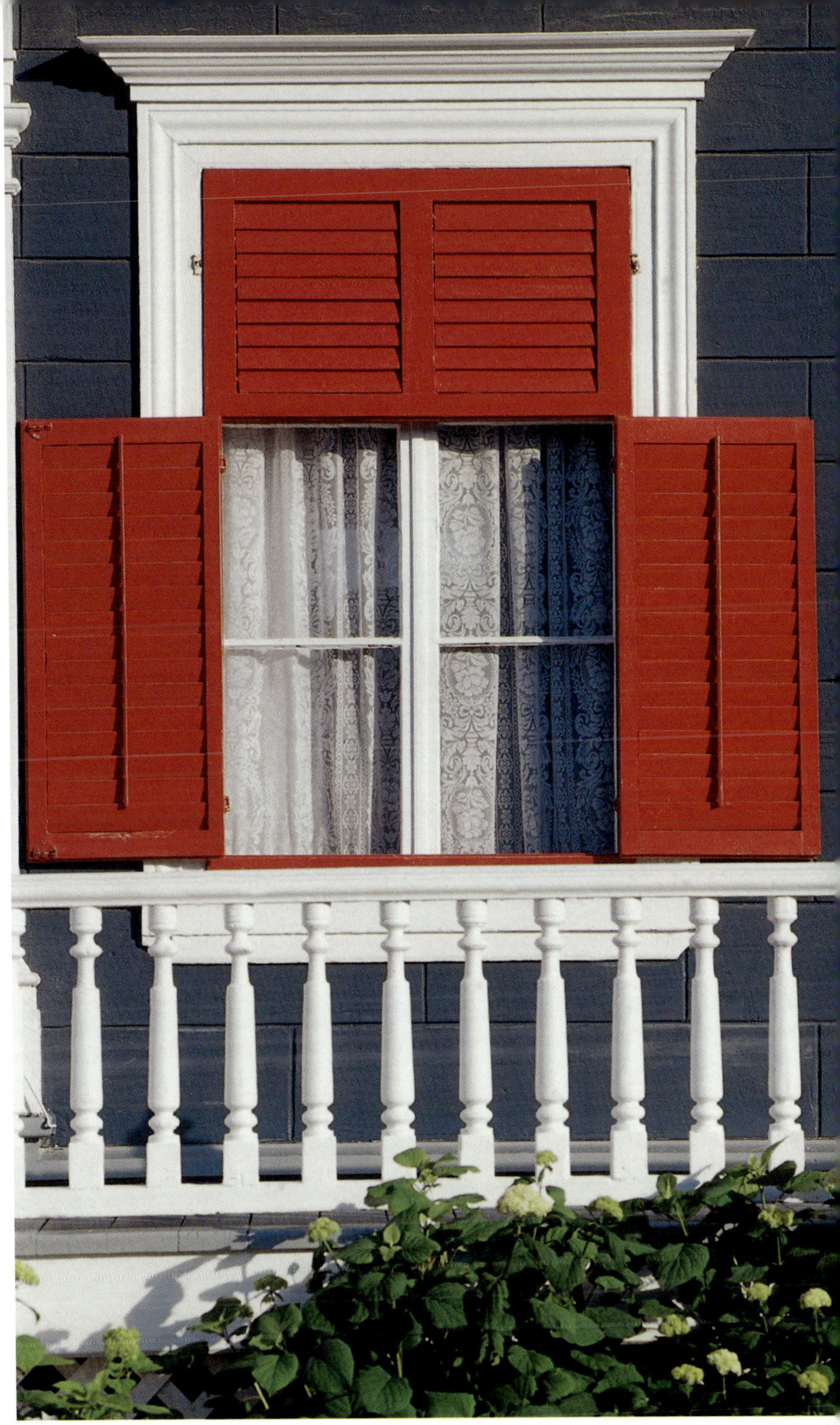

Une coquette demeure déploie son charme suranné et sourit à l'été de Kamouraska.

Du haut de ses 37 m, le phare de Cap-des-Rosiers achève sa nuit de veille sur un désert mauve.

Pages précédentes :
Le mont Saint-Hilaire se donne des airs fantomatiques au lever du jour.

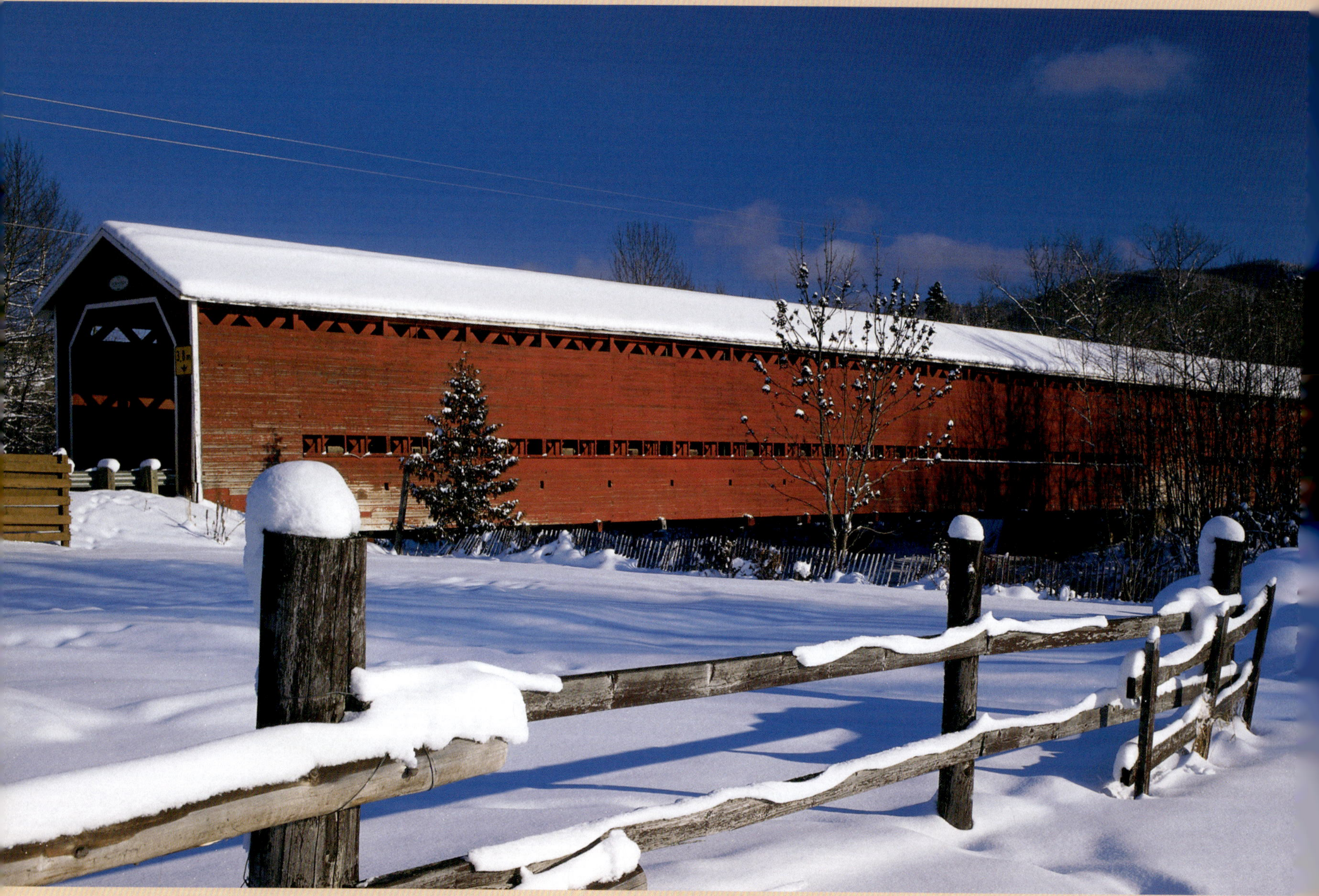

Il en a connu bien d'autres froidures, le joli pont couvert de Saint-Edgar, en Gaspésie.

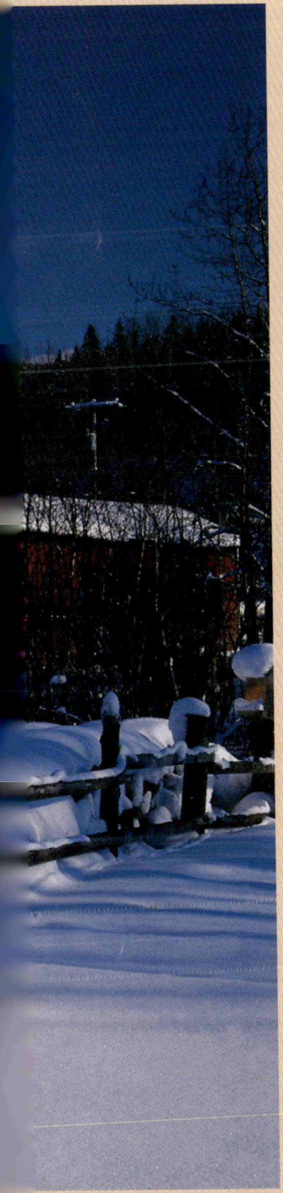

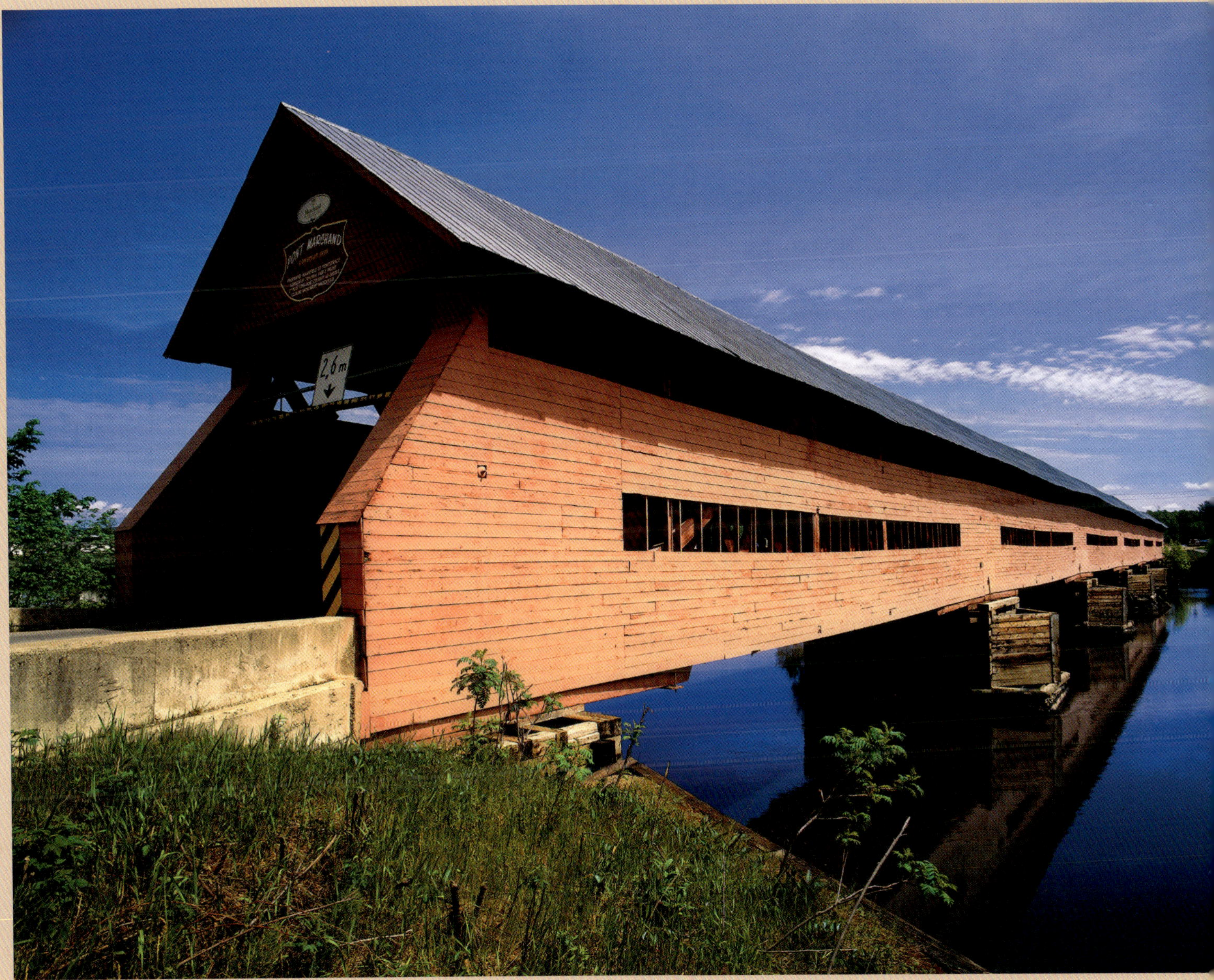

Le pont Félix-Gabriel-Marchand, un des plus longs ponts couverts du Québec, enjambe hardiment la rivière Coulonges, dans l'Outaouais.

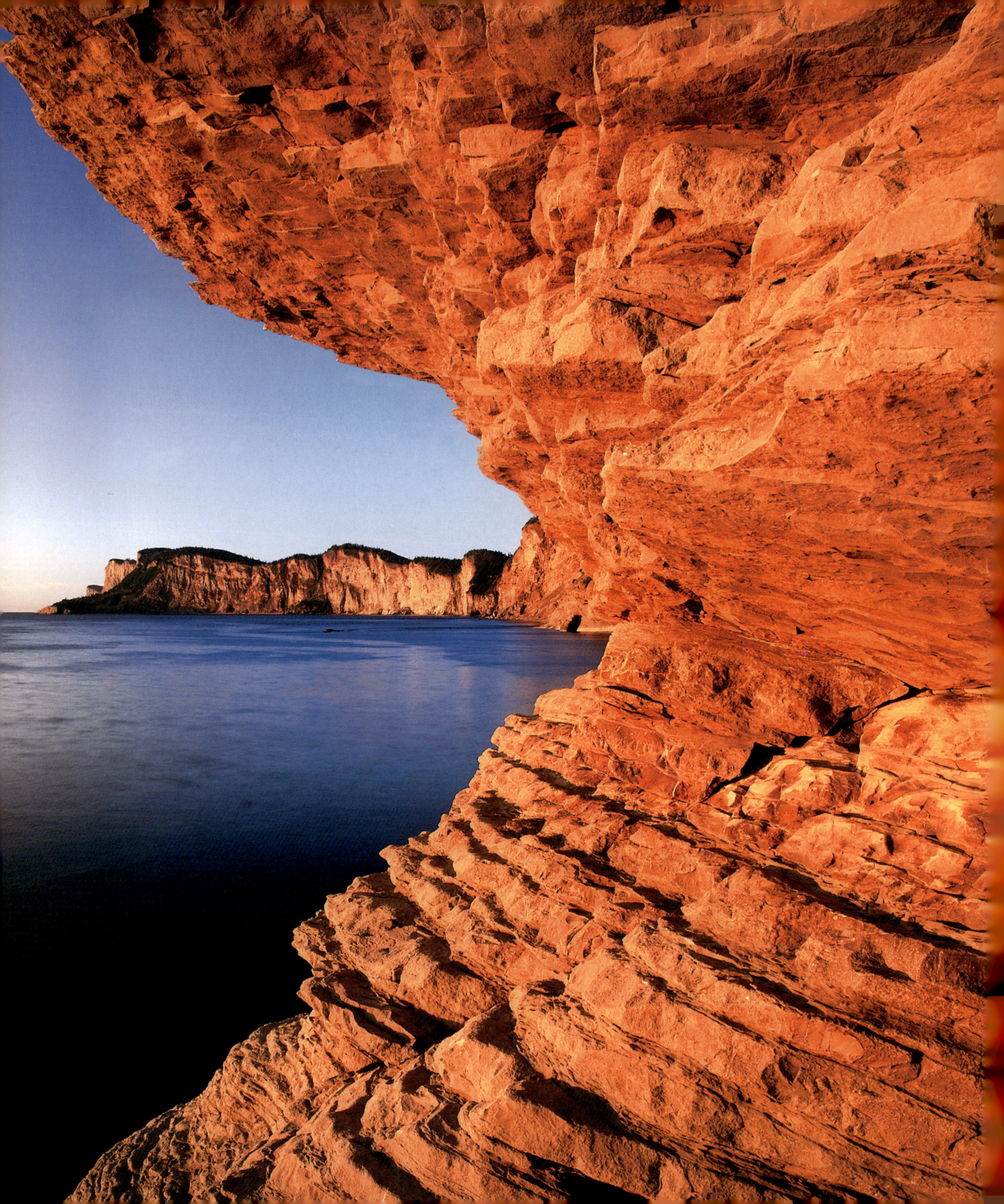

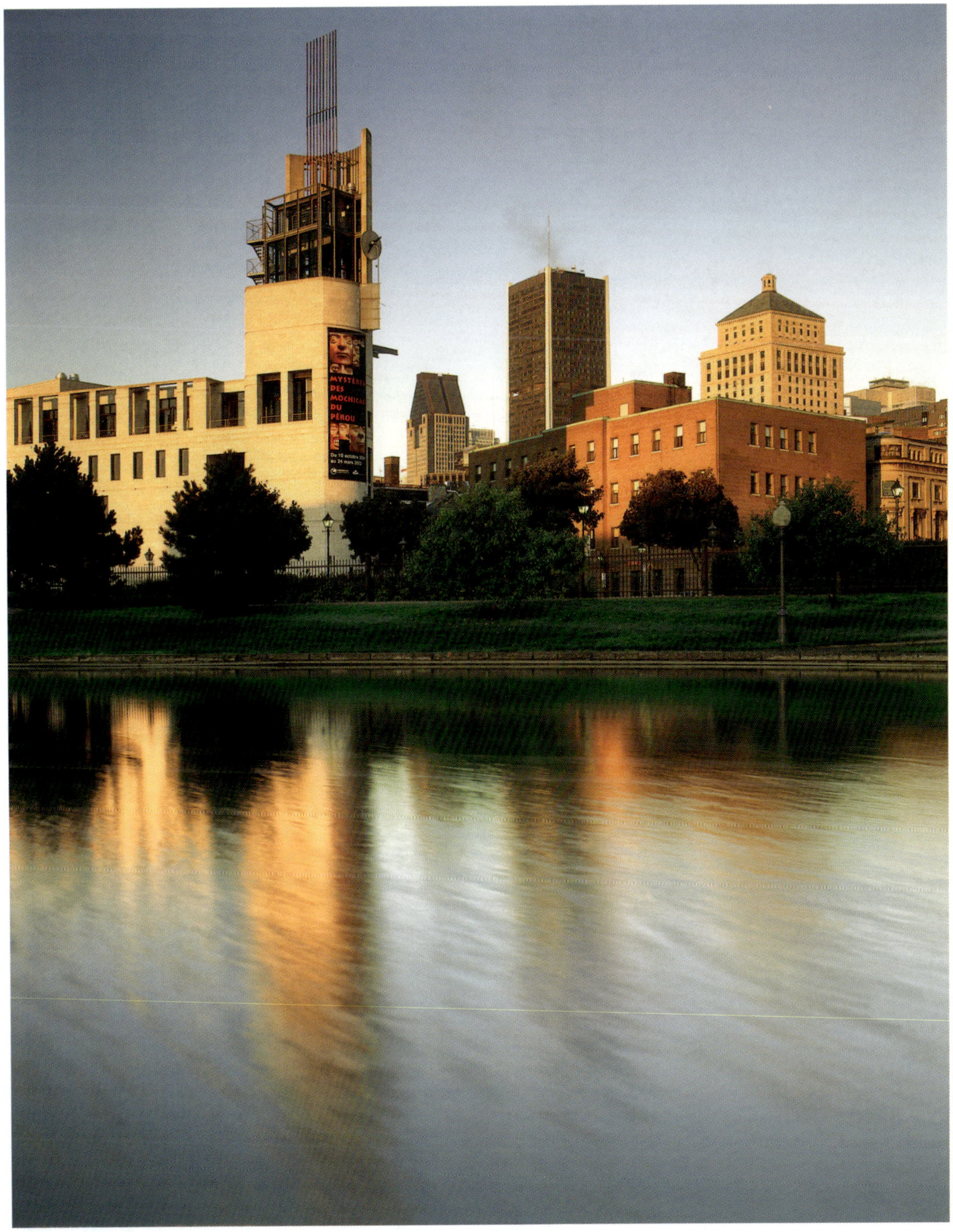

Entre photo et aquarelle, une image inédite de Montréal qui s'éveille dans une lumière radieuse.

Dans le parc national de Forillon, le levant transforme le cap Bon Ami en un intense brasier rocheux.

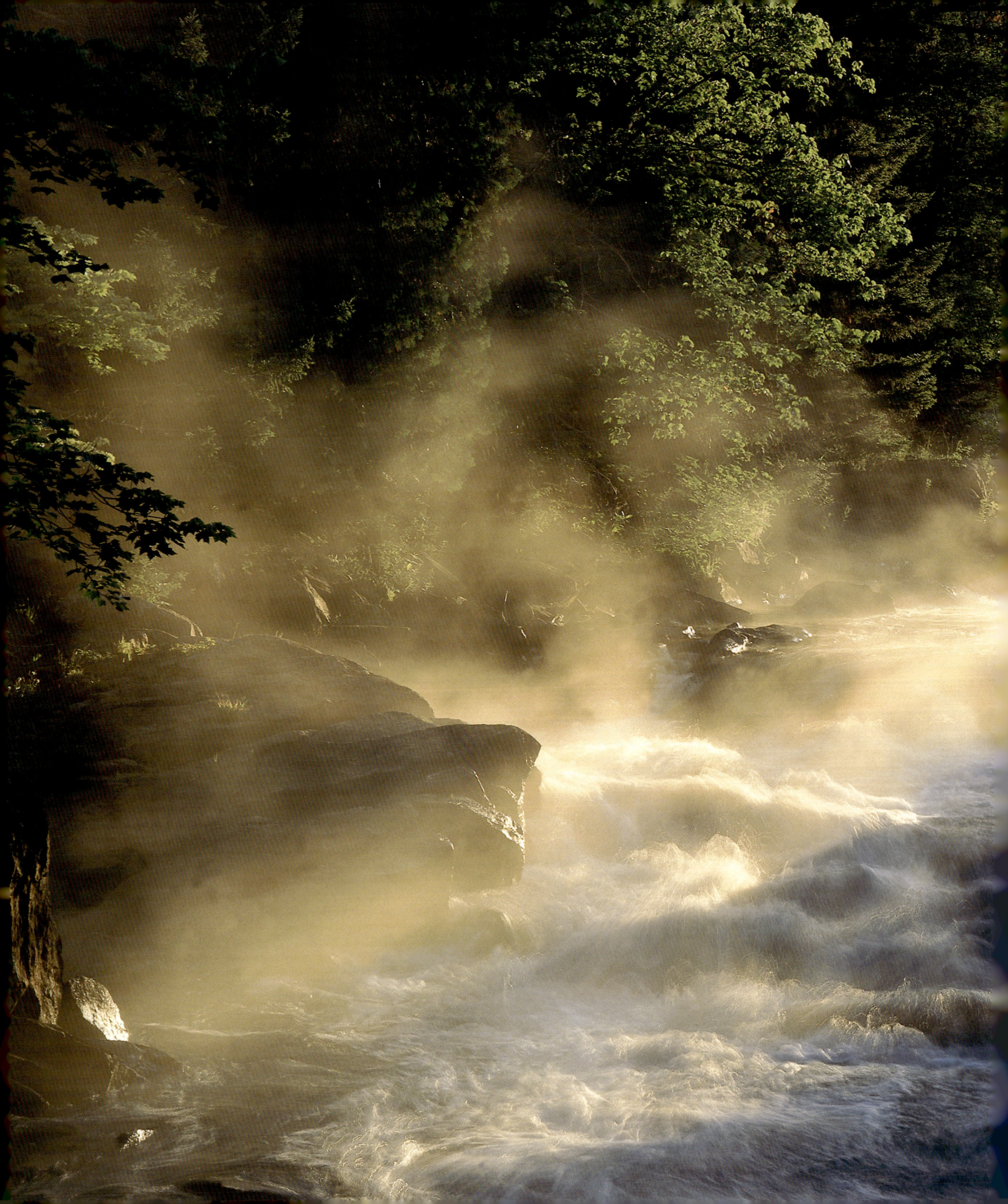

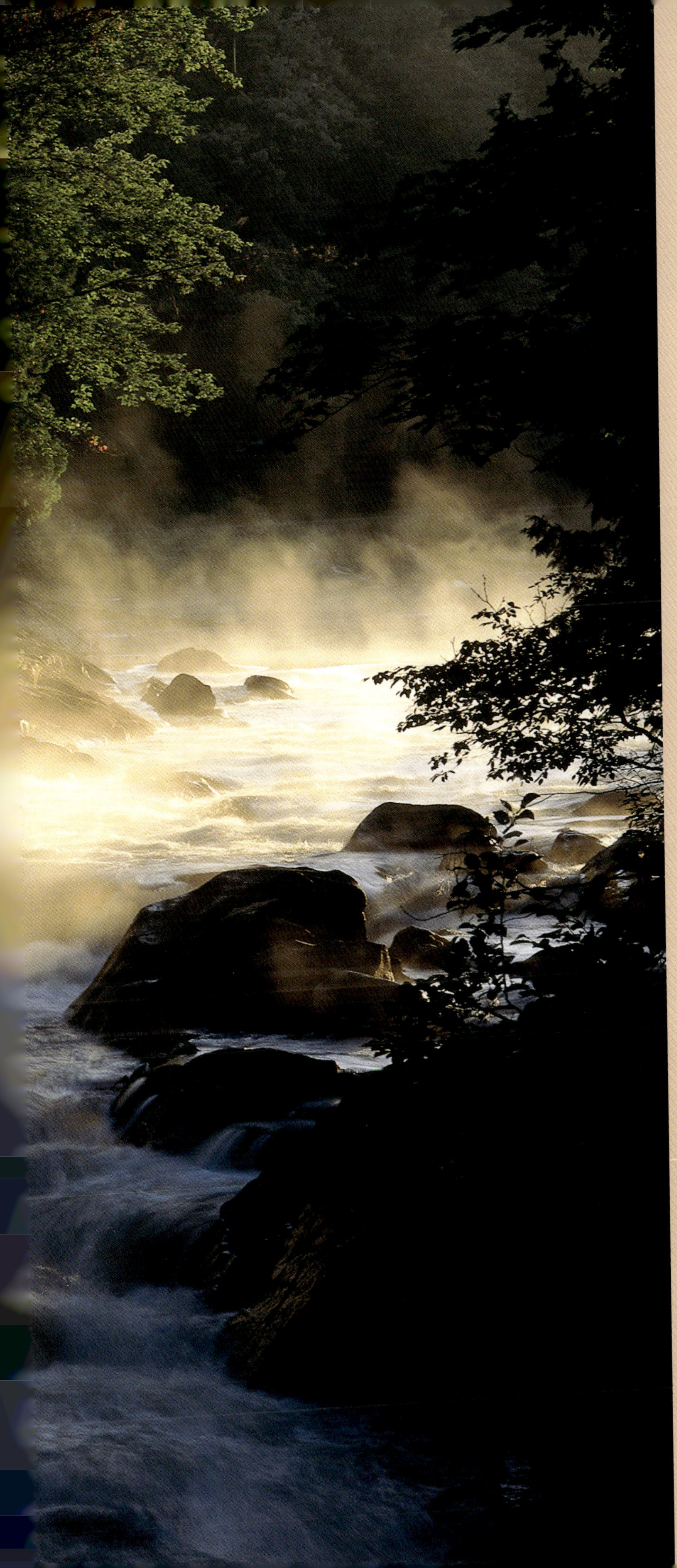

Dans le parc national du Mont-Tremblant, d'étranges petites créatures vont bientôt émerger de la brume matinale sur la rivière du Diable.

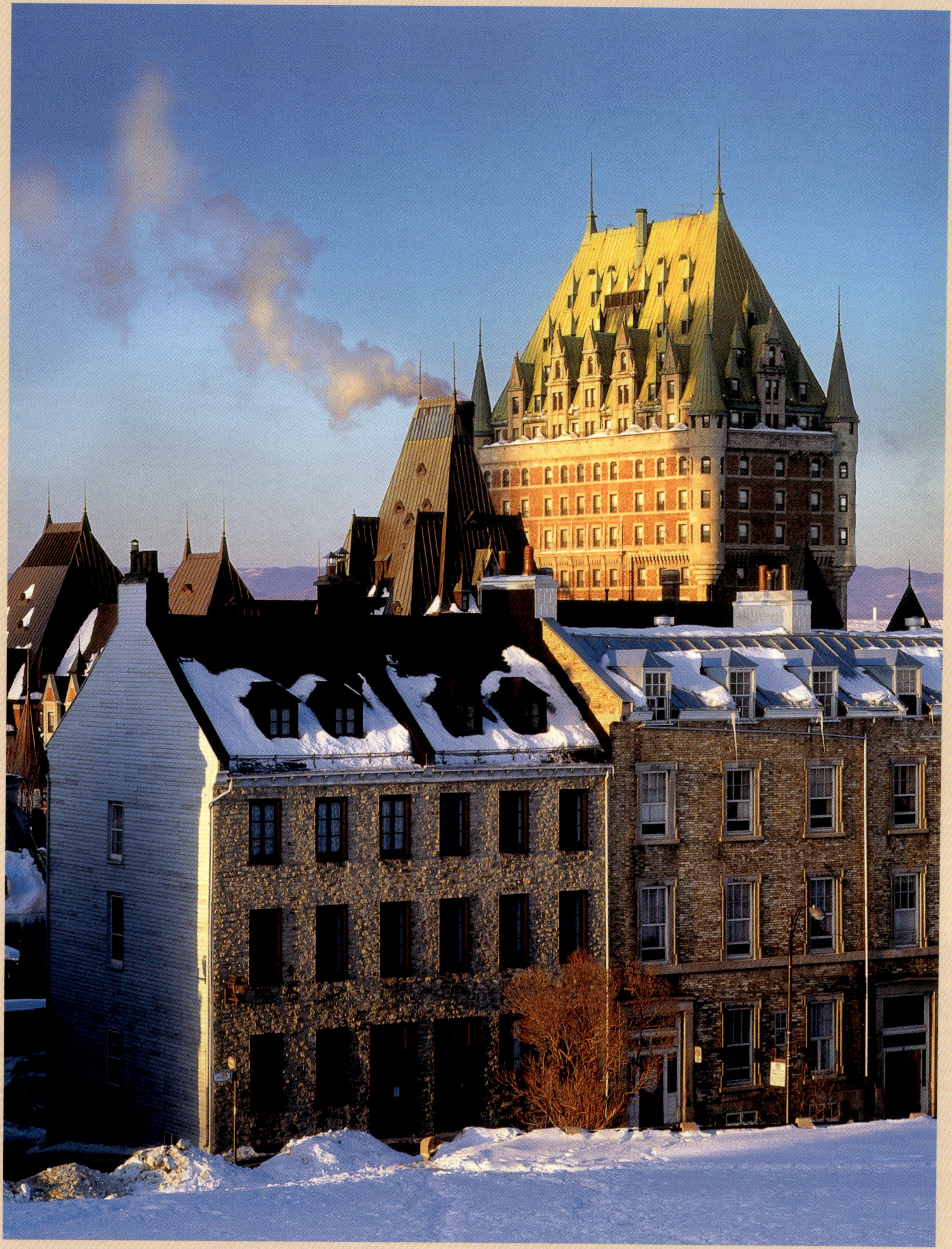

Avenue Saint-Denis, à Québec, les ombres
s'allongent sous le soleil couchant.

Même au musée Missisquoi de Stanbridge East, on ne peut arrêter le temps qui s'écoule au fil de l'eau.

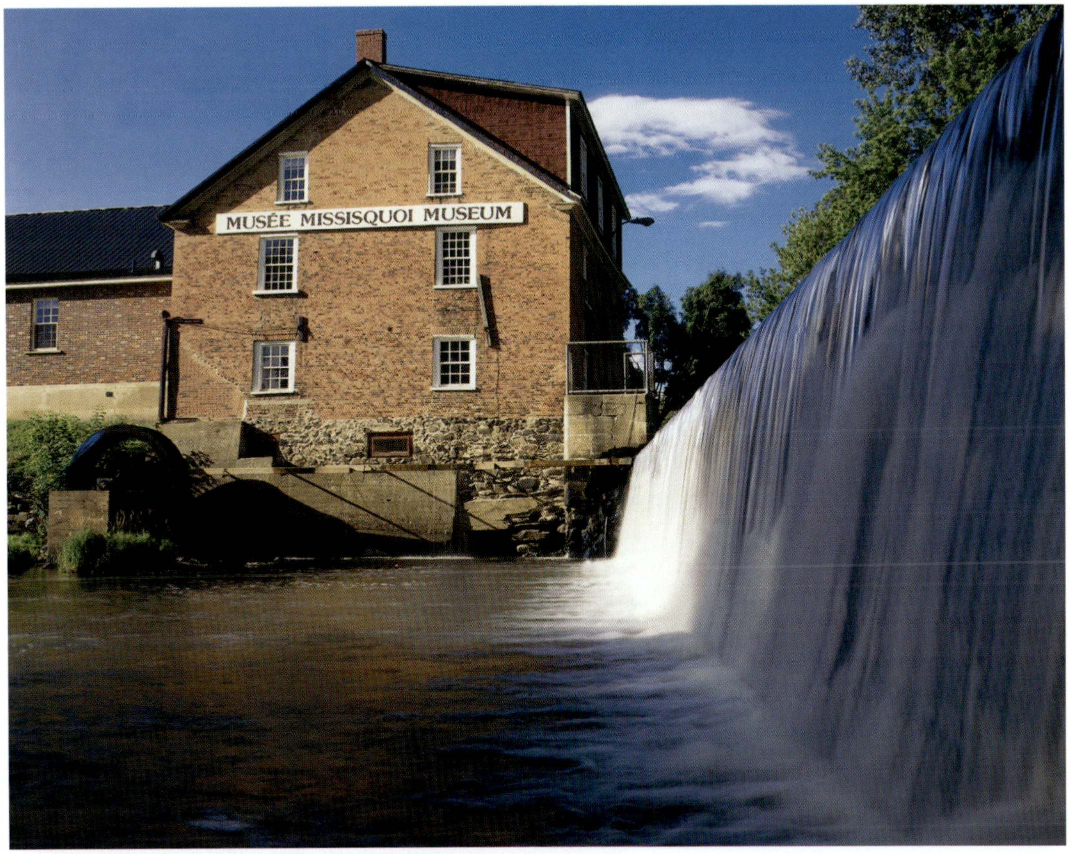

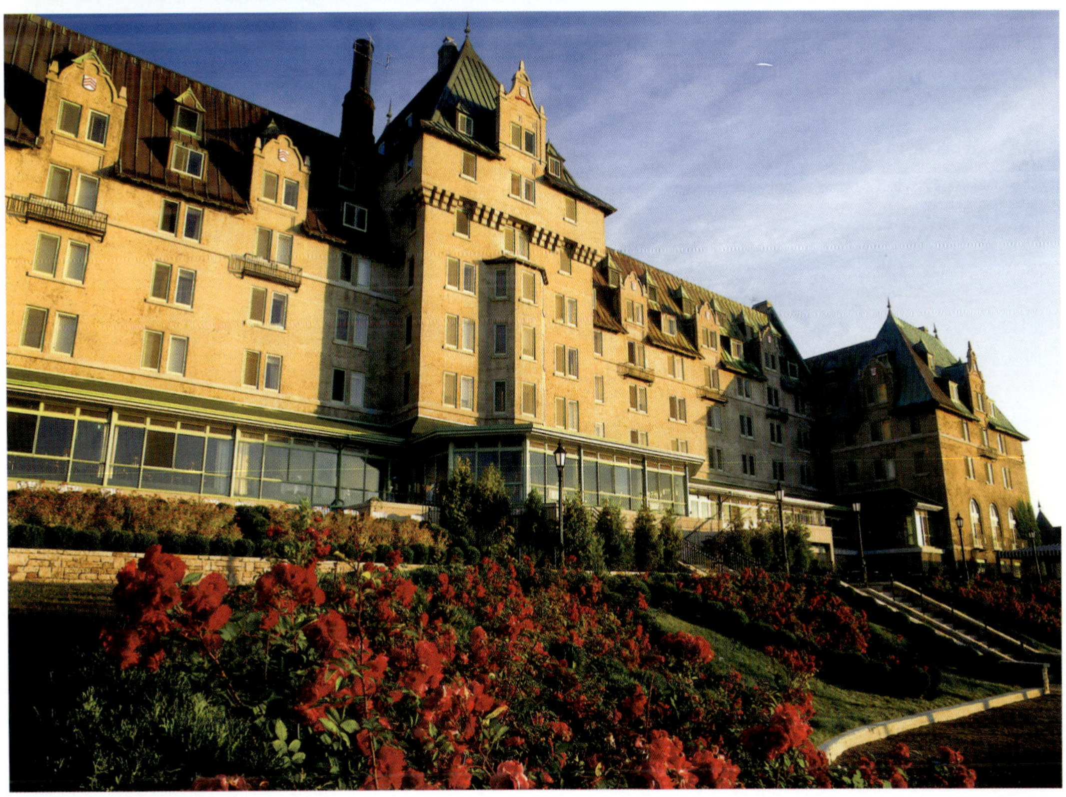

Un matin radieux se lève sur le manoir Richelieu et son jardin, dans Charlevoix.

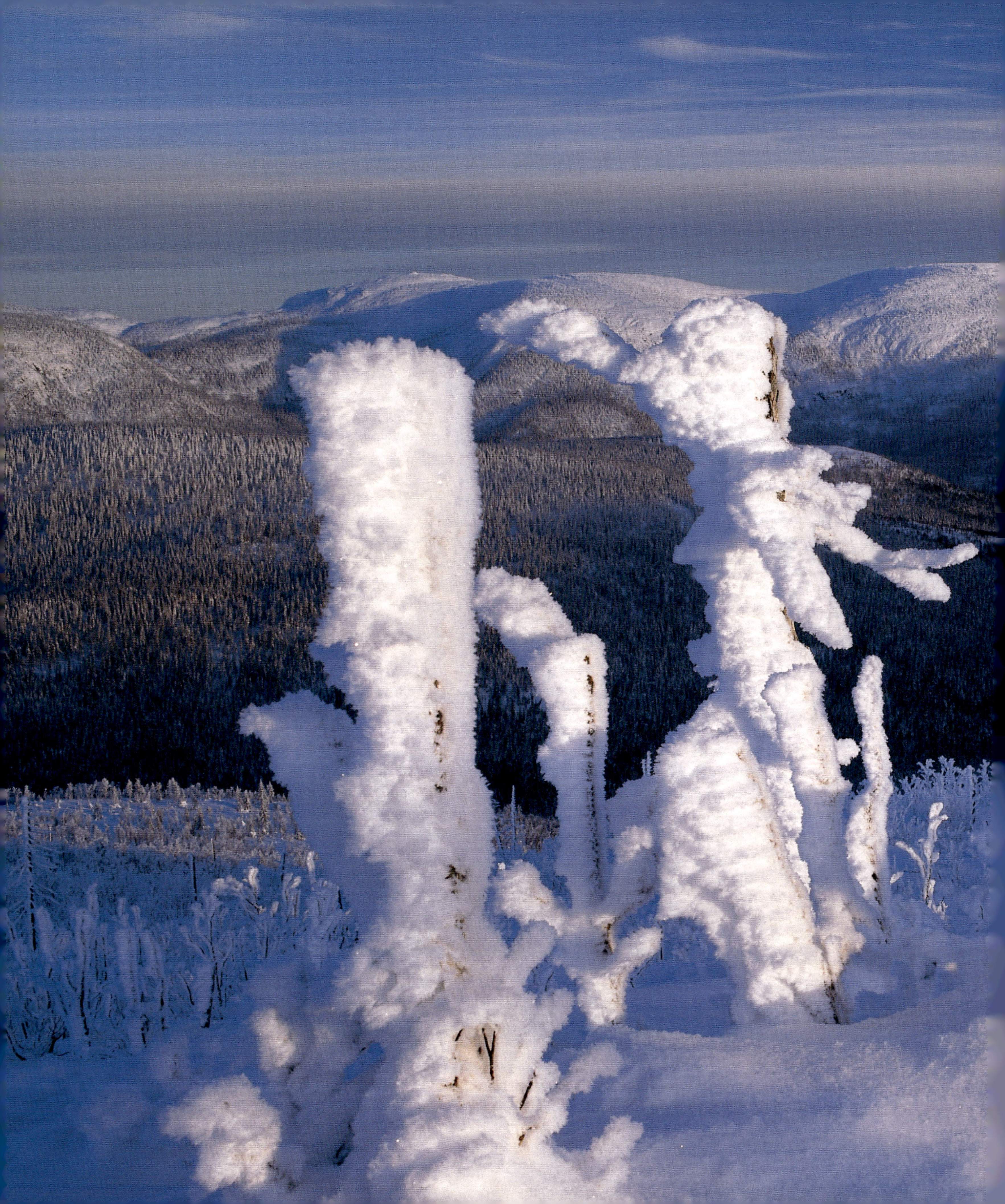

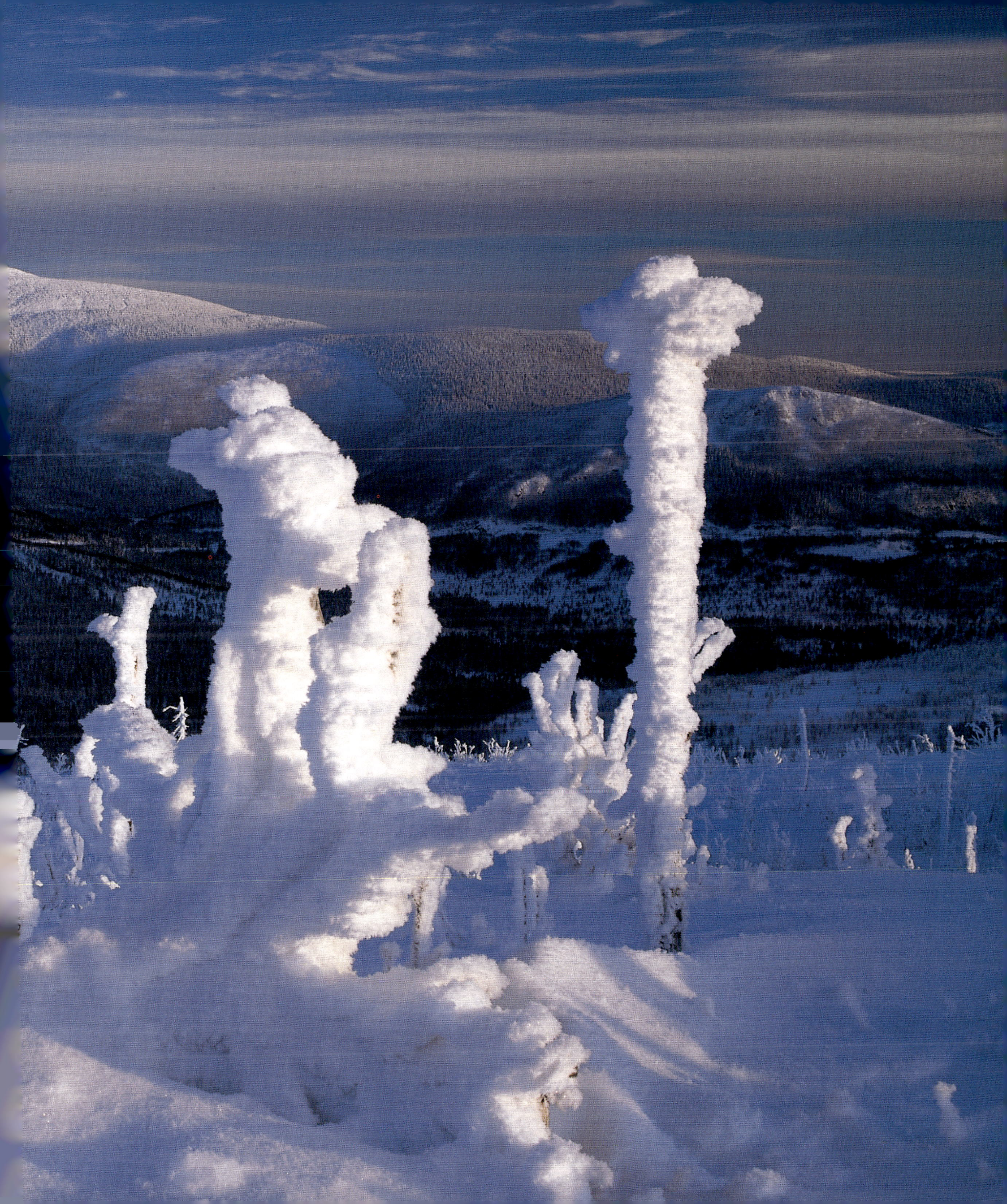

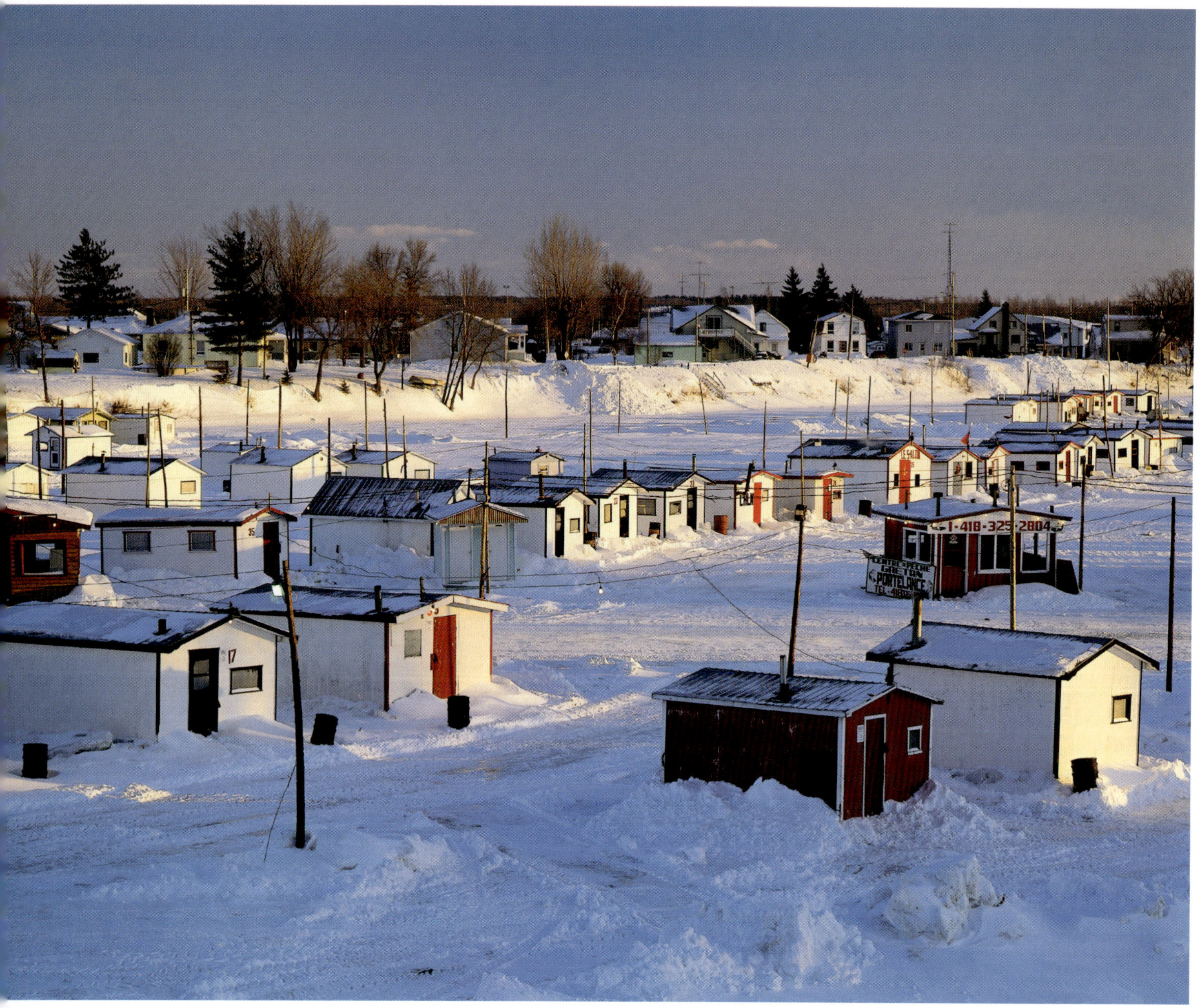

Le couchant cède la place aux ombres
bleutées qui enveloppent les cabanes
à pêche de Sainte-Anne-de-la-Pérade.

Pages précédentes : Postées sur le mont Ernest-Laforce dans le parc national de la Gaspésie, des sentinelles de neige surveillent les monts McGerrigle à la tombée du jour.

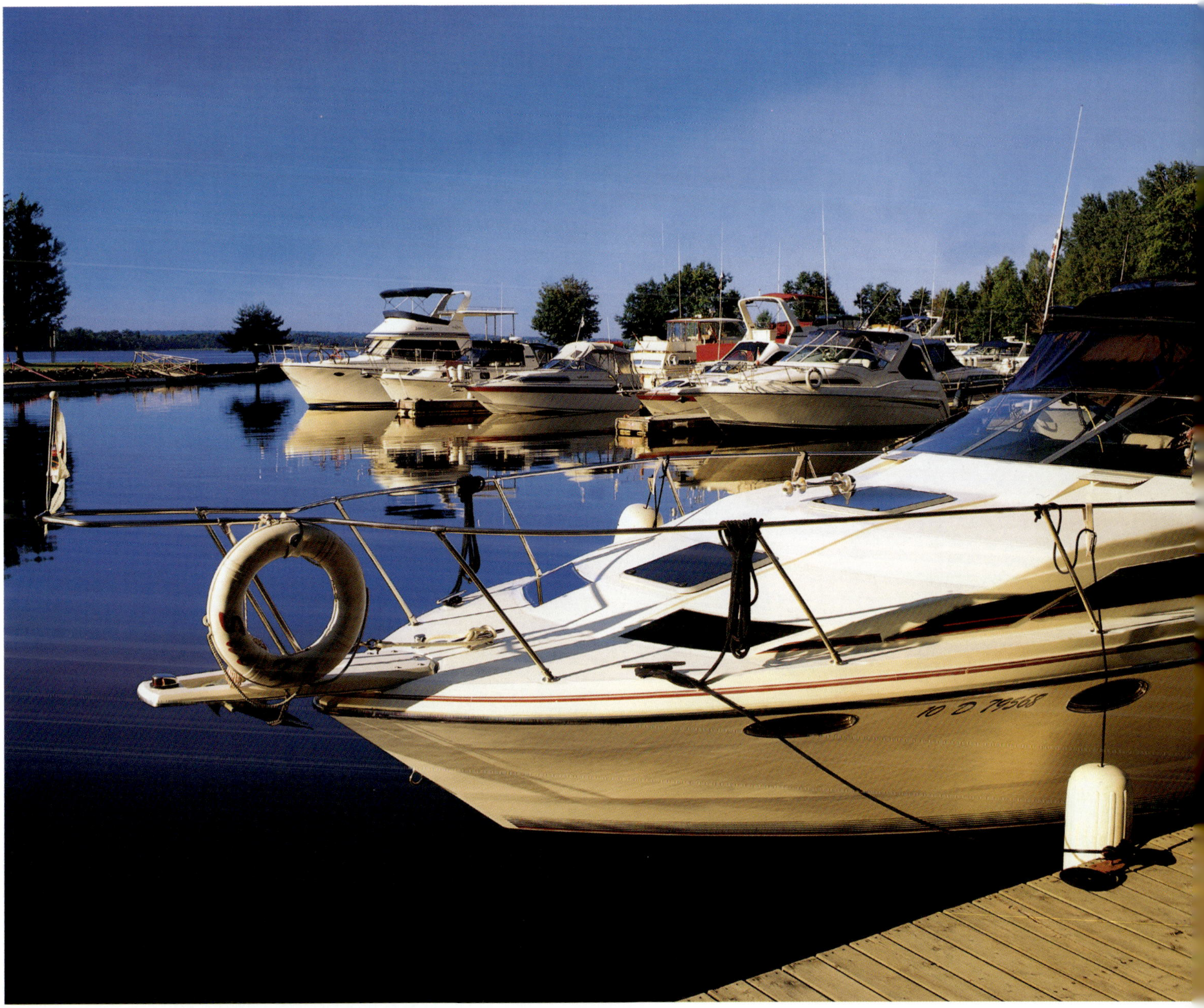

Si l'on en croit la lumière resplendissante
de ce début de matinée, une superbe journée
s'annonce à la marina du château Montebello.

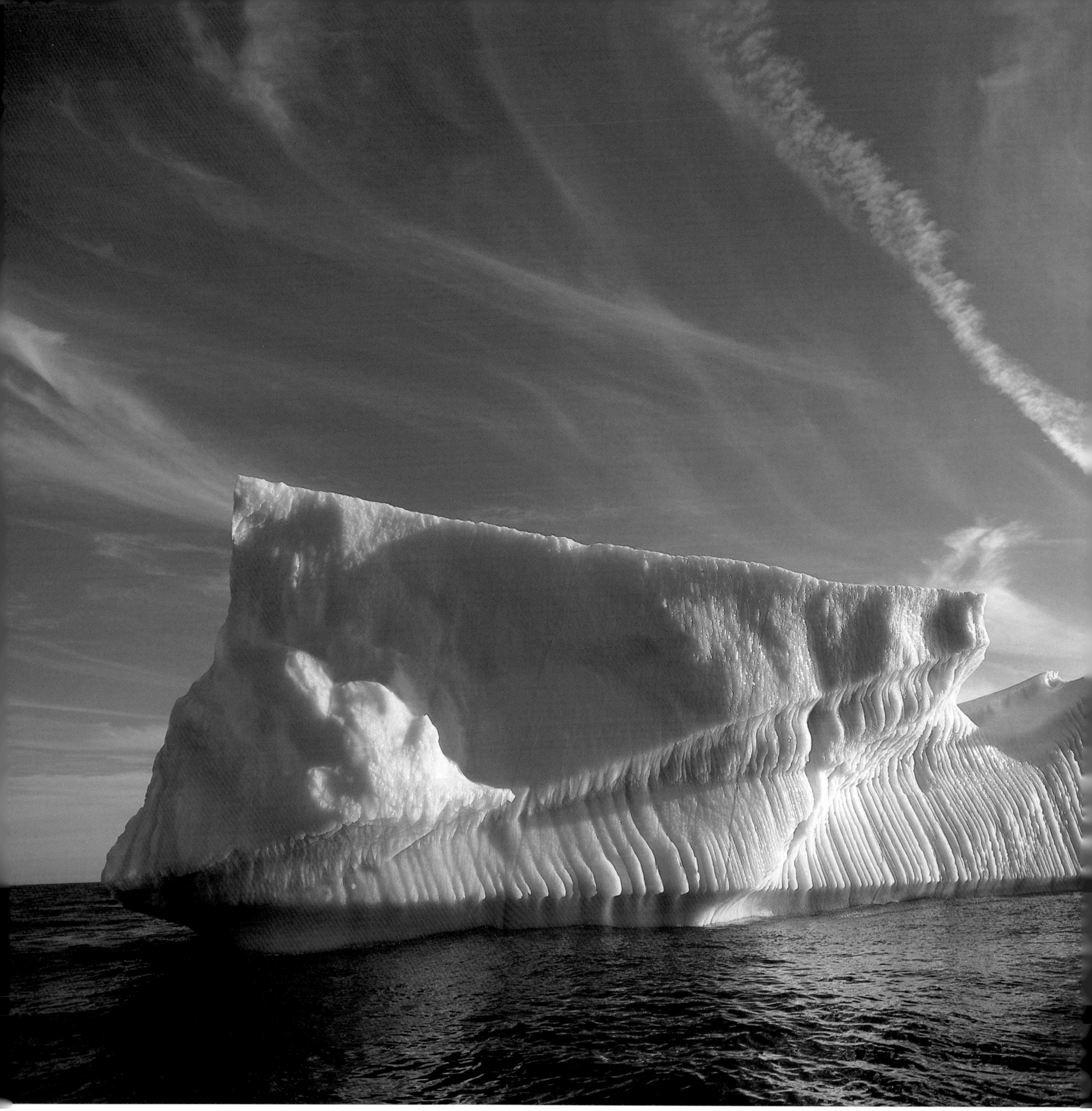

Baigné de lumière bleue et d'eaux bleues,
un magnifique navire de glace dérive
au large de Blanc-Sablon.

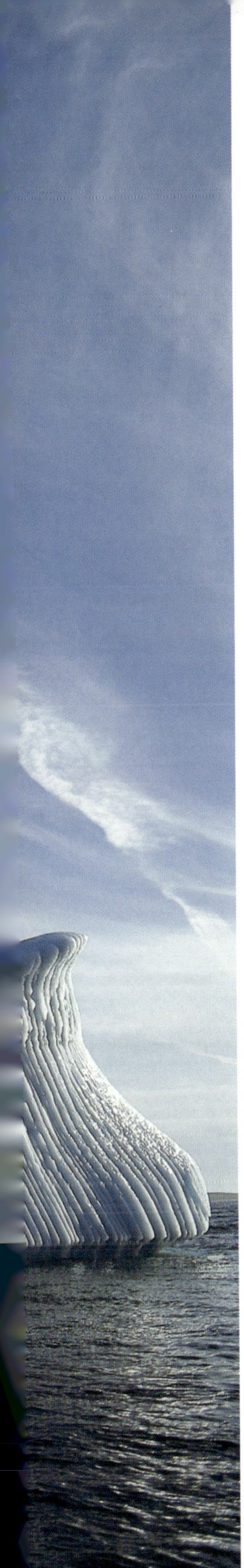

L'ancestrale maison Johan-Beetz, dans
la baie du même nom, sur la Côte Nord.

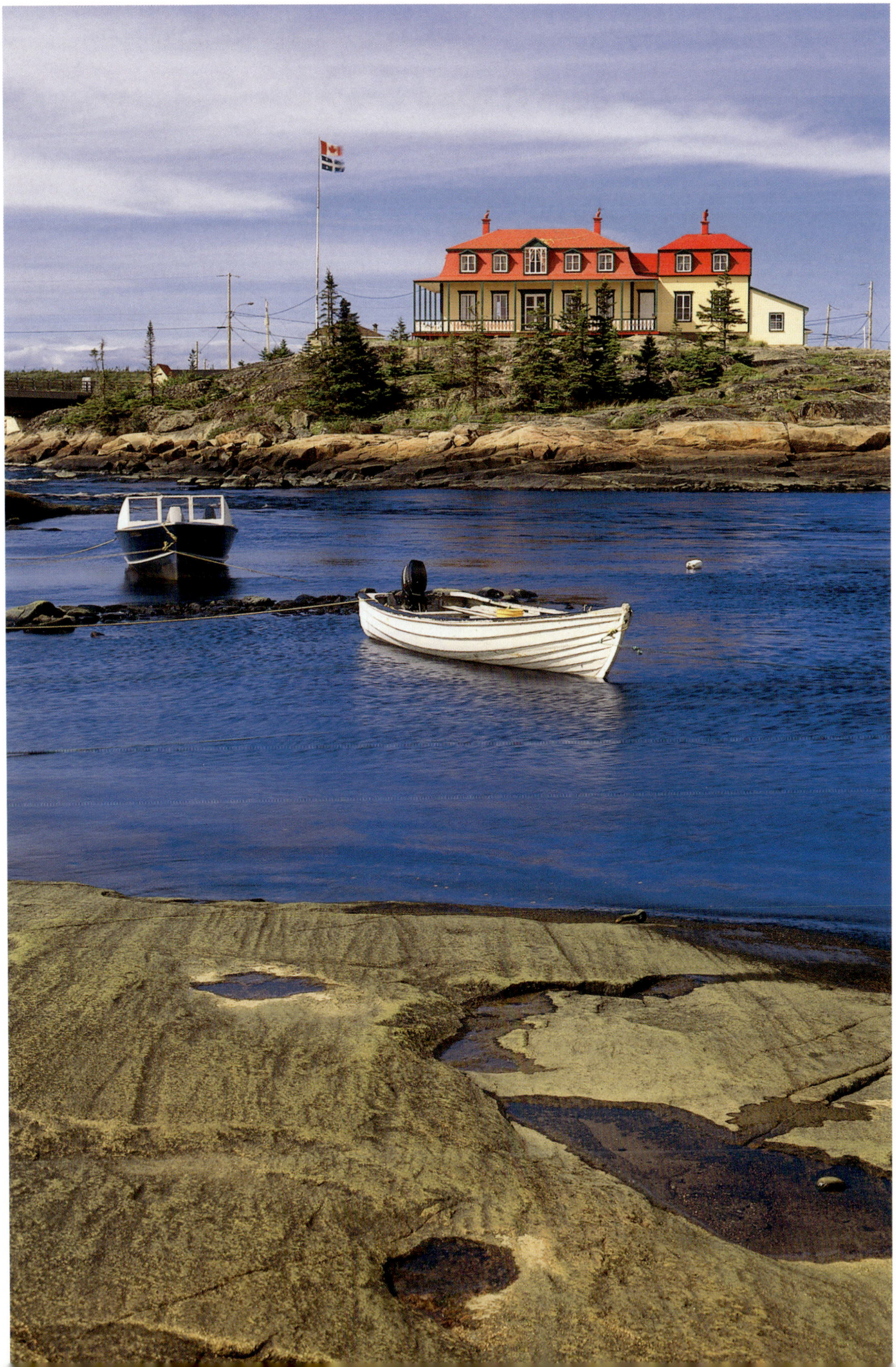

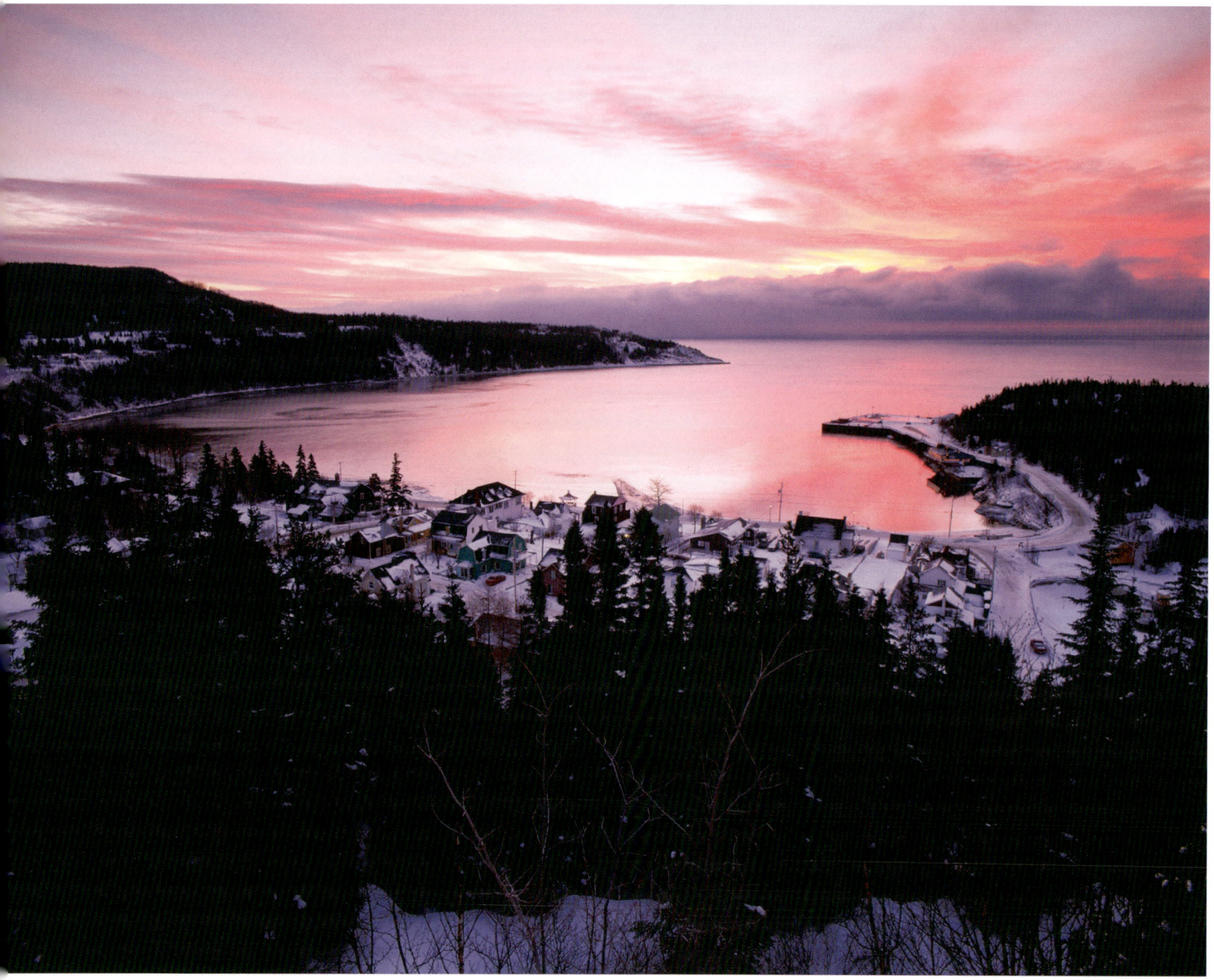

Féerie d'une aube hivernale qui se déploie sur un pays rose et mauve, dans la baie de Tadoussac.

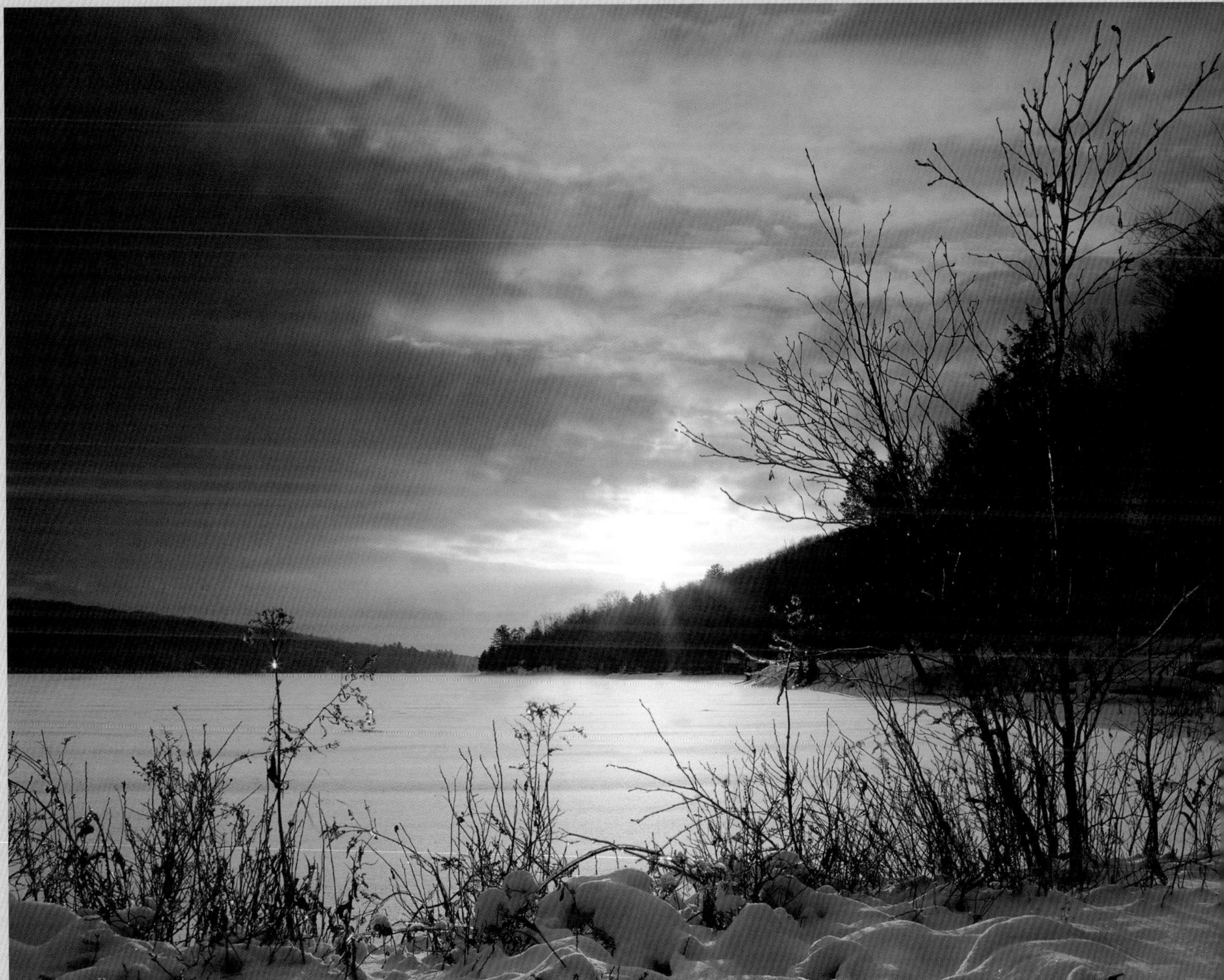

Ici, le jour se donne des airs d'austérité sur le lac Meech, dans le parc de la Gatineau.

L'Anse-au-Griffon, en Gaspésie, et son joli manoir LeBoutillier.

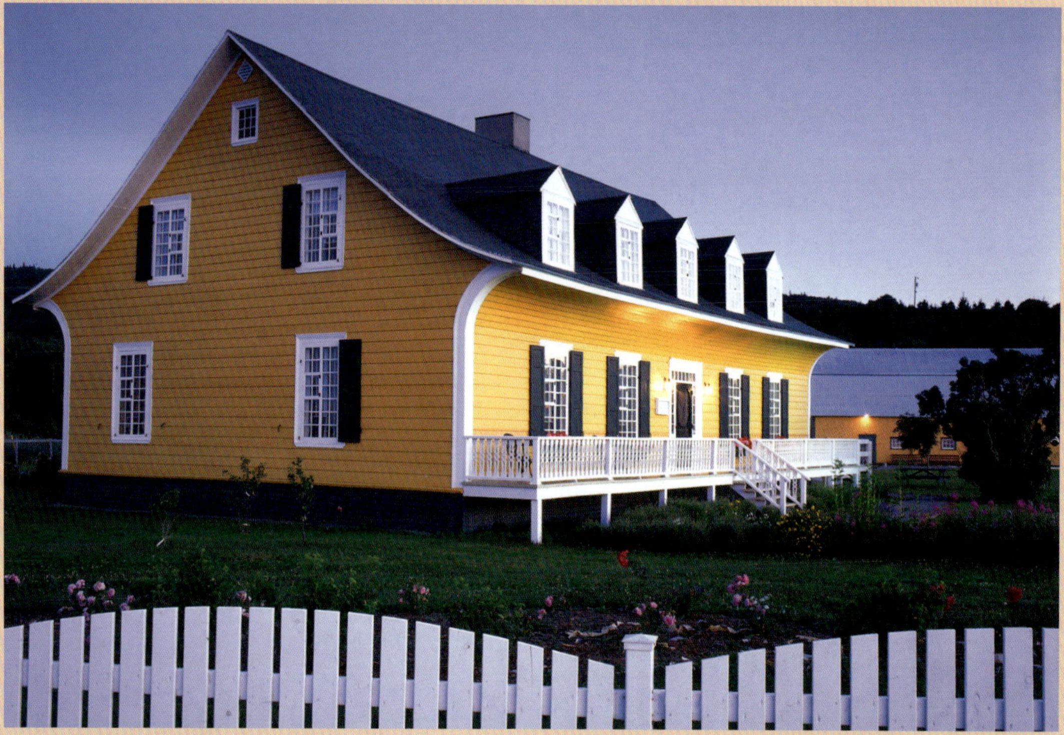

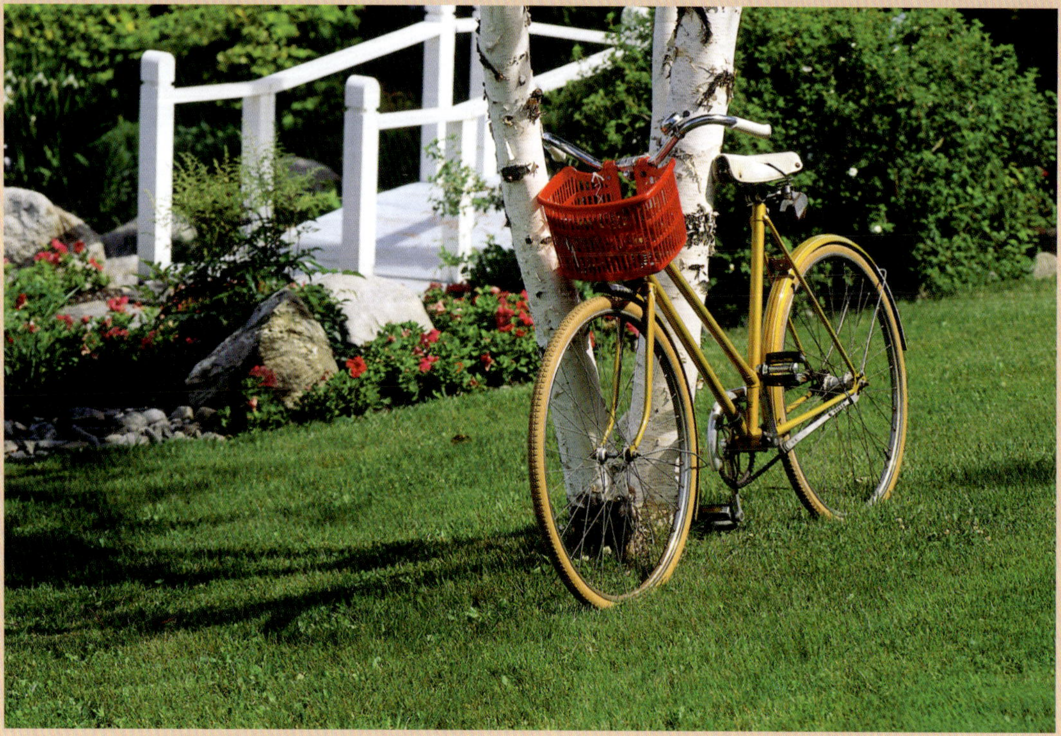

Souvenir d'un petit bonheur d'été à Notre-Dame-du-Portage.

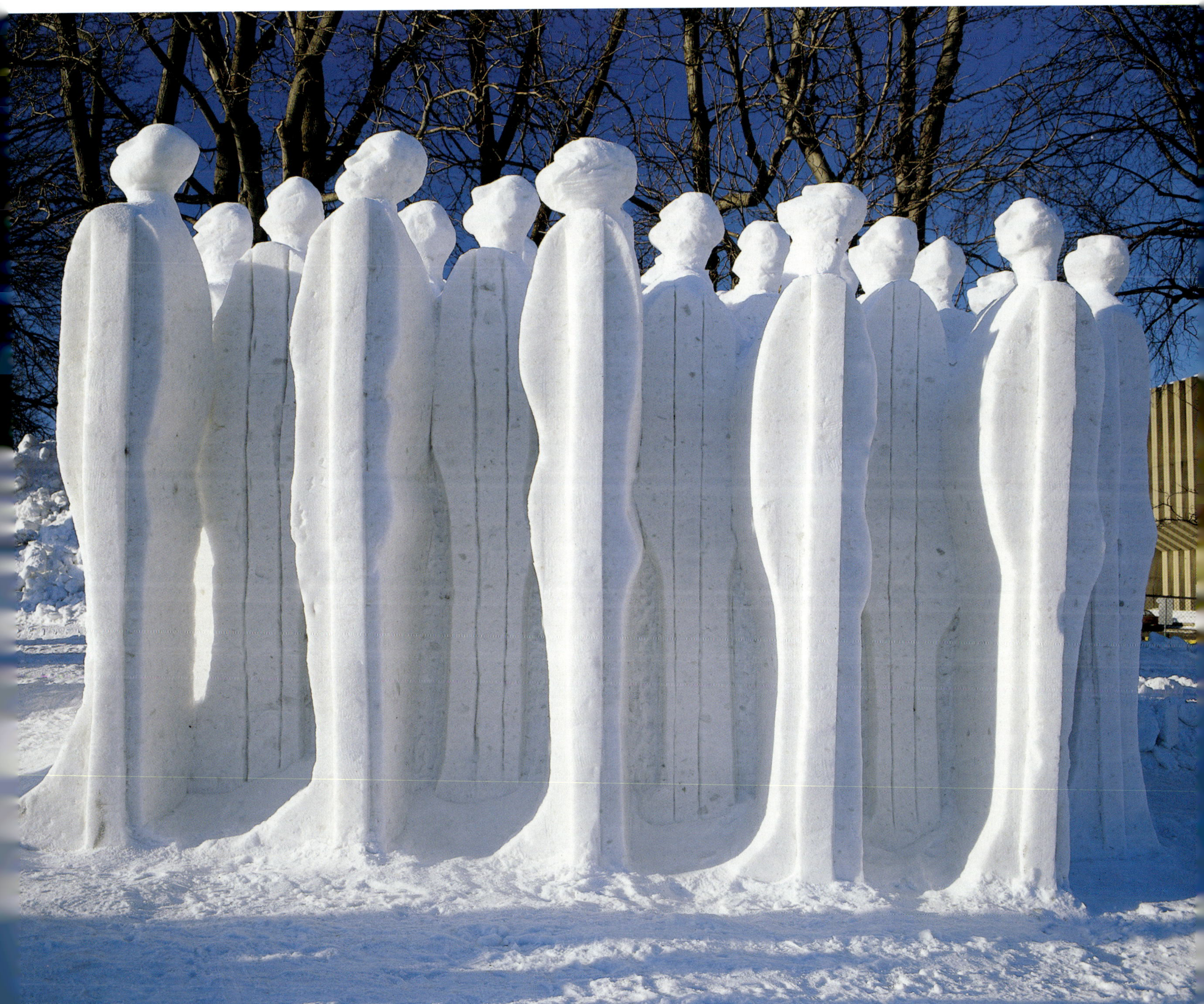

Une foule pétrifiée scrute le ciel pendant
le carnaval de Québec.

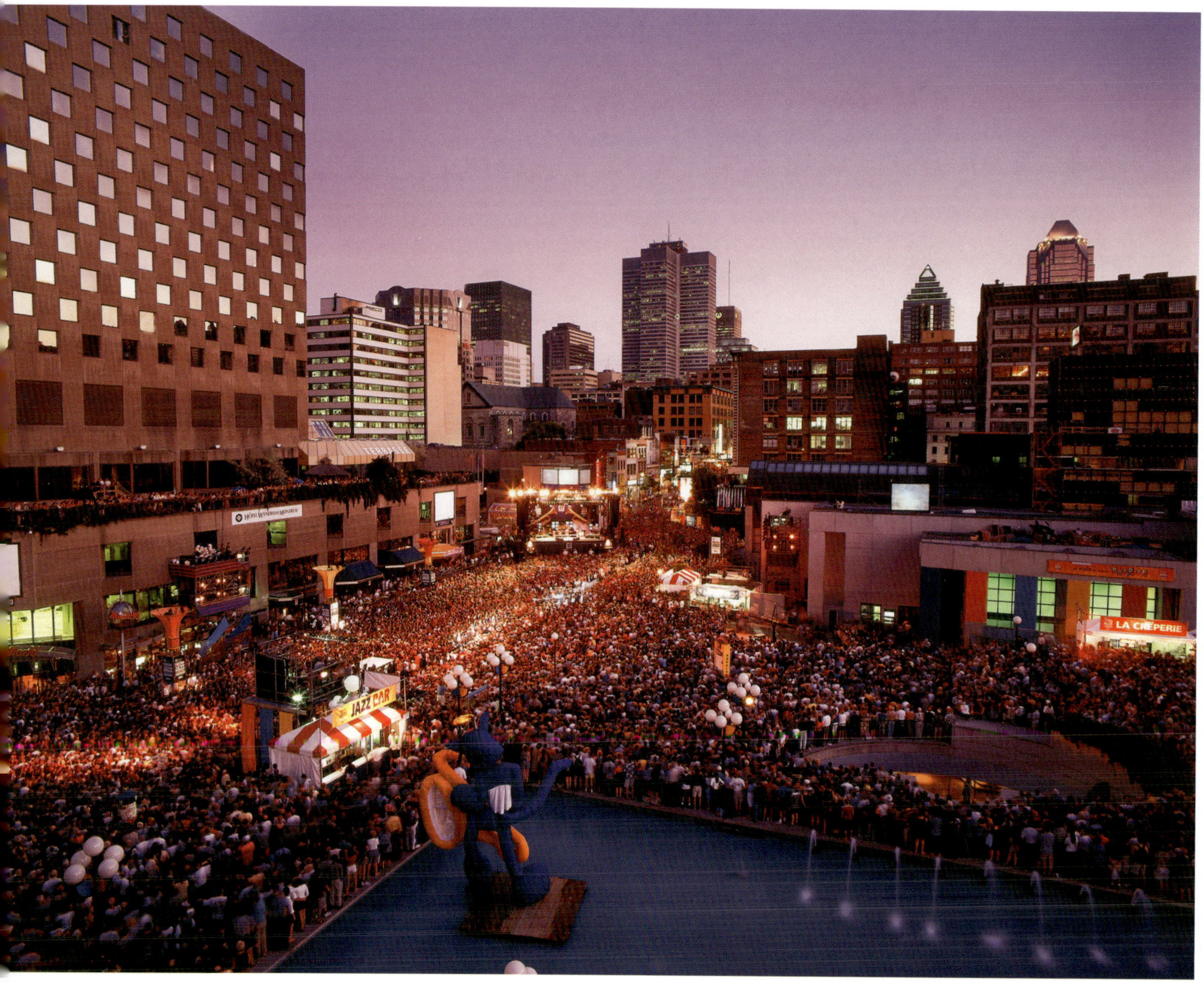

Au Festival international de jazz, bain de foule
et bain de rose au crépuscule.

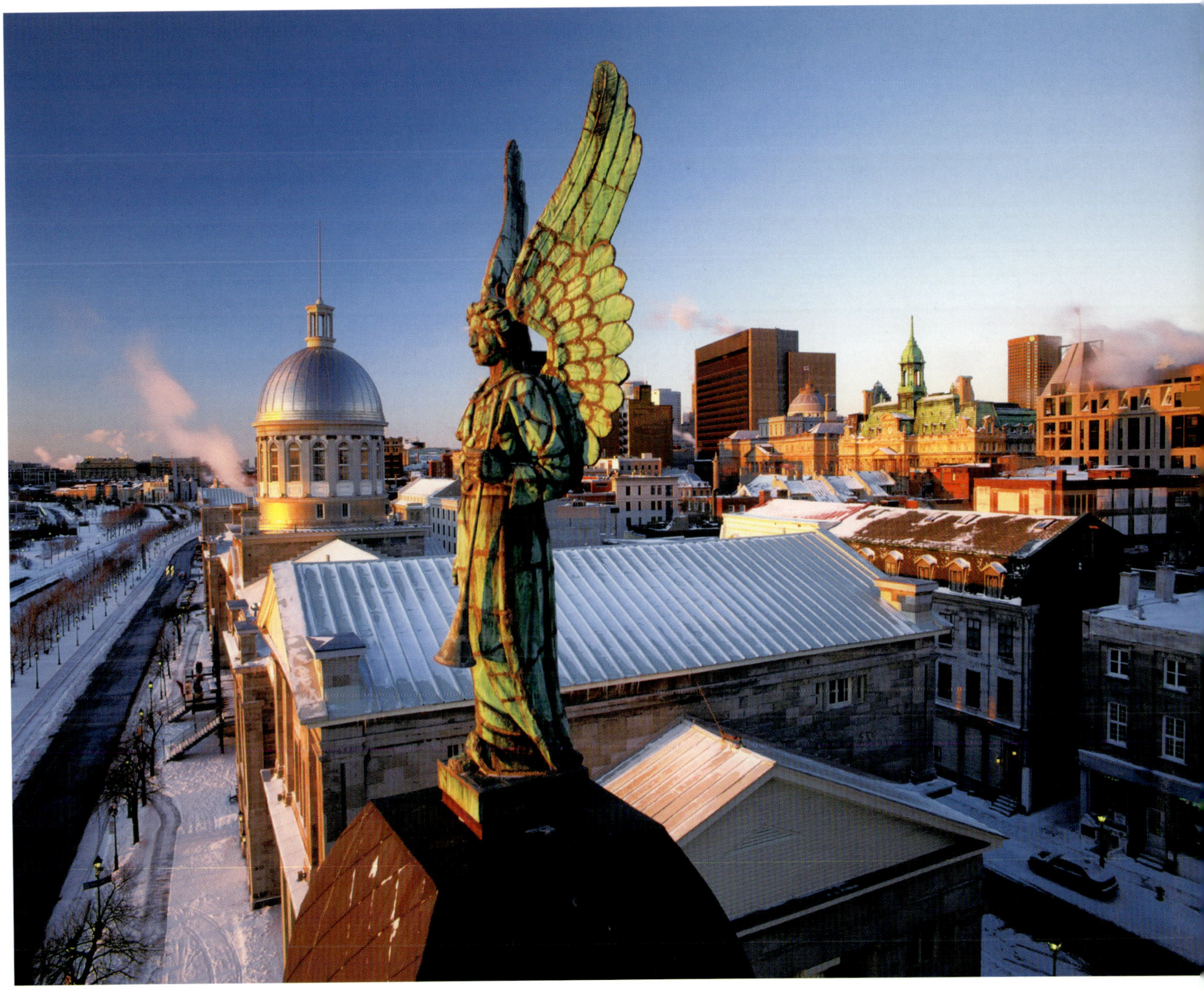

Dans le Vieux-Montréal, le temps est beau, le ciel est bleu ; levé aux aurores, un ange passait justement par là.

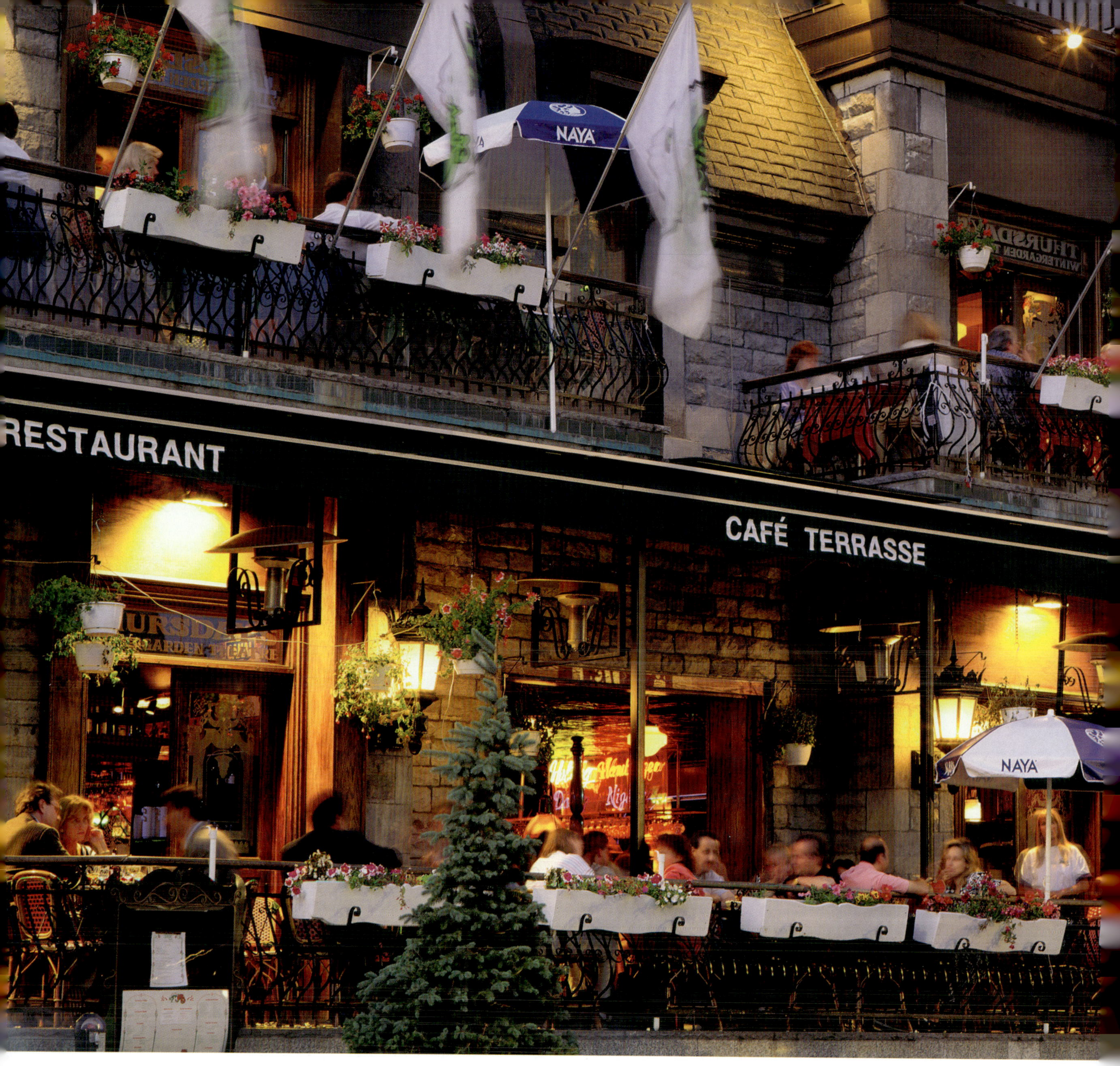

Rue Crescent, à Montréal, les soirs d'été se jouent sur le mode du farniente.

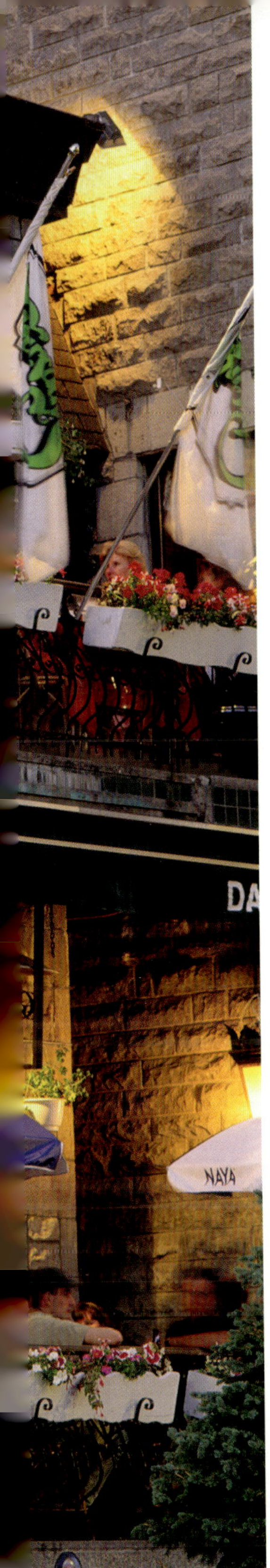

Ah ! Comme la neige a neigé
rue Drolet, à Montréal, tout près
de chez monsieur Nelligan !

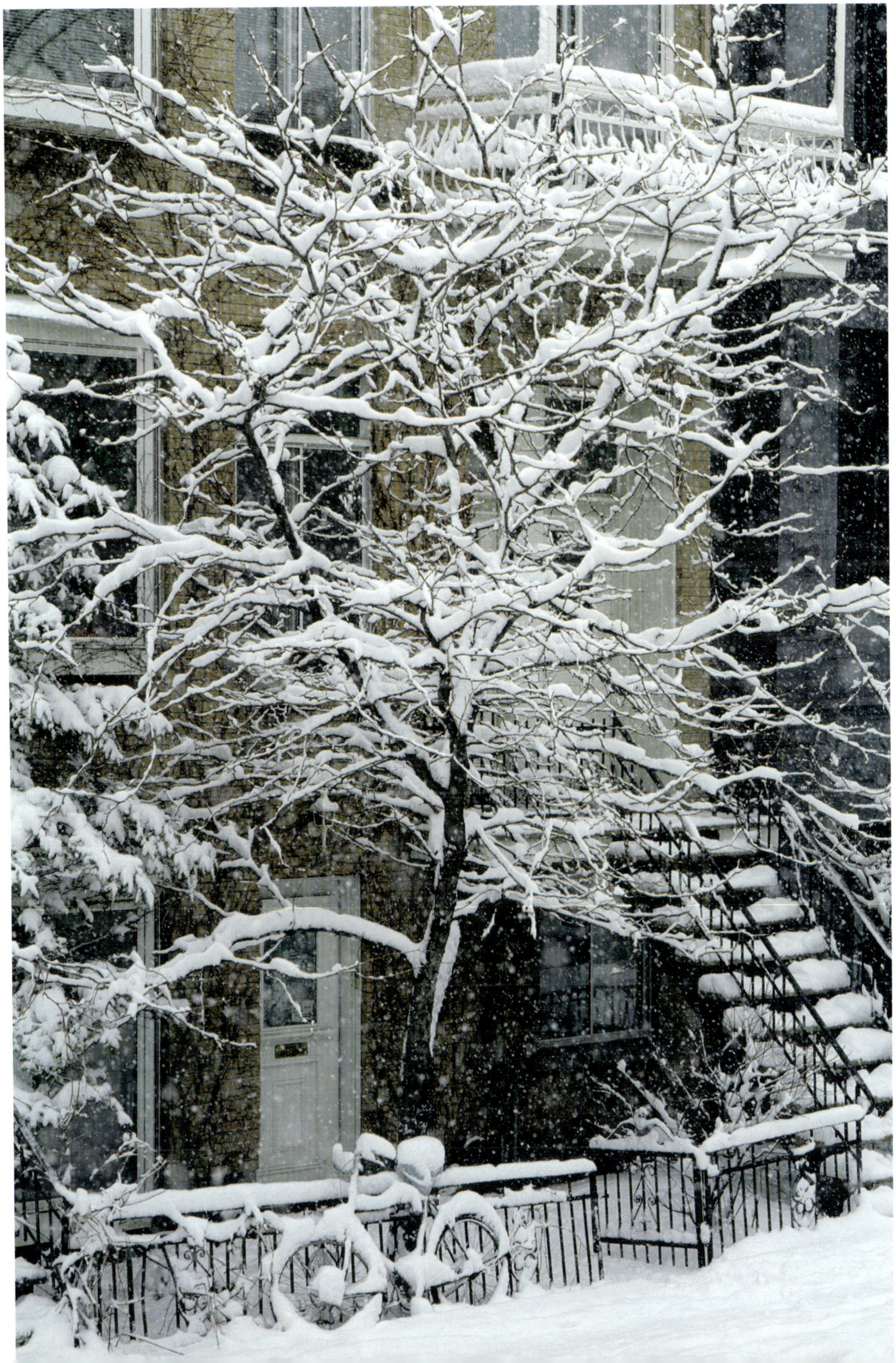

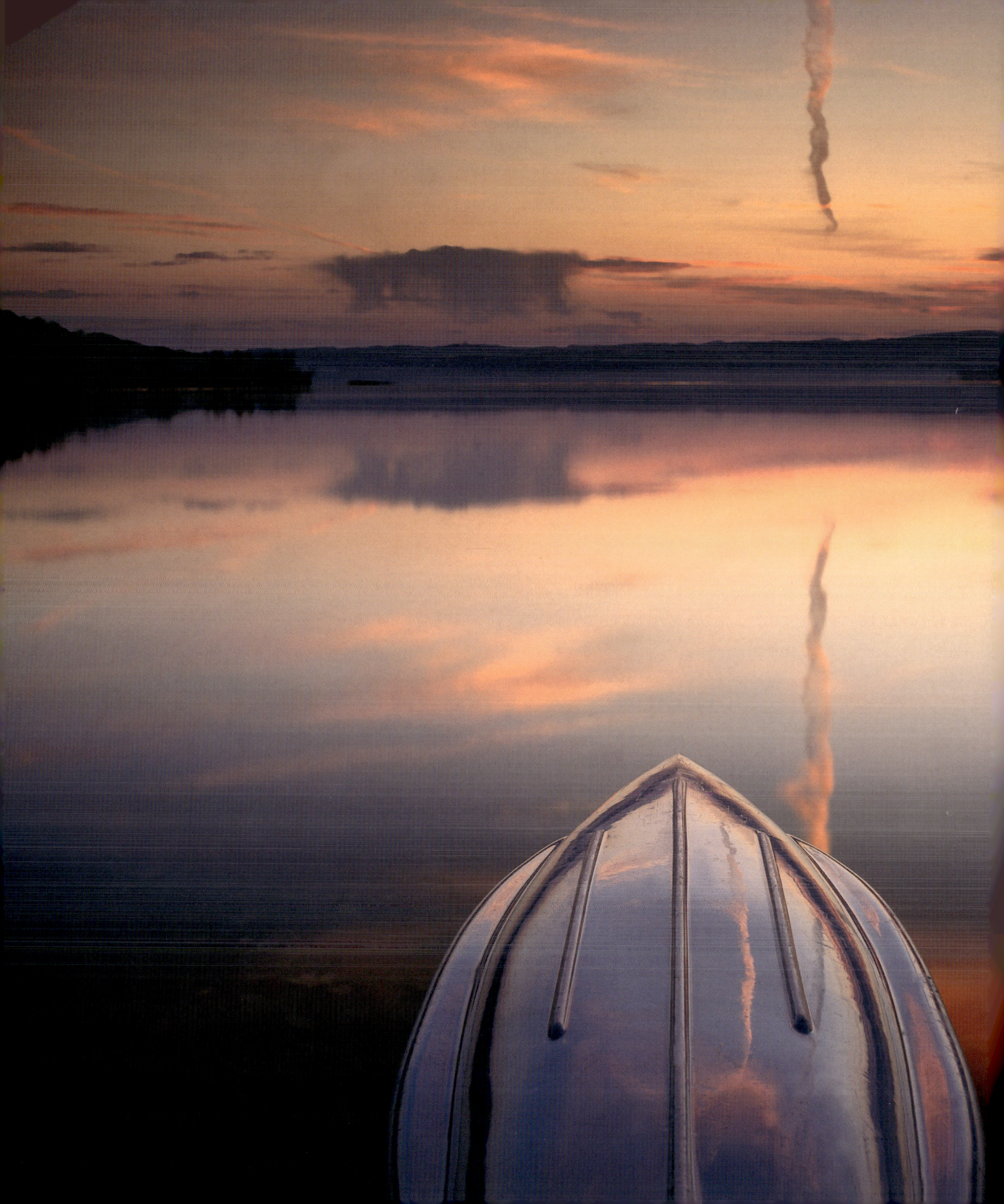

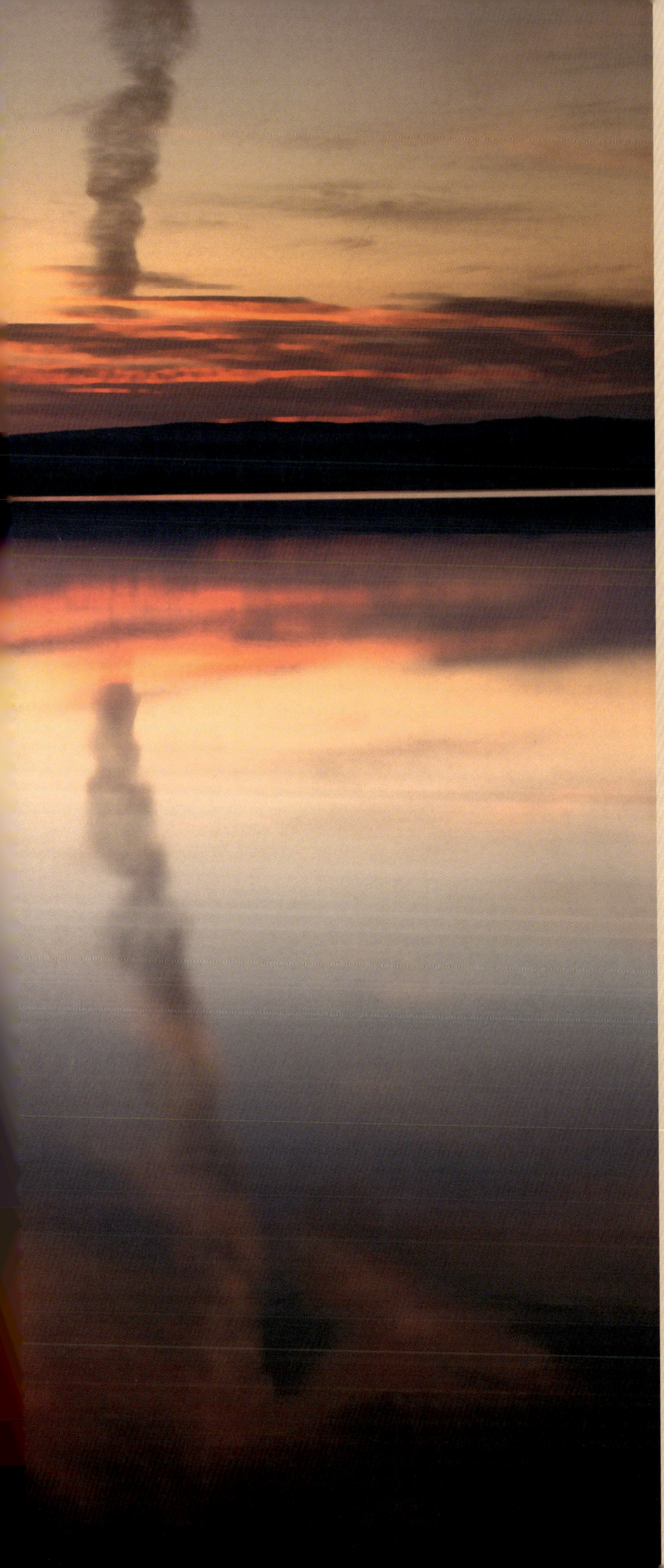

En Estrie, l'aube se fait parfois impressionniste pour peindre le lac Massawippi et le ciel qui s'y mire.

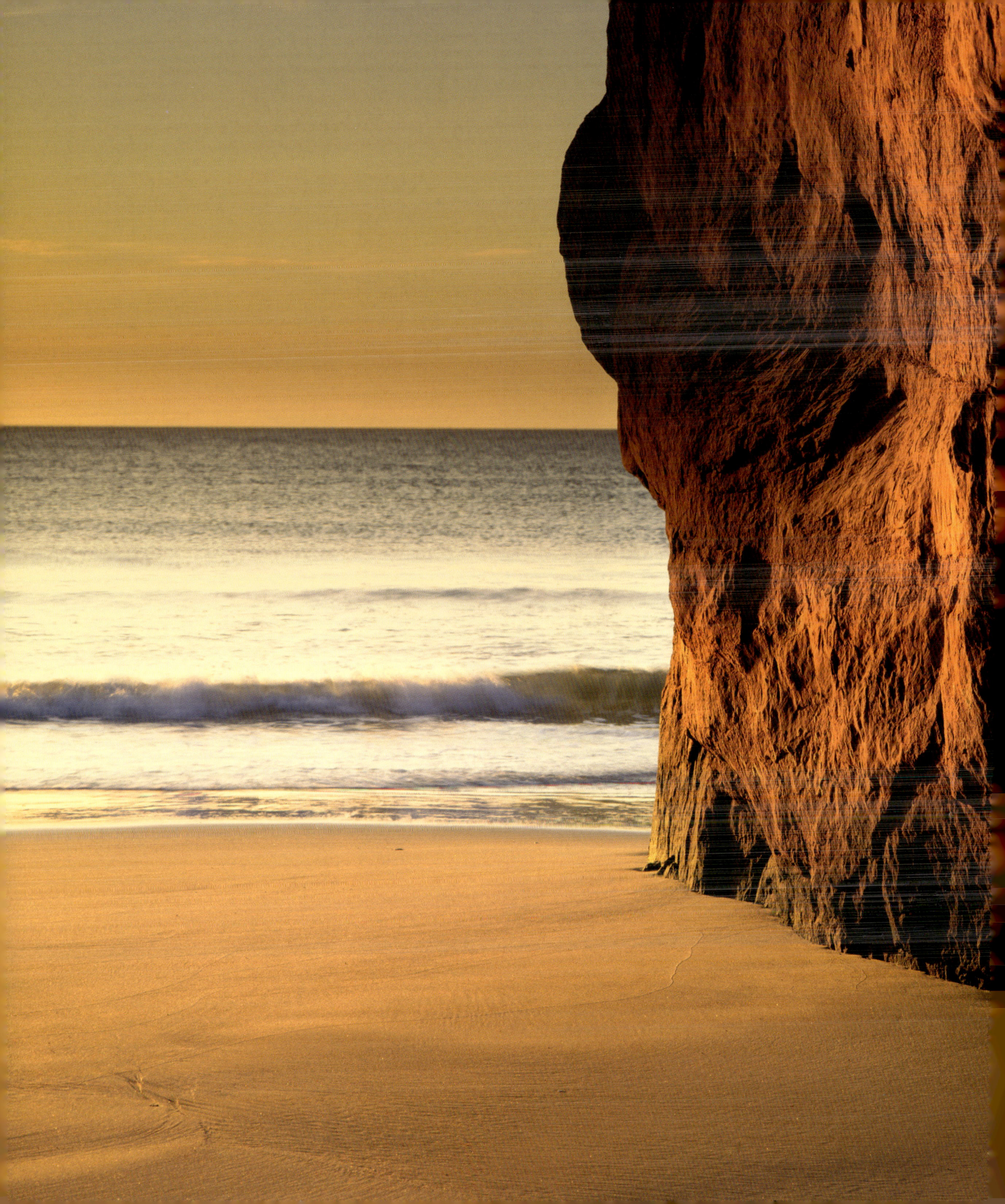

Du soleil
AUX ÉTOILES

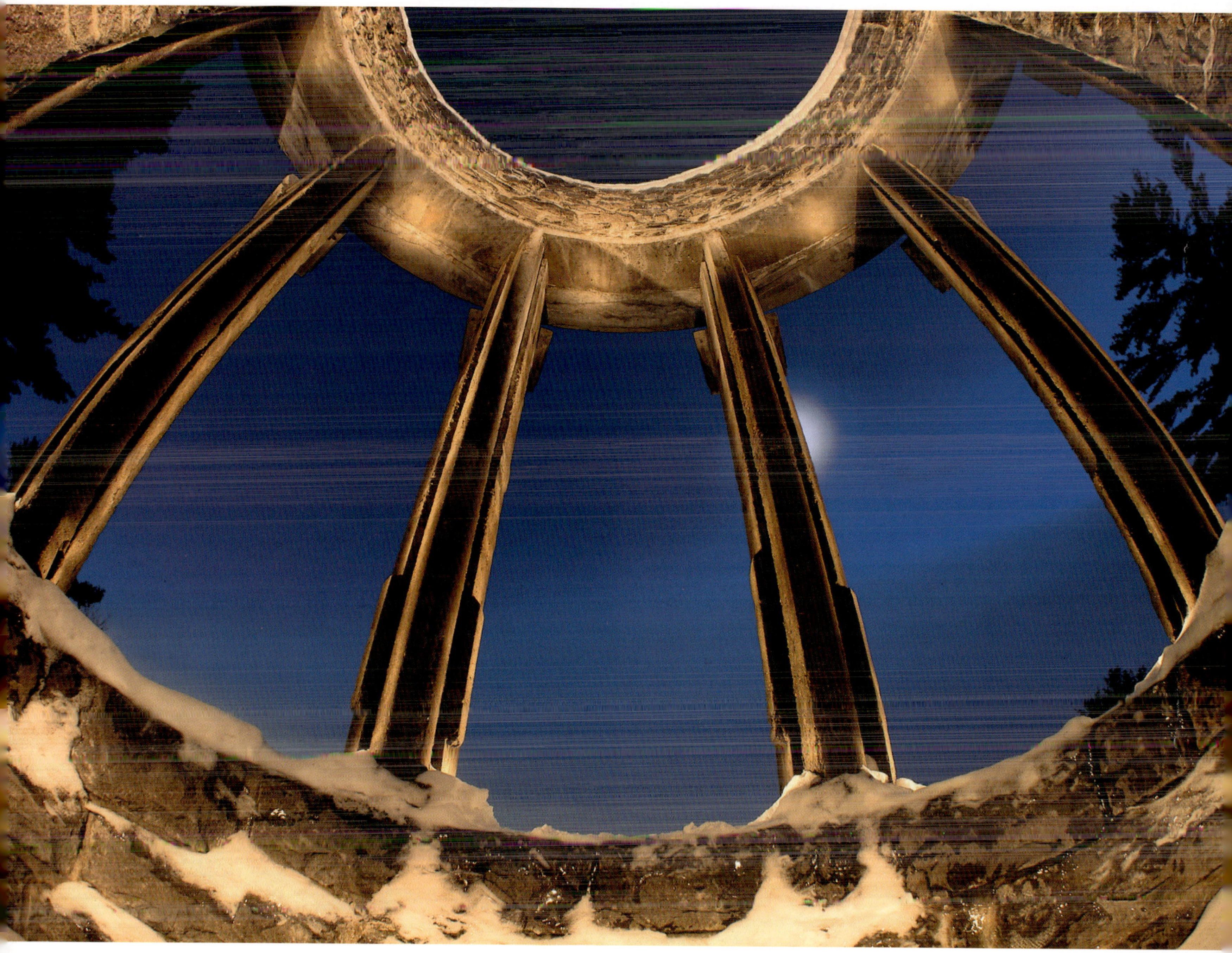

Une jolie coupole en ruines fragmente le ciel gelé au-dessus du domaine Mackenzie-King.

Page précédente : À peine sortie des ombres de la nuit, l'île du Havre aux Maisons est embrasée par le soleil levant.

Ici, le ciel est pervenche. Là-bas, il s'enflamme. Plus loin, il se drape d'anthracite. Et que dire de ses multiples spectacles dignes des plus grands interprètes ? Des aurores boréales aux couchers de soleil fantasmagoriques en passant par la mouvance des grandes migrations, le Québec peut se vanter de déployer un ciel fabuleux, toujours changeant, toujours surprenant.

Quel que soit l'endroit, quel que soit le but, une promenade sur les chemins de traverse du Québec exige des pauses nez-dans-les-nuages. Car non seulement cette terre est pays de cocagne, mais elle a eu l'heur de tendre une toile exquise pour que Dame Nature puisse y coucher ses œuvres les plus somptueuses.

À l'automne et au printemps, la voûte bleue texturée de moutons blancs se tapisse de plumes et commence à se mouvoir doucement. C'est la période de migration dont la grande oie des neiges est sans conteste la principale vedette.

Merveilles de la nature aux ailes géantes, les oies parcourent plus de 3 000 km entre leur lieu de nidification dans le Grand Nord et leurs quartiers d'hiver qui s'étendent entre le New Jersey et la Caroline du Sud, sur la côte est des États-Unis. Mais pas de voyage au long cours sans pauses repas.

Et c'est sur les berges du Saint-Laurent qu'elles jettent leur dévolu. Certaines s'arrêtent dans les régions de Baie-du-Febvre et de Montmagny, mais la majorité choisissent la réserve nationale de faune du cap Tourmente pour faire provision de carburant. Et ce n'est pas sans raison. La réserve abrite le plus important marais à scirpes, le mets préféré de la grande oie des neiges, en Amérique du Nord. La racine de cette plante est riche en matières nutritives, ce qui permet aux oiseaux d'emmagasiner les stocks énergétiques nécessaires pour continuer leur périple vers le sud.

Ce n'est pas d'hier qu'on a remarqué ce froufrou de plumes blanches dans le ciel de Cap-Tourmente. En effet, Cartier et Champlain en font déjà mention dans leurs carnets de voyages. Ce n'est cependant qu'en 1969 qu'est créée la réserve, dans le but de protéger la grande oie des neiges en période de migration. Son succès fut tel que le nombre d'oies répertoriées est passé de 3 000 individus au début du xxe siècle, à près d'un million aujourd'hui. Autrefois, l'oie se contentait du seul site du cap Tourmente. Mais sa population ayant atteint les proportions que l'on connaît, elle prend également ses aises de l'autre côté du fleuve, dans la région de Montmagny.

FASCINANTS OISEAUX

Lors de leurs grandes migrations, les oies volent en escadrons, ce qui leur permet de profiter des courants d'air favorables. Leur vitesse de croisière ? Autour de 55 km/h. Mais elles peuvent pousser des pointes jusqu'à 95 km/h. Certaines agissent comme capitaines et se tiennent, bon vent, mauvais vent, tout devant. D'autres sont affectées au poste d'éclaireurs et veillent à repérer dangers potentiels et lieux sûrs. De la même façon, à l'heure des repas, certaines d'entre elles font le guet et se tiennent prêtes à donner l'alarme au moindre danger.

À la fin de mai et au début de juin, les oies se posent aux îles Baffin et Bylot, situées dans le Grand Nord. L'été arctique étant plutôt court, elles ont tout juste quelques semaines pour se reproduire et préparer leur progéniture avant le retour du gel, à la fin d'août. Heureusement, à cette période de l'année, le sol nordique est riche en végétation qui procure aux oisons en croissance une nourriture de qualité.

Les oies pondent de trois à cinq œufs – parfois jusqu'à neuf – dans un nid de fortune composé d'herbages et de duvet qu'elles installent directement sur le sol. Après une incubation d'environ 24 jours –

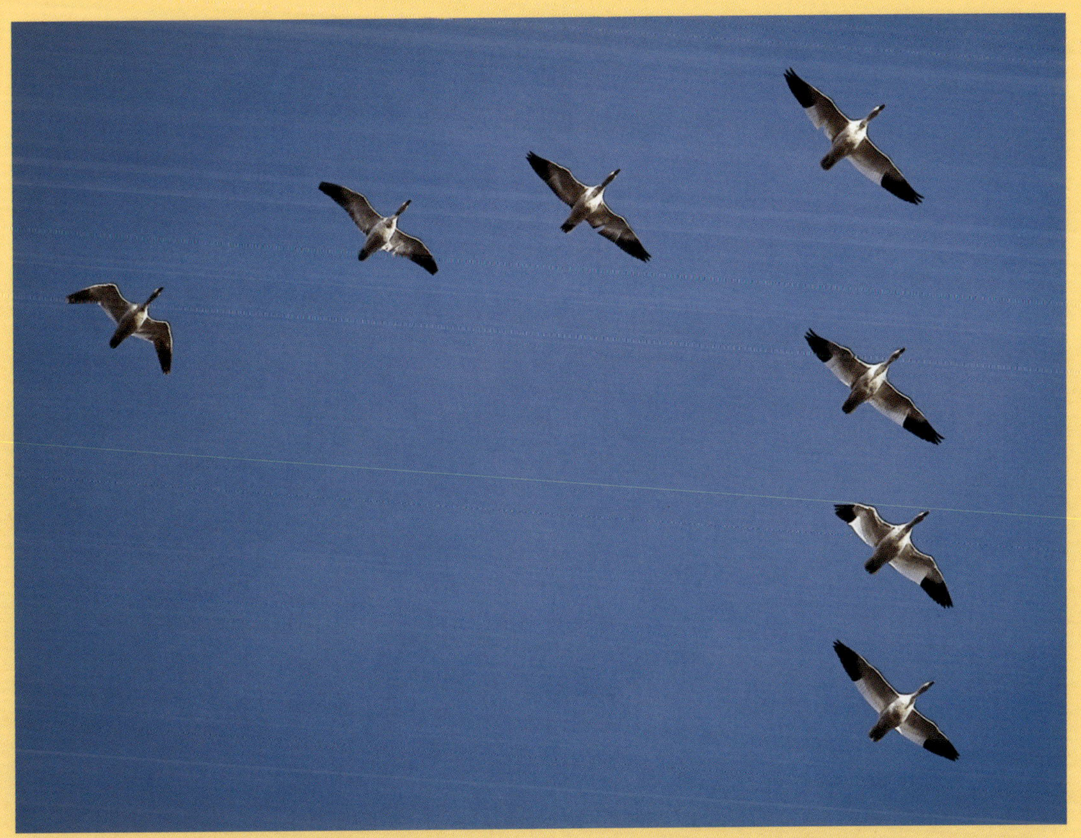

Ce petit escadron d'oies printanières forme une guirlande de lumière au-dessus de Baie-du-Febvre.

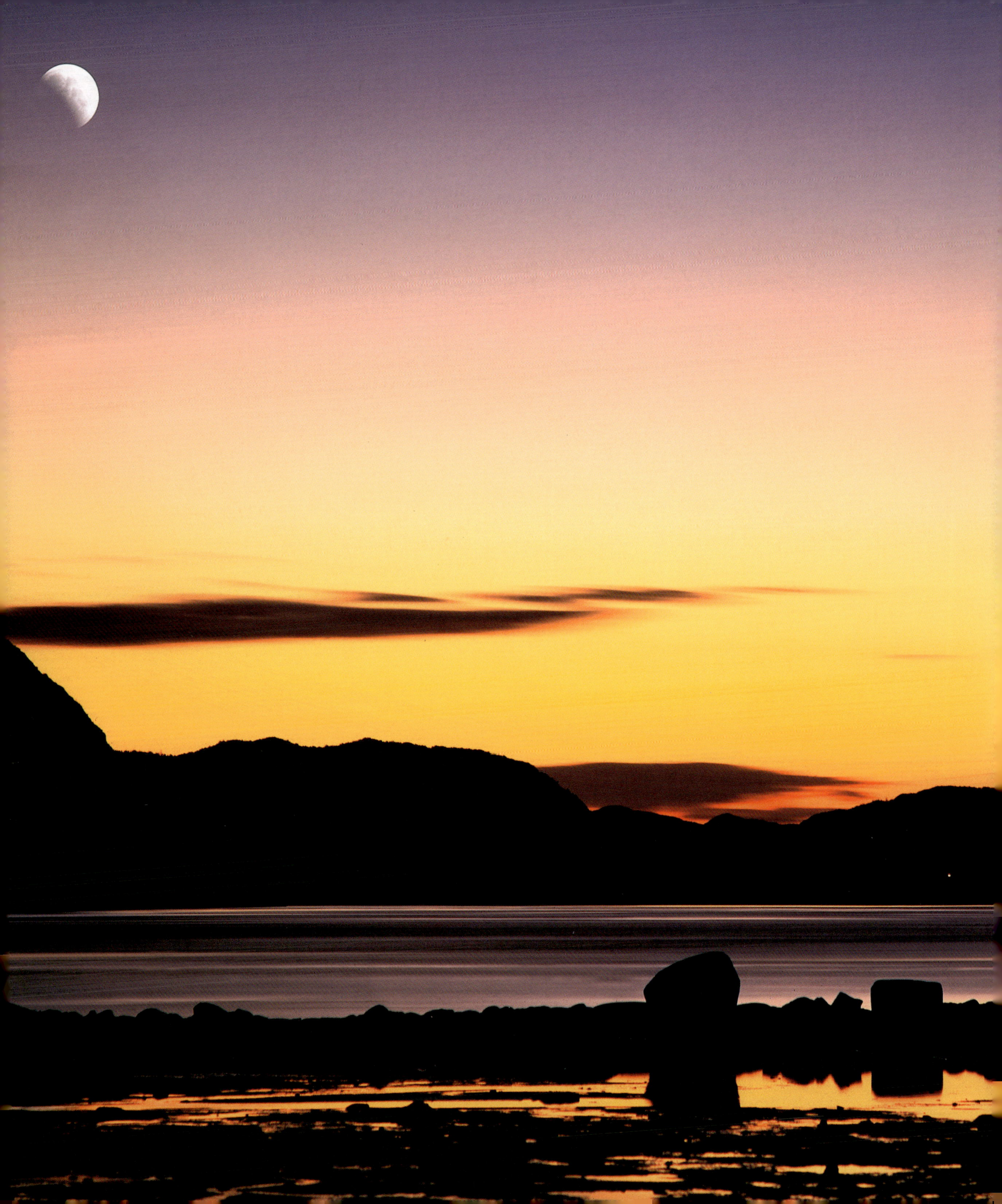

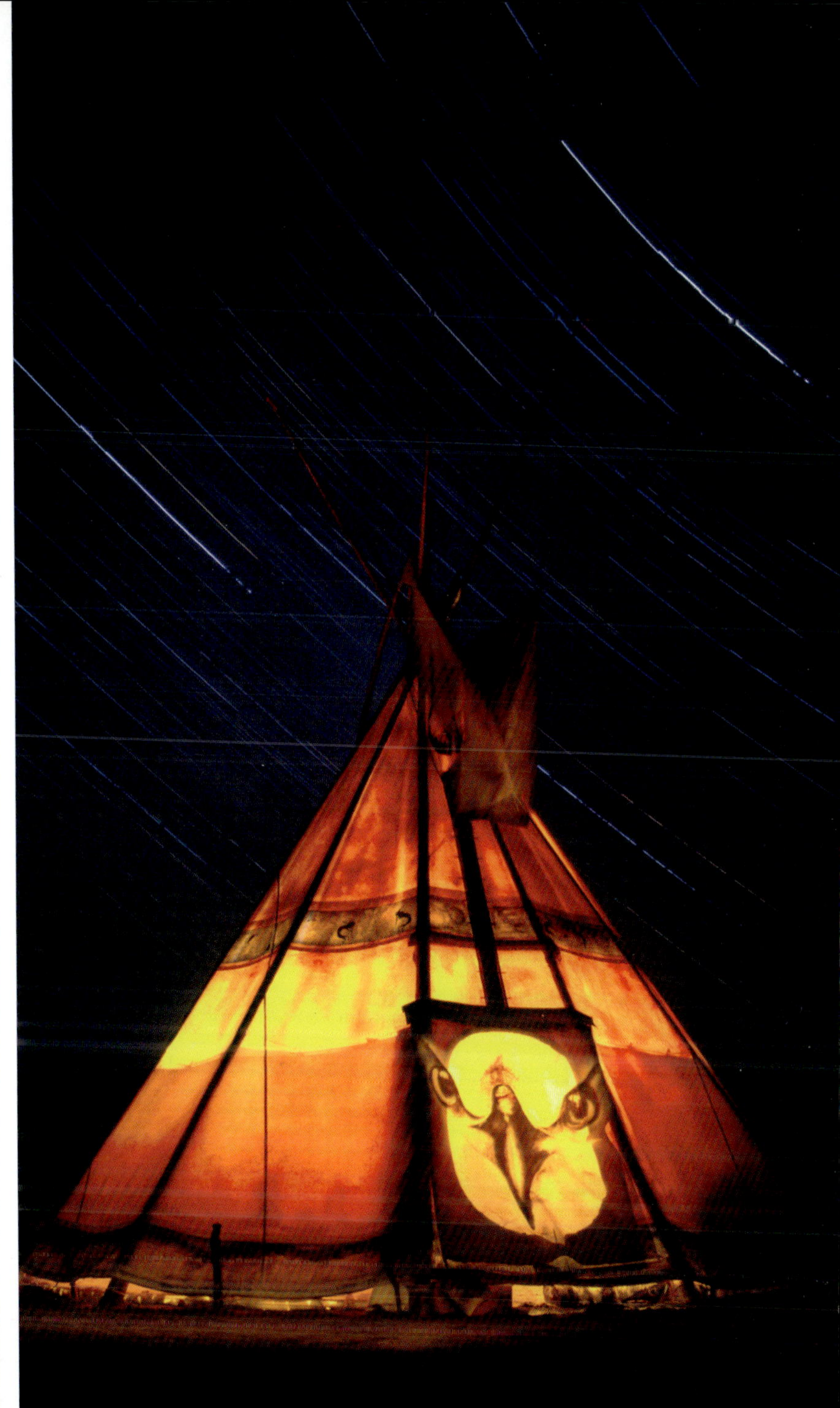
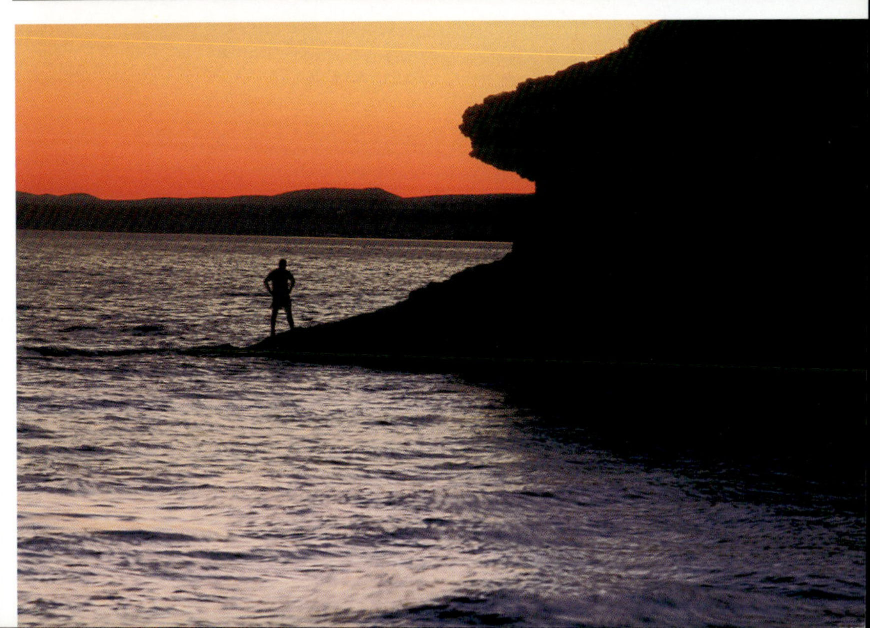

période au cours de laquelle le mâle monte la garde à proximité du nid – les oisons verront le jour. À la fin de l'été, les plumes auront remplacé le duvet jaune des petits, qui seront presque 20 fois plus gros qu'à leur naissance. Sans compter qu'ils auront appris l'essentiel : voler. C'est ainsi qu'ils sont fin prêts pour le voyage vers leurs quartiers d'hiver, sur les côtes de la Nouvelle-Angleterre. L'automne, saison des grands rassemblements, on peut apercevoir plus de 75 000 oies sur le territoire de la réserve nationale de faune du cap Tourmente. C'est également la saison au cours de laquelle la chasse est permise. L'oie des neiges est monogame. Elle s'accouple vers l'âge de trois ans et restera fidèle

Pages précédentes :
(à gauche)
Pendant quelques minutes encore, le Saguenay prend des airs de pays magique, vu de L'Anse-de-Roche.

(en haut à droite)
Tipi ardent et traces d'étoiles en filigrane : les bons esprits veillent dans le parc national de la Jacques-Cartier.

(en bas à droite)
La nuit n'arrive pas à éteindre l'horizon de feu au large d'Anse-aux-Amérindiens (ou Anse-aux-Sauvages), dans le parc national de Forillon.

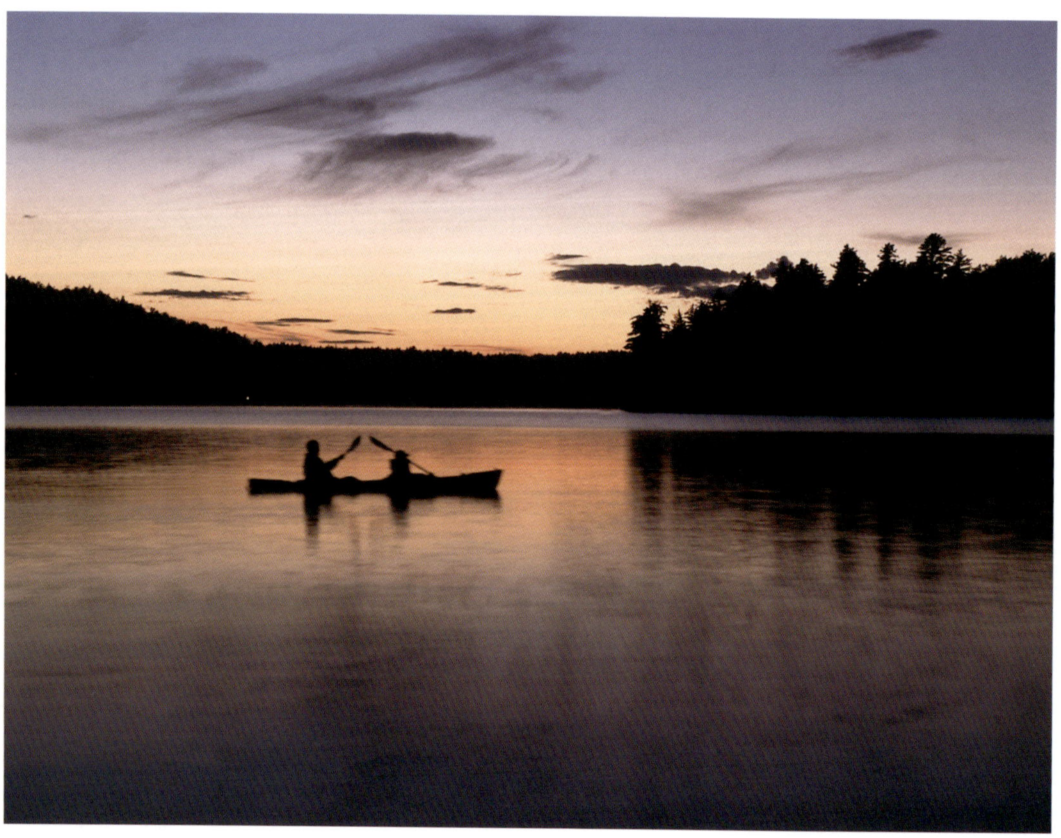

Balade en kayak dans le crépuscule mauve du parc national du Mont-Orford.

pour la vie. Si bien que si l'un ou l'autre des compagnons disparaît en cours de route, celui qui reste attendra son retour avant de continuer le voyage. Dans le cas contraire, l'oiseau sera parfois incapable de se rendre à destination.

Vers la fin d'octobre, avec l'arrivée du gel et la pénurie de nourriture, les oies reprennent leur vol. Les anciens soutenaient que lorsque les oies repartaient, l'hiver devait arriver un mois plus tard pour se terminer avec le retour de l'oie blanche, au printemps. Et c'est ainsi que, du début d'avril à la fin de mai, d'immenses volées bruyantes retapissent le ciel de plumes blanches au-dessus des rives du Saint-Laurent.

CIEL DE NUIT

Le dernier battement d'ailes s'estompe dans un ciel embrasé, habillé de pourpre, d'orange et d'aubergine. Le couchant présente son spectacle avant de céder sa place à la nuit qui raconte l'histoire de nos origines à qui veut l'entendre.

Le ciel est maintenant tapissé d'un noir d'encre, la montagne est vertigineuse, les étoiles sont nombreuses et s'immiscent tant dans la pupille que dans l'âme par la lorgnette du télescope.

Créé en 1978, l'ASTROLab du parc du Mont-Mégantic est l'endroit rêvé pour observer la voûte céleste et plonger tête première au cœur même du mystère de l'univers. Ce lieu, choisi pour son altitude (1 095 m) et son relatif isolement, loin de la pollution lumineuse, abrite deux observatoires astronomiques, l'un réservé aux professionnels et l'autre, aux amateurs.

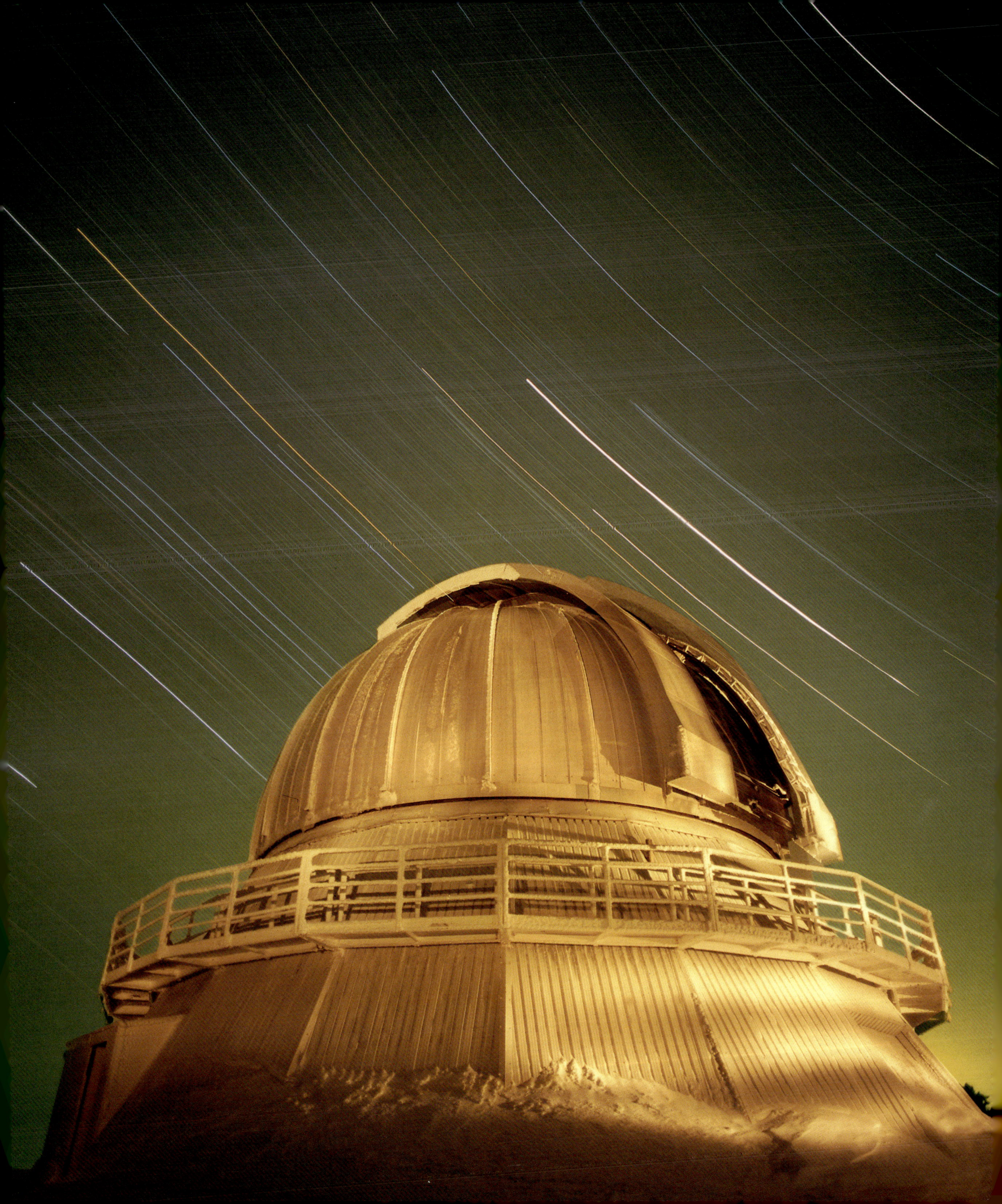

Centre de recherche réputé dont l'Université de Montréal et l'Université Laval assurent la gestion, l'Observatoire du Mont-Mégantic abrite le plus grand télescope (1,6 m) de l'est de l'Amérique.

Par ailleurs, l'Observatoire populaire du Mont-Mégantic est dédié au public et présente un observatoire multimédia muni d'un équipement à la fine pointe de la technologie, dont un télescope de calibre professionnel qui permet aux amateurs de scruter l'espace. Expositions et spectacles multimédia complètent ce voyage interplanétaire. Dans cet endroit où règnent magie et mystère, les bulles de la fête éclatent lors du Festival d'astronomie populaire au cours duquel les simples mortels peuvent accéder à ce monde fascinant tissé d'étoiles, de galaxies et autres trous noirs. L'histoire écrite dans le ciel est alors révélée comme sur les pages d'un grimoire auquel on aurait accès sans avoir appris à manier la baguette magique.

Voyage dans l'espace, certes, mais également voyage dans le temps. Spectacle enivrant que d'admirer cette toile piquée de milliards de points lumineux, lumière qui met parfois tant de temps à voyager qu'elle apporte des nouvelles de l'univers tel qu'il était il y a des milliers, voire des millions d'années. « La nébuleuse d'Orion nous apparaît telle qu'elle était à la fin de l'Empire romain, et la galaxie d'Andromède, telle qu'elle était au moment de l'apparition des premiers hommes, il y a deux millions d'années. À l'inverse, d'hypothétiques habitants d'Andromède, munis de puissants télescopes, pourraient voir aujourd'hui l'éveil de l'humanité sur notre planète », explique Hubert Reeves dans *Patience dans l'azur.*

L'Observatoire du parc national du Mont-Mégantic sur fond de traces d'étoiles.

Soudain, les ténèbres s'éclairent. La terreur qu'elles engendrent souvent fait place à la lumière…

DANSES CÉLESTES

Il arrive que ce ciel fantasmagorique soit balayé d'aurores boréales, longs rideaux de couleurs fabuleuses qui valsent doucement sur la voûte céleste en voiles irisés. Ce fascinant phénomène a de tout temps frappé l'imagination et exercé sur le voyageur un étonnant pouvoir de séduction. Enveloppées de mystère, les aurores boréales ont engendré de nombreuses légendes. Les Vikings voyaient en elles le reflet de jeunes filles mortes prématurément qui dansaient dans le ciel certains soirs d'hiver. Au Moyen Âge, elles étaient présages de guerre, de désastres ou de fléaux. Les croyants y déchiffraient des messages du Créateur qui exprimait sa colère en embrasant le ciel. On allait jusqu'à rentrer les enfants précipitamment, de peur que ces lumières divines ne foncent vers eux et ne leur coupent la tête ! Pour les Inuits, les *arsaniit* représentent le royaume des morts où dansent les esprits de leurs ancêtres qui tentent de communiquer avec les vivants.

Mais si ce phénomène a longtemps été interprété par le surnaturel, il a finalement été expliqué par les scientifiques. C'est Galilée qui baptisa le phénomène *Aurora borealis*, expression latine qui signifie « le coucher du Nord ». Les aurores naissent en fait de la collision entre les molécules de gaz de l'atmosphère et des particules issues de violentes explosions à la surface du soleil. L'énergie

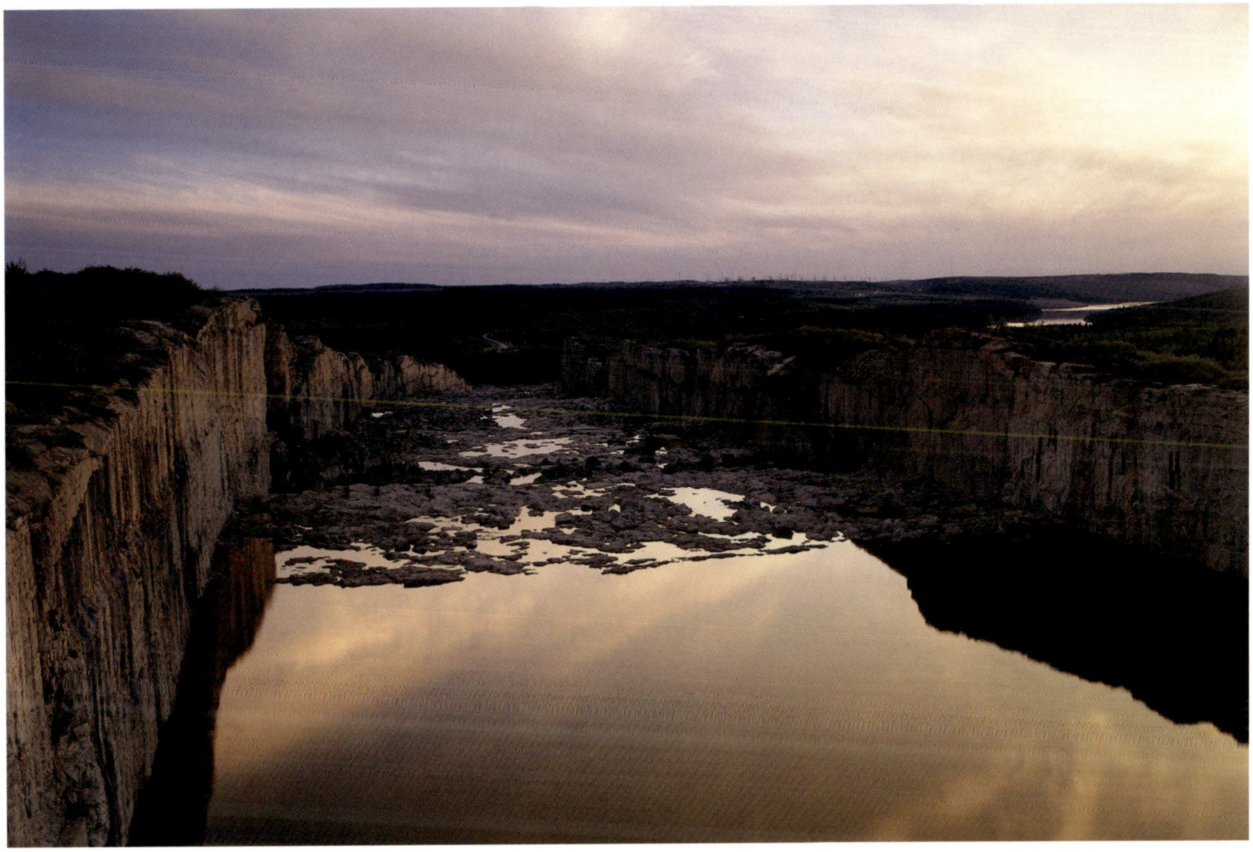

L'escalier du géant à Radisson, dans le plat pays de la Baie-James.

produite par cette collision émet une lumière visible à l'œil nu. La période d'observation s'étend d'octobre à mars, lorsque la nuit est bien noire et que le ciel est complètement dégagé. Et le meilleur moment pour les admirer est de 22 h à 2 h.

Que ce soit de jour ou de nuit, au levant comme au couchant, le ciel du Québec doit se laisser goûter comme une visite dans un musée dont les œuvres seraient d'une richesse infinie, sources intarissables de génie et de magie.

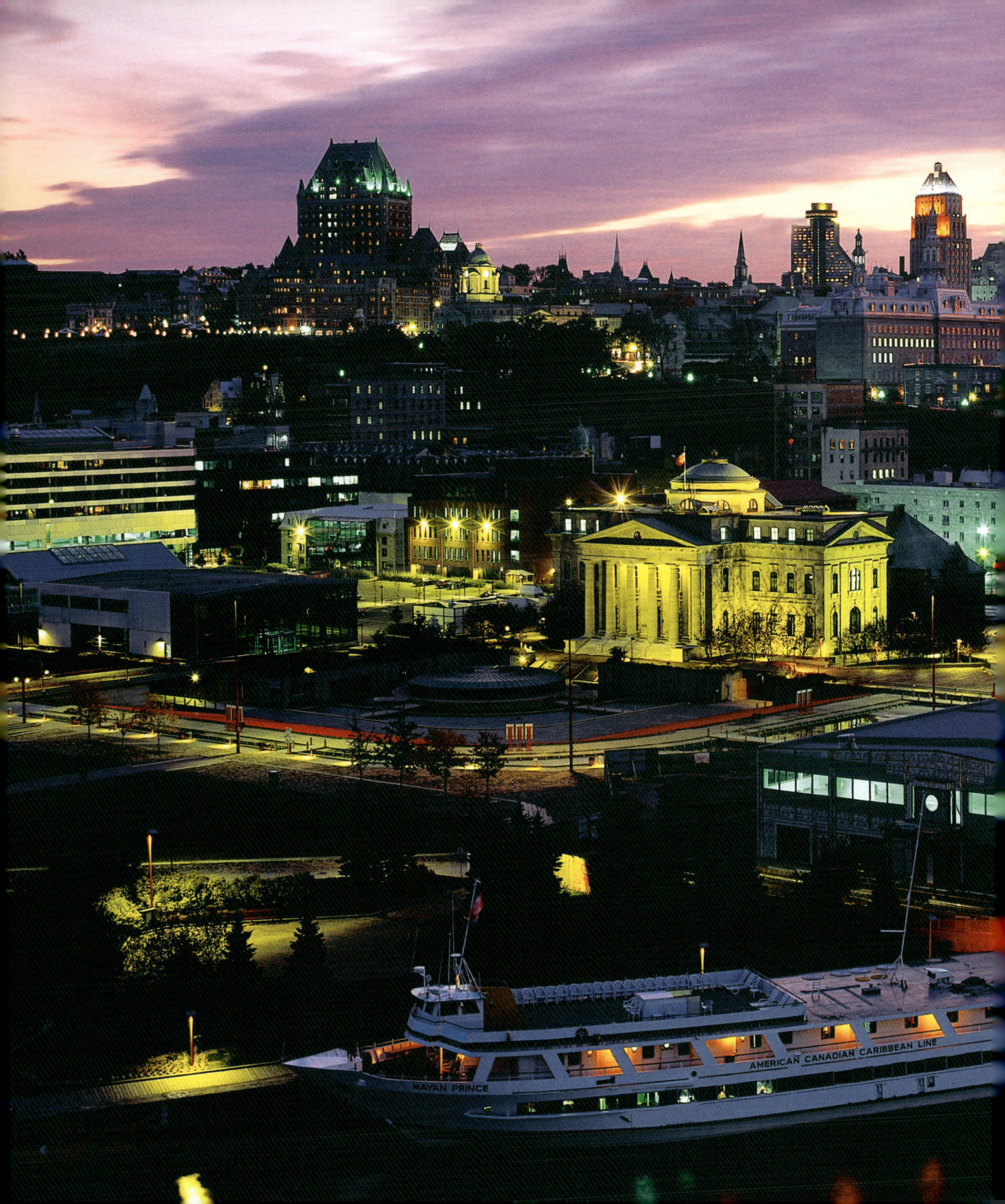
AMERICAN CANADIAN CARIBBEAN LINE
MAYAN PRINCE

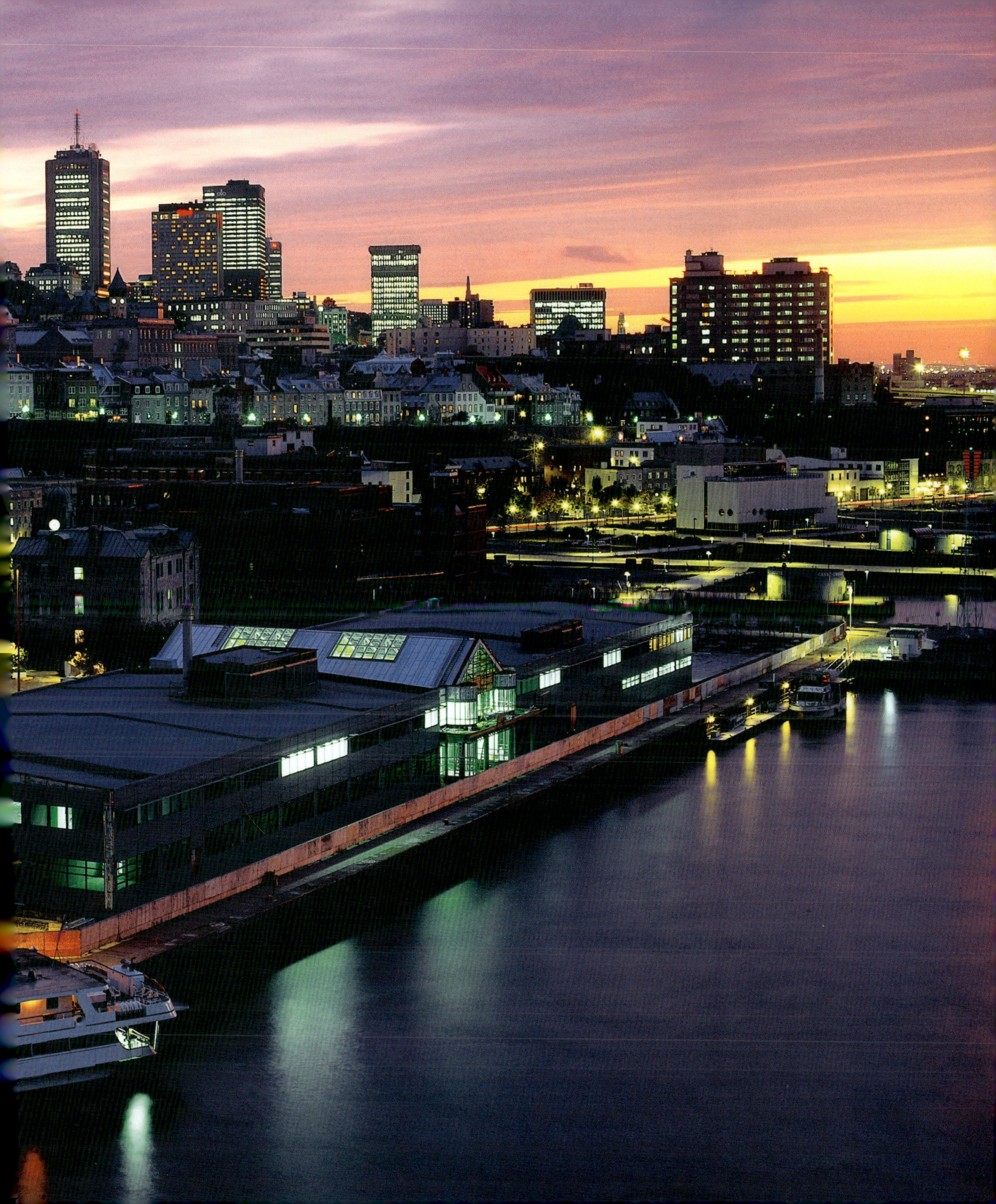

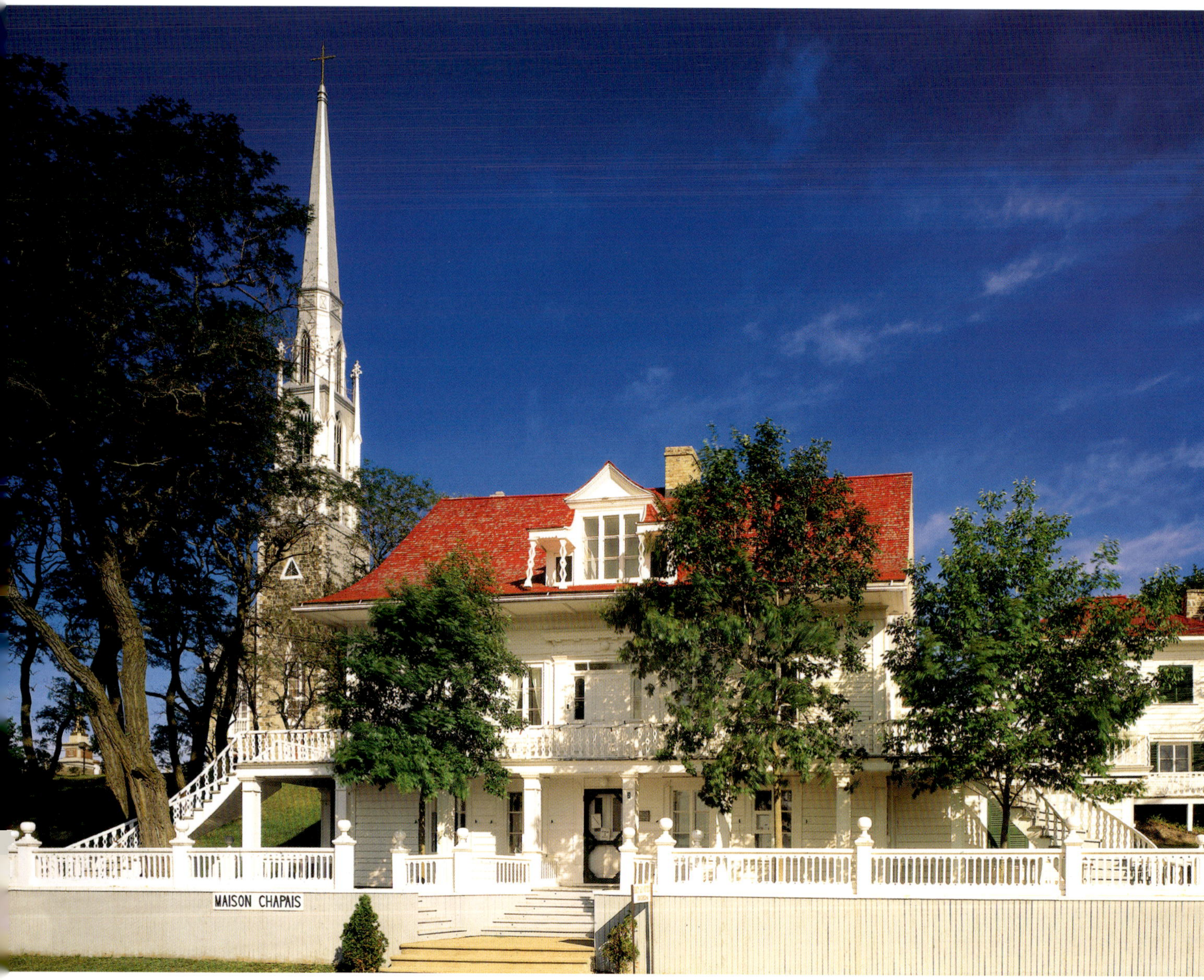

Le ciel est-il plus bleu qu'ailleurs à Saint-Denis, au-dessus de la maison Chapais ?

Pages précédentes : La ville de Québec exhibe ses bijoux scintillants dans un écrin rose et mauve.

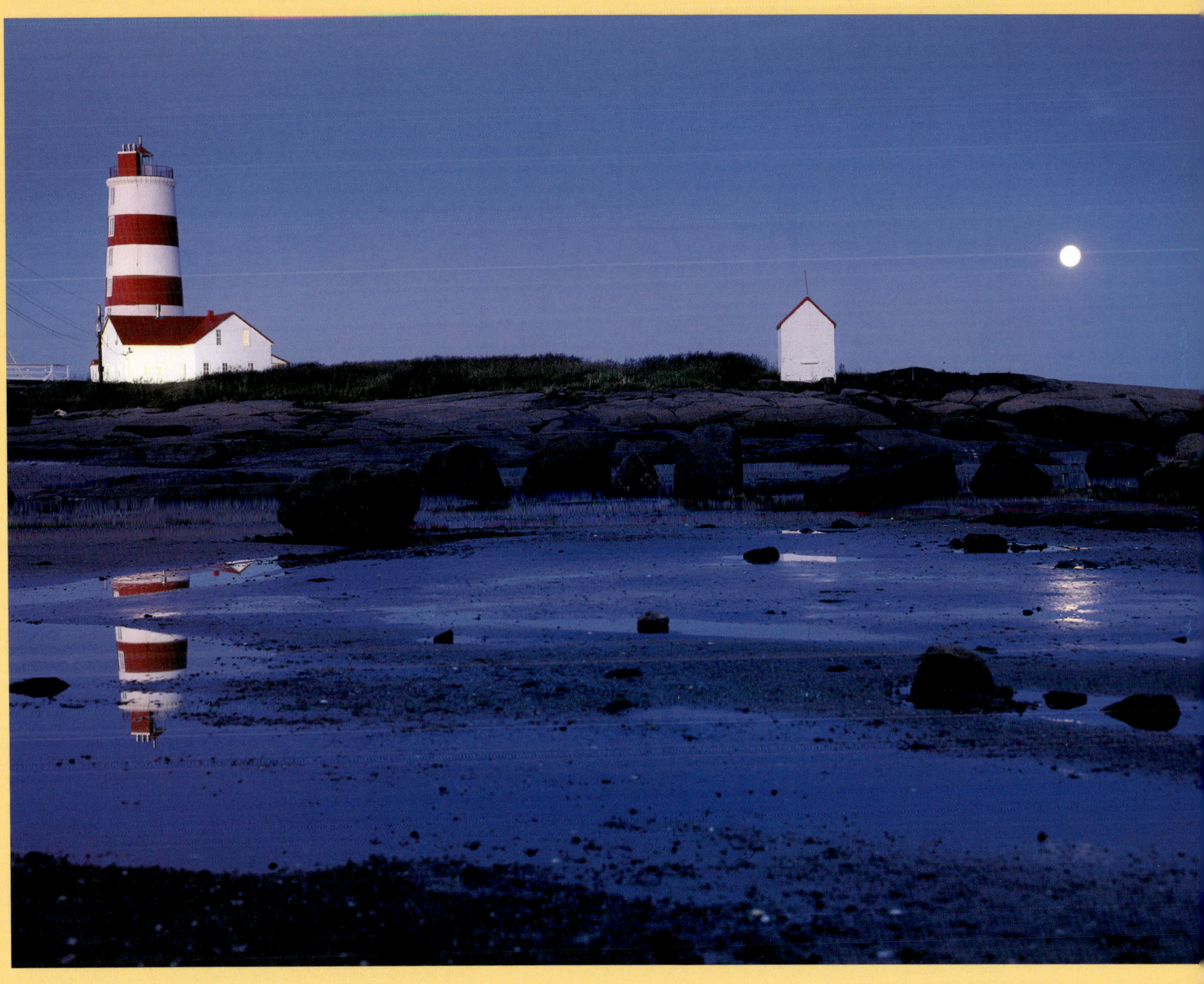

À Pointe-des-Monts, phare et lune sur fin de journée indigo.

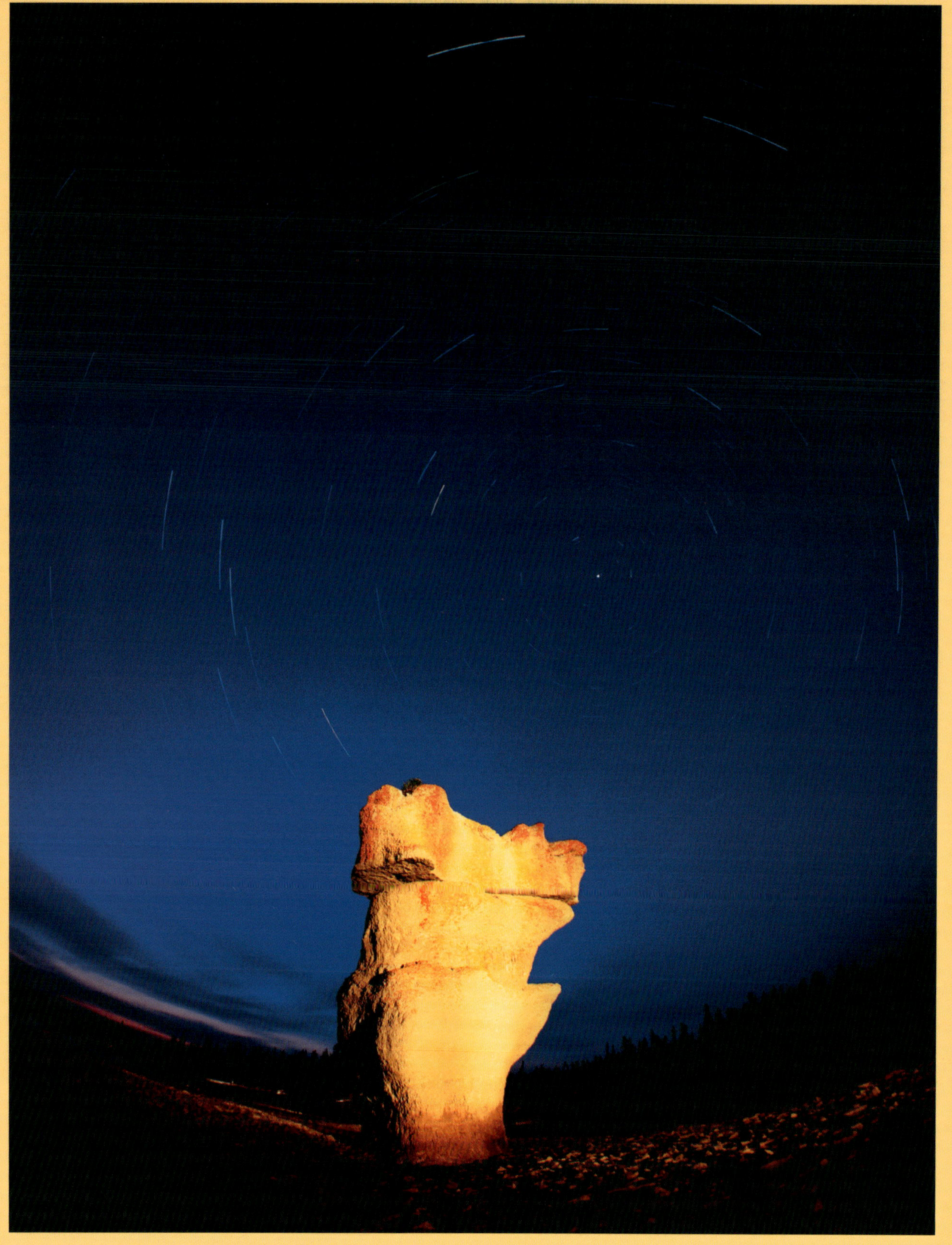

Un monolithe mordoré et des poussières d'étoiles célèbrent la beauté de l'île Quarry, dans la réserve du parc national du Canada de l'Archipel-de-Mingan.

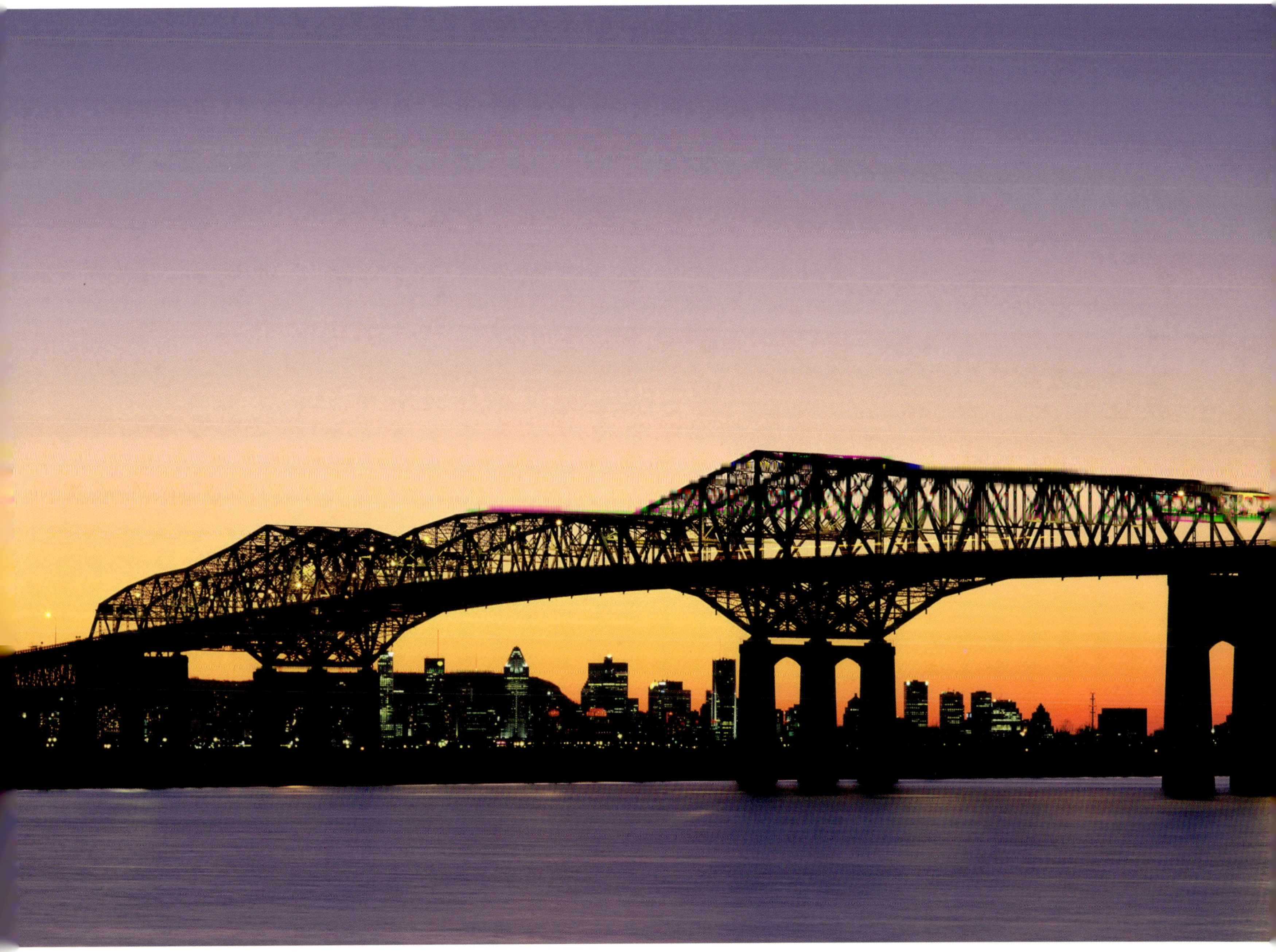

Le pont Champlain et le centre-ville de Montréal
prennent la pose sur fond de crépuscule.

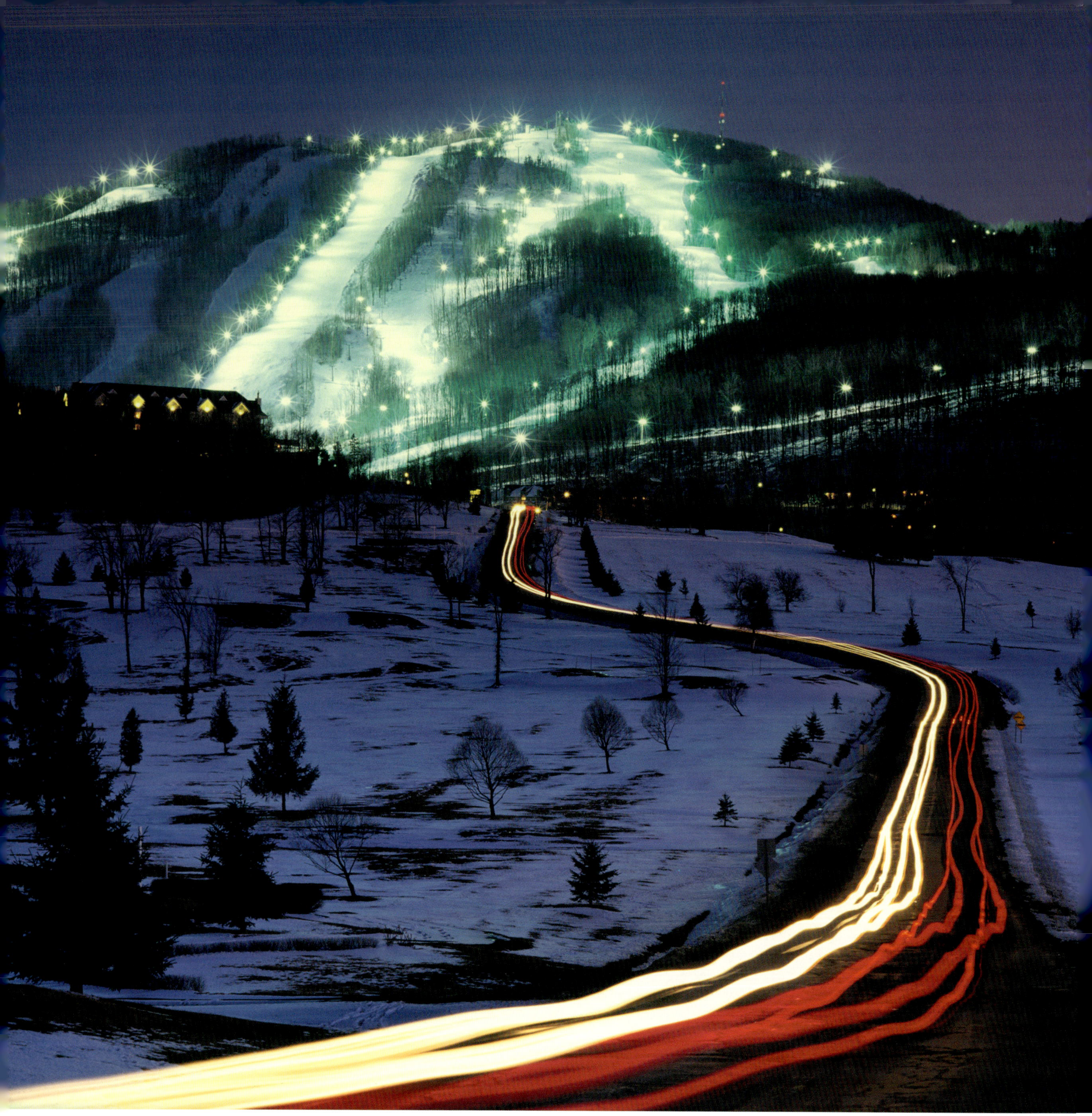

On raconte que, cette nuit-là, un OVNI tout
illuminé s'est substitué à la montagne de Bromont.

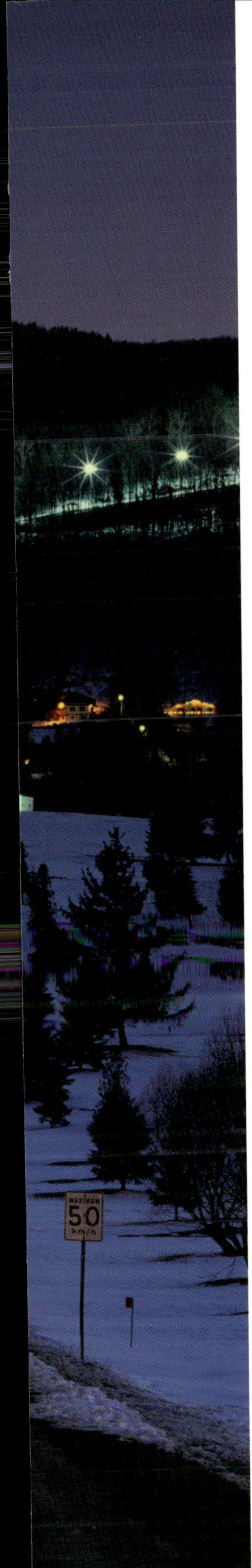

Le phare doré de la Petite Île au Marteau resplendit dans la nuit noire qui enveloppe l'archipel de Mingan.

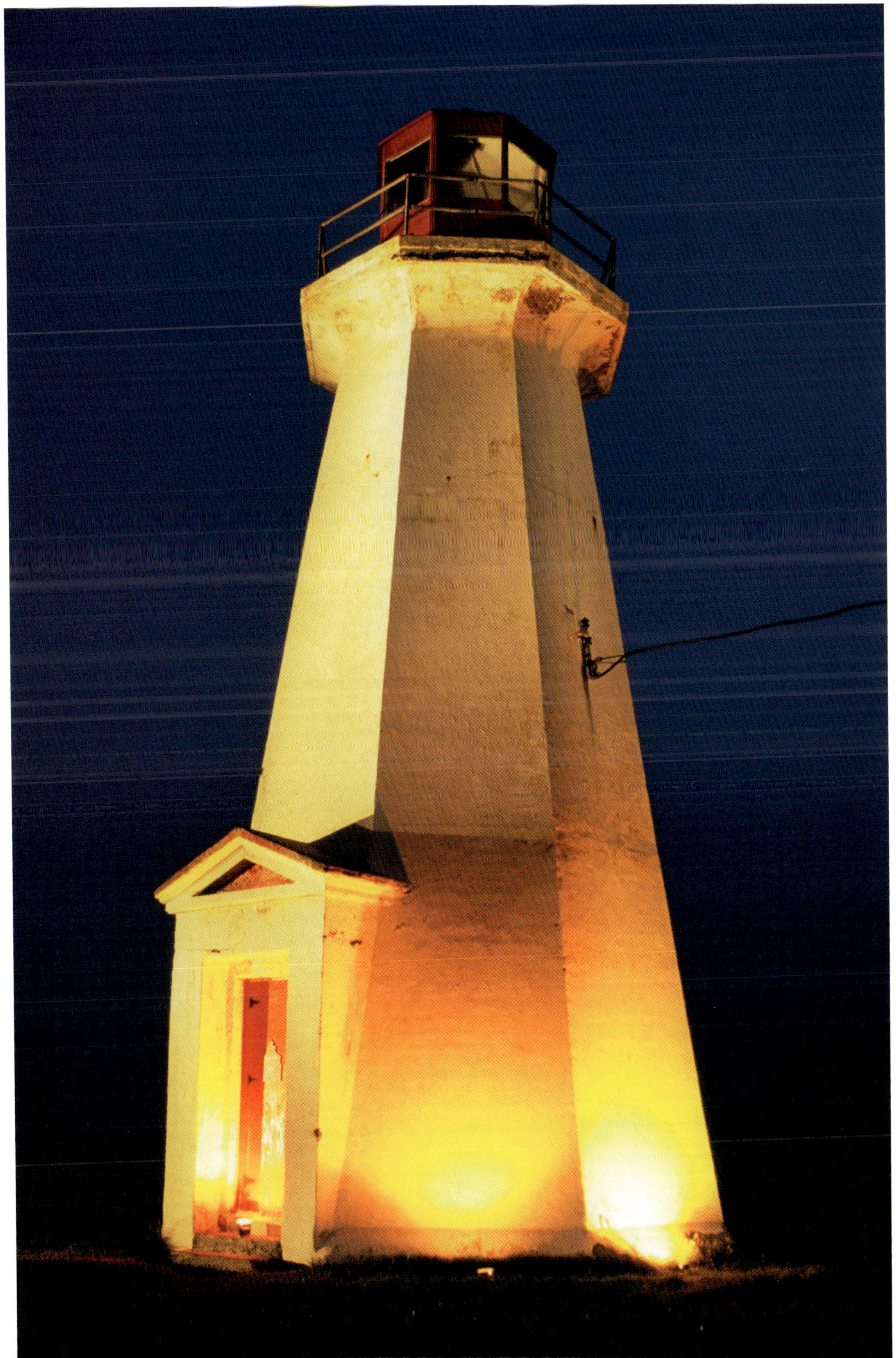

Baignés dans la lumière du levant, les chalets de Petite-Vallée, en Gaspésie, semblent bien déterminés à braver l'immensité de l'océan.

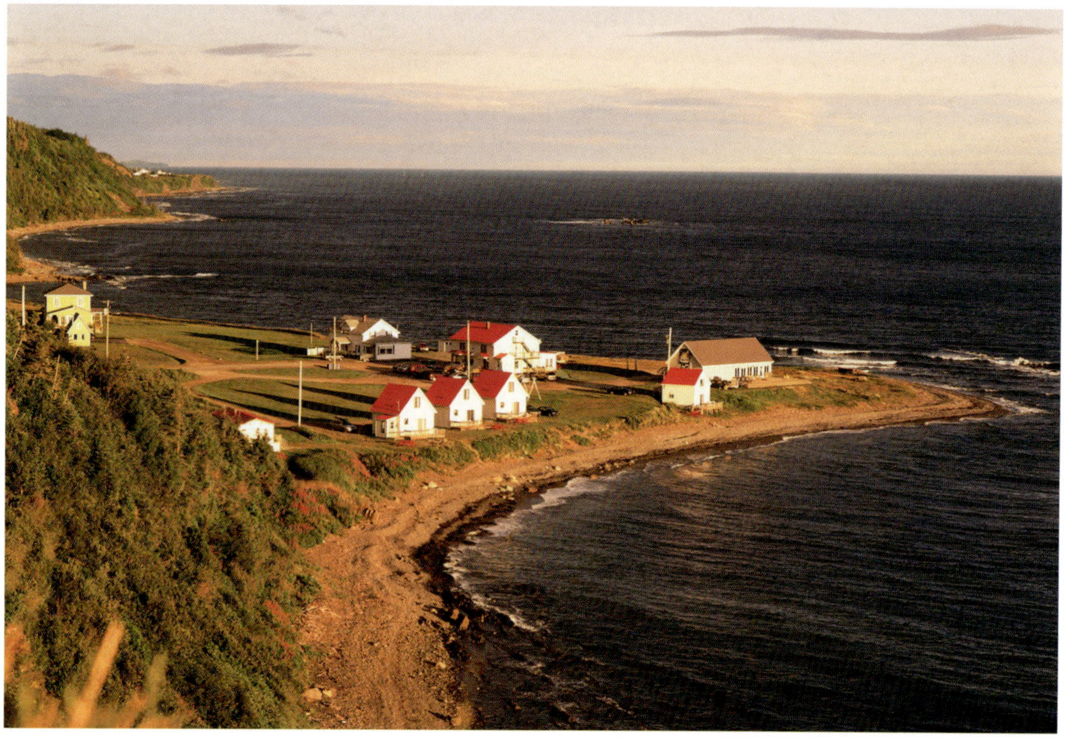

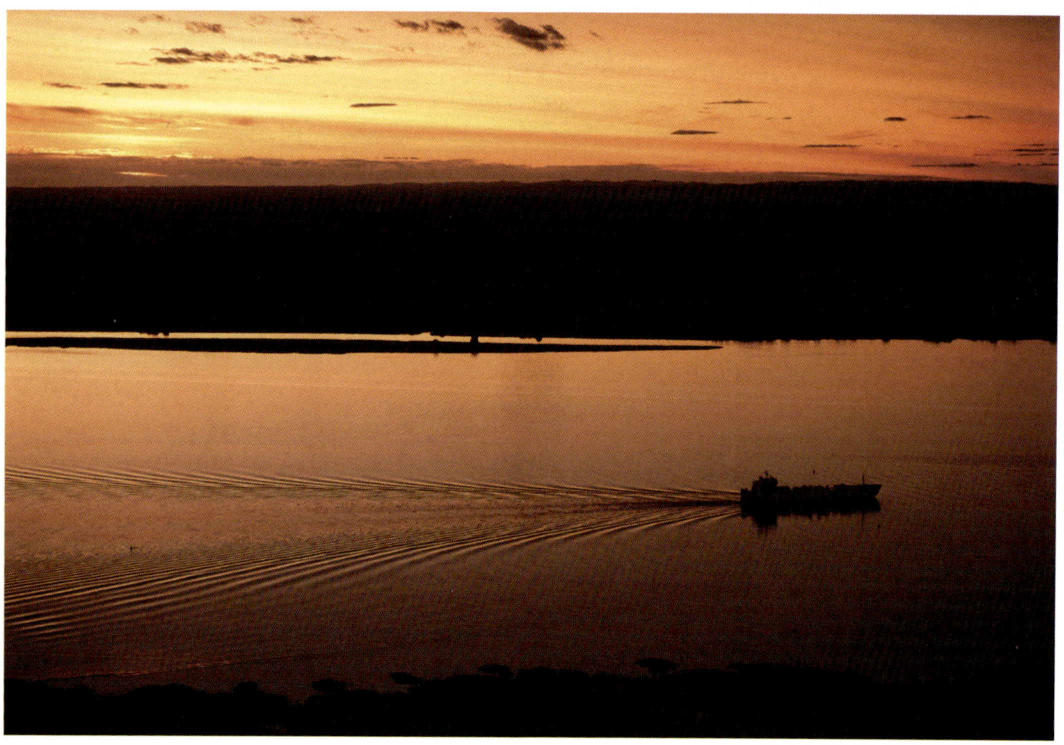

Un cargo s'amuse à plisser joliment la nappe orangée du fleuve Saint-Laurent, dans la région de Contrecœur.

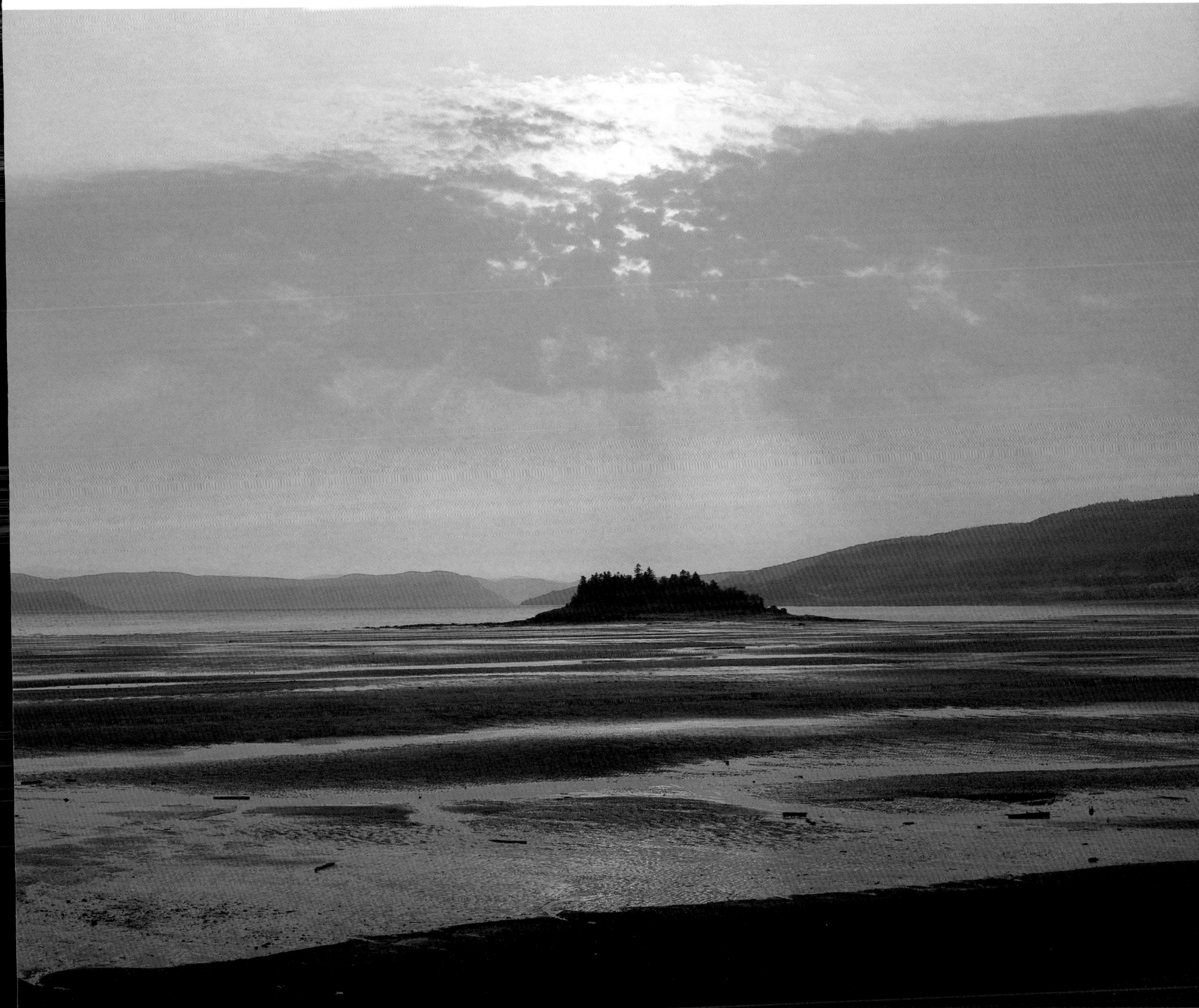

Le dialogue secret entre le ciel et la terre se poursuit dès le lever du jour, dans la baie des Ha ! Ha !

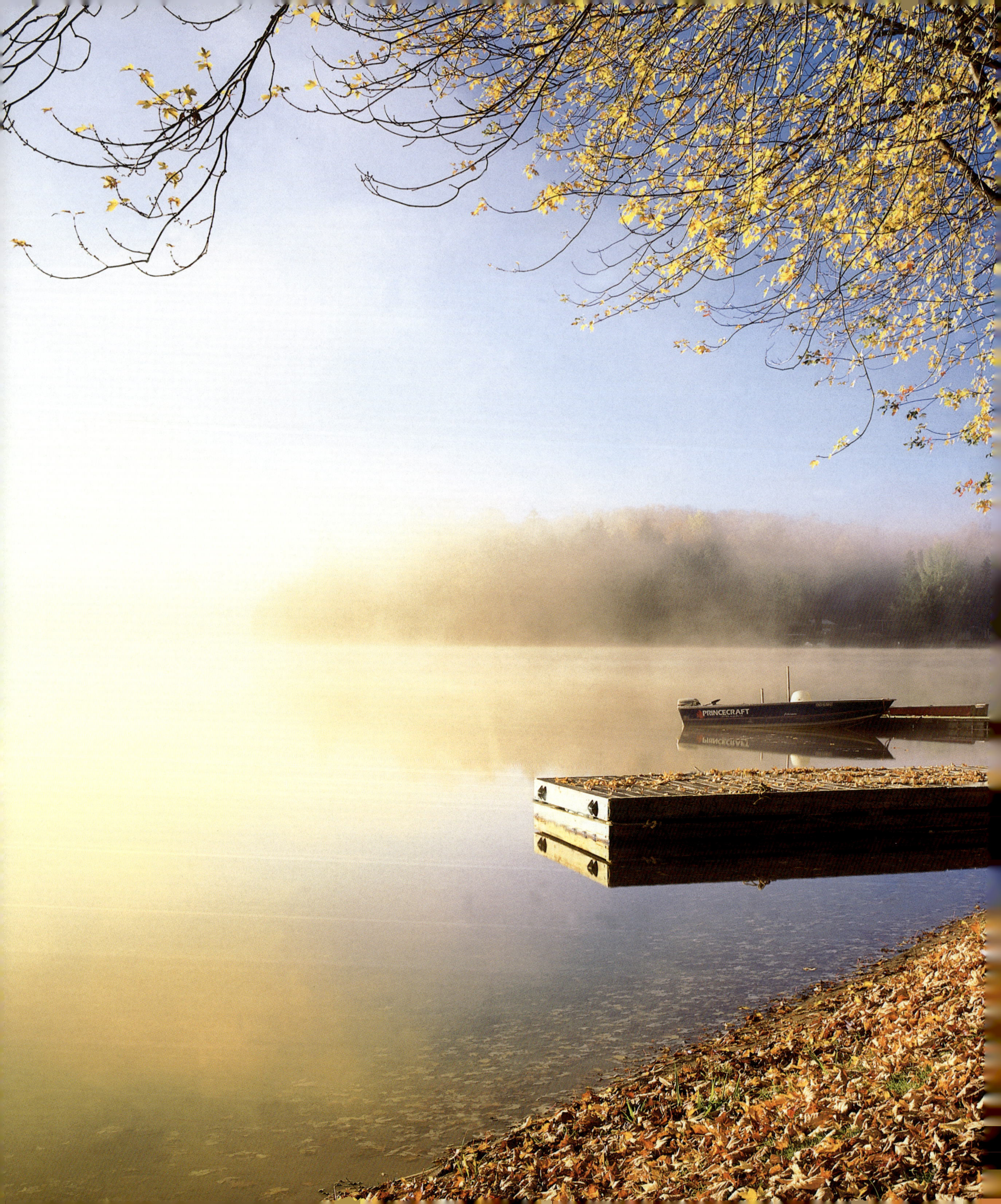
PRINCECRAFT

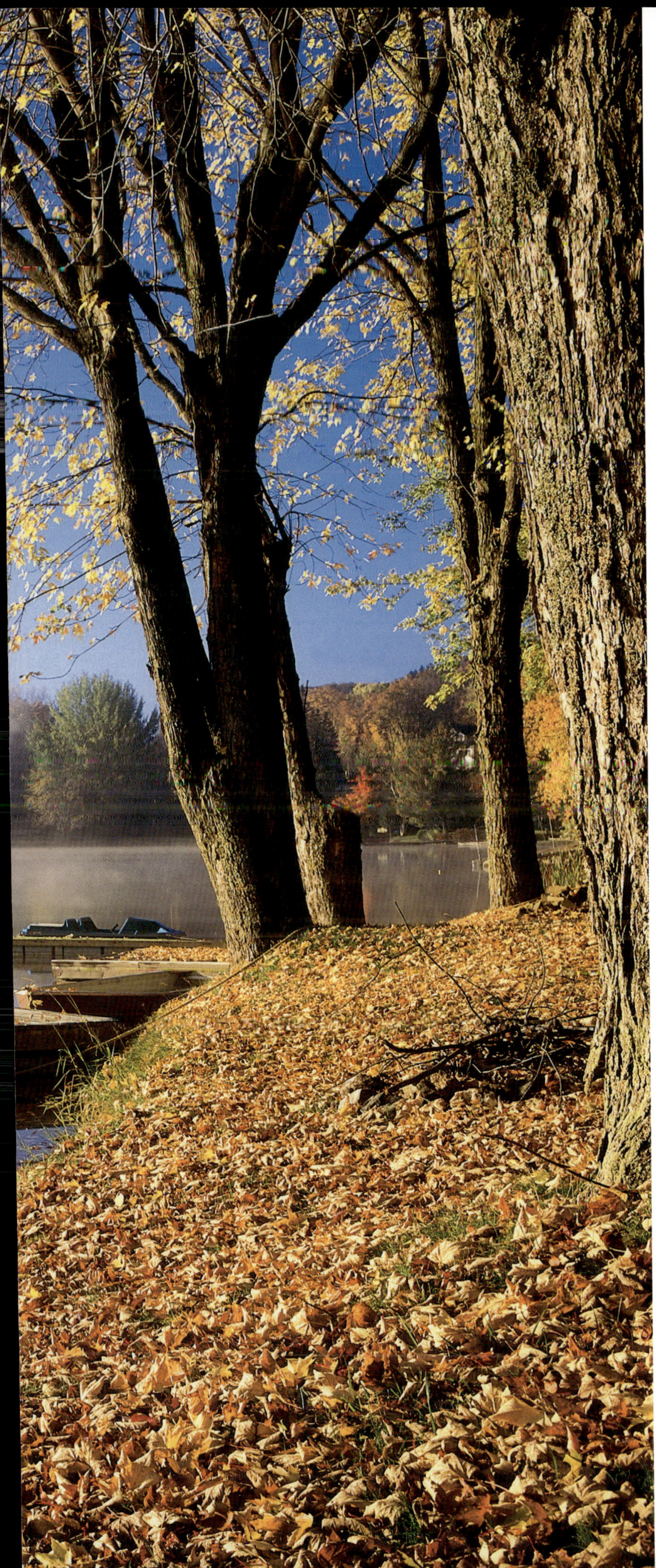

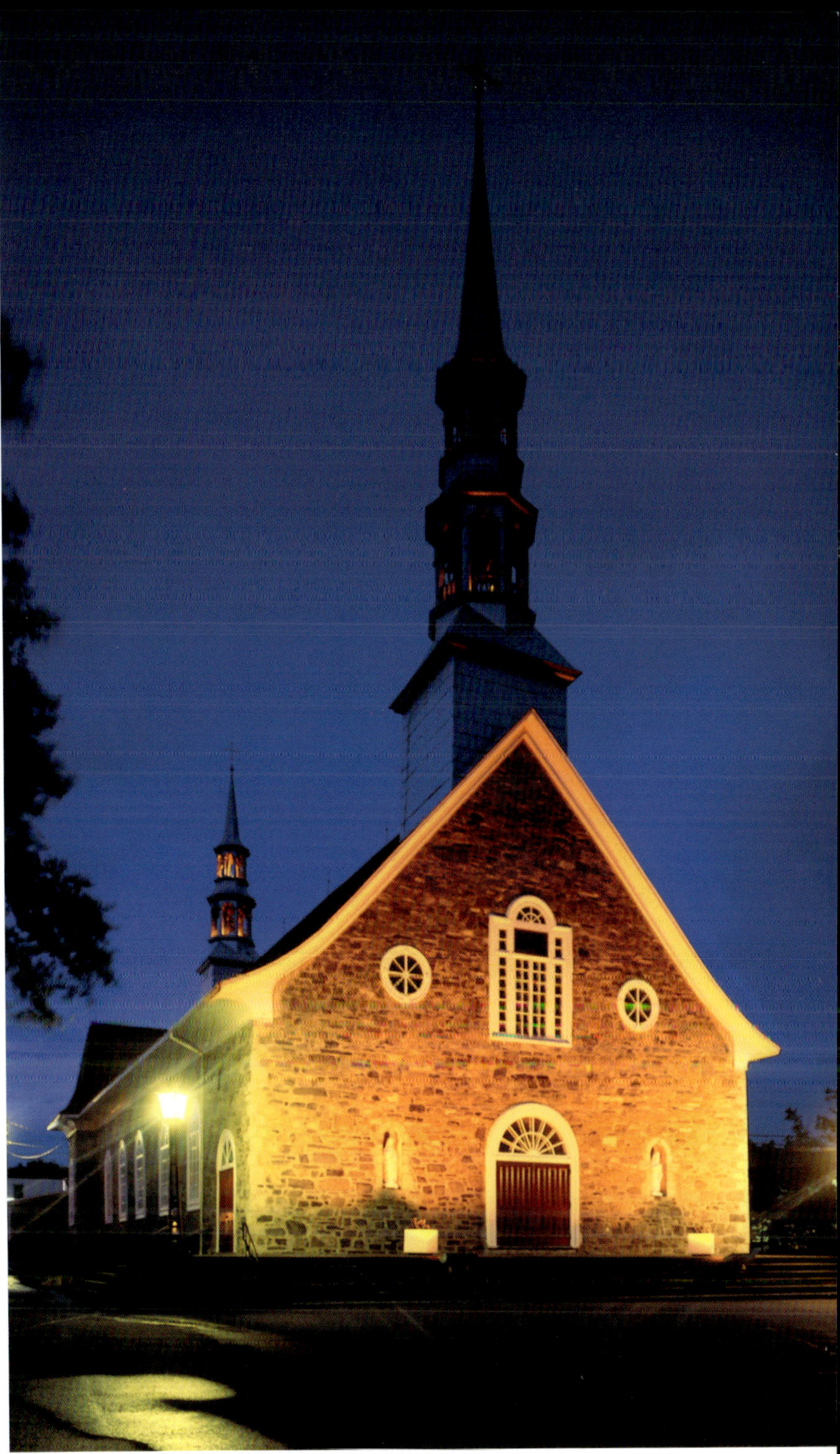

Charmant rappel du pieux passé québécois à Saint-Jean-Port-Joli.

Bientôt, la brume du matin aura levé le voile sur la splendeur automnale de Saint-Pierre-de-Wakefield.

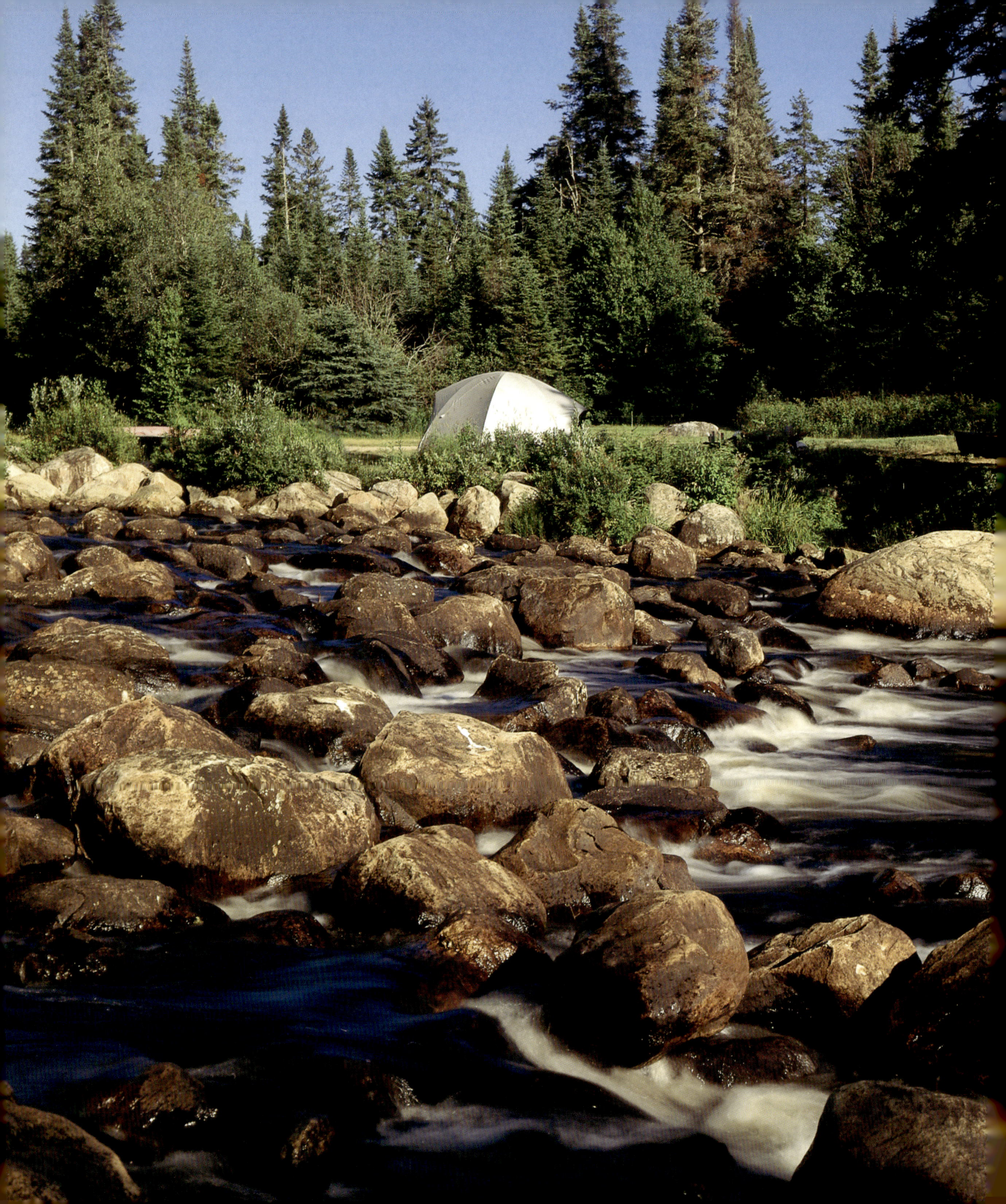

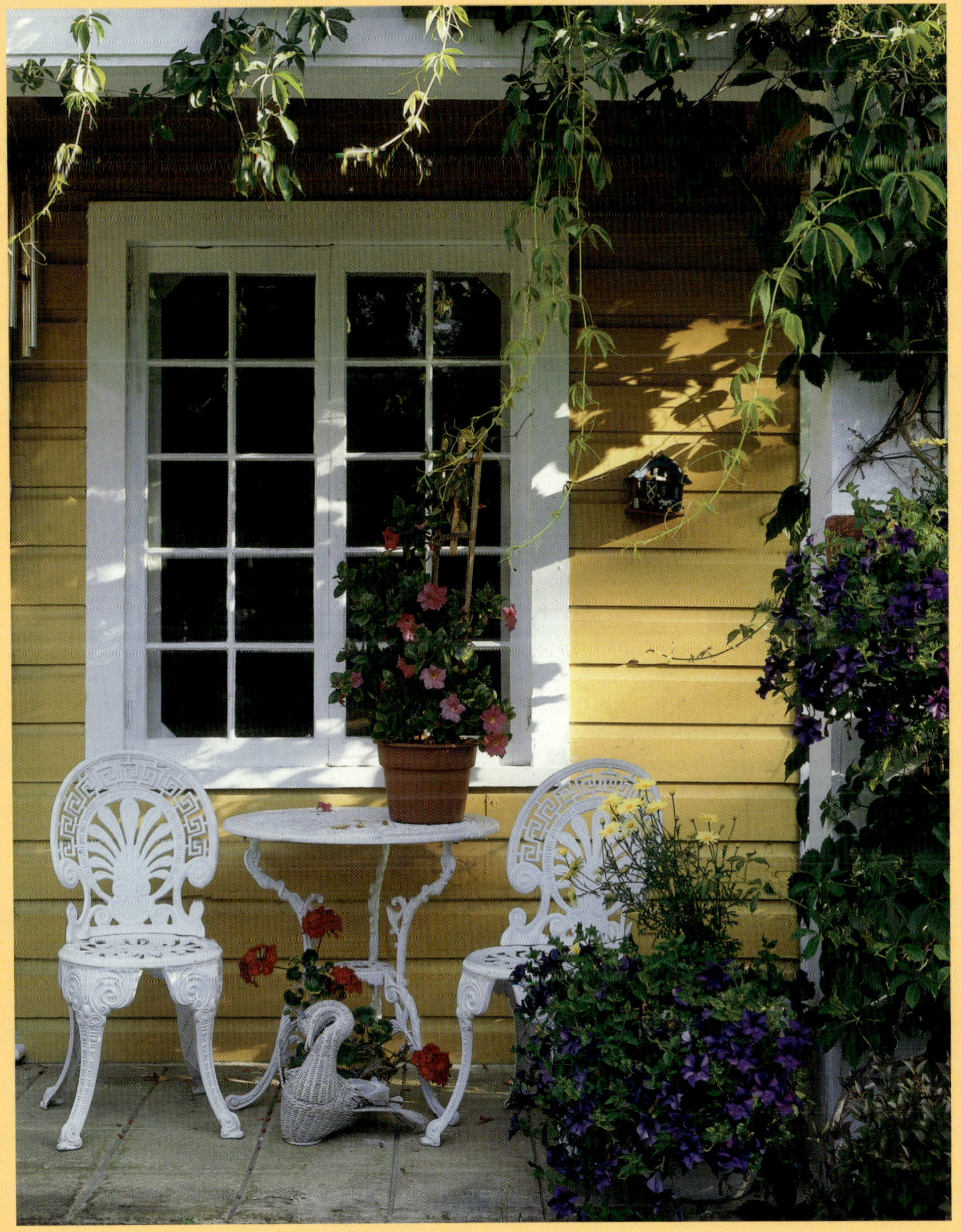

Comment ne pas succomber au charme
délicieux de ce petit coin de paradis,
à l'auberge Sur la Côte de La Malbaie ?

La rivière du Diable a de quoi ensorceler
l'âme des campeurs, dans le parc national du
Mont-Tremblant.

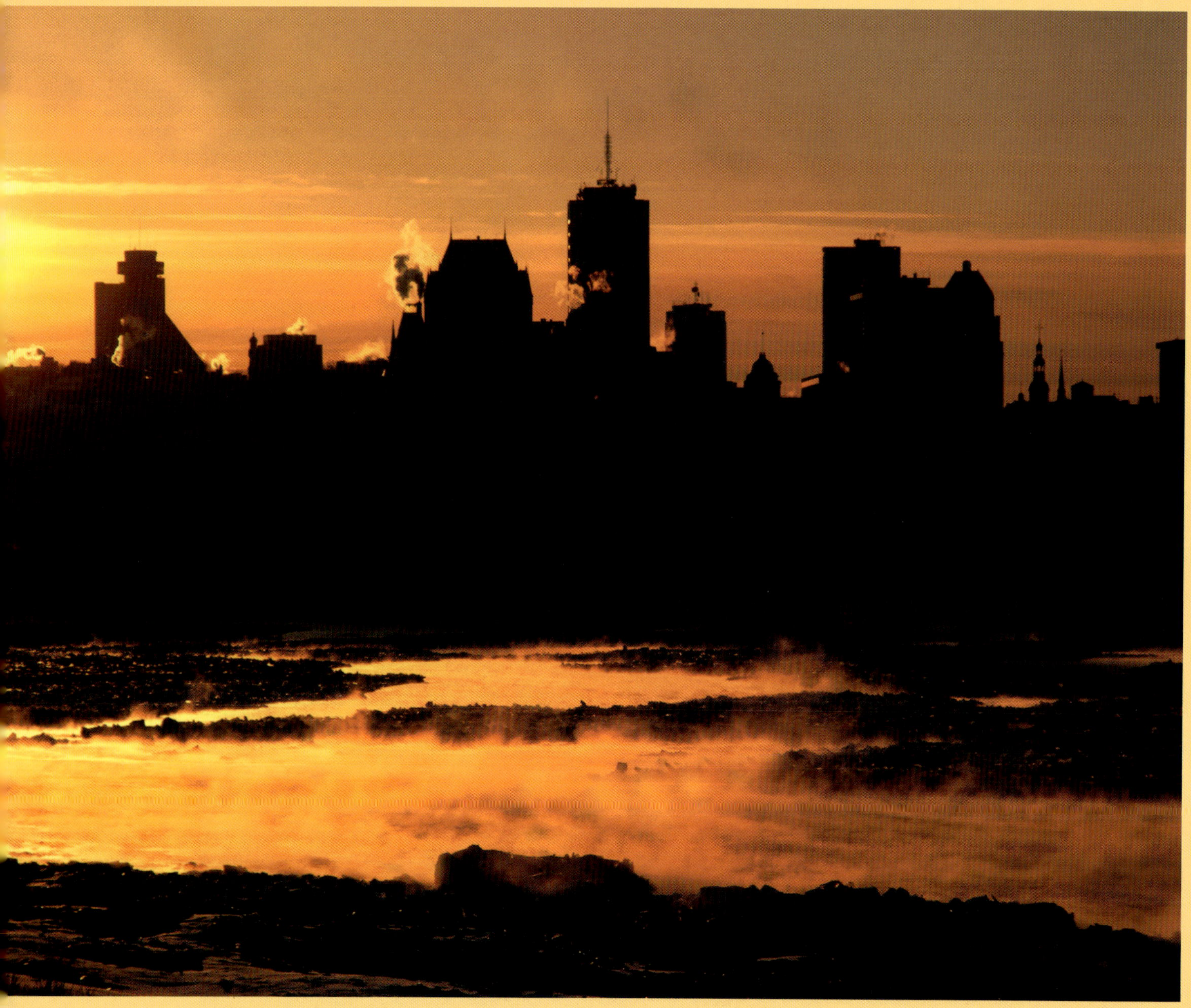

Bien qu'elle s'apprête à se coucher, madame de Québec se refait une beauté, toujours pareille…

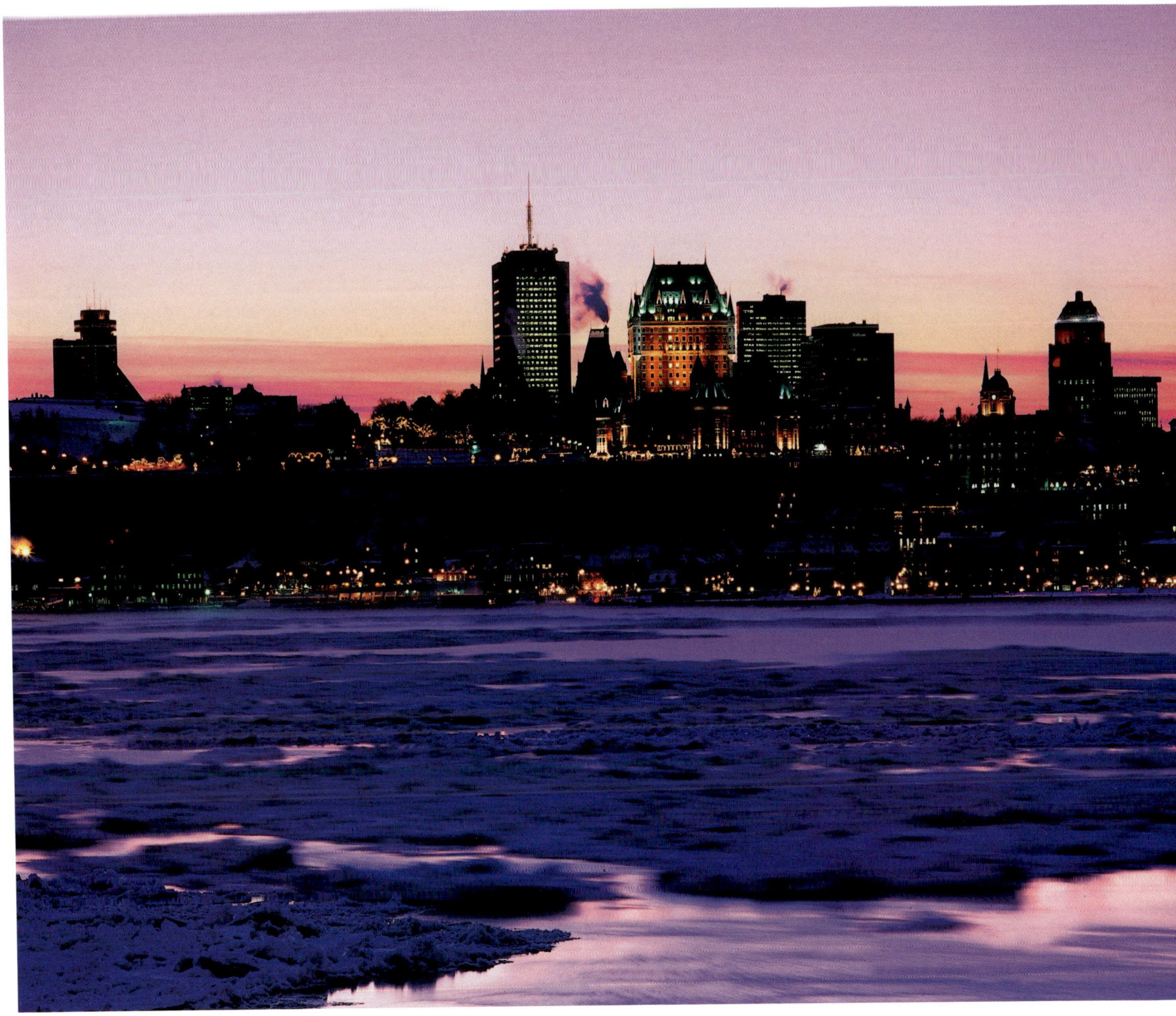

… et jamais la même.

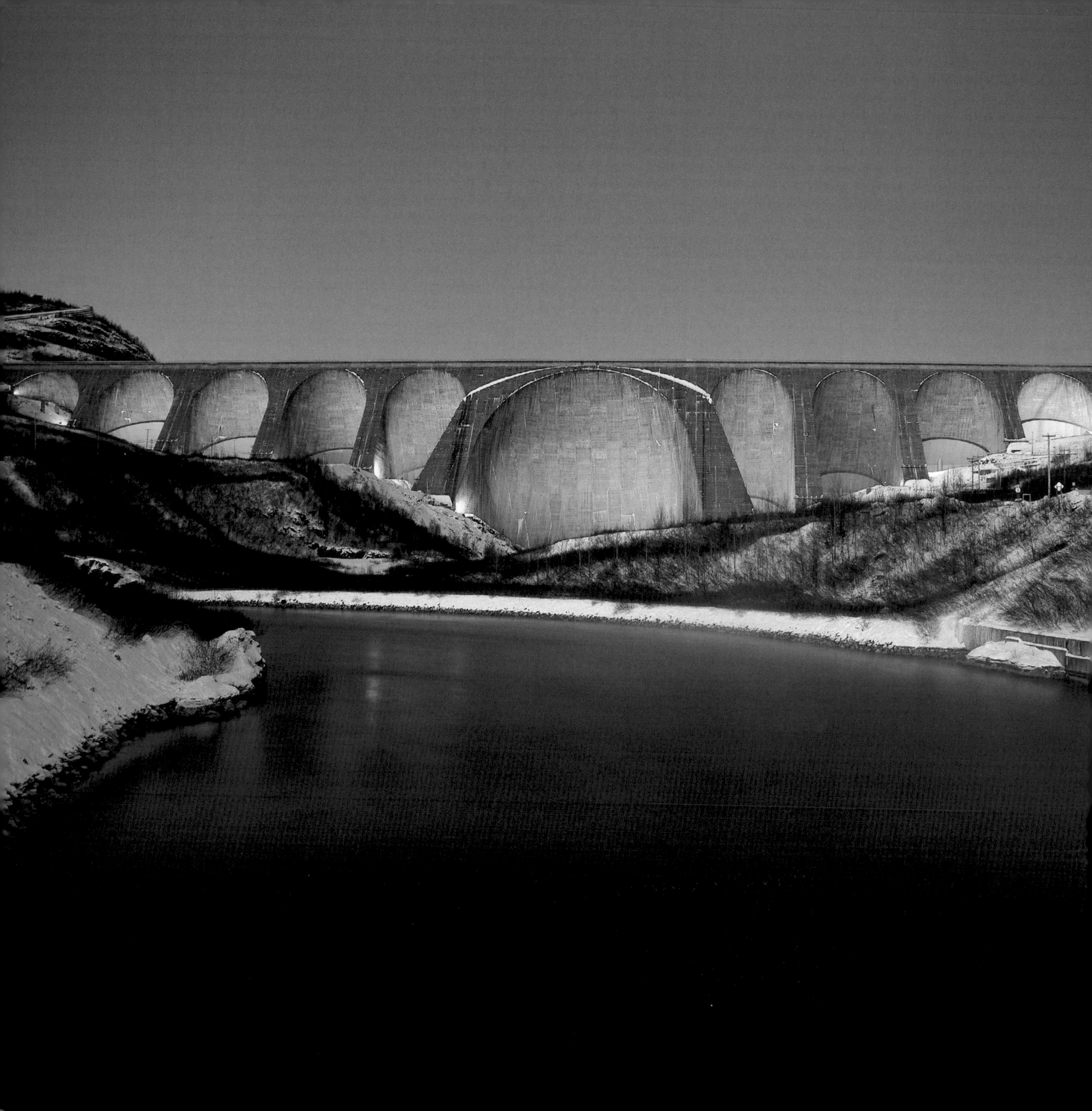

De bleu, de béton et de gigantisme :
Manic 5 au crépuscule.

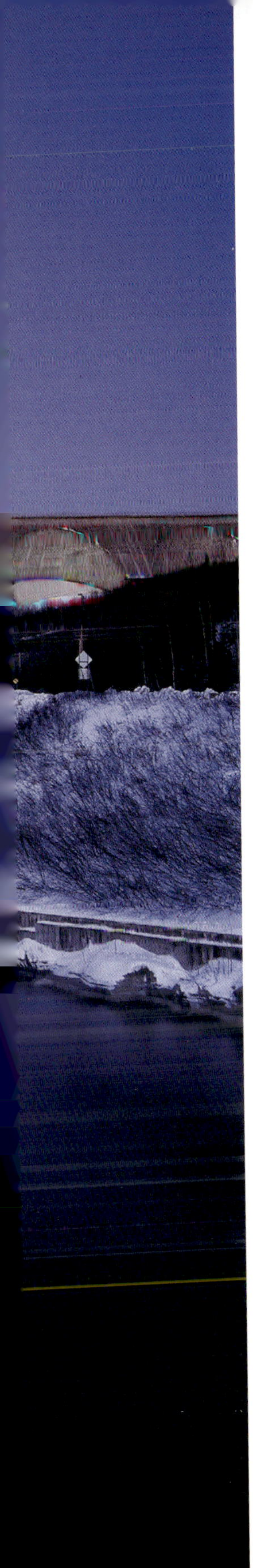

Dans le parc national d'Aiguebelle,
le refuge Dytique et quelques
traces d'étoiles qui passaient par là.

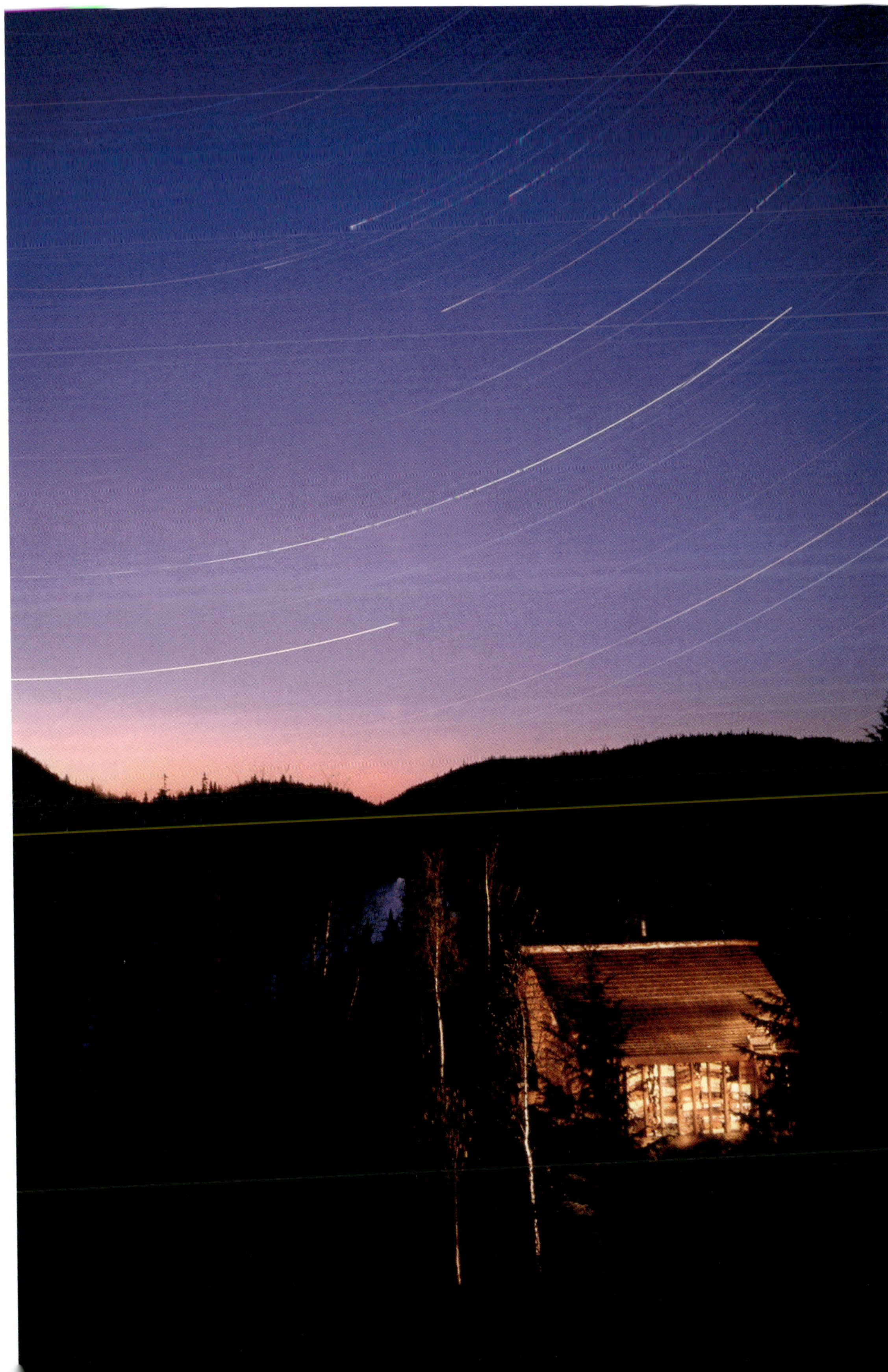

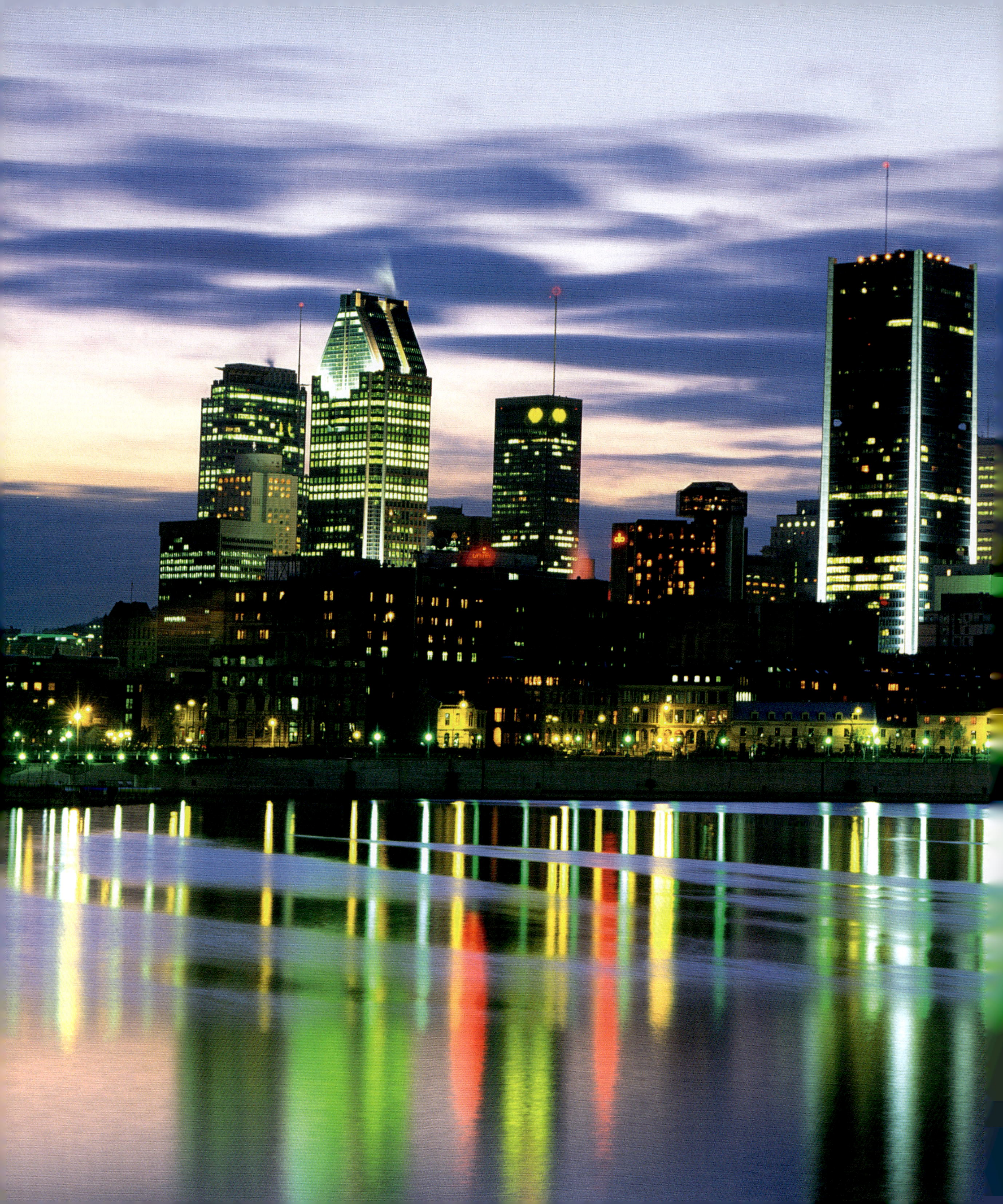

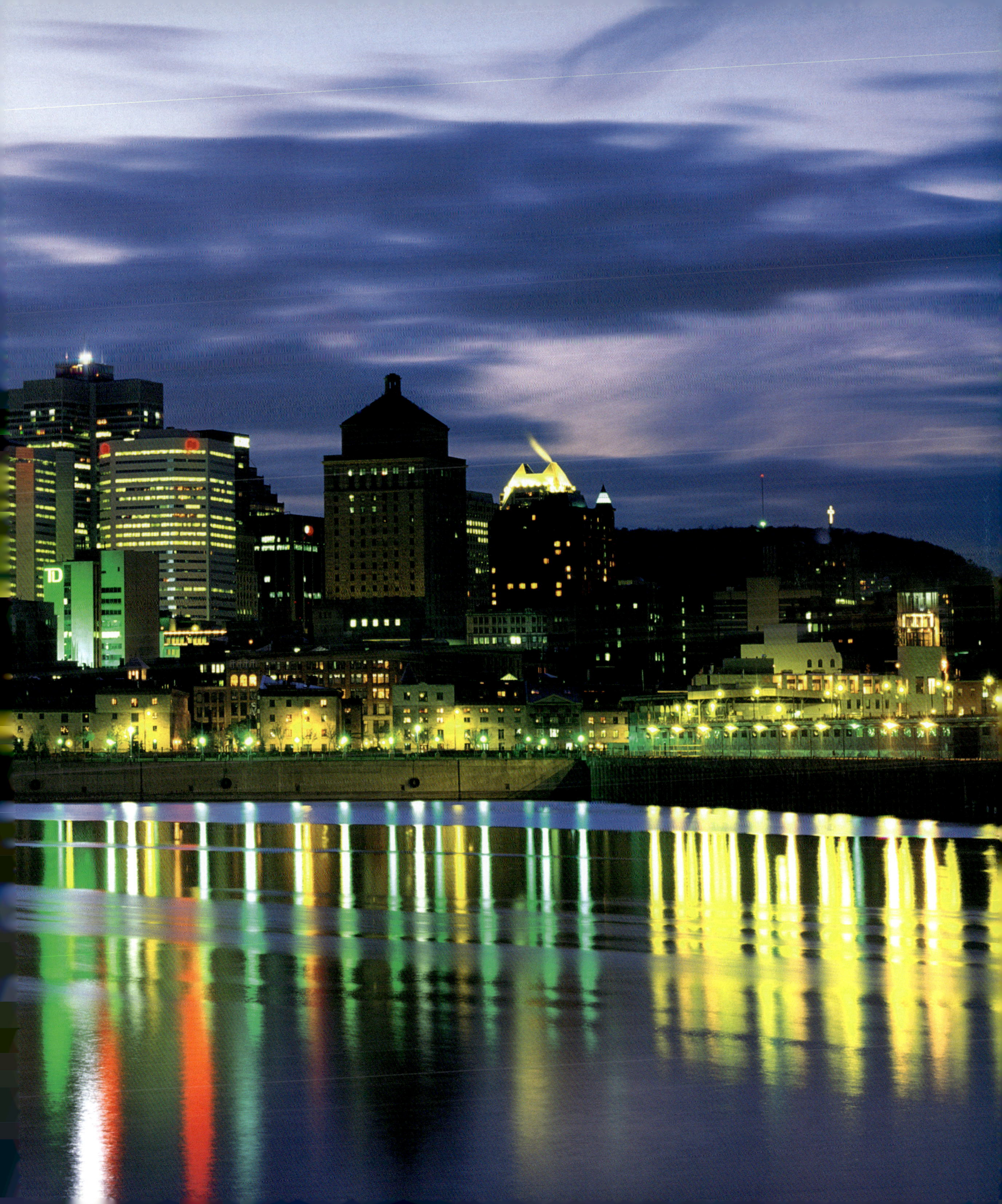
TD

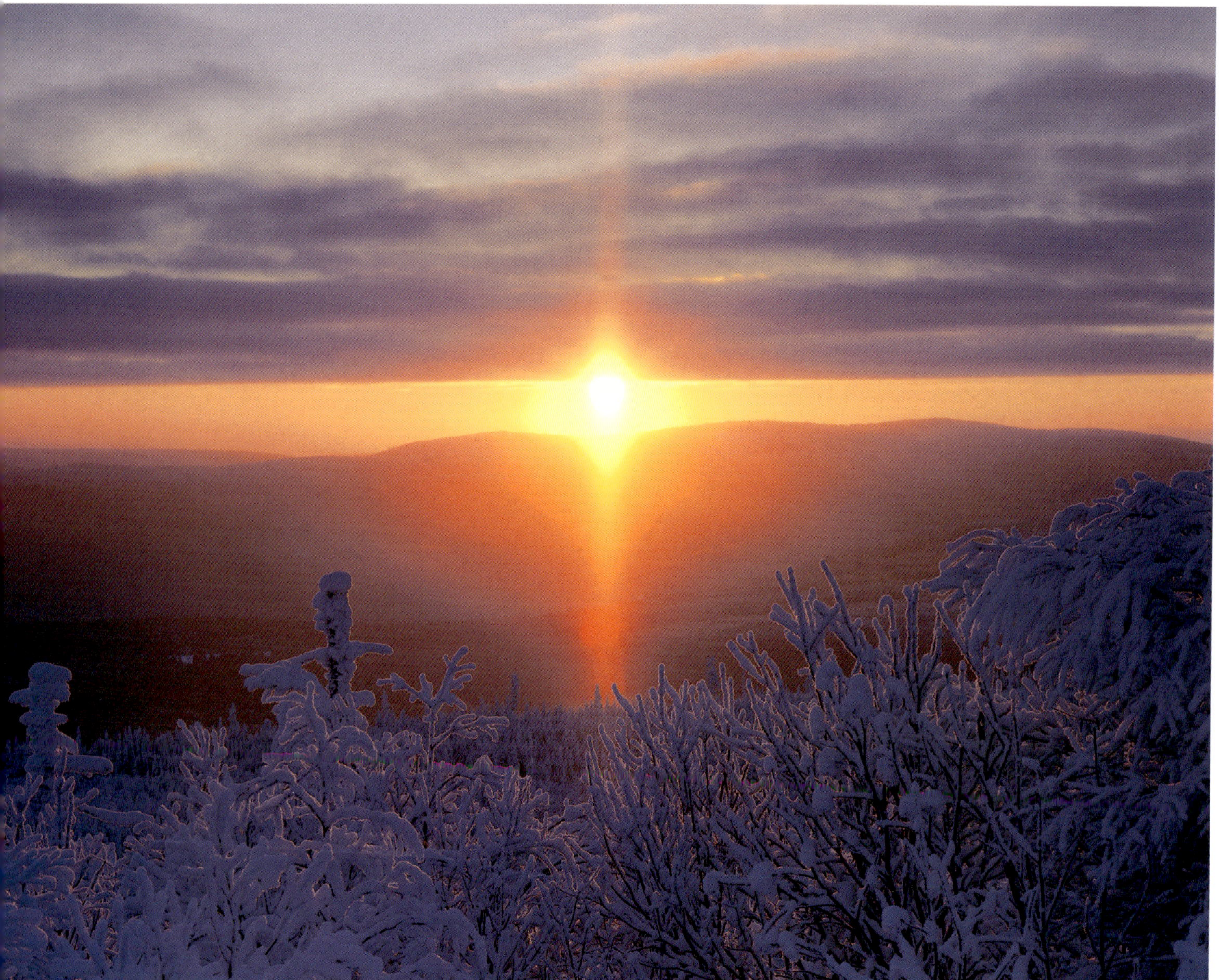

À Pohénégamook, le soleil se lève sur le mont Bleu revampé d'orangé.

Pages précédentes : Montréal s'est soigneusement maquillée pour briller dans la grande fête de la nuit.

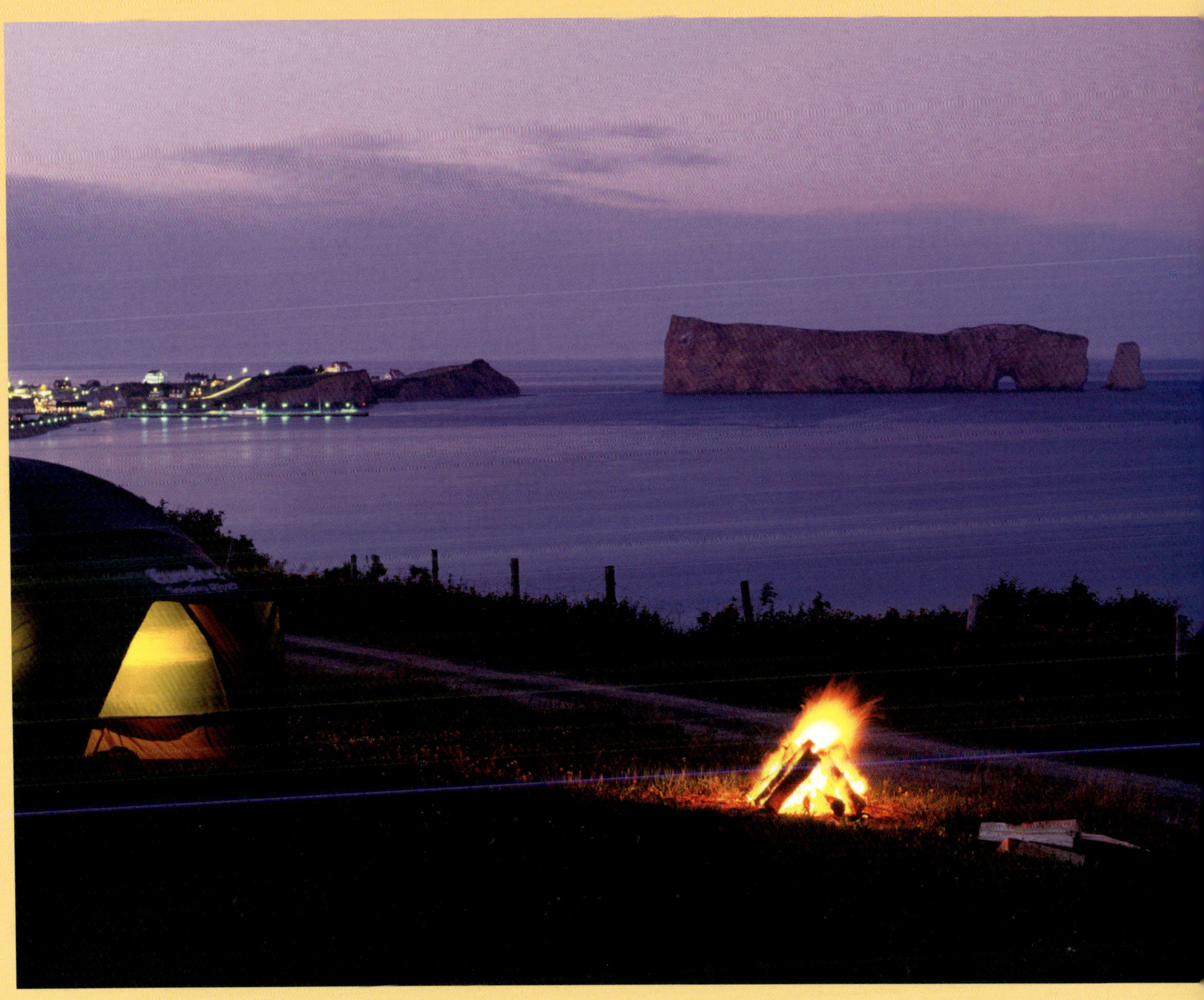

Les dieux eux-mêmes ont béni cette nuit
d'été à Percé.

À Rivière-Pentecôte, un coin de pays qui semble
sorti tout droit des Tropiques.

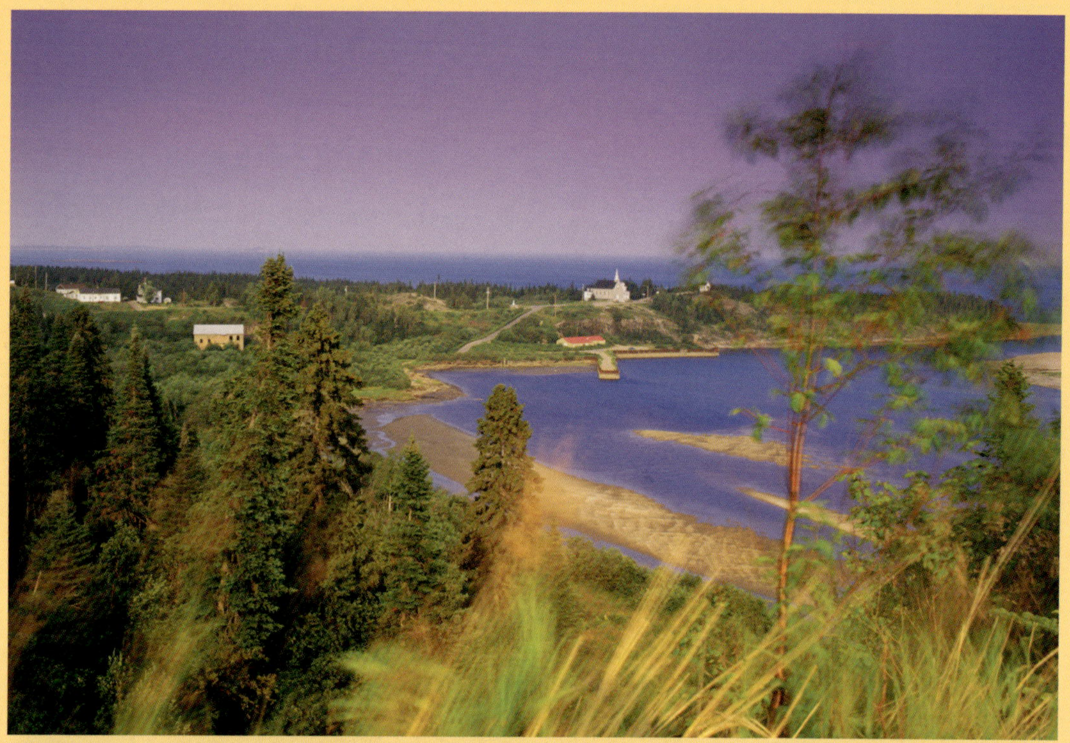

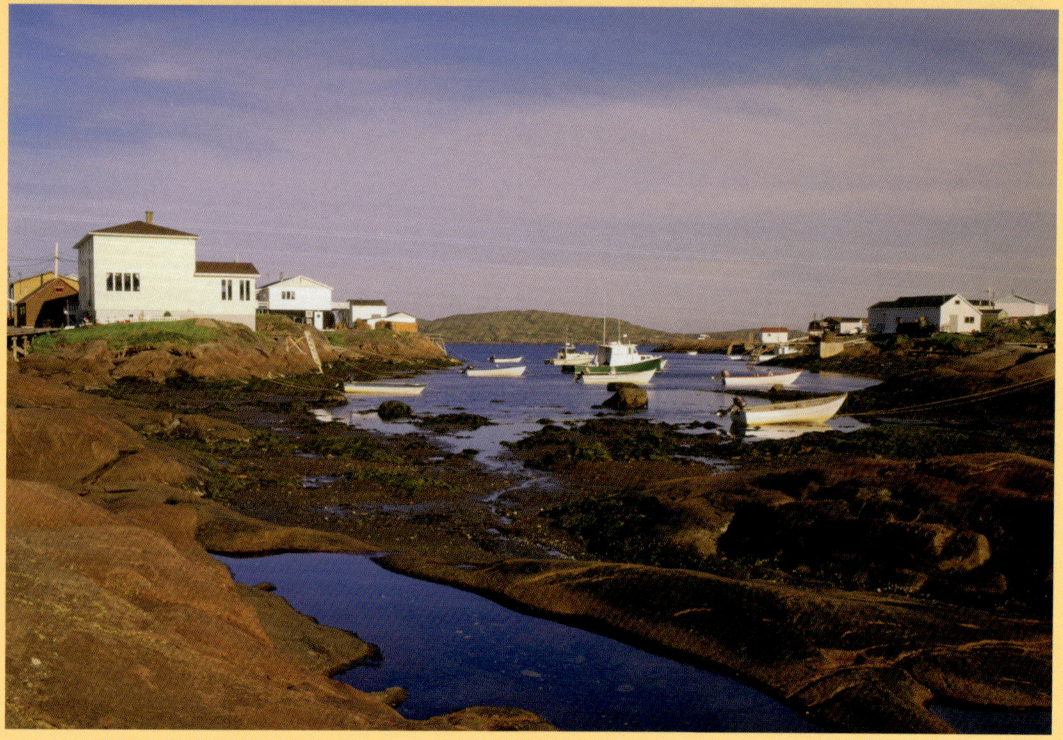

À Harrington Harbour, la jolie Little Bay salue
le jour qui s'achève en fredonnant un air d'éternité.

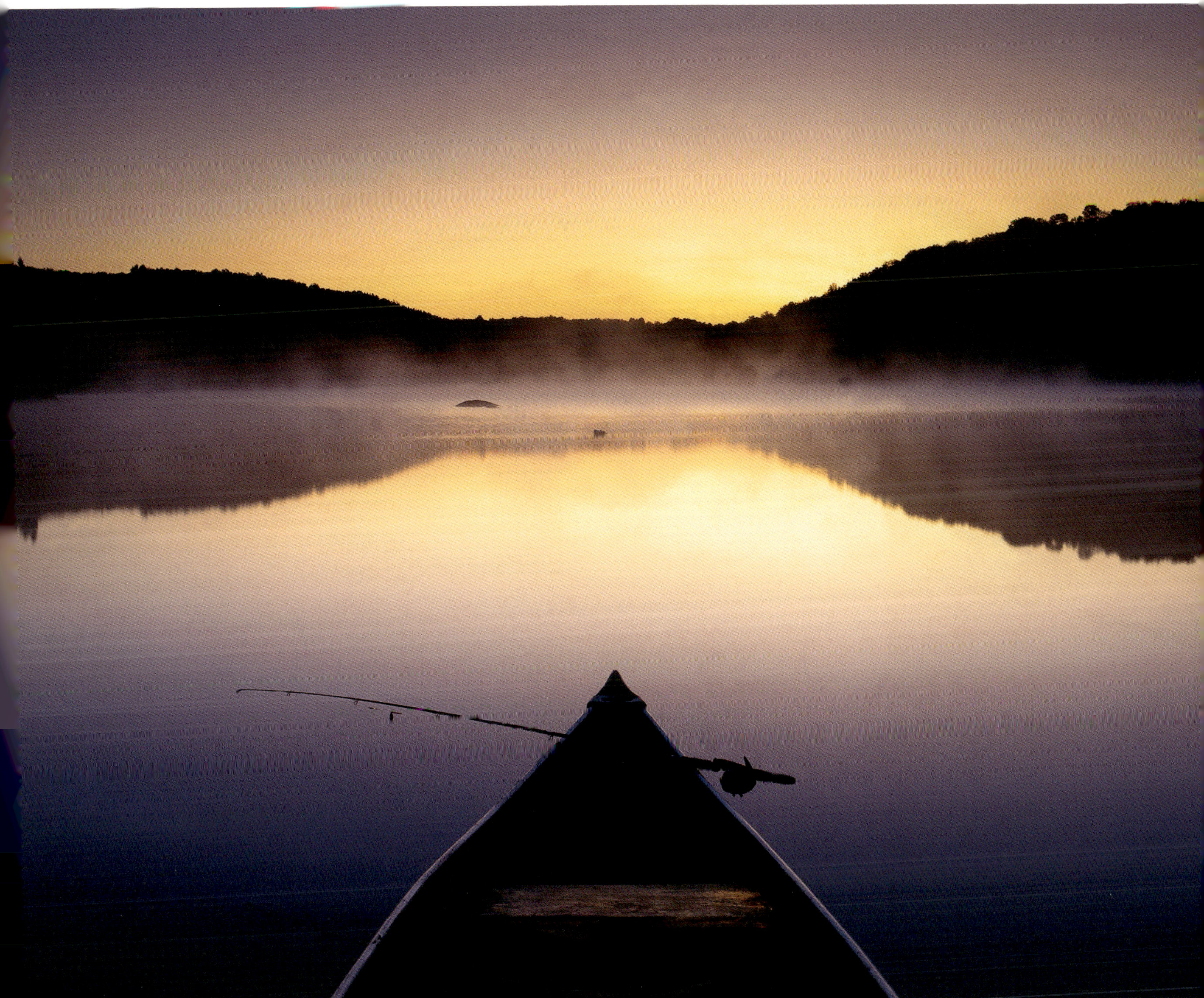

À l'aube, une aura de mystère enveloppe le lac Fortier dans les Laurentides.

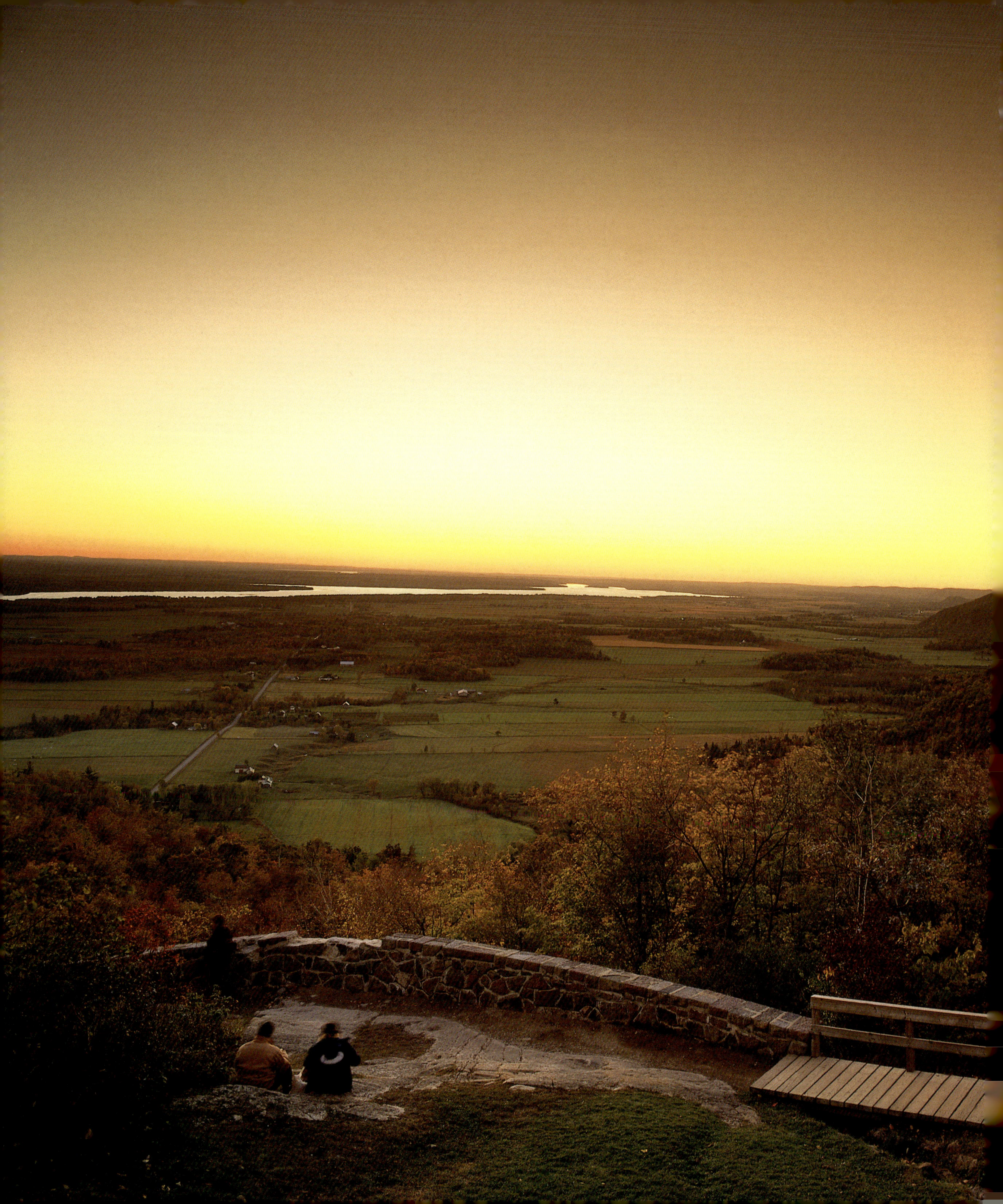

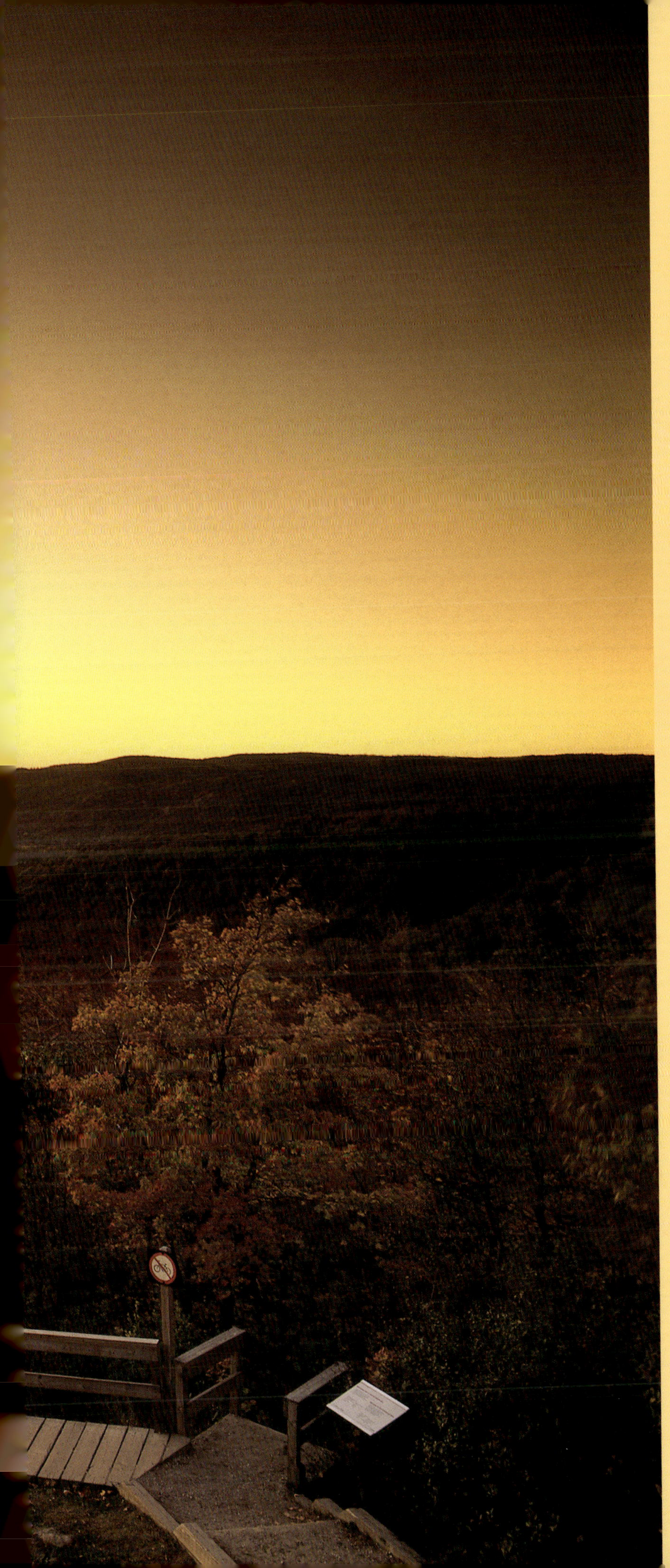

Une bonne goulée d'air frais et d'infini pour
les promeneurs du parc de la Gatineau.

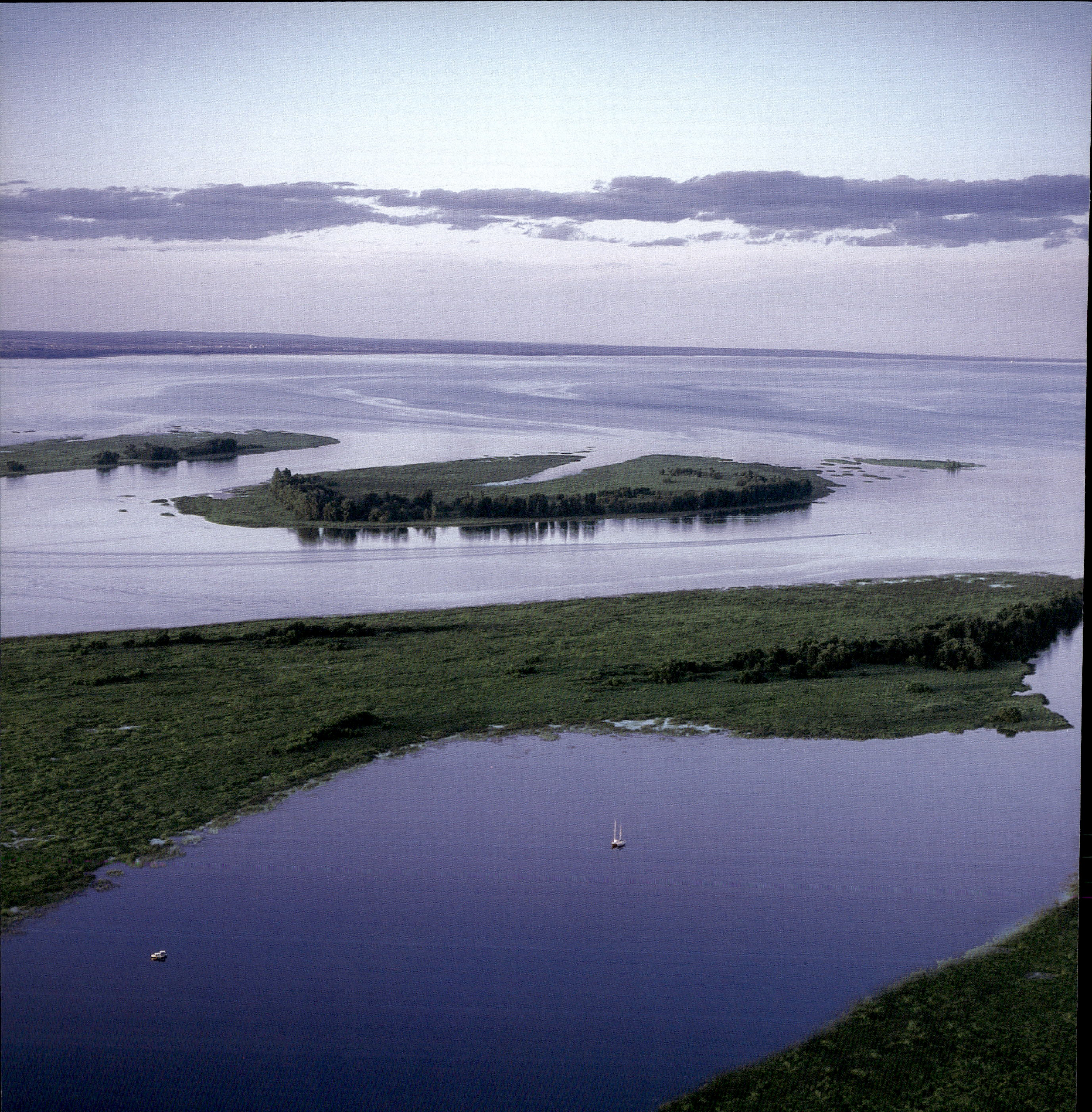

Du fleuve
À LA MER

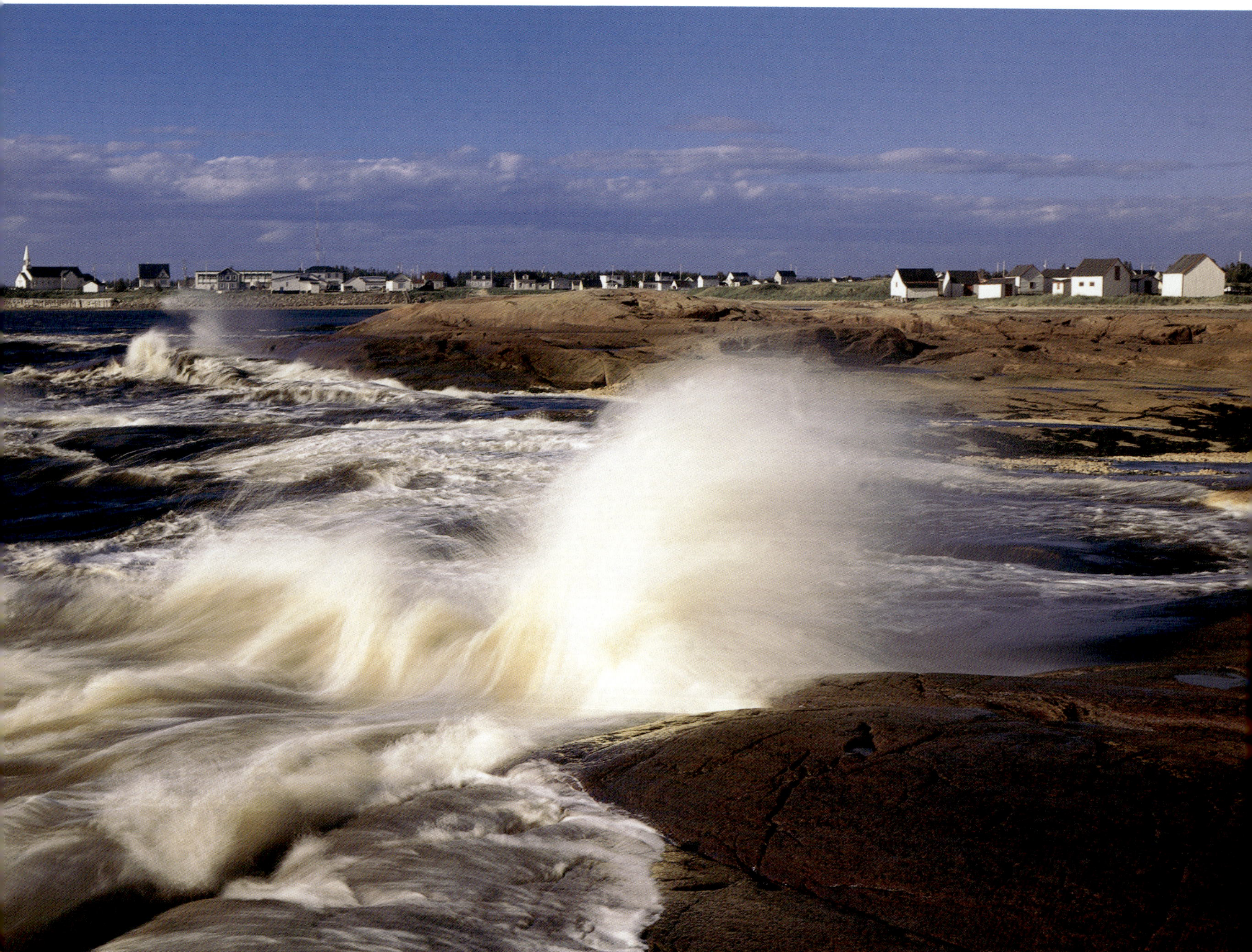

Ce soir-là, quelque vent insolent aura provoqué
la colère de la mer au large de Natashquan.

Page précédente : On raconte que l'âme du
Survenant séjourne encore dans ce coin de
pays qu'il a immortalisé : les îles de Sorel.

Ici, il file paisiblement. Là-bas, il gronde et impose le respect. Tantôt majestueux et puissant, tantôt agité par vents et tempêtes ou calme et discret, le Saint-Laurent a de tout temps marqué la vie et forgé le caractère de ses riverains. Flots porteurs d'espoir qui bercent les rêves des premiers voyageurs, lames sournoises qui fauchent la vie de marins, les eaux du Saint-Laurent racontent aussi des histoires passionnantes.

Le Saint-Laurent n'est pas un cours d'eau dont les méandres se perdent dans le territoire. Son tracé est net. Comme une immense baleine, il ouvre doucement la bouche et avale un peu de la mer et de ses créatures. Ce géant déploie ses quelque 1 200 km d'un bout à l'autre du Québec. Mais ce n'est pas tant sa longueur qui le distingue des autres fleuves, puisqu'à ce titre il ne se classe qu'au dix-septième rang mondial. Sa superbe lui vient plutôt de son envergure. S'il ne fait que de 1 à 5 km de largeur dans sa zone fluviale, il en fait 60 dans sa portion estuaire et plus de 300 dans le golfe. Pas si mal, quand on sait que l'Amazone, le deuxième plus long fleuve du monde, atteint une largeur maximale de 60 km !

À la fin de la dernière glaciation, il y a environ 11 000 ans, les glaciers ont commencé à fondre et à filer vers le nord. Le continent, enfoncé sous le poids des glaces, fut envahi par l'océan Atlantique, créant ainsi la mer de Champlain, qui recouvrait alors le lac du même nom et la vallée du Saint-Laurent. À mesure que la croûte terrestre se libérait du poids des glaces, l'eau s'est retirée pour donner au lac Champlain et au fleuve leurs dimensions actuelles.

Le Saint-Laurent prend naissance dans les Grands Lacs, à l'embouchure du lac Ontario, à la hauteur de Kingston. Chemin faisant, il contourne Cornwall, joue le rôle de frontière entre les États-Unis et l'Ontario et se fait bousculer par des rapides à Lachine avant d'arriver à Montréal. S'immisçant dans les basses contrées du Québec, le fleuve coule au milieu de bonnes terres agricoles. Aux alentours de Sorel, à la sortie du lac Saint-Pierre, le voilà sous l'emprise des marées. Près de l'île d'Orléans, ses rives s'éloignent l'une de l'autre de près de 20 km et ses eaux douces commencent à se marier aux eaux salées de l'Atlantique. Déjà ses flots sont saumâtres.

À partir de Charlevoix, les hauts-reliefs de la bordure méridionale du Bouclier canadien s'élèvent au-dessus de l'estuaire, sculptant des paysages saisissants. Des villages comme Cap-à-l'Aigle, Saint-Irénée ou Port-au-Persil se cramponnent à des escarpements dont l'altitude moyenne est de 400 m. Le mont des Éboulements, situé entre Baie-Saint-Paul et La Malbaie, culmine cependant à 770 m.

Tout en bas, dans le fleuve, les bélugas ont choisi pour élever leurs petits la périphérie de l'île aux Coudres ainsi que la baie des Rochers et la baie de Sainte-Catherine. Les baleines se donnent également rendez-vous au large de Tadoussac, dans le parc marin du Saguenay, à l'embouchure du fjord. De l'autre côté du fleuve se déploie le parc du Bic, où, selon la légende, l'ange qui travaillait à la distribution des îles et des collines aurait laissé échapper son chargement… Mais au-delà des jolies histoires, un drame, un vrai, s'y déroula : le massacre de centaines de Micmacs, piégés dans une grotte par les Iroquois.

À la hauteur de Rivière-du-Loup, le fleuve mesure 23 km de large. Plus à l'est, à Pointe-des-Monts, ses rives se trouvent à 50 km l'une de l'autre. Et en aval, le golfe s'étend à perte de vue.

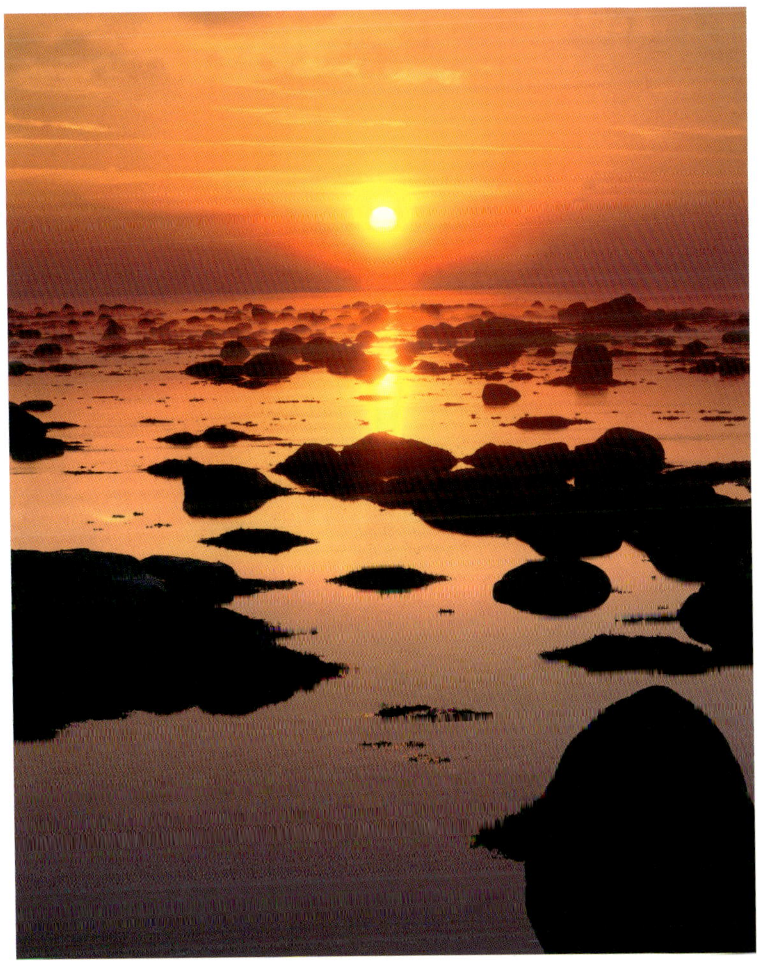

Vision fugitive des Escoumins quand le soleil levant joue le grand jeu du brasier éternel.

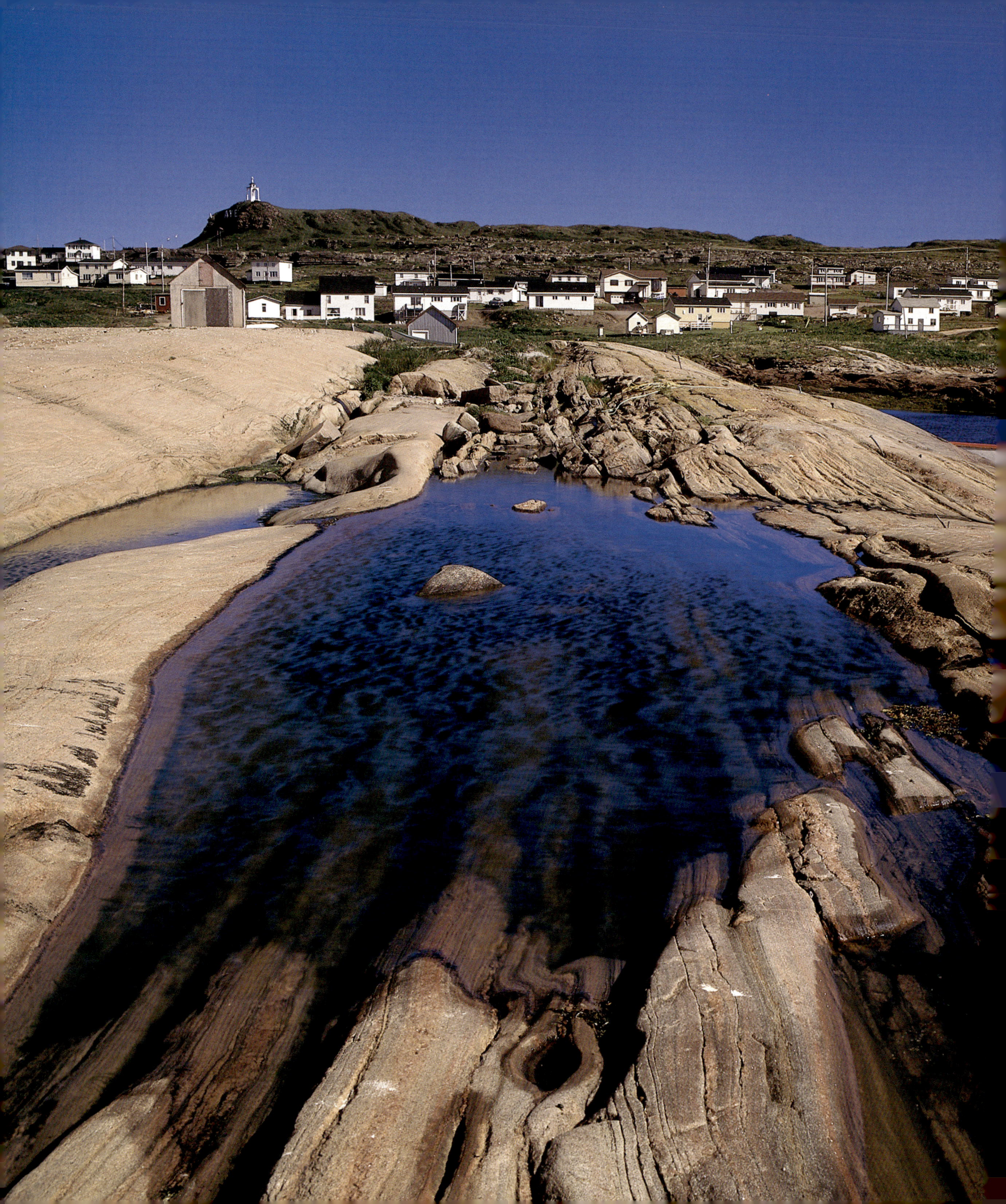

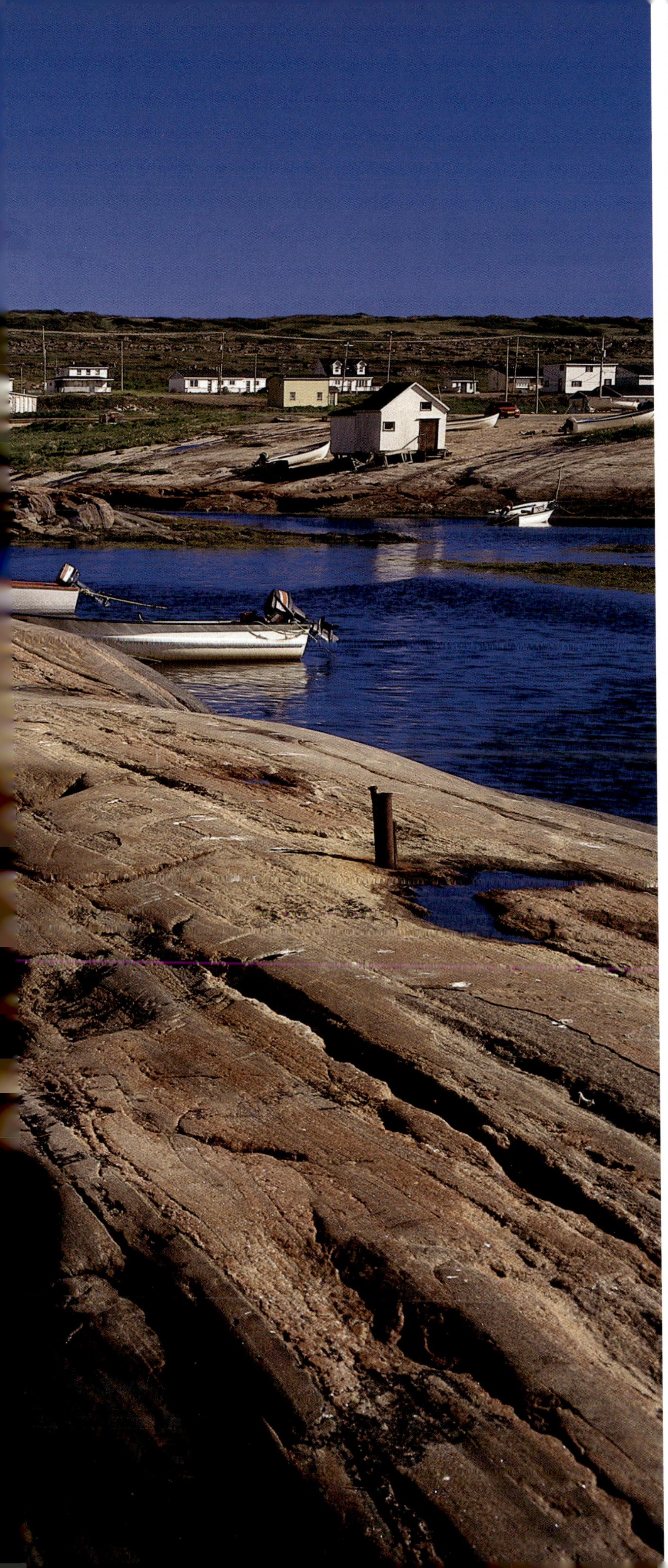
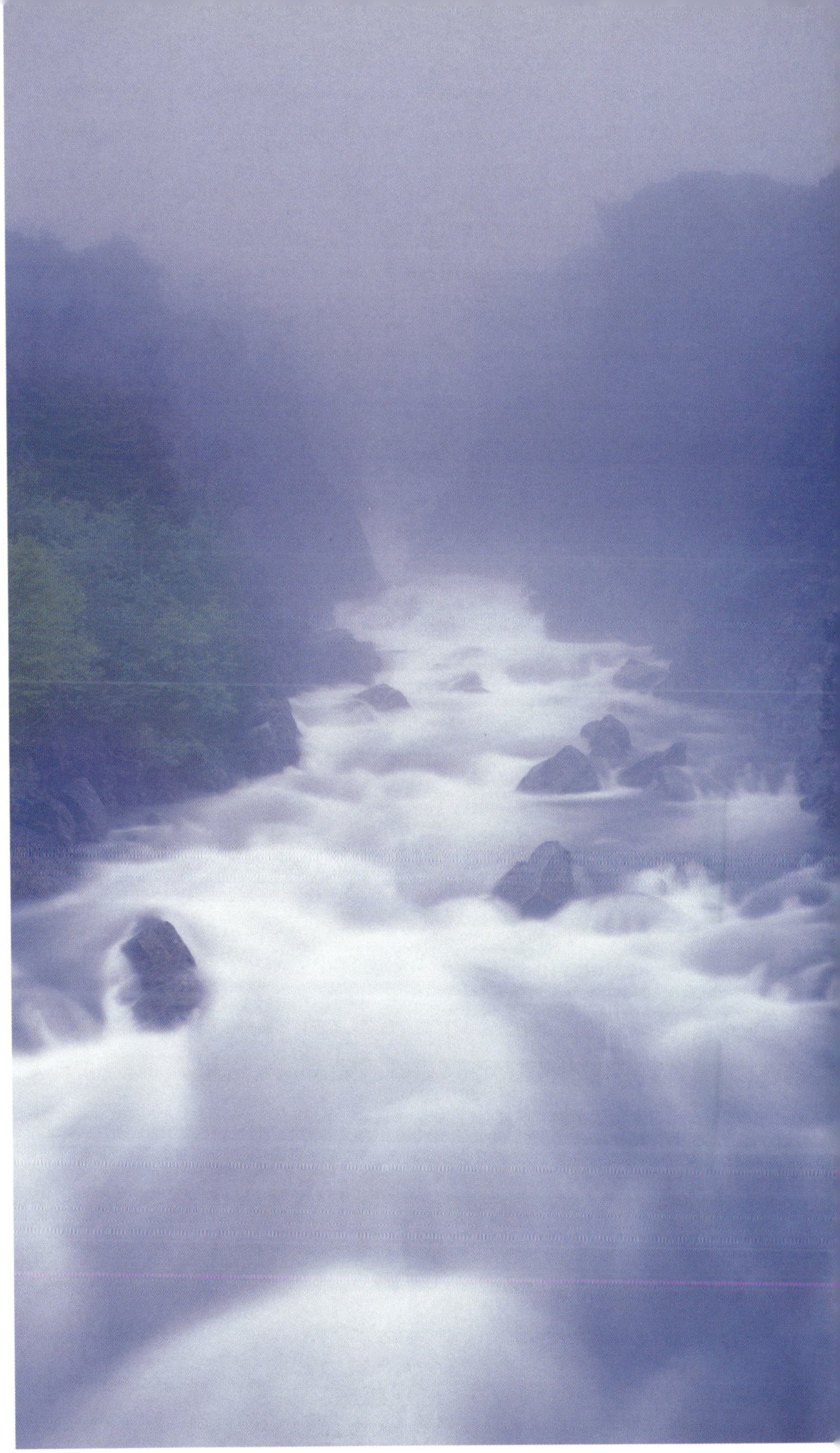
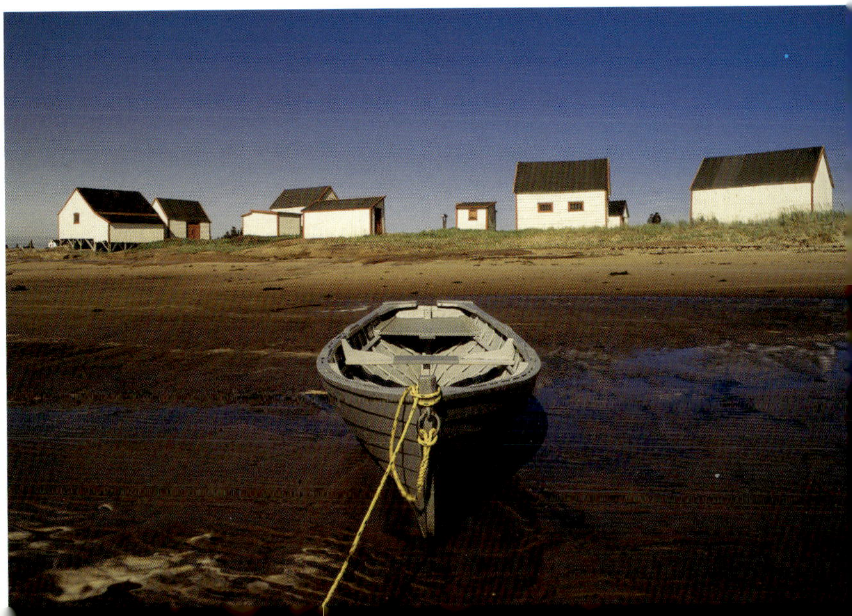

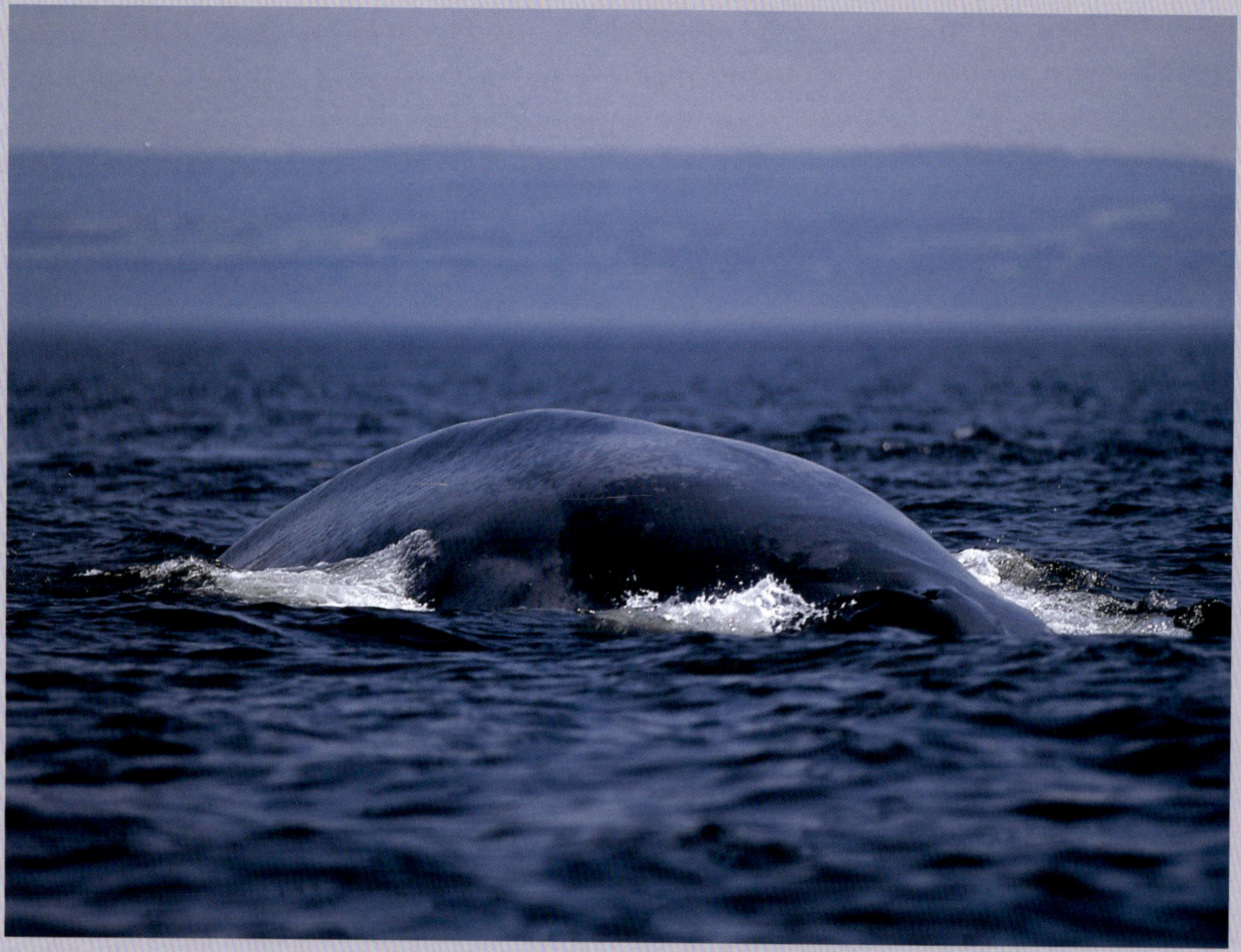

Sur la Côte-Nord, de Grandes-Bergeronnes au delta de la rivière Natashquan, le relief s'adoucit. Mais plusieurs rivières se jettent dans l'estuaire fréquenté par des phoques, des dauphins et des baleines, particulièrement le rorqual à bosse et le rorqual bleu, le plus gros animal de la planète, qui peut mesurer jusqu'à 30 m. Tout au nord, en route vers le Labrador, la côte est morcelée en dizaines d'îlots et de récifs. Sur la rive s'étend la toundra maritime. On trouve aussi épinettes et bouleaux mais, malmenés par le vent, les arbres se font arbustes. Ici, il n'est pas rare de voir passer un iceberg égaré dans le détroit de Belle-Isle.

En apercevant le rorqual bleu, tel un îlot surgi de la mer, on se dit que Neptune ne doit pas être bien loin.

Pages précédentes :
(à gauche)
Une poignée de minuscules maisons blanches semées dans un paysage de démesure : le village de Lourdes-de-Blanc-Sablon.

(en haut à droite)
Vaporeuse, brumeuse, évanescente, la chute Brador se noie dans une douce rêverie, sur la Basse-Côte-Nord.

(en bas à droite)
Au lieu-dit des Galets, à Natashquan, rien ne presse, on a toute l'éternité devant soi… et une chaloupe pour en faire le tour.

AU ROYAUME DES BALEINES

Dotés d'une diversité inouïe, les écosystèmes entourant le fleuve abritent des milieux de vie d'une richesse unique. Au cœur des marais salés et des cuvettes d'eau formées par le retrait des marées pousse une flore variée – phytoplancton, algues, plantes – qui nourrit poissons et oiseaux. Et tout en haut de la chaîne alimentaire, les mammifères marins. Dès le début de la saison froide, un nombre impressionnant de phoques remontent le Saint-Laurent pour profiter de ces délicieuses agapes. À la fin de l'hiver, la banquise du golfe se transforme en pouponnière pour les phoques du Groenland et les phoques à capuchon. Puis, au printemps, les premières baleines migratrices reviennent dans l'estuaire.

Les grandes zones de productivité biologique des océans se situent plus près des pôles que des tropiques. Outre les bélugas, qui résident dans le Saint-Laurent à l'année, la plupart des baleines fréquentent les eaux du fleuve pendant l'été pour profiter d'une nourriture abondante, puis retournent passer l'hiver sous les tropiques.

Mais pourquoi les baleines fréquentent-elles le Saint-Laurent ? Pourquoi se rendre jusqu'à Tadoussac, si loin dans le continent ? Il faut d'abord dire que l'estuaire est constitué de couches d'eau superposées qui, jusqu'à un certain point, ne se mélangent pas. En surface flotte une eau douce qui se déverse vers l'Atlantique à marée descendante. Juste en dessous circule une eau salée, plus dense, poussée par les marées montantes et chargée d'éléments nutritifs, parmi lesquels des algues et des animaux microscopiques qui font le délice des bancs de poissons. Près de Tadoussac cependant, le fond marin plonge soudain de 30 à 400 m de profondeur. C'est ce qu'on appelle « le chenal laurentien », un véritable gouffre sous-marin qui s'étend jusqu'au golfe. Chargée de nutriments en provenance de l'Atlantique, l'eau se heurte alors à la muraille du chenal et n'a d'autre choix que de remonter vers la surface, où elle jouit de l'effet revigorant de la lumière. Résultat ? Une prolifération du phytoplancton, un régal pour les poissons, canards, phoques et cétacés.

Les baleines ont besoin d'une grande quantité de nourriture. Par exemple, pour satisfaire les énormes besoins énergétiques que lui imposent ses 100 tonnes, un rorqual bleu doit avaler quotidiennement de 2 à 4 tonnes de krill (un petit crustacé). Sur les 70 espèces de cétacés à dents répertoriées dans le monde, 8 fréquentent le Saint-Laurent, dont les dauphins, bélugas, marsouins, cachalots et autres épaulards. Et, sur les 13 espèces de cétacés à fanons que compte la planète, 5 visitent le fleuve. Chaque groupe de baleines a ses habitudes. Bien des rorquals nagent près de Tadoussac, mais d'autres, on ignore pourquoi, préfèrent le détroit de Jacques-Cartier, situé au large de Mingan. Pointe-des-Monts, Sept-Îles, Gaspé, Havre-Saint-Pierre et les abords de l'île d'Anticosti font aussi partie de leurs lieux de prédilection.

Qu'elles soient au repos, en déplacement ou en train de se nourrir, les baleines doivent remonter à la surface périodiquement pour trouver l'oxygène dont elles ont besoin pour survivre. Certaines espèces comme le cachalot mettent une heure pour descendre à 1 000 m de profondeur, où se trouve leur nourriture. Mais le record de plongée en apnée est détenu par les baleines à bec et les

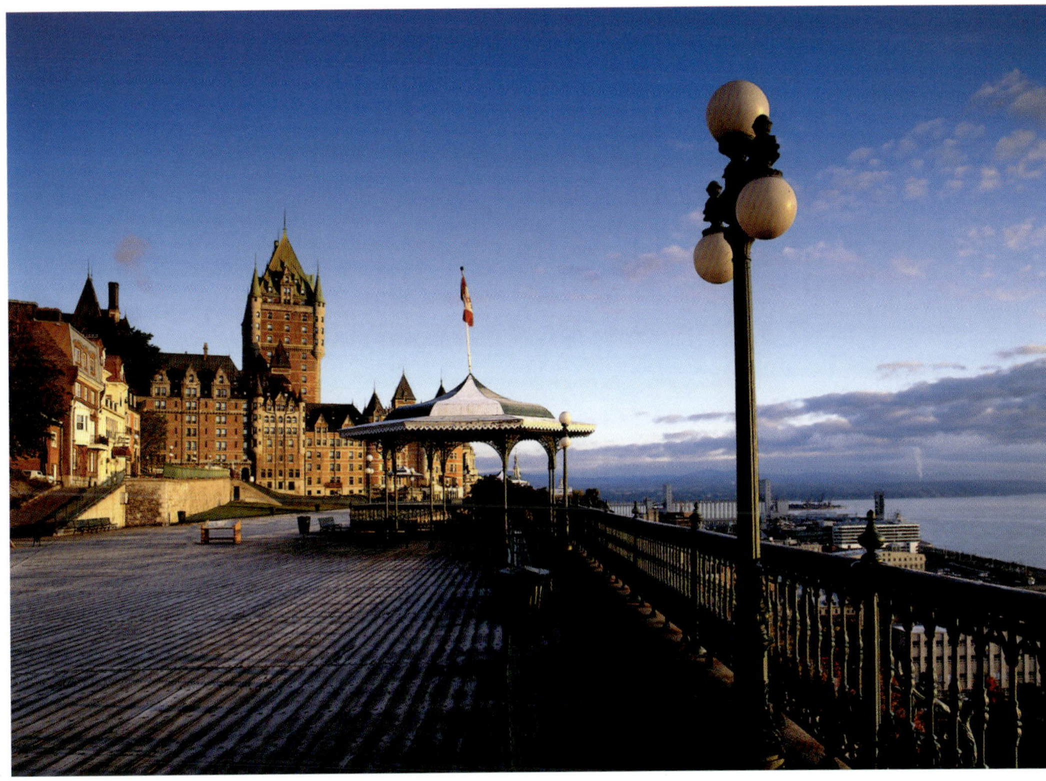

Pendant que le soleil chasse les ombres de la nuit, la terrasse Dufferin à Québec s'étire paresseusement avant de sortir du sommeil.

cachalots mâles, qui peuvent rester plus de deux heures sous l'eau. Toutes proportions gardées, leurs poumons ne sont pas plus volumineux que les nôtres, mais comme elles utilisent l'oxygène plus efficacement et qu'elles peuvent contrôler leur rythme cardiaque, elles arrivent à tenir sous l'eau plus longtemps que l'humain.

UN FLEUVE REDOUTABLE

Le Saint-Laurent n'est pas un «long fleuve tranquille». Ses vents, ses récifs et ses brouillards en font un cours d'eau imprévisible. C'est entre Québec et Tadoussac que la navigation est la plus difficile. Les marées y sont plus grandes et les courants, plus forts, sans compter la présence de falaises escarpées et de hauts-fonds.

À l'est du Saguenay, le fleuve devient moins turbulent mais plus profond. Les eaux glaciales qui baignent Tadoussac, Pointe-des-Monts, Havre-Saint-Pierre et le détroit de Belle-Isle font que ces régions sont fréquemment enveloppées de brume. En effet, l'eau très froide emmagasinée en profondeur pendant l'hiver refait périodiquement surface, provoquant d'épais brouillards dès que l'air chaud est soufflé par les vents d'été. Selon une étude menée par le ministère québécois de l'Environnement, l'estuaire du Saint-Laurent serait la région canadienne la plus touchée par le brouillard entre les mois de mai et de septembre, soit au plus fort de la saison de navigation. C'est ainsi qu'en 1914, au large de Rimouski, l'*Empress of Ireland* fit naufrage, entraînant dans la mort 1 012 de ses 1 477 passagers et membres d'équipage. Des pertes humaines presque aussi importantes que celles du *Titanic*. Une collision avec le cargo *Storstad* fut à l'origine du drame. On avait vu venir le navire de loin, mais un banc de brume se glissa soudainement entre les deux bateaux et trompa la vigilance des capitaines.

Le fleuve est un vaste espace ouvert sur lequel les vents peuvent soulever des vagues déchaînées. Entre Québec et Pointe-des-Monts, tout particulièrement, Éole s'engouffre dans le couloir formé par les Laurentides au nord et les Appalaches au sud, ce qui a pour effet de décupler sa puissance… À la fin de l'été, à mesure que les jours raccourcissent, les vents prennent de la vigueur. Or, le Saint-Laurent se trouve justement sur leur trajectoire hivernale. Du début de l'automne à la fin du printemps, les dépressions provoquent de violentes tempêtes dans l'estuaire et le golfe. La navigation devient parfois si périlleuse que les navires coulent corps et biens, même si les météorologues diffusent des alertes météo dans les meilleurs délais.

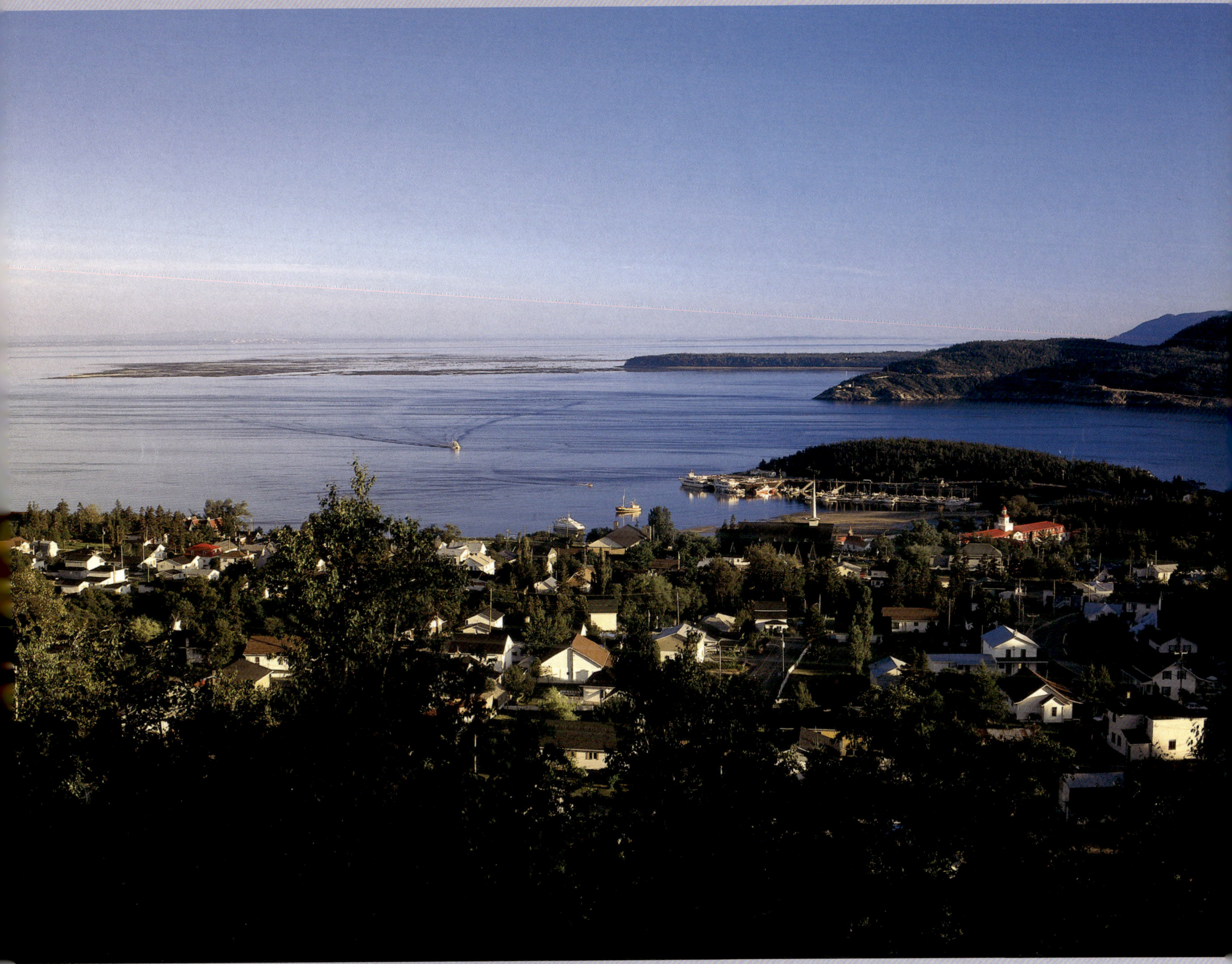

La baie de Tadoussac, considérée comme l'une des plus belles du monde, célèbre l'union de l'altière Saguenay et du noble Saint-Laurent.

Le Saint-Laurent recèle également d'autres écueils, comme le verglas produit par les embruns dès que la température de l'air est inférieure à -2 °C. Une couche de glace de plusieurs centimètres peut alors recouvrir les bateaux et augmenter leur poids de nombreuses tonnes. Les navires deviennent alors difficiles à manœuvrer et peuvent chavirer à tout moment. Enfin, parmi les dangers du Saint-Laurent, il y a les glaces, qui apparaissent en décembre et qui gagnent rapidement l'estuaire. De janvier à février, elles recouvrent même le golfe. Mais depuis

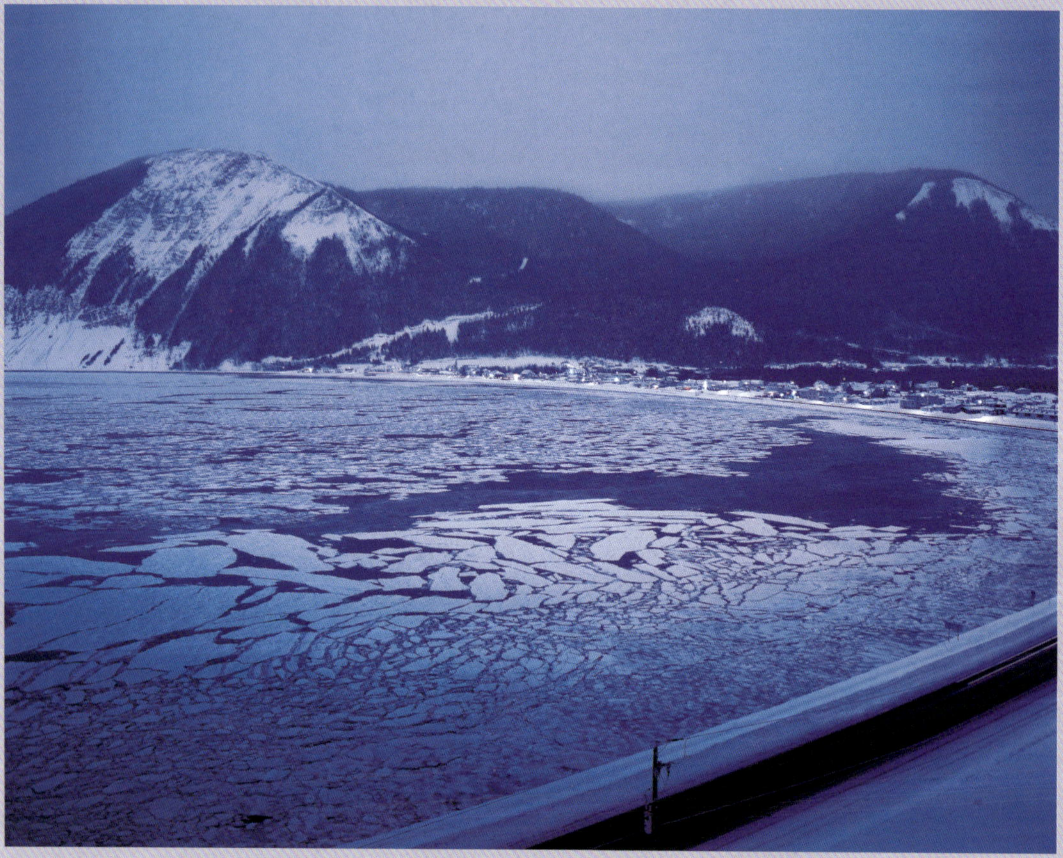

Blotti dans son pays bleu, en Gaspésie, le mont Saint-Pierre s'apprête à passer la nuit à la belle étoile.

l'apparition des brise-glace, au début des années soixante, le port de Montréal est ouvert à la navigation durant tout l'hiver.

ICEBERG À BÂBORD !

Quelque 40 000 morceaux de banquise se détachent des glaciers du Groenland chaque année. Leur poids moyen varie entre 100 000 et 200 000 tonnes et leur hauteur équivaut à celle d'un immeuble de 15 étages. Gigantesque ? Les icebergs de l'Antarctique sont pourtant plus volumineux encore. C'est en l'an 2000 que l'on a repéré le plus gros : 290 km de longueur par 37 de largeur. À peu près les dimensions de la Jamaïque. Comment de tels mastodontes peuvent-ils flotter ? C'est que le poids de la glace est inférieur à celui de l'eau. On estime cependant que les sept huitièmes de ces glaçons géants se trouvent sous la surface de l'eau et que leur base est plus large que leur sommet. C'est ce qui les rend si dangereux pour la navigation.

Une fois détachés de la banquise, la plupart des icebergs venus du Groenland sont emportés vers le sud par les courants du Labrador. Quelques-uns pénètrent dans le golfe du Saint-Laurent par le détroit de Belle-Isle. À la fin de mai et au début de juin, les riverains de Blanc-Sablon, sur la Basse-Côte-Nord, sont aux premières loges pour les voir passer. En général, la glace dont ils sont formés est vieille de 5 000 ans, mais il arrive parfois qu'elle date de 15 000 ans.

La plupart des icebergs qui dérivent dans le golfe fondent tout simplement. D'autres vont s'échouer dans des eaux peu profondes. D'autres encore, chauffés par le soleil, s'effondrent avec fracas.

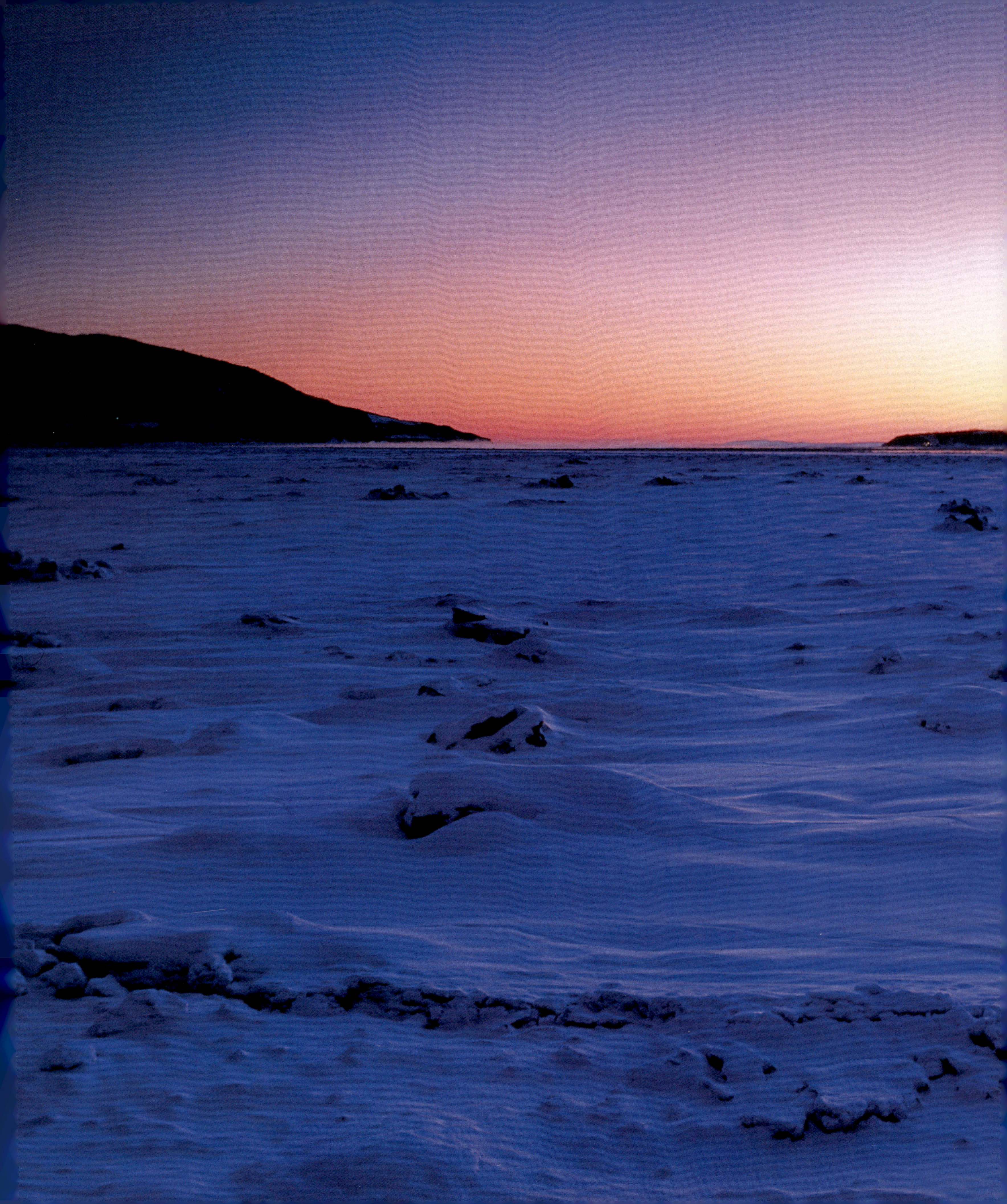

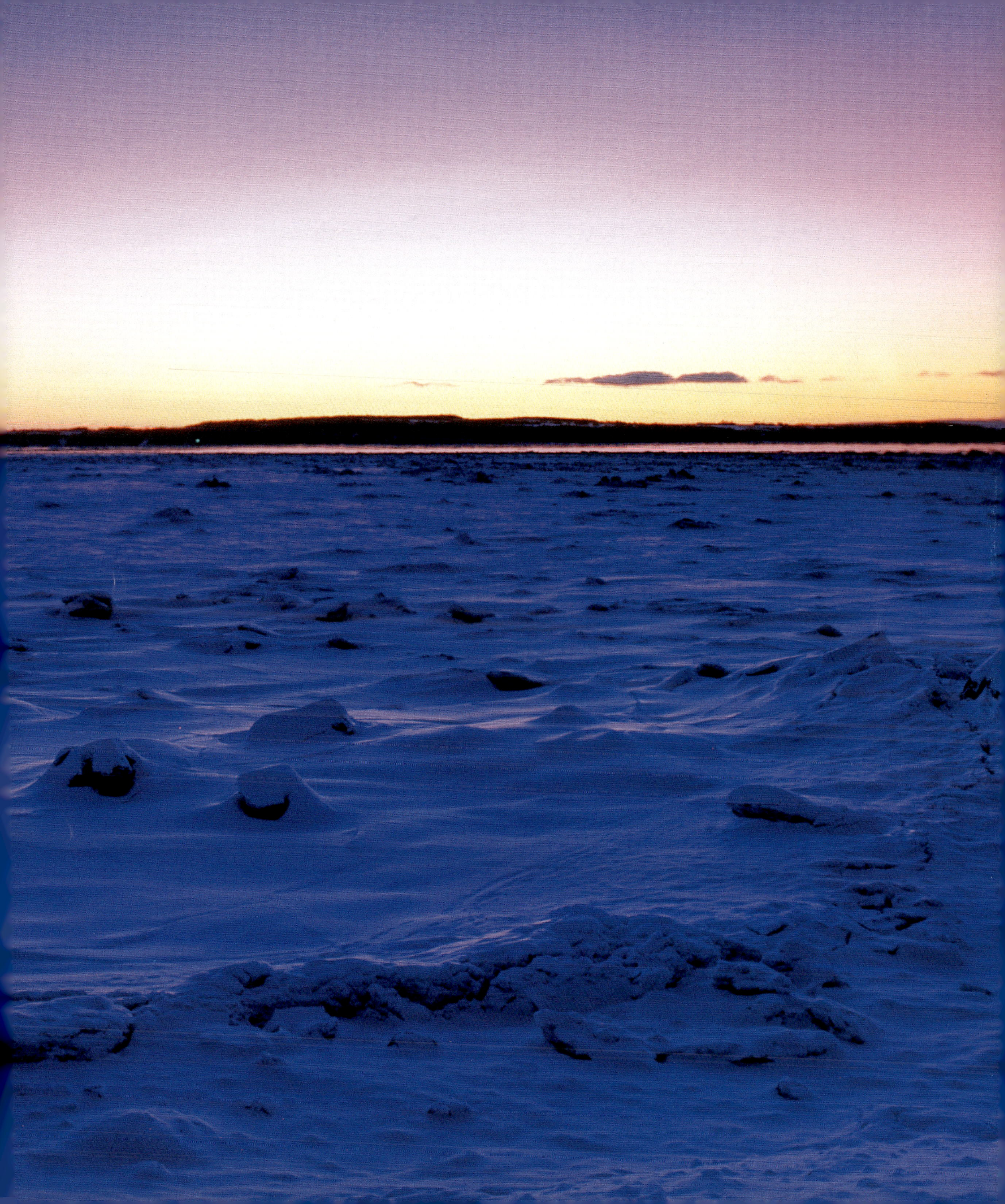

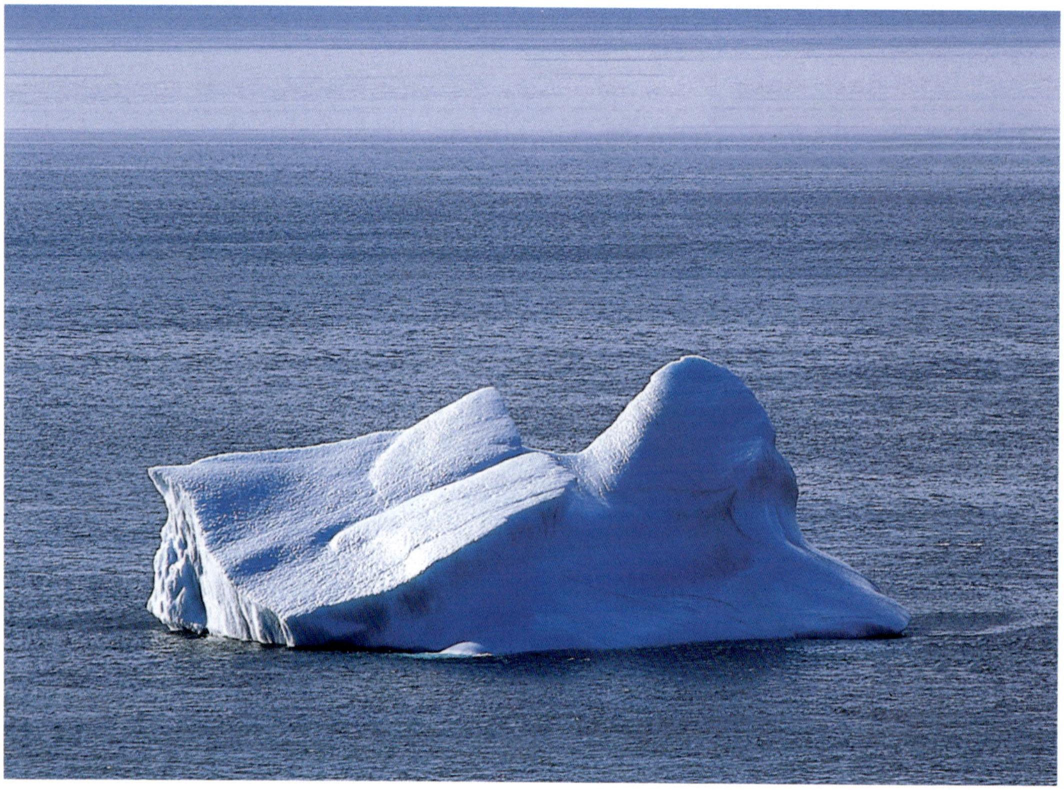

Ce jour-là, un grand aventurier des mers est venu parler de son pays de glace aux habitants de Blanc-Sablon, sur la Basse-Côte-Nord.

Pages précédentes : Qui serait étonné de rencontrer le Petit Prince sur ce bout de fleuve aux allures de surface lunaire, tout près de l'île aux Coudres ?

Certains d'entre eux peuvent venir du 75ᵉ parallèle, près de la terre de Baffin, et parcourir 4 000 km pour se rendre jusqu'au 40ᵉ parallèle, au large du Maine.

Grâce aux images satellites, aux radars et aux patrouilles de la Garde côtière canadienne, la navigation est devenue plus sécuritaire qu'à l'époque du naufrage du *Titanic*. Les icebergs constituent cependant toujours une menace pour les navires, les bateaux de pêche et les plates-formes de forage. En juillet 1981, le *Arctic Explorer*, un navire hydrographique canadien de 900 tonnes, a heurté un iceberg au large de Terre-Neuve et a coulé en 20 minutes. Parmi les membres de l'équipage, 13 se sont noyés tandis que les 19 autres ont dérivé pendant 2 jours sur un radeau de sauvetage.

LA NAVIGATION

Au XVIe siècle, les premiers Français à s'établir en Nouvelle-France comprennent rapidement que, s'ils veulent survivre, ils doivent apprivoiser le fleuve. Entre Québec et Tadoussac, montagnes, églises, maisons et moulins servent de repères aux marins. Des couloirs sont aussi déboisés sur les rives pour indiquer les changements de cap nécessaires. Les Français finissent par acquérir une certaine expérience du Saint-Laurent, mais ils ne mettent rien par écrit, ces écueils les protégeant des envahisseurs. Prenons-en pour preuve la perte, sur les récifs de l'île aux Œufs, de huit navires britanniques en route pour attaquer Québec, en 1711.

Dès 1647, les administrateurs de la colonie font appel à des pilotes locaux pour guider les bateaux sur le fleuve. Jusqu'en 1860, les pilotes du Saint-Laurent sautent à bord de leurs goélettes ou de leurs chaloupes pour aller offrir leurs services aux capitaines des navires. Au XIXe siècle, c'est la règle du premier à bord qui prévaut. Mais dans cette course insensée, les fragiles embarcations des pilotes chaviraient souvent. Entre 1819 et 1835, 129 pilotes et apprentis perdent ainsi la vie… Et malgré la présence des pilotes, la navigation demeure périlleuse. Entre 1840 et 1866, plus de 900 bateaux coulent à pic. Le député de Rimouski de l'époque expliquait cette hécatombe par la négligence des capitaines, la pénurie de phares et le manque d'organisation de la profession de pilote.

À ce propos, le premier phare du Saint-Laurent a été érigé dans l'île Verte en 1809. Autrefois, la charge de gardien de phare se transmettait souvent de père en fils, mais on exigeait tout de même des postulants qu'ils possèdent une bonne vue, qu'ils sachent lire et compter et qu'ils aient des « mœurs respectables ». Une curieuse demande, surtout lorsque l'on sait à quel point ces hommes menaient, avec leur famille, une vie recluse. En effet, ils sont éloignés de tout et les visiteurs se font rares. Le gardien devait allumer et éteindre le feu du phare, entretenir le matériel optique, actionner le signal de brume – pendant des années, ce fut à coups de canon – et secourir les naufragés. Pour nourrir les siens, il devait aussi chasser, pêcher et cultiver un lopin de terre.

Vivre dans un phare n'était pas gage de confort, et ce n'était certainement pas aussi romantique que peuvent se l'imaginer les locataires actuels qui viennent y passer une nuit lorsqu'ils visitent les îles de la région. À l'époque, les infortunés occupants souffraient du froid, de l'humidité, du manque de lumière et de la fumée, le tout provoqué par le peu d'ouvertures pratiquées dans ces sentinelles géantes. Et le métier n'était pas sans risques. Les trois gardiens du pilier-phare du haut-fond Prince, à l'embouchure du Saguenay, n'ont jamais oublié la nuit de Noël de 1966, alors qu'une tempête d'une violence inouïe fit rage pendant plus de 36 heures. Le phare, conçu pour résister à des vagues de 8 m, fut assailli par des lames de plus de 18 m de hauteur. Deux portes d'acier fermant des sorties d'urgence situées à environ 15 m de la base furent défoncées. Des tuyaux furent arrachés et les locaux, inondés. Lorsque le phare se mit à trembler sur sa base, les trois hommes crurent leur dernière heure arrivée et envoyèrent des messages de détresse. Mais dans de telles conditions, qui aurait pu les secourir ? Heureusement, la tempête leur laissa la vie sauve. Aujourd'hui, les phares sont automatisés…

L'île Bicquette fut de tout temps redoutée par les navigateurs. C'est la raison pour laquelle on décida d'y installer un phare. Mais on raconte qu'en 1859, la chaloupe des deux premiers gardiens se brisa sur les glaces, entraînant les deux hommes dans la mort. Un autre gardien fut donc envoyé au phare. Lors de sa première nuit sur place, il entendit clairement et à plusieurs reprises de terribles bruits de chaînes

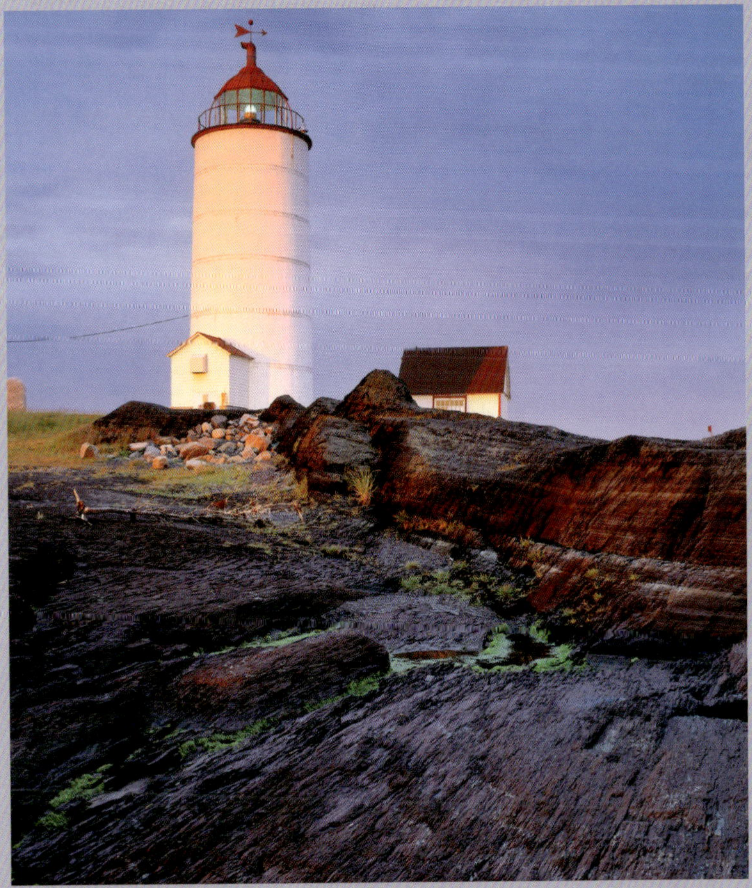

Malgré son grand âge, il se dresse encore bien fièrement, le phare de l'île Verte – vénérable ancêtre de tous les gardiens du fleuve Saint-Laurent.

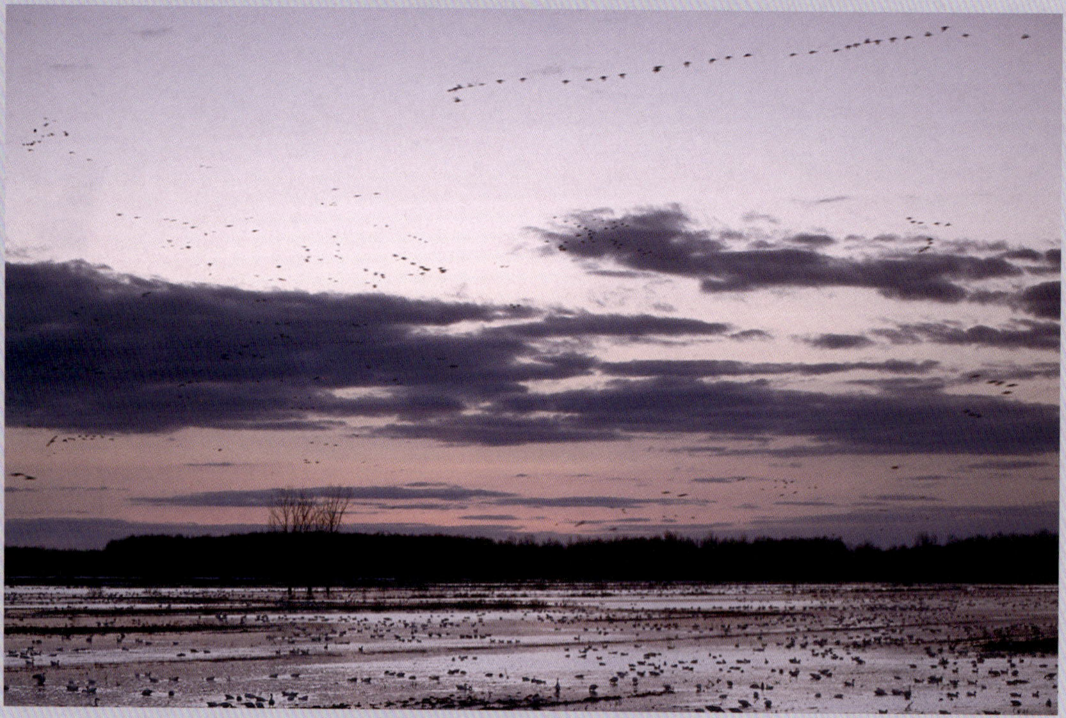

Les dernières volées d'oies blanches se poseront bientôt sur la batture pour passer une autre nuit à Baie-du-Febvre, aux alentours de Nicolet.

auxquels se mêlaient des plaintes venant du dernier étage de la tour et des escaliers. La glace étant trop mince pour qu'il puisse retourner sur la terre ferme, l'homme essaya de se convaincre que son imagination lui jouait des tours. Mais la nuit suivante, les mêmes bruits se firent entendre. Craignant de devenir fou, l'infortuné gardien décida de quitter l'île sur-le-champ, au péril de sa vie. Tout au long de son périple, la glace céda souvent sous ses pas mais, guidé par son chien, il parvint enfin au rivage, à demi-mort de froid et de peur. On dit que depuis ce temps, personne n'est jamais retourné dans l'île pour garder le phare…

FANTÔMES ET LÉGENDES

Brumes mystérieuses, bateaux qui disparaissent dans l'obscurité, cris de détresse qui déchirent le silence de la nuit. Le décor est planté. Les légendes ont libre cours. Les riverains du fleuve ont l'imagination fertile. Et puis, dans un environnement aussi fabuleux, comment ne pas croire au surnaturel ? Dans *Légendes du Saint-Laurent*, on raconte que lorsque les flots s'abattent avec force sur les rives de l'embouchure de la rivière Madeleine, les marins qui y jettent l'ancre entendent plaintes et lamentations. C'est que, il y a des décennies, un navire y fit naufrage, emportant son malheureux capitaine. Depuis ce temps, son fantôme supplie qu'on vienne chercher ses ossements éparpillés au fond de l'eau pour les enterrer en terre bénite.

On dit également qu'il existe à Trois-Pistoles une maison hantée dont la construction remonterait à 1830. Jadis poste de transfert à l'usage des pilotes de la région, lesquels guidaient les navires étrangers en visite sur le fleuve, ce lieu était le théâtre de beuveries monumentales qui dégénéraient souvent en bagarres. Un jour, un homme fut tué. Pour camoufler le crime, on enterra son cadavre dans la cave. Mais l'âme de la victime ne cessa de réclamer une sépulture digne de ce nom. Comme personne n'accédait à sa demande, le fantôme se mit à faire un tel tapage et un tel désordre qu'on dut abandonner la maison.

Le nom de Trois-Pistoles trouve aussi son origine dans une légende. En 1621, un navire s'échoua à l'ouest de l'île aux Basques. Les provisions d'eau douce étant épuisées, le second et deux matelots se rendirent à la rivière située en face, sur la rive, pour y remplir des tonneaux. C'est alors que, voulant remplir son gobelet, l'officier le laissa échapper dans la rivière et s'exclama : « Voilà trois pistoles de perdues ! » Comme la rivière ne portait pas encore de nom, on la baptisa rivière des Trois Pistoles.

Mais l'histoire ne s'arrête pas là, car le fleuve à la beauté légendaire n'a pas fini de nous en conter et de soulever les passions.

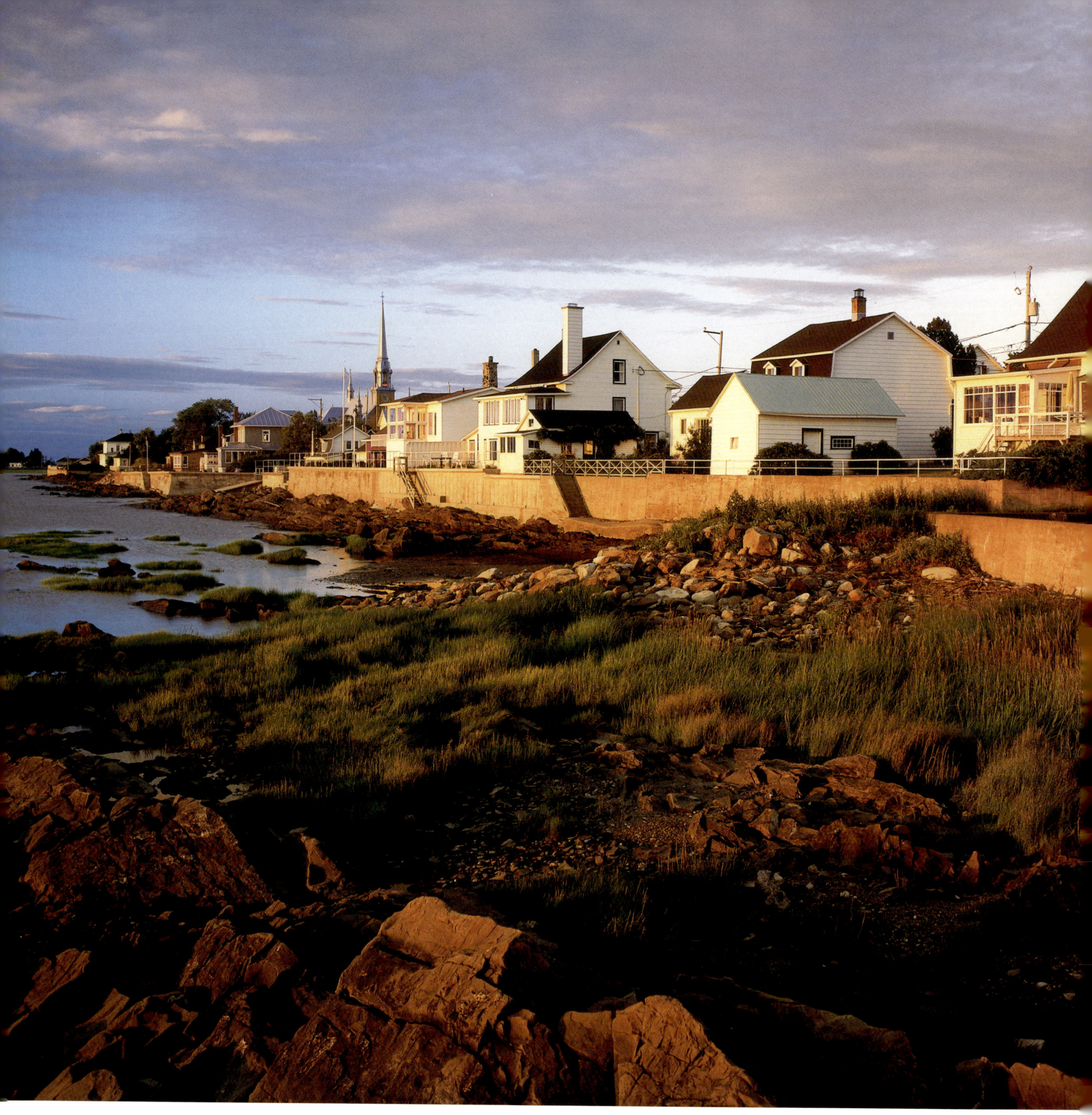

Lovée dans la tiédeur du couchant, Kamouraska va bientôt affronter une autre nuit frisquette dans le Bas-Saint-Laurent.

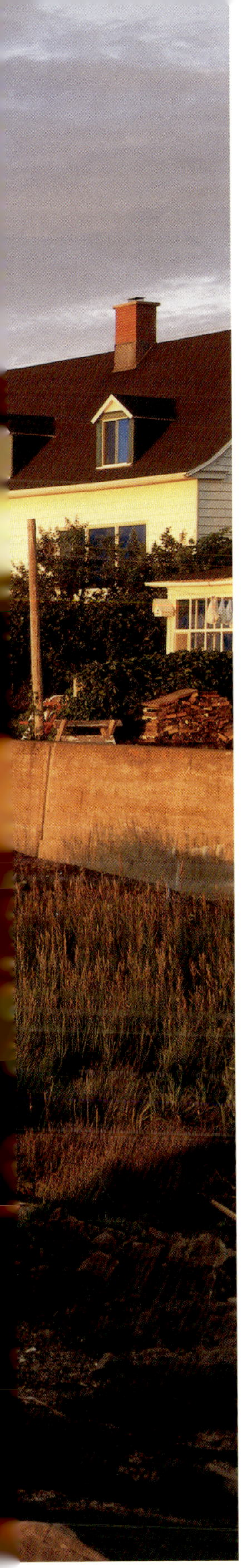

Le cap du Moine-qui-Prie (ou cap Alright), son phare et ses falaises orangées prennent la vedette dans la lumière resplendissante d'un matin d'été à l'île du Havre aux Maisons.

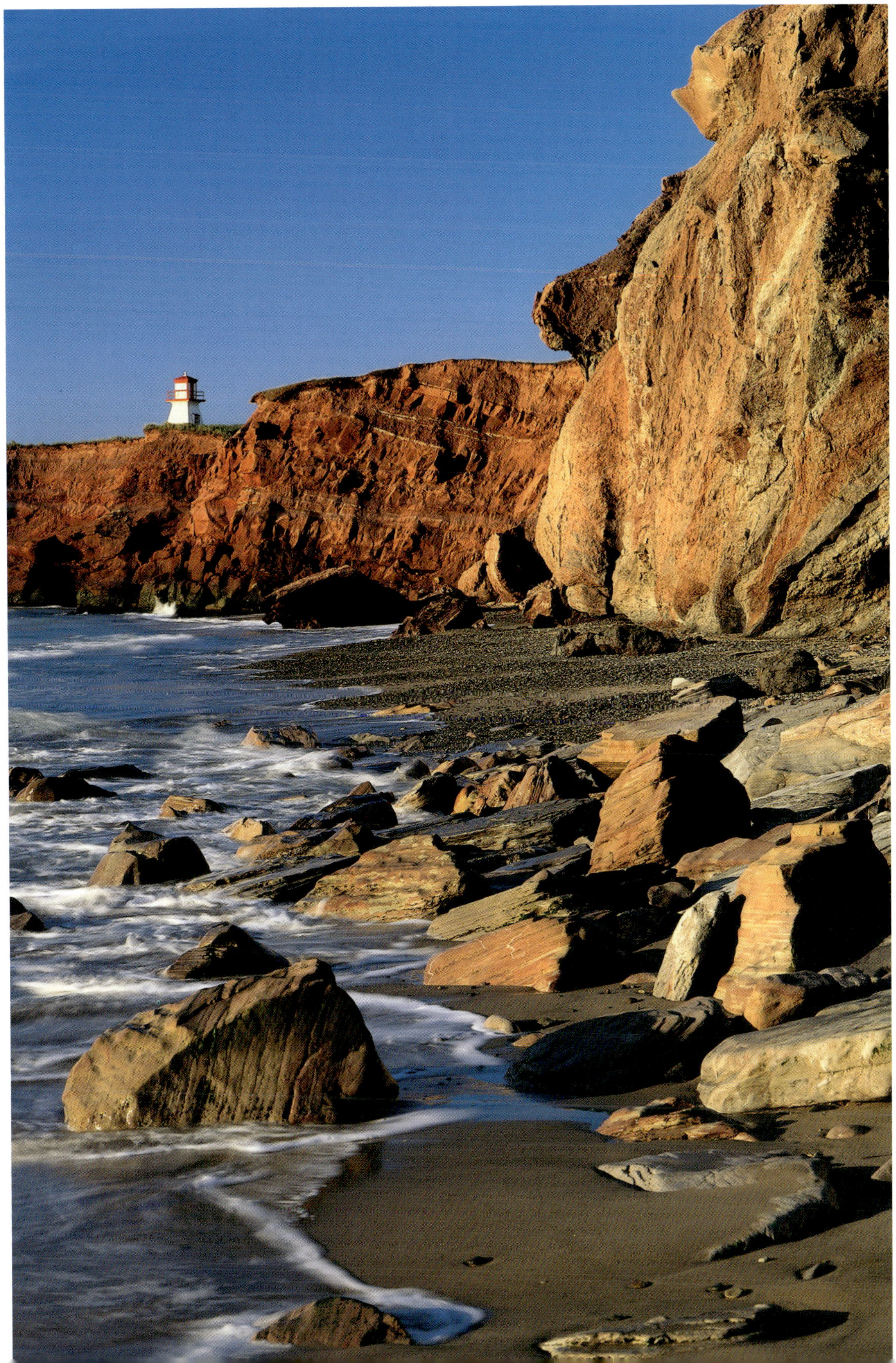

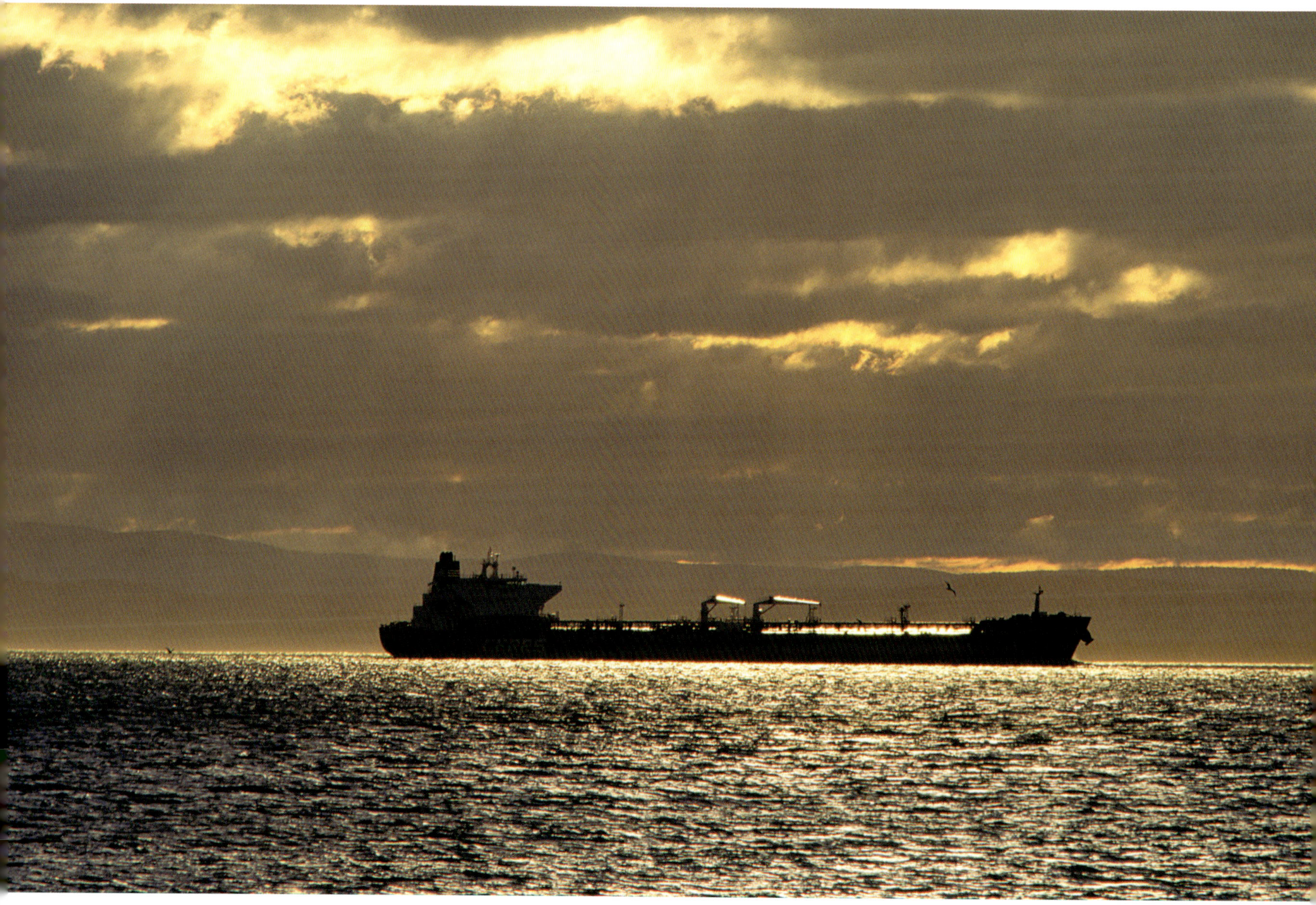

Un mastodonte d'acier poursuit inexorablement
sa course dans les paillettes de lumière du fleuve,
au large de Cap-à-l'Aigle, dans la région de
La Malbaie.

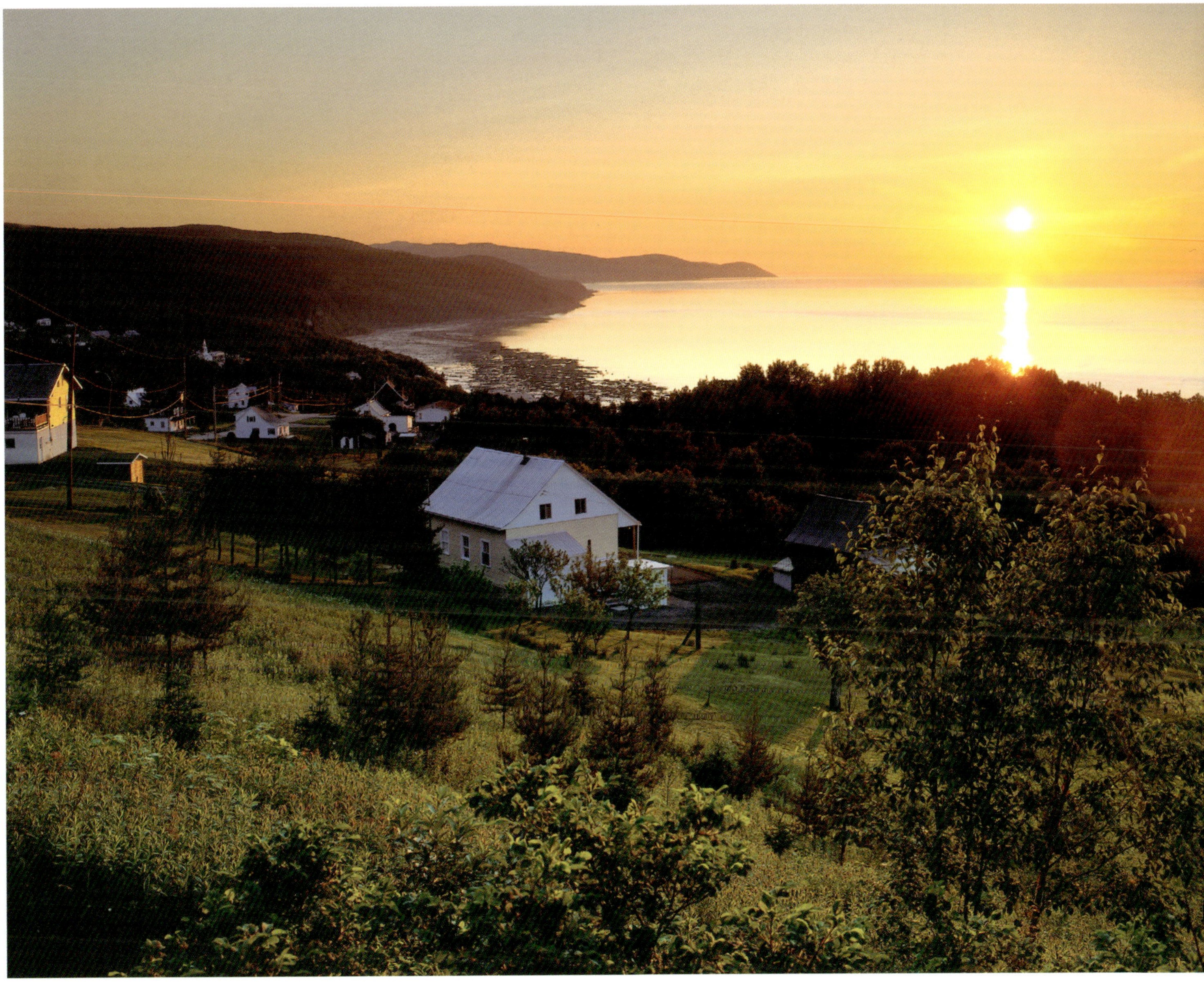

Il y a tous les matins du monde dans ce
jour doré qui se lève sur Saint-Irénée,
dans Charlevoix.

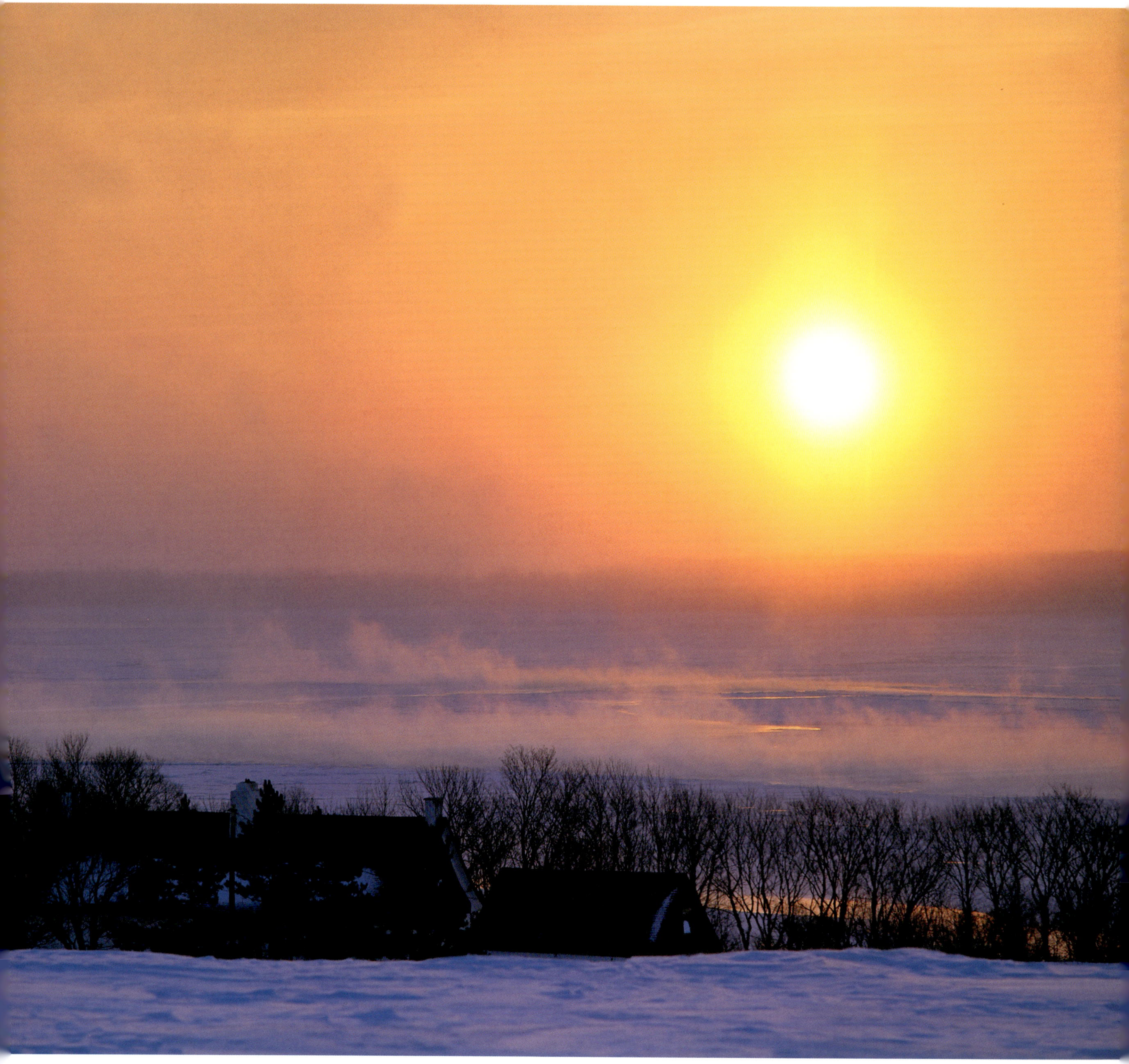

Le soleil fait de son mieux pour la réchauffer, mais
l'île d'Orléans grelotte encore au sortir de sa nuit
dans le fleuve.

Les trois maisons de cadet Rousselle croquées au pays fabuleux de l'imaginaire ou, plus prosaïquement, quelques chalets aux environs de Petite-Vallée, en Gaspésie.

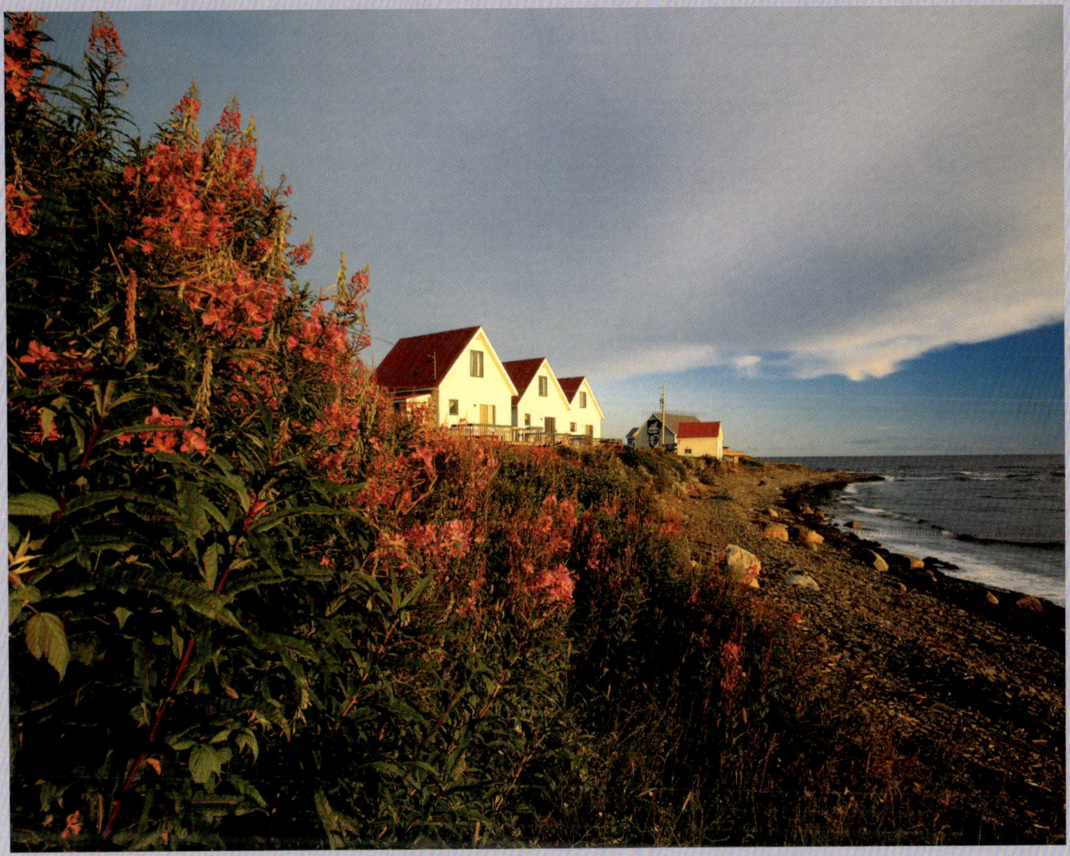

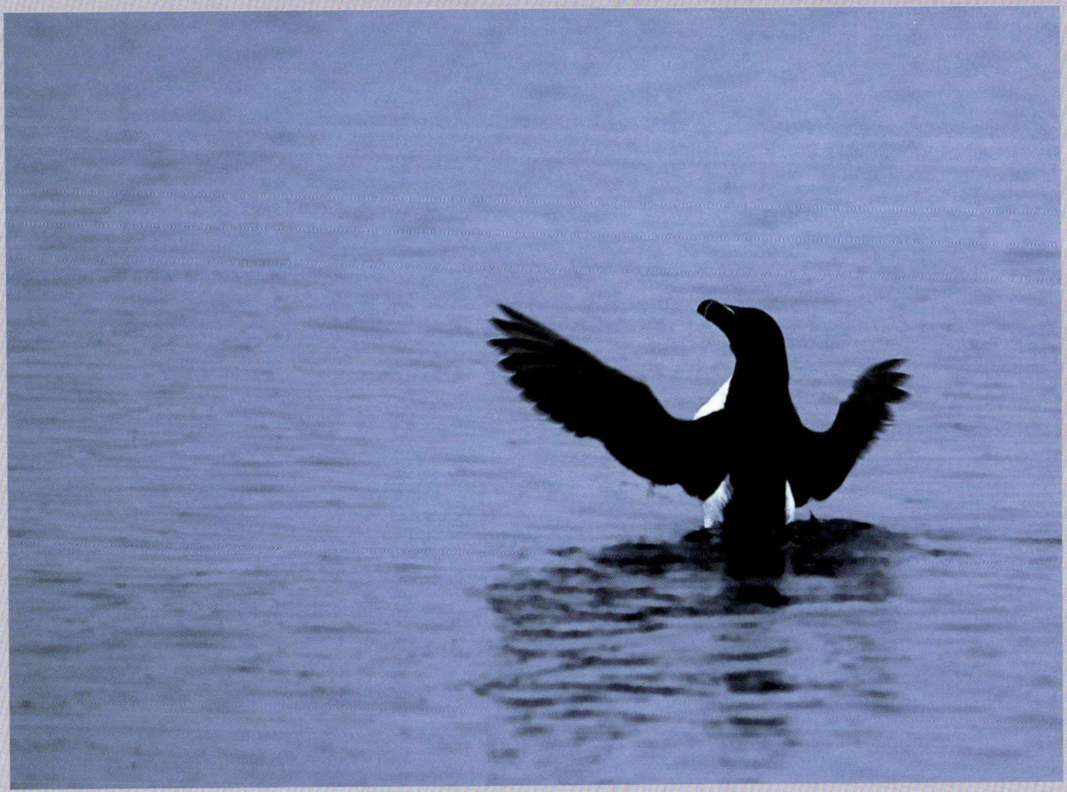

Préparatifs de mariage au beau milieu du Saint-Laurent...

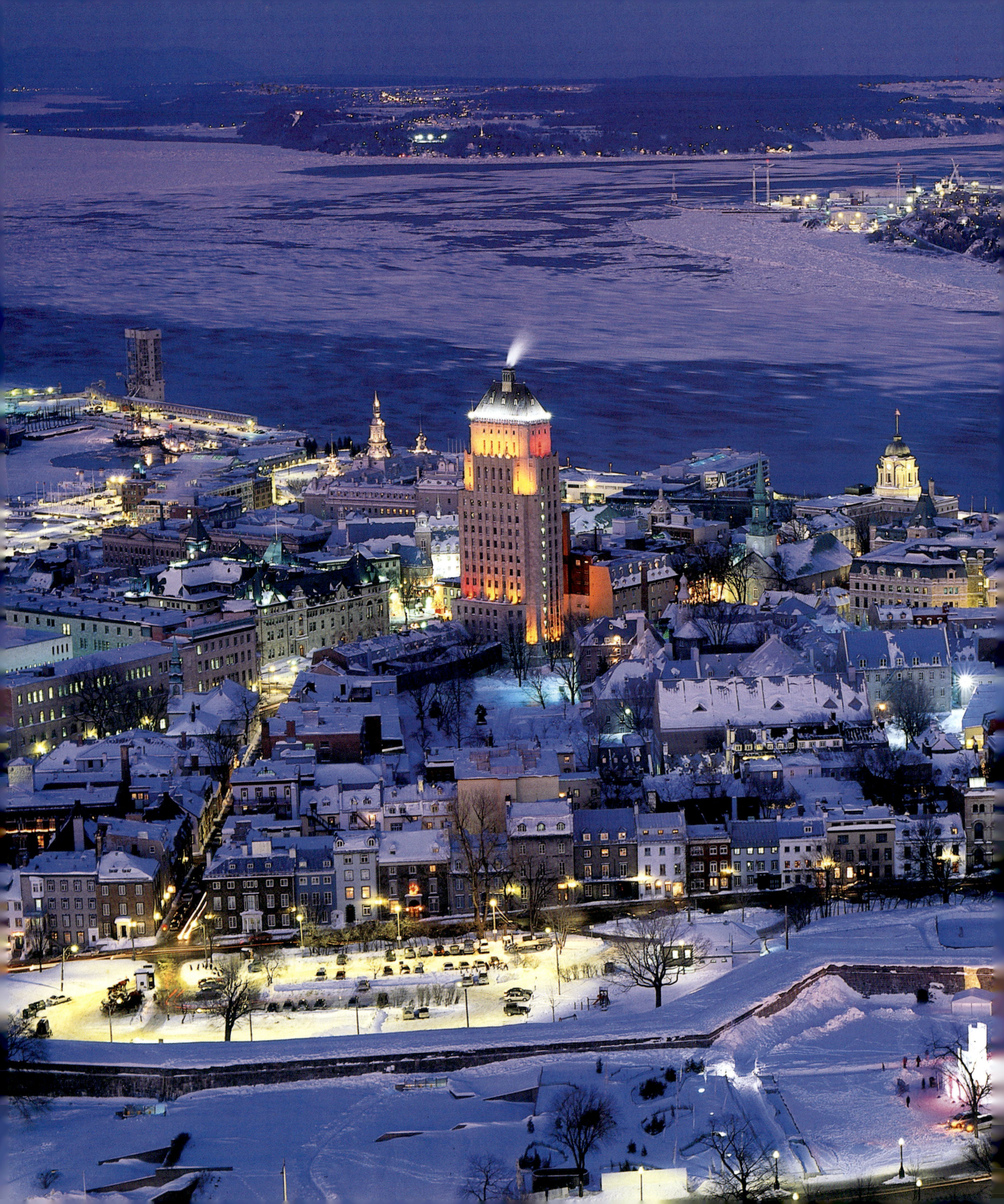

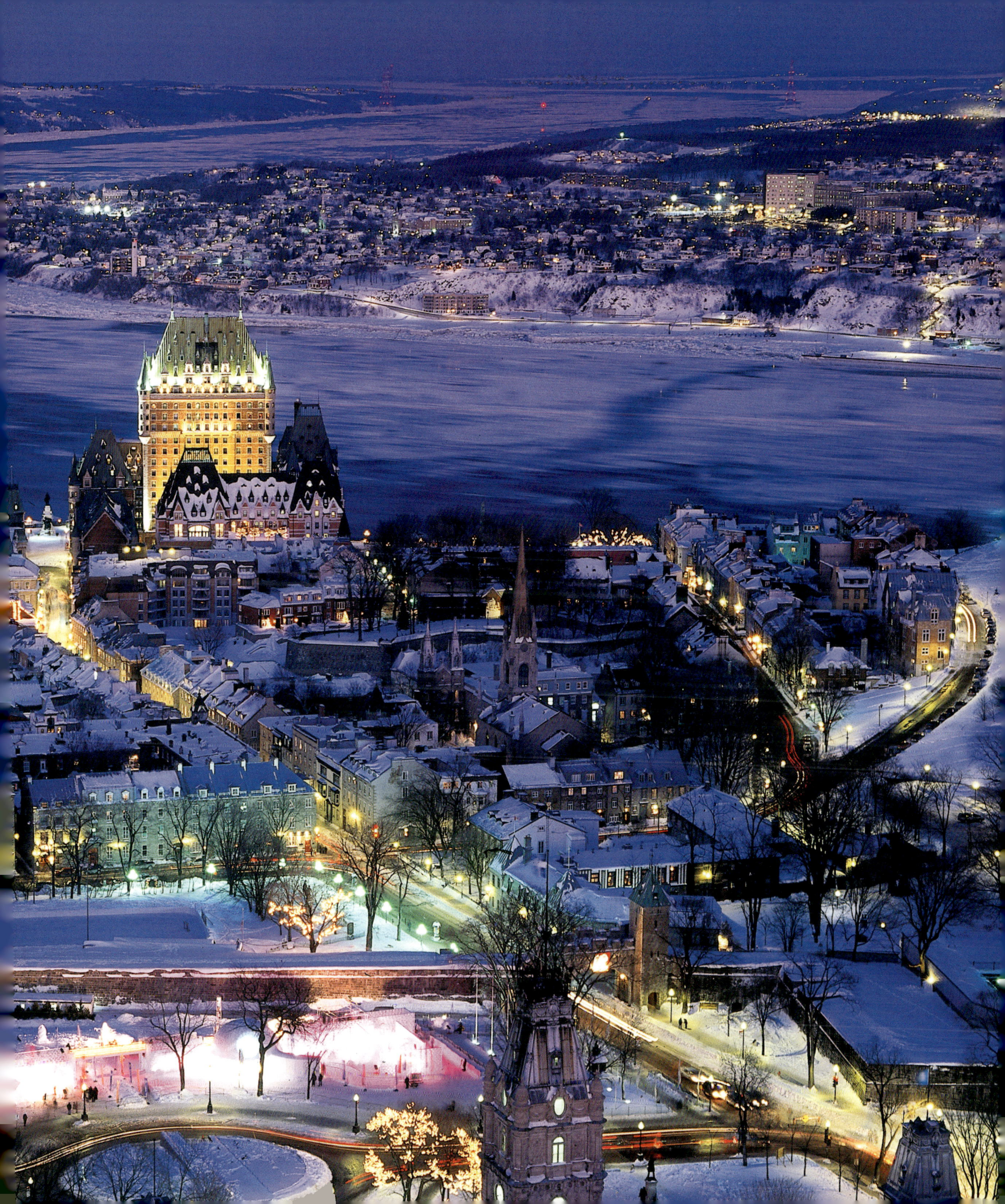

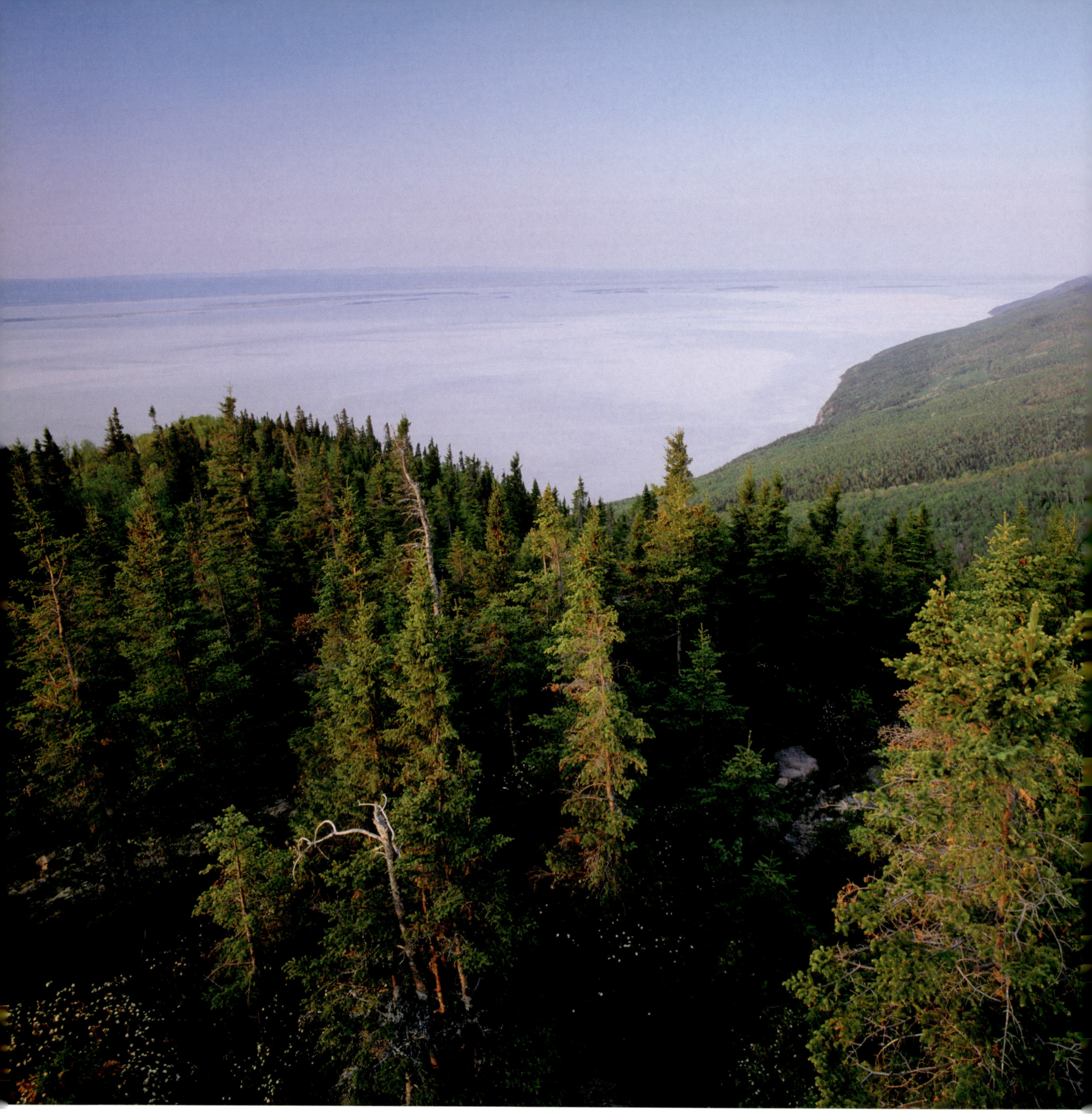

À Saint-Tite-des-Caps, quelques montagnes se trempent le pied dans le fleuve en lorgnant vers l'archipel de L'Isle-aux-Grues.

Pages précédentes : Québec se prend pour une belle de nuit et n'en finit plus d'étaler ses attraits.

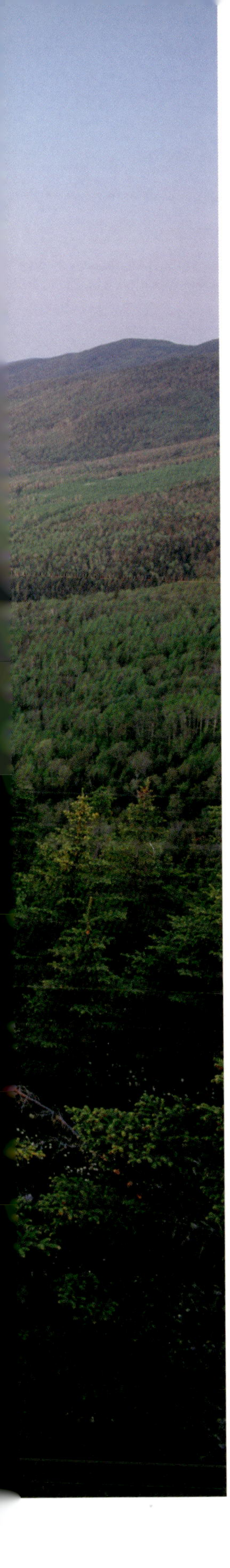

Sur la rivière Sainte-Anne-du-Nord, tout près de Saint-Ferréol-les-Neiges, les Sept Chutes se laissent admirer dans leur écrin automnal.

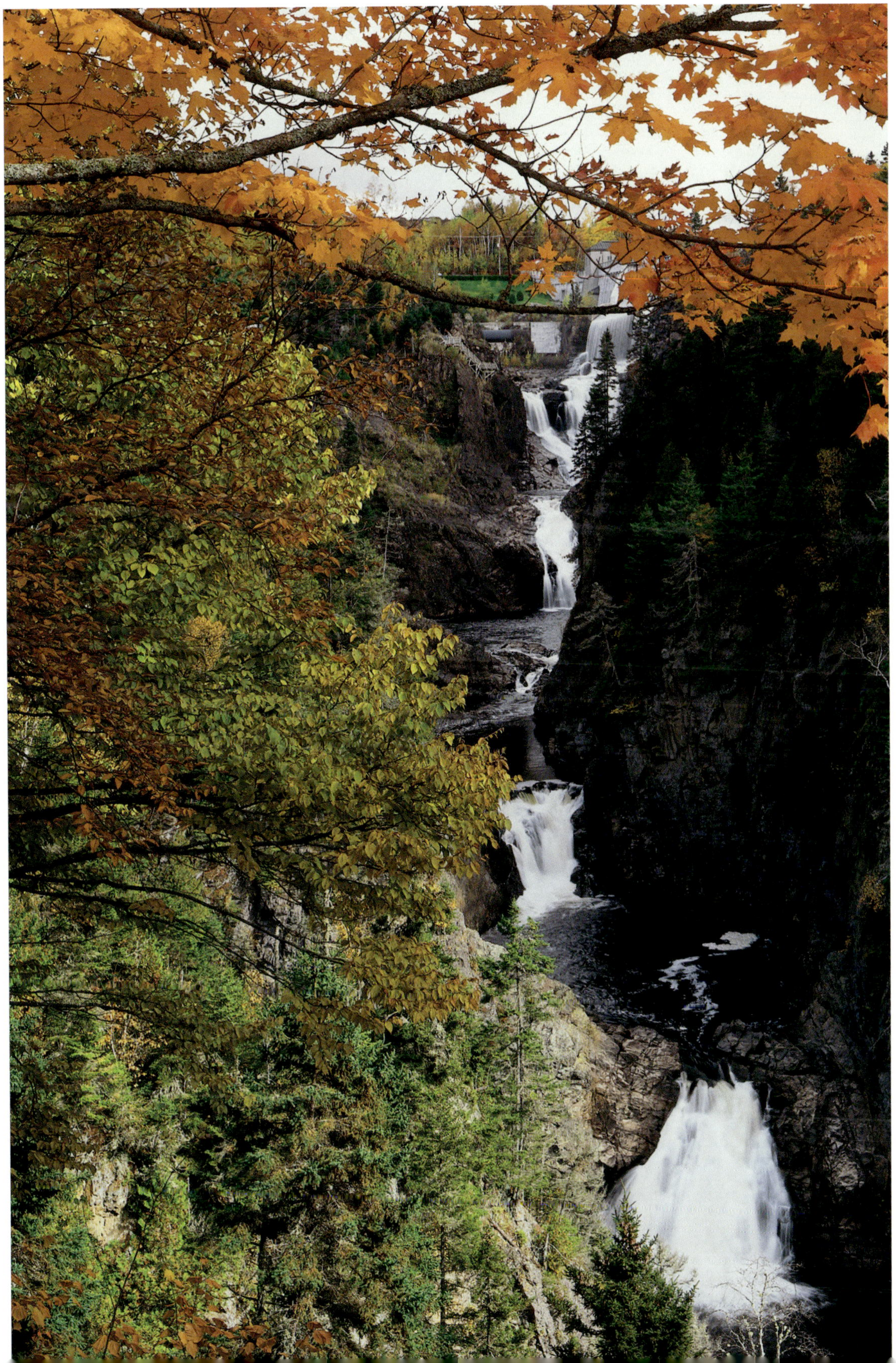

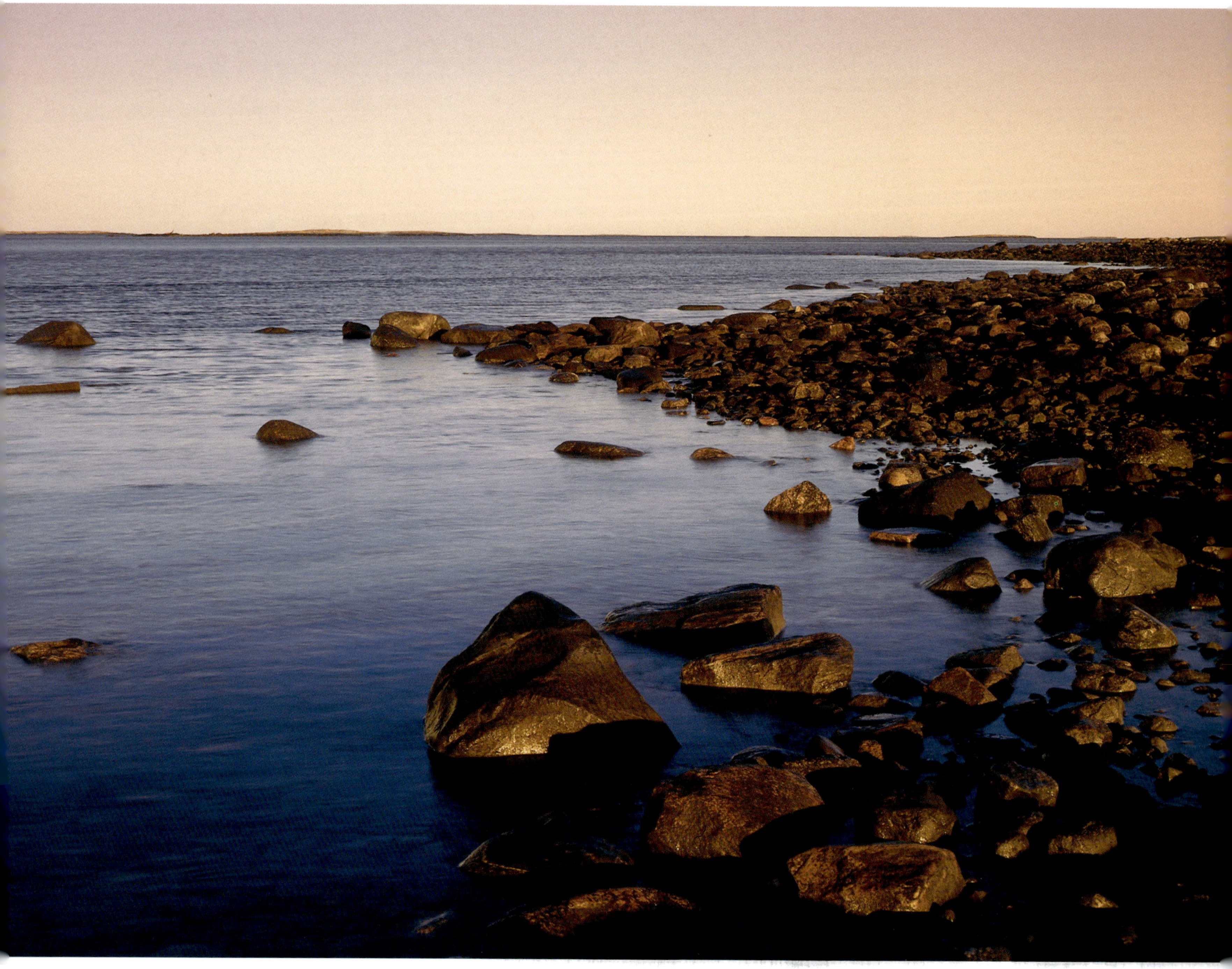

La baie James, sur un air vertigineux
de bout du monde.

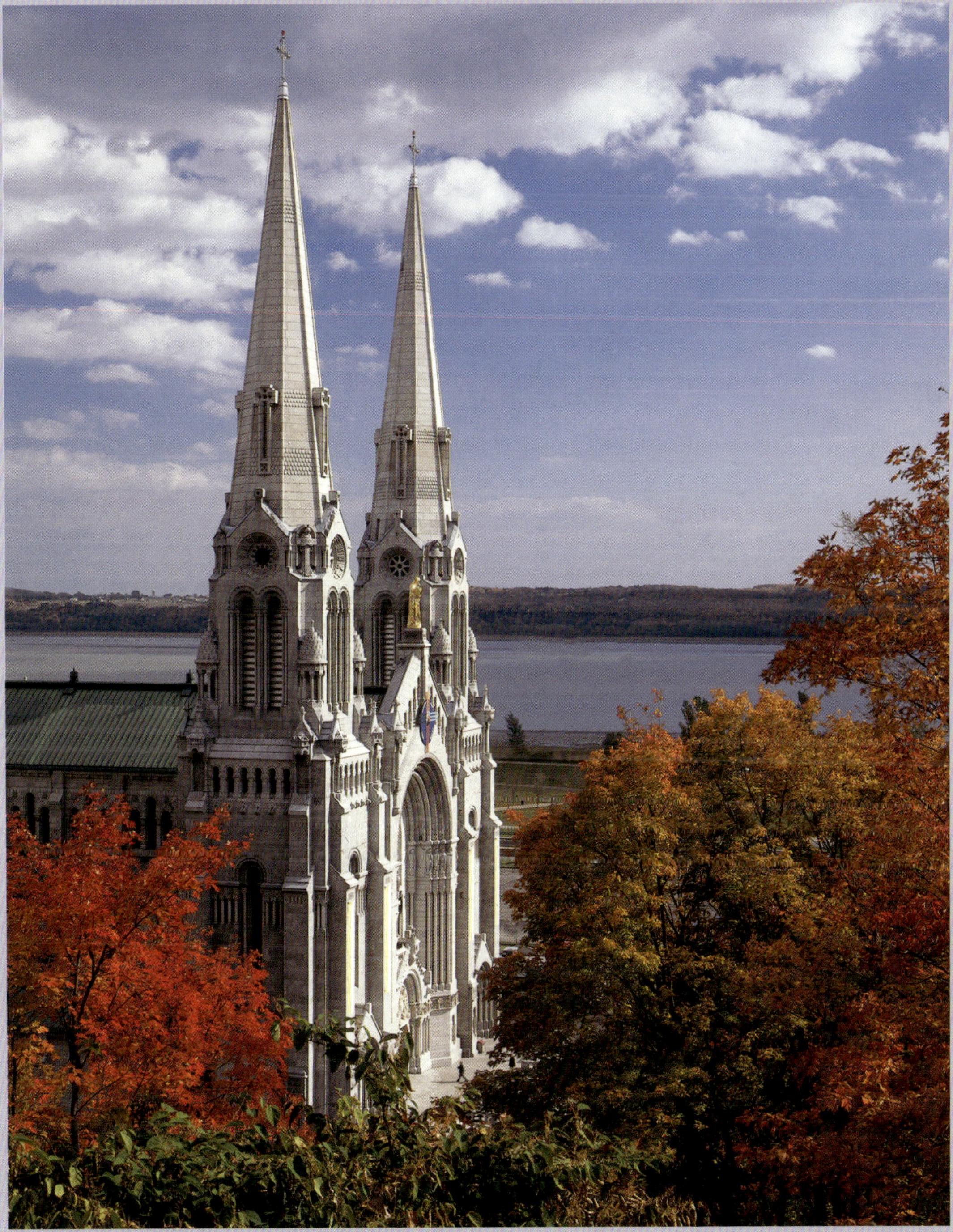

La basilique de Sainte-Anne, sur la Côte-de-Beaupré, semble sculptée à même le marbre blanc le plus fin.

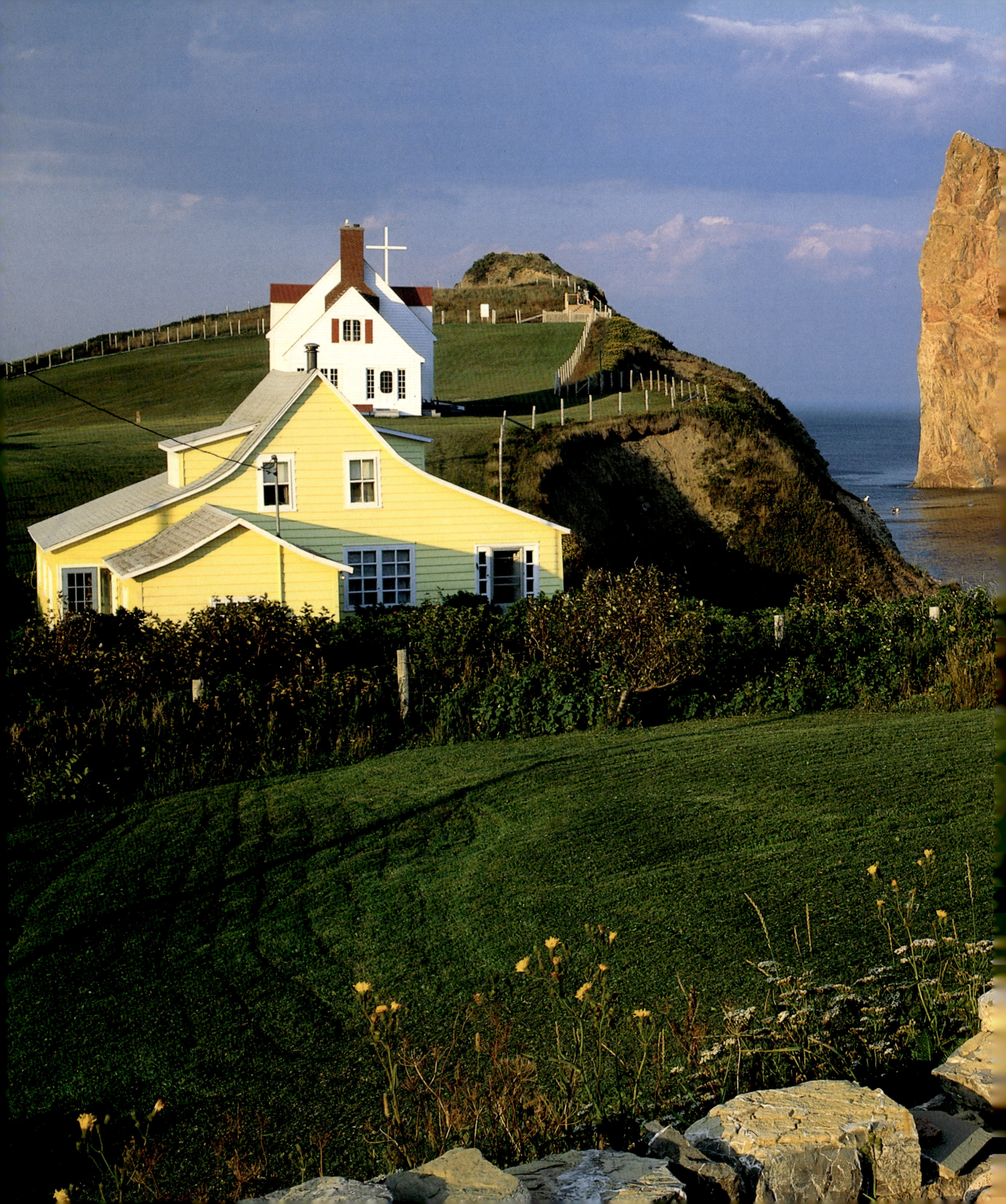

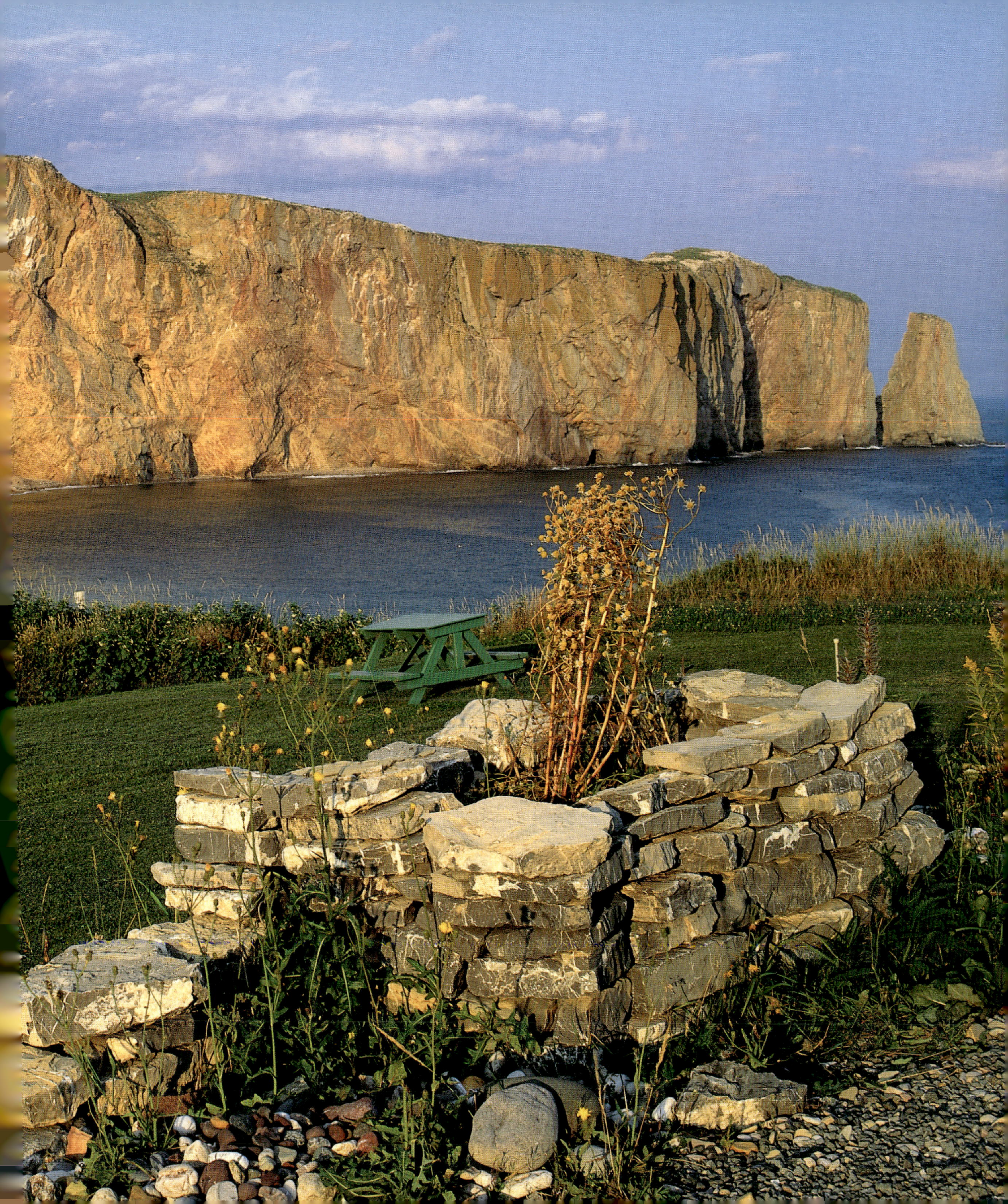

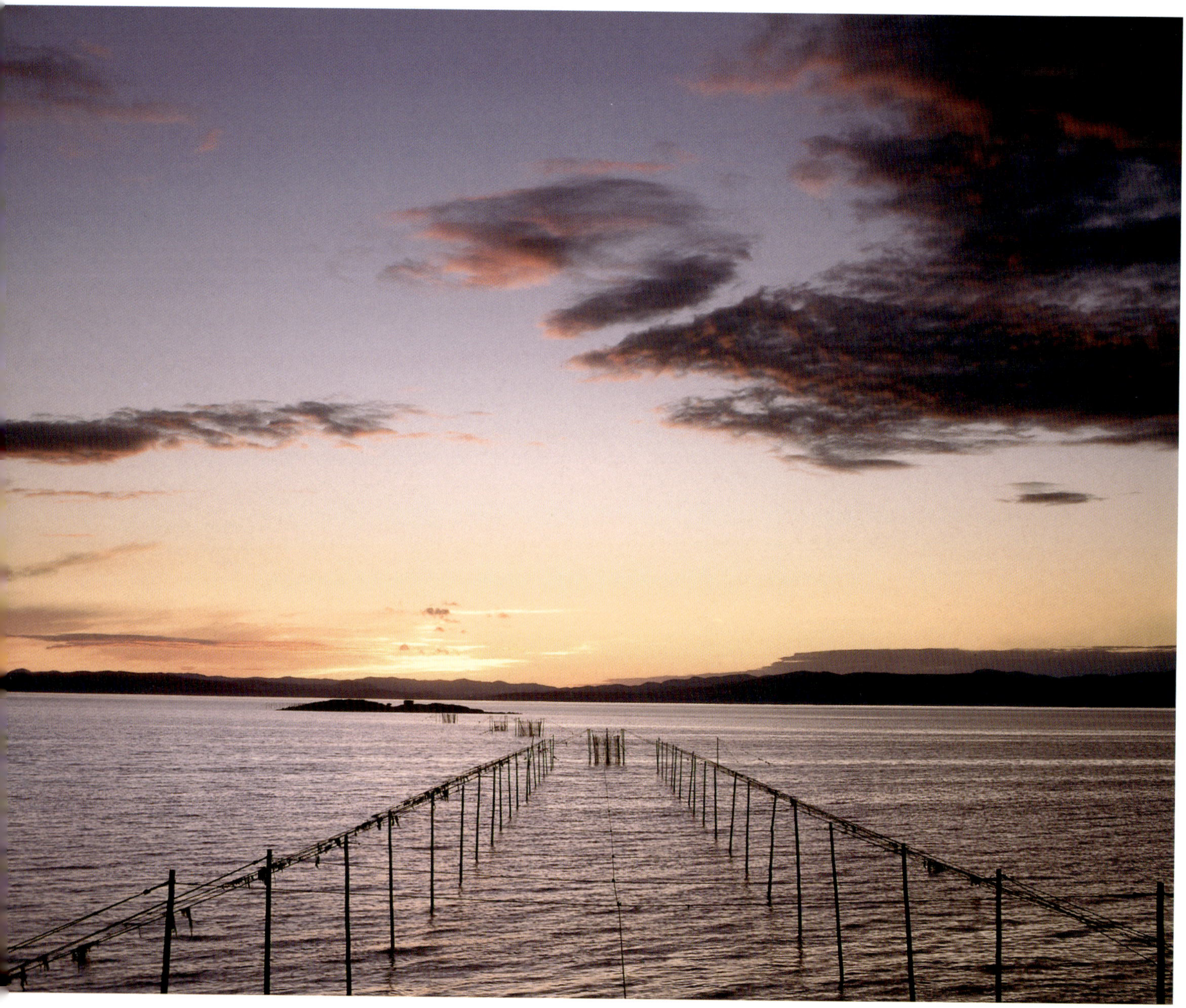

Grâce à ces installations, de savoureuses anguilles finiront leurs jours dans les assiettes de quelques familles kamouraskoises.

Pages précédentes : Percé se la coule douce et n'en finit plus de célébrer son union idyllique avec Dame Nature.

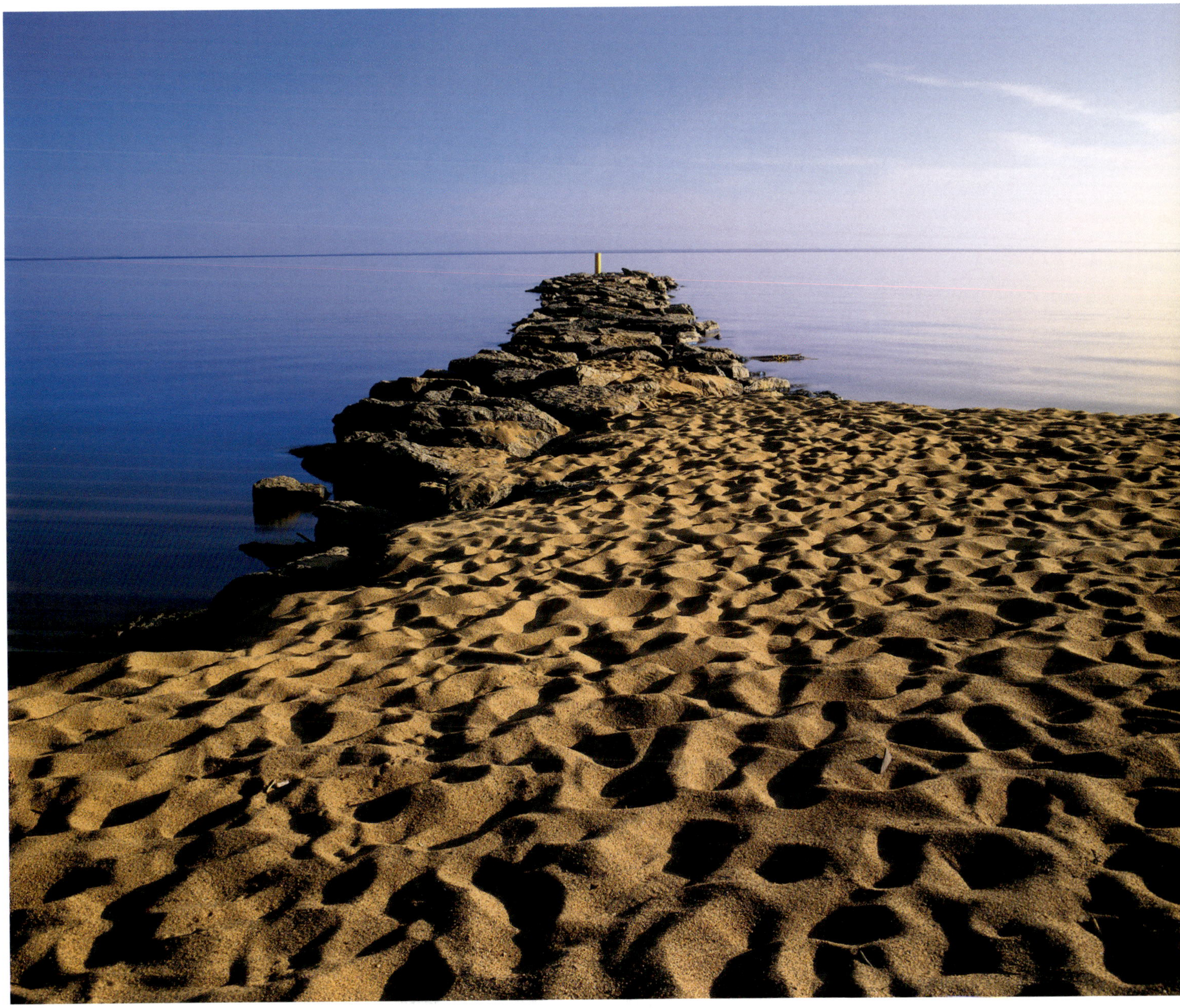

Comme l'aiguille de la boussole des dieux, la pointe Bleue dans le lac Saint-Jean indique l'infini aux habitants de Mashteuiatsh.

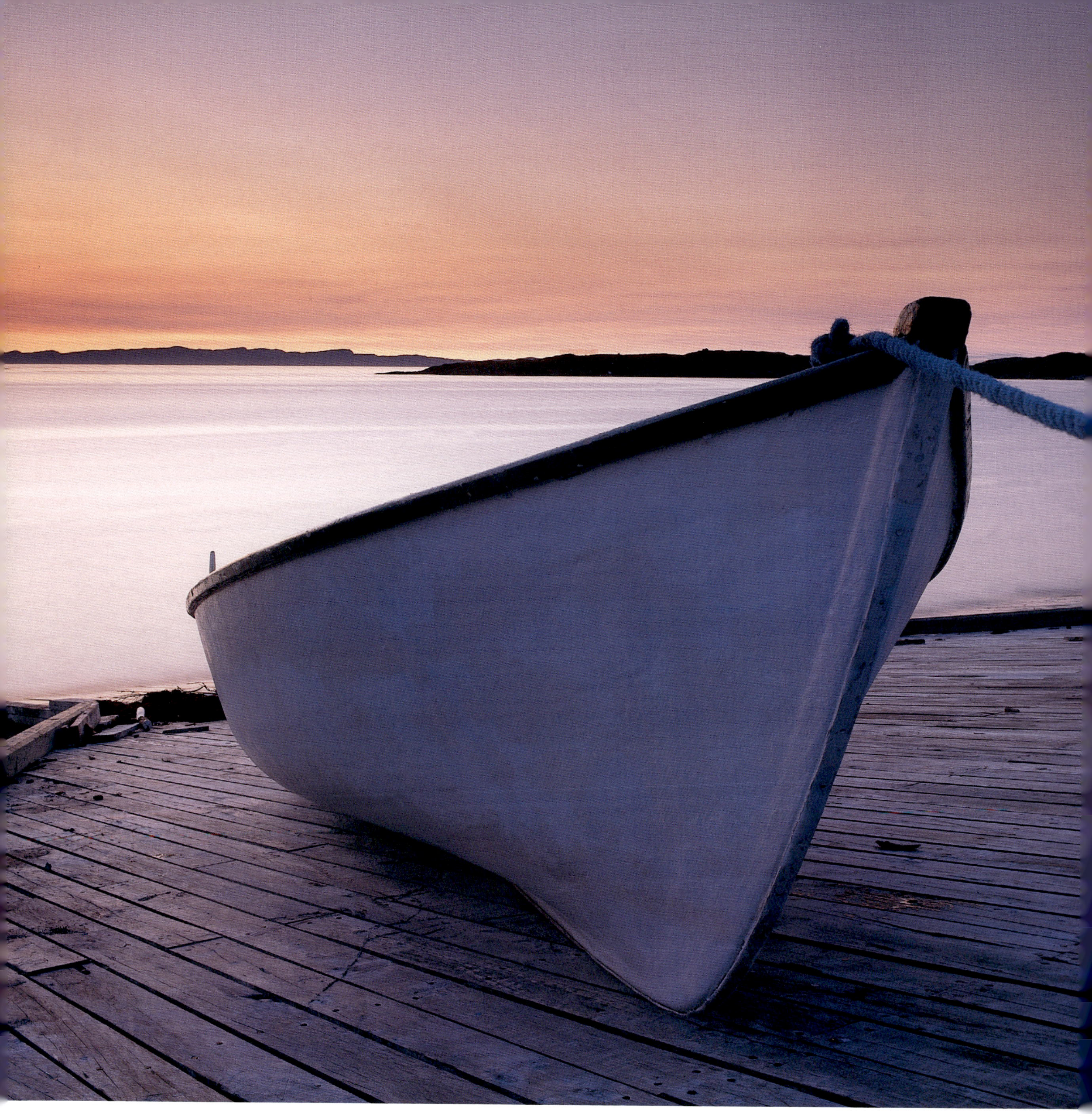

Barque de porcelaine et mer crémeuse sous un ciel de mousseline rosée, le temps d'une aube magique, Harrington Harbour s'est pris pour le pays des fées.

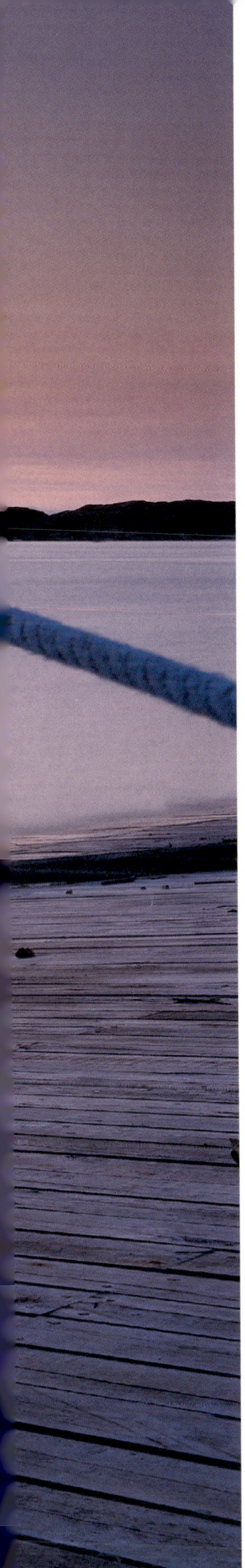

Quand la fusée du 1000, de la Gauchetière aura décollé, il restera toujours la cathédrale Marie-Reine-du-Monde et les lumières de Montréal pour rêver.

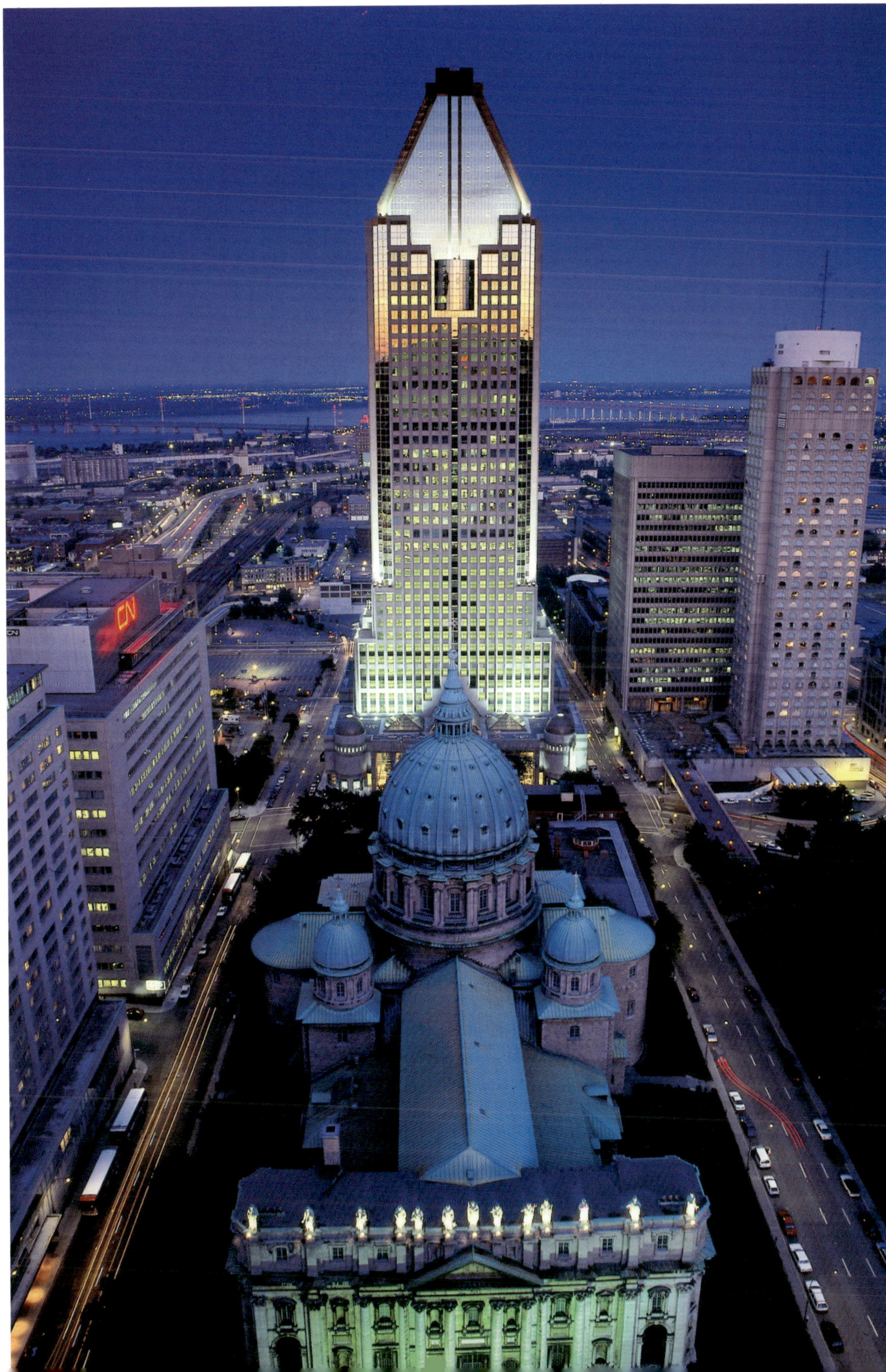

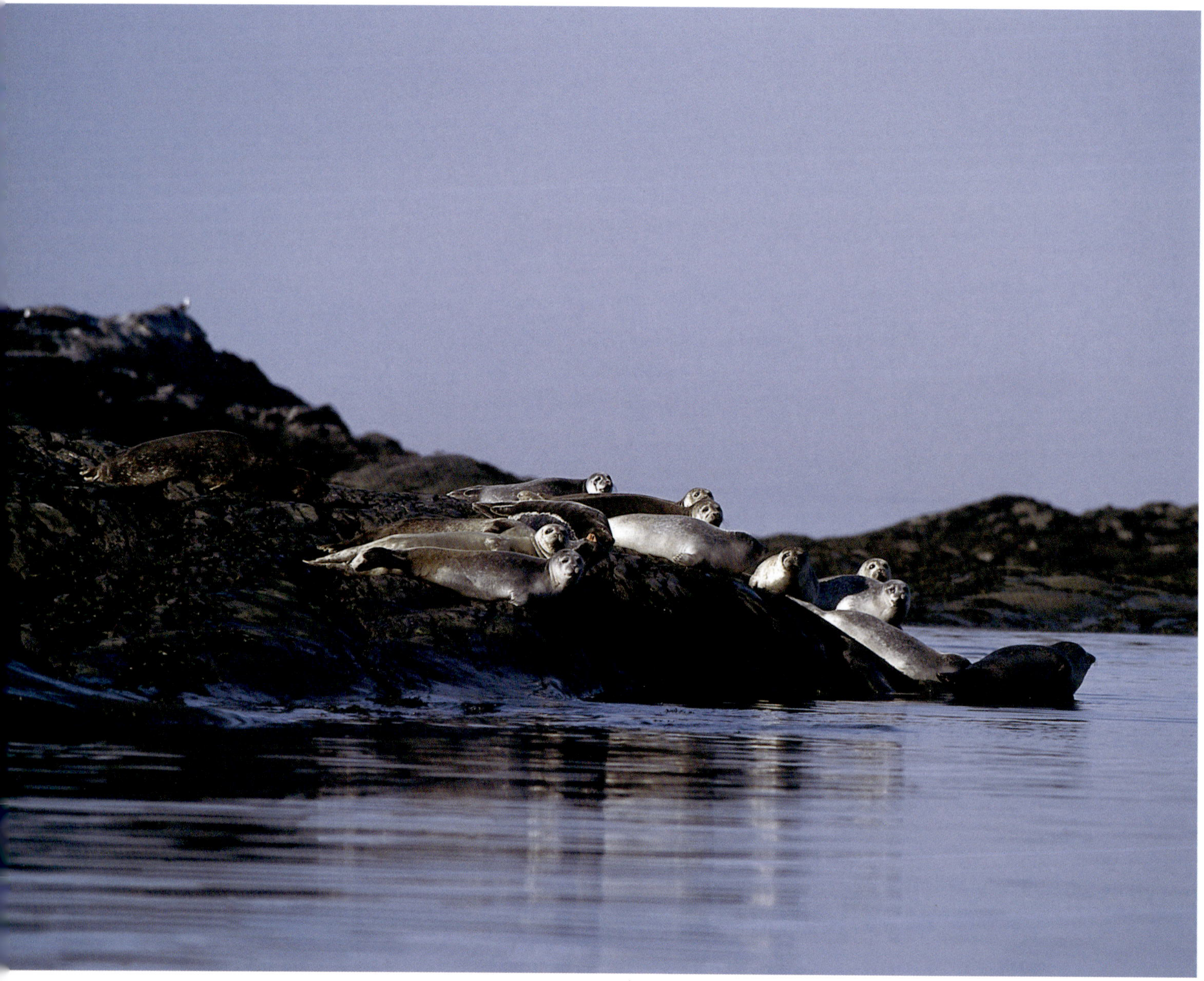

Peut-être fatigués de faire tourner des ballons sur leur nez, quelques phoques en vacances se prélassent dans le parc national du Bic.

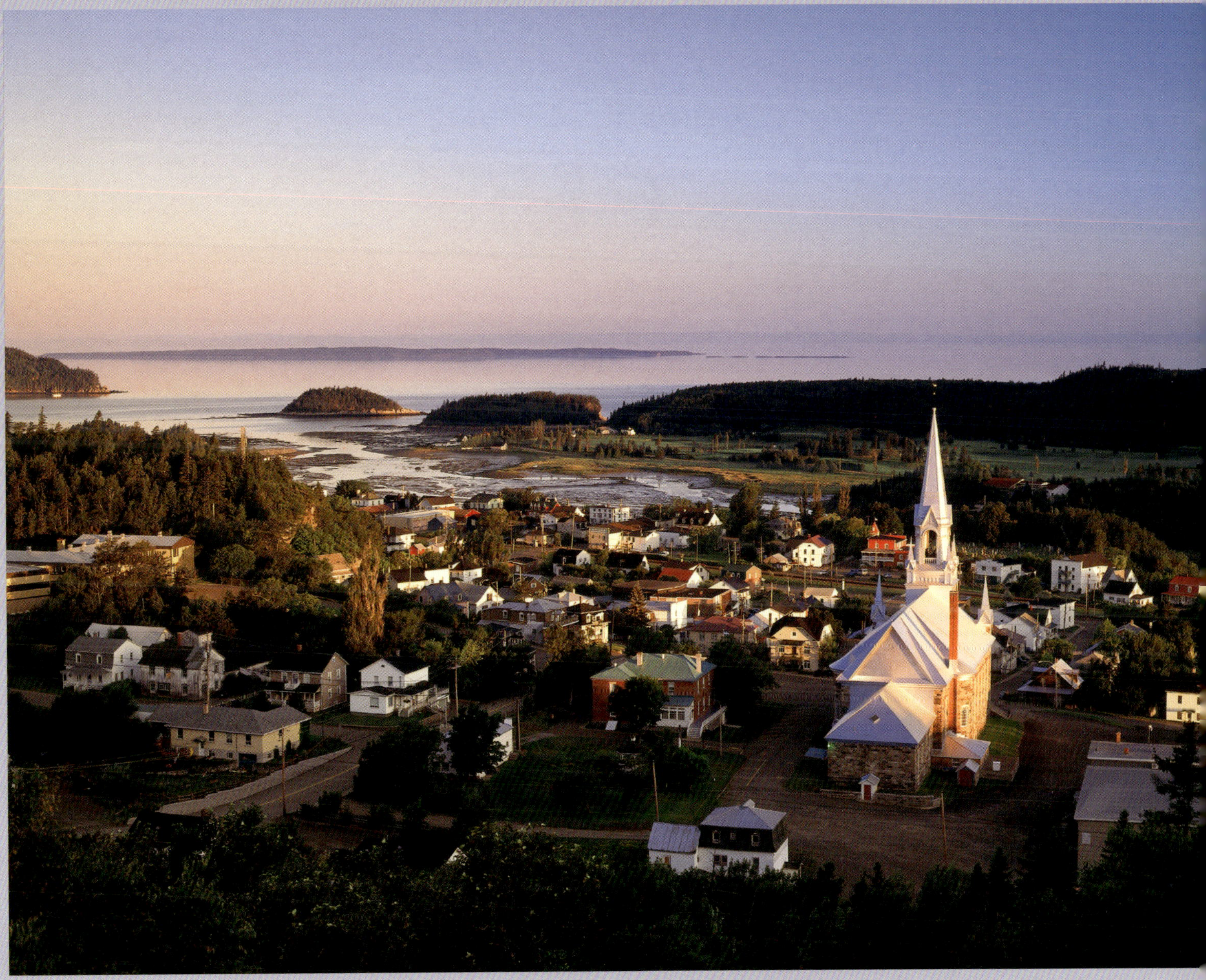

D'abord, on croit rêver mais, on a beau se frotter les yeux, se pincer, le Bic et ses îles sont toujours là.

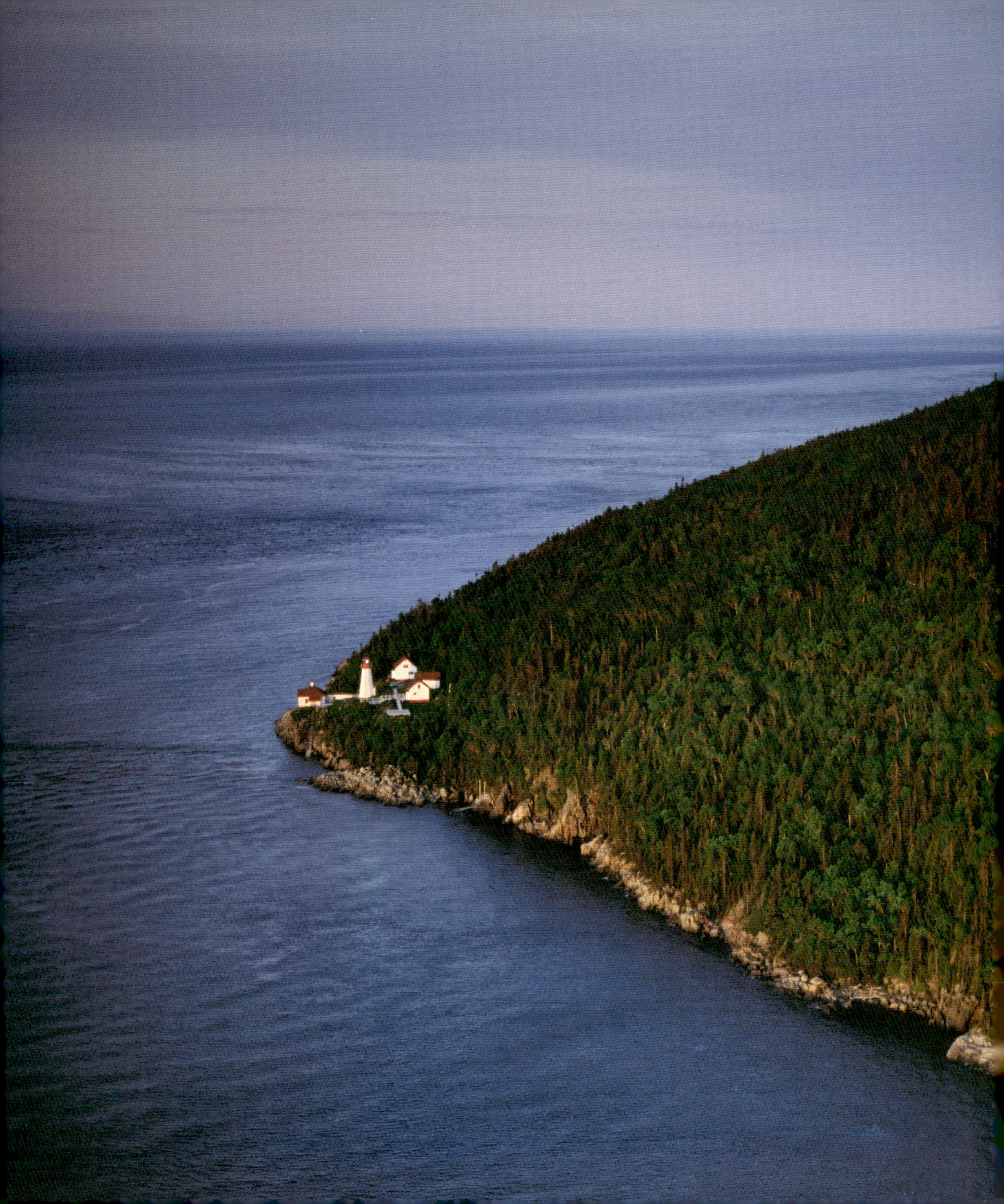

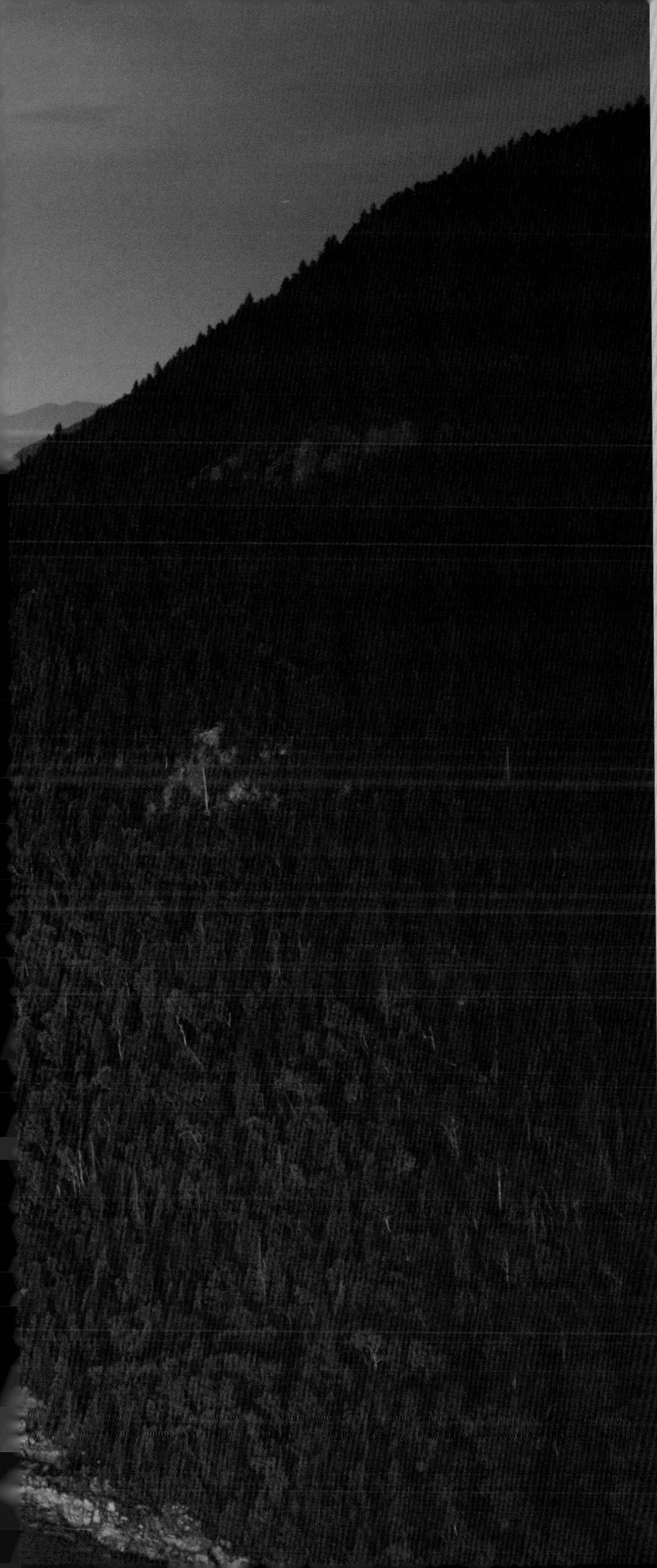

Perdu dans l'immensité, le phare du cap au Saumon semble porter stoïquement toute la solitude du monde.

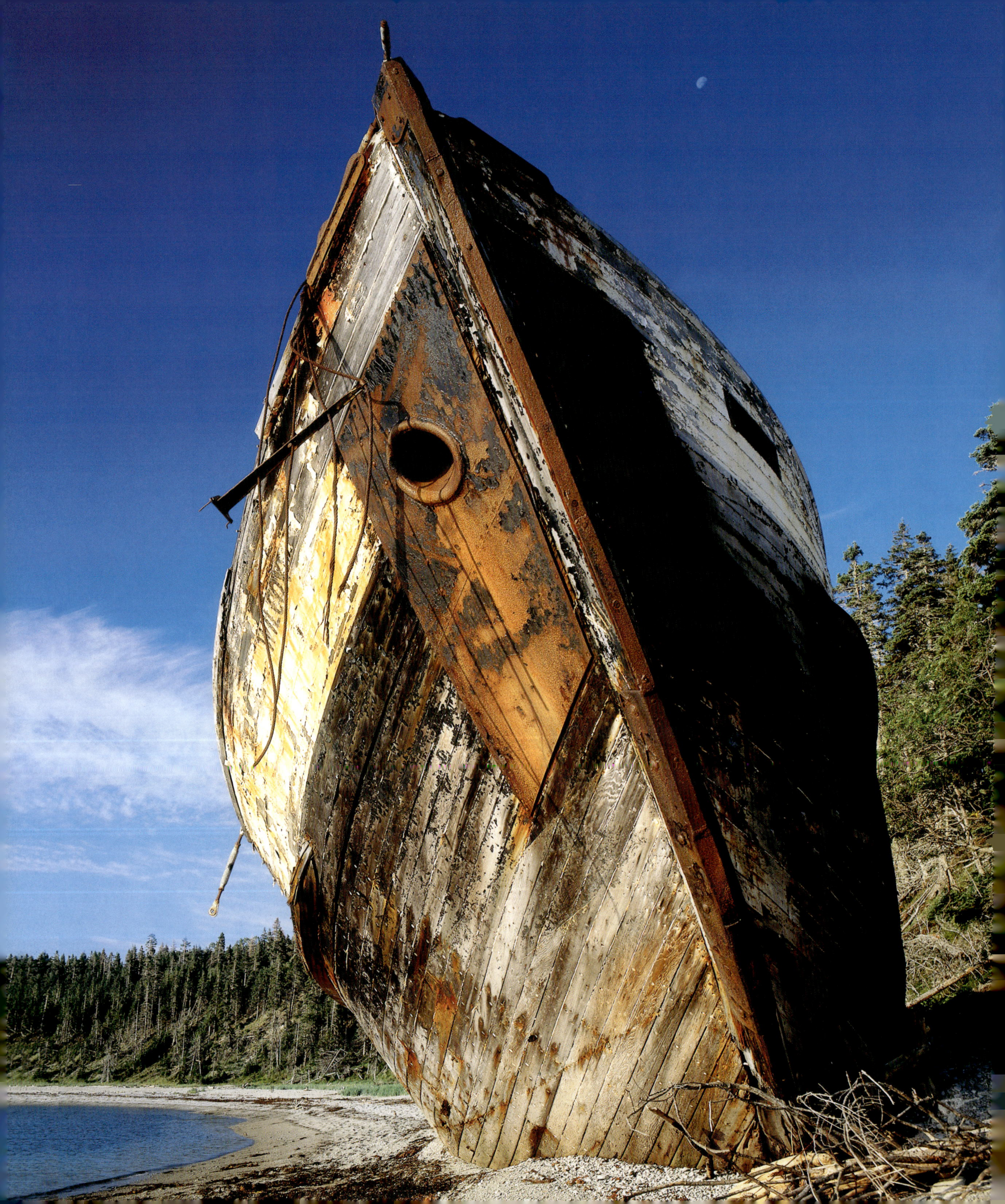

Îles
AUX TRÉSORS

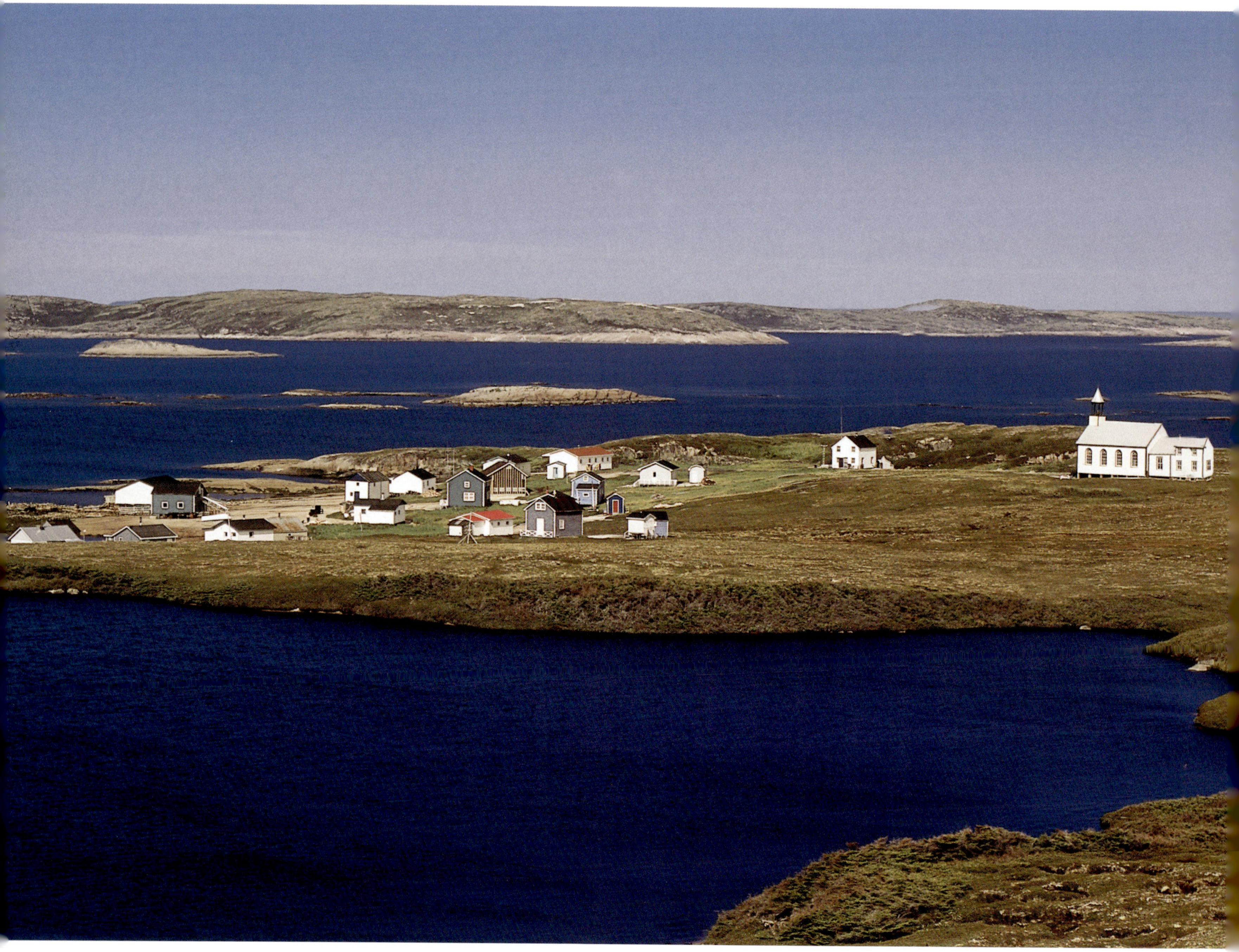

Loin du bruit et de la fureur, l'île Providence semble couler des jours paisibles sur la Basse-Côte-Nord.

Page précédente : Ci-gît, la coque cassée, le vaillant balayeur de mines *Wilcox*. Il repose en paix sur l'île d'Anticosti, là où la tempête du 27 juin 1954 l'a soufflé.

Vingt-deux heures. Les vagues déchaînées viennent s'abattre sur le rivage. Un voile de brume enveloppe les terres. Seule perce une lumière orangée indispensable aux marins qui essaient de se frayer un chemin sur cette mer inhospitalière. C'est l'heure où apparaissent tous les fantômes. C'est l'heure où se font et se défont les légendes.

N'est pas insulaire qui veut. Car cette vie-là, cette terre-là, d'isolés, de naufragés est à nulle autre pareille. Chaque jour, le vent siffle sur les falaises dentelées, se faufile dans les herbes hautes, fait virevolter chaque grain de sable dans un ballet envoûtant chorégraphié par Éole lui-même. Chaque jour, un paysage qui décline toutes les nuances que porte en elle la nature, la grande, se déploie sur fond turquoise, laissant l'œil se jeter à l'infini, laissant place au vertige. Chaque jour, les embruns salés viennent se poser sur la peau, enivrant tous les sens de parfums exquis.

La mer et le vent créent ici des tableaux toujours changeants. Écueils solides et fragiles à la fois, ces bouts de terre en pointillé ne sont pas insignifiants. Joyaux inestimables dispersés dans un fleuve qui s'ouvre sur l'océan, les îles du Québec valent assurément que l'on s'y attarde.

Du fin fond des océans, Neptune a sculpté buttes, plateaux et montagnes pour façonner un ruban d'îles et d'îlots qui donnent au fleuve et à l'océan un rythme unique. Dans le bas du fleuve, il a égrené un chapelet de perles… Dans l'archipel de Mingan et dans l'île d'Anticosti, il a érigé des cathédrales de pierre. Aux îles de la Madeleine, il a déposé une bonbonnière sur des montagnes de sel. L'archipel des îles de la

Madeleine – qui s'étire sur 65 km au milieu du golfe du Saint-Laurent, plus près de l'île du Cap-Breton que de la péninsule gaspésienne – abrite en effet en son cœur des mines percées de galeries s'immisçant à 300 m de profondeur. Fait intéressant, le sel que l'on extrait de ces mines sert au déglaçage des routes dans l'est du continent.

Et que dire de la beauté fascinante de ces falaises qui se dressent le long de la côte, dessinant un cadre saisissant ? Véritable bouquet rouge corail se déclinant en berceaux, en galeries, en grottes et autres promontoires coiffés d'herbes échevelées. Le grès dont elles sont composées est particulièrement fragile et sans cesse attaqué par les vagues qui le grugent sans relâche. Et c'est ainsi que se forme le sable rejeté sur le littoral, soufflé vers l'intérieur des terres pour former des dunes ou étalé en longues flèches pour relier les îles entre elles.

Les îles de la Madeleine déclinent une palette de couleurs vives qui accroche l'œil à coup sûr. Lagunes, bassins et crêtes de vagues dont les touches d'émeraude, de saphir et de cobalt se découpent sur le sable chantilly de longues plages déroulant leur tapis douillet. Maisons de bois peintes de couleurs pimpantes, excellents repères pour les marins pressés de rentrer chez eux. Enclave unique à nulle autre pareille, l'archipel a su garder, contre vents et marées, sa culture, son parler, son art de vivre.

Et comment ne pas parler de ce vent omniprésent qui cajole l'archipel sans jamais s'essouffler ? Tantôt juste assez doux pour rafraîchir l'atmosphère, tantôt gonflant la voile du plaisancier, tantôt soufflant si fort qu'il faut attacher les portes avec de la corde.

Si les îles sont connues des Micmacs depuis des millénaires – ils les avaient nommées *Menagoesenog* ou « îles balayées par la vague » – elles ont été visitées par les pêcheurs basques dès le XVe siècle, avant d'être plus officiellement découvertes en 1534 par Jacques Cartier, qui les baptisa les « Araynes », du latin *arena*, qui signifie « sable ». On a retrouvé cette description dans son journal de bord. Il écrit : « Ceste dite isle est la meilleure terre que nous ayons veu car ung arpant d'icelle terre vault mielx que toute la Terre Neufve. Nous la trouvames plaine de beaulx arbres prairies champs de blé sauvaige et de poys en fleurs aussi espes et aussi beaulx que je viz oncques en Bretaigne queulx sembloict y avoir esté [semés] par laboureux. » Elles furent cependant rebaptisées en 1663 par François Doublet de Honfleur, concessionnaire des îles, en l'honneur de Madeleine Fontaine, son épouse.

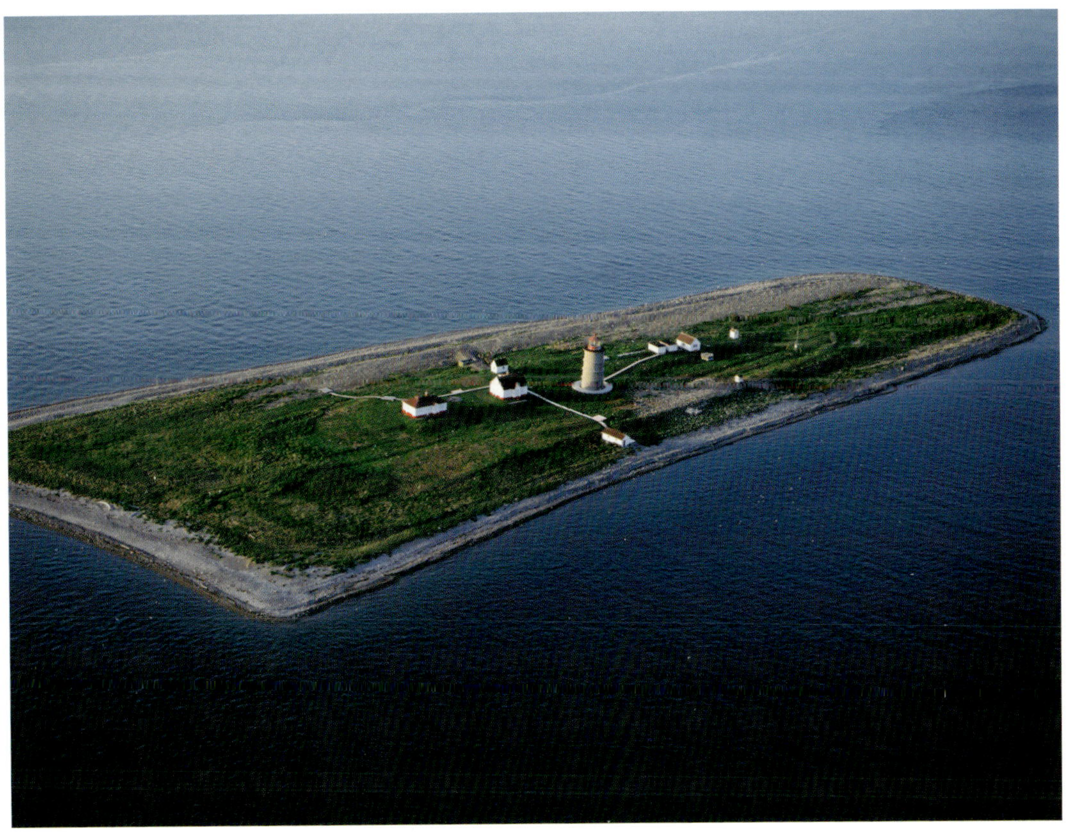

Sans son phare, construit en 1848, l'île Rouge serait encore une redoutable prédatrice pour les navigateurs.

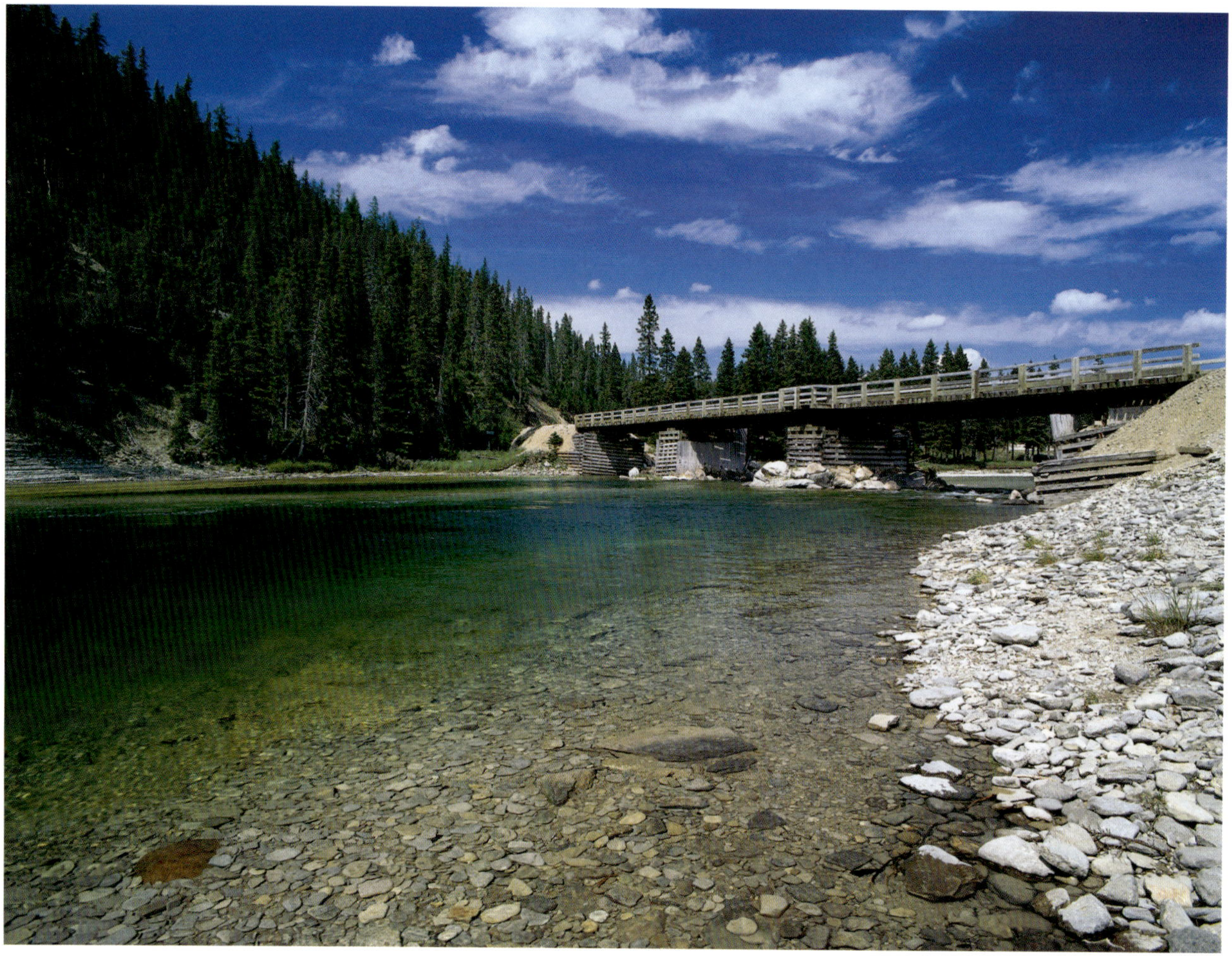

Le charme sauvage d'une recluse sur l'île d'Anticosti : la rivière à saumon Jupiter.

Même scénario pour Anticosti et les îles Mingan, situées au large de la Côte-Nord, qui furent également fréquentées bien avant que Cartier y passe. Aux XVe et XVIe siècles, les Basques pêchent la morue et chassent la baleine dans ces eaux poissonneuses qu'ils connaissent bien. Ces Européens ont laissé des traces de leurs activités. L'île Nue et l'île du Havre, à Mingan, abritent les vestiges de fours en pierre utilisés pour faire fondre la graisse des mammifères marins.

Car les îles de la Madeleine ne sont pas les seules à proposer aux visiteurs des paysages fantasmagoriques. Vents et marées s'acharnent depuis la nuit des temps sur l'île d'Anticosti et l'archipel des îles de Mingan qui flottent, peinardes, au large de la Côte-Nord. Les voyageurs s'émerveillent inlassablement devant leur littoral échancré que la nature capricieuse a ciselé, au rythme de ses humeurs, tantôt en falaises vertigineuses, tantôt en géants de pierre.

UNE ÎLE DE BEAUTÉ

Comme toutes les îles du Saint-Laurent, Anticosti a émergé il y a plus de 400 millions d'années et compte aujourd'hui des zones fossilifères parmi les plus riches du monde. En tout, 600 espèces de fossiles reposent dans la pierre, outil inestimable pour comprendre la préhistoire géologique et marine de la région.

Un plateau littoral né de la fonte des glaciers et invisible aux yeux pourtant exercés des marins a provoqué de nombreux naufrages. Ils baptisèrent d'ailleurs Anticosti le « cimetière du golfe ». On peut encore voir des épaves disséminées le long du rivage, témoins immuables de ces pièges sous-marins. C'est que la belle n'avait de cesse de protéger son patrimoine naturel saisissant et unique. Véritable Éden, Anticosti est 17 fois plus grande que l'île de Montréal et 50 fois plus grande que l'île d'Orléans. Sa superficie est une fois et demie plus importante que celle de l'île du Prince-Édouard.

Une fois tous les dangers évités, ne reste plus qu'à se délecter d'un défilé de falaises vertigineuses et de baies, de rivières extraordinaires

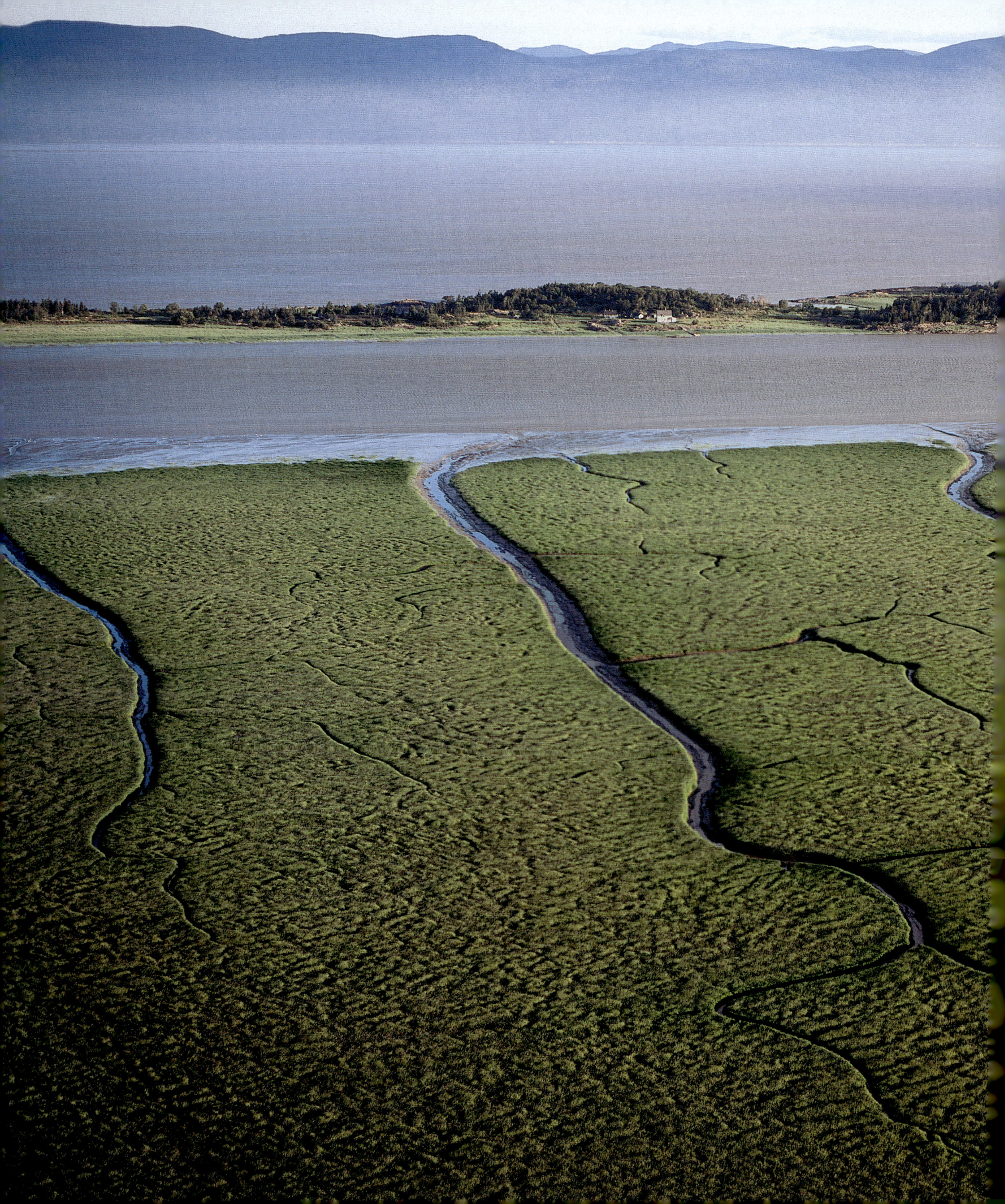

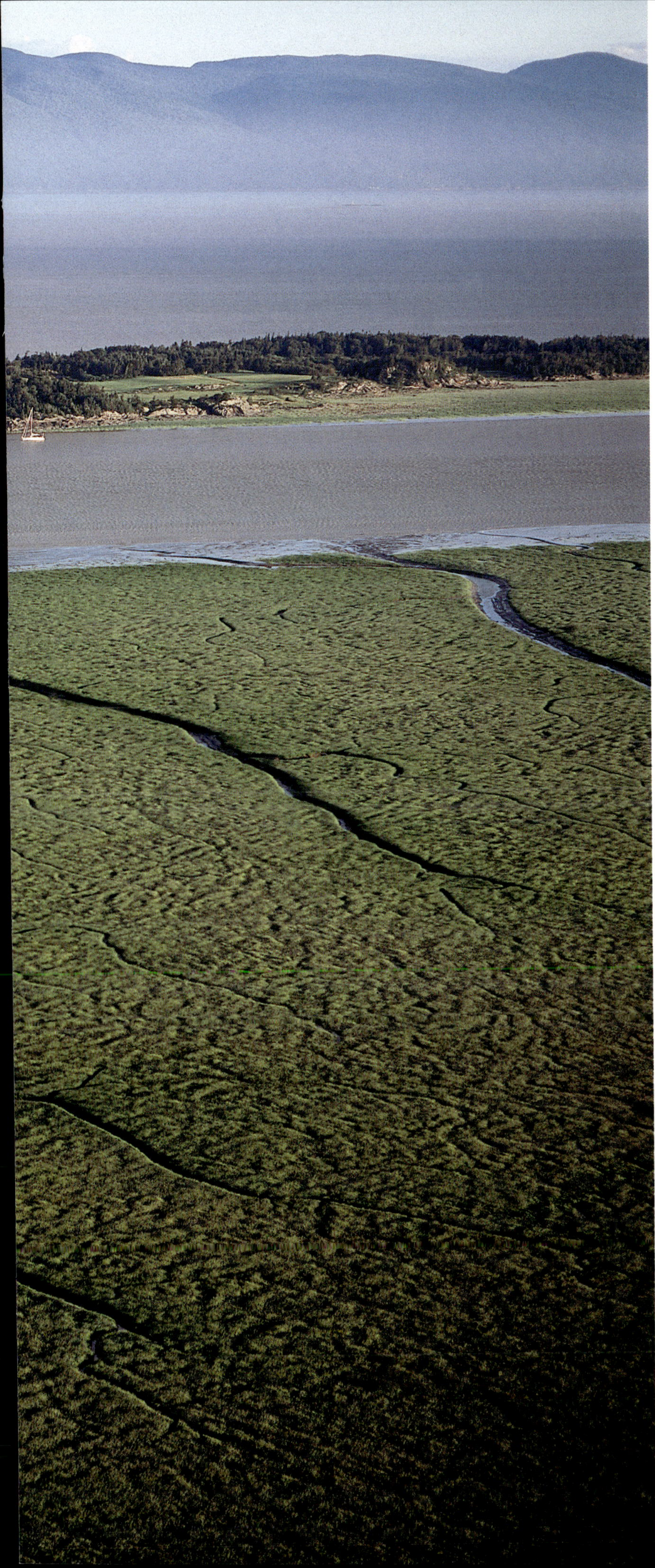
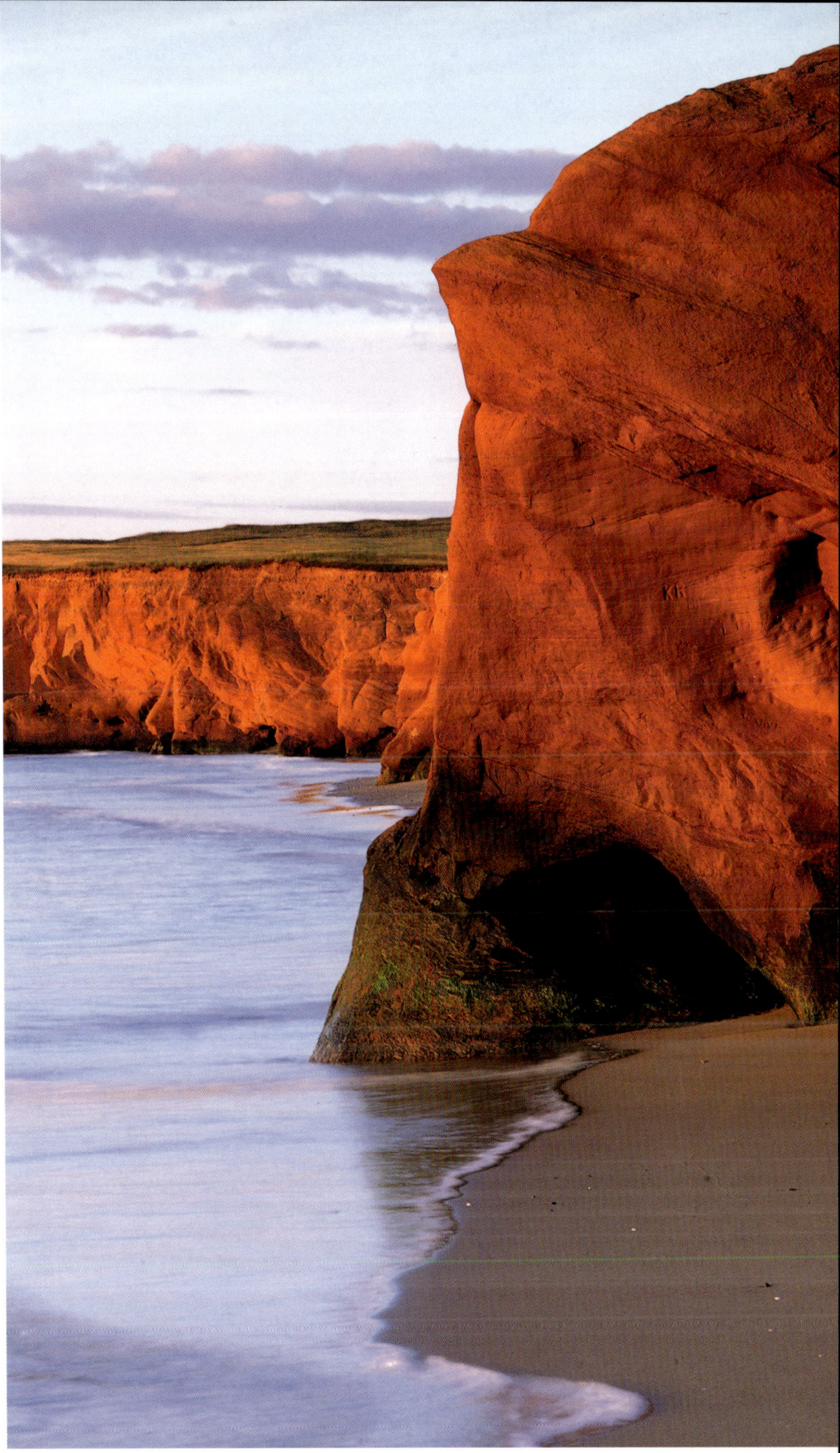
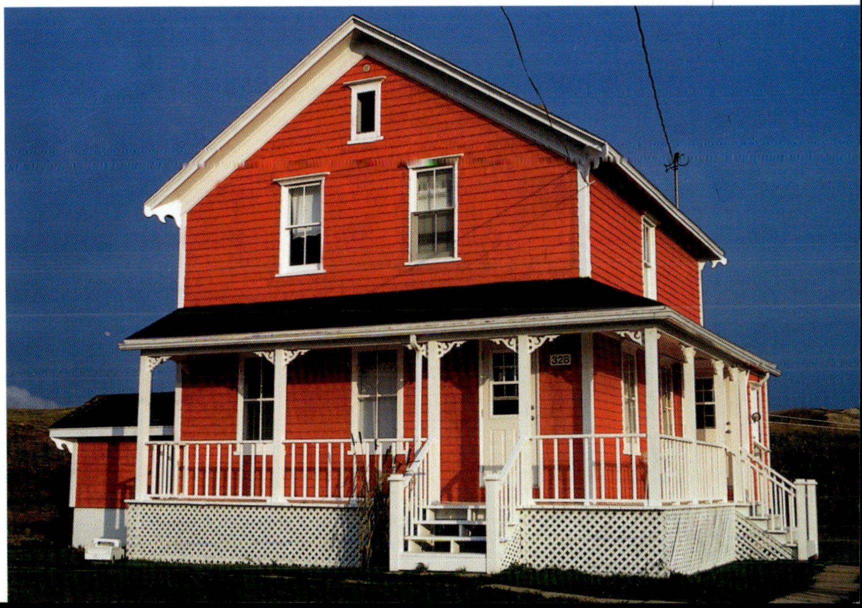

et de grottes, de chutes et de canyons fabuleux. La chute de la rivière Vauréal, qui effectue un plongeon de plus de 75 m, impose le respect. Pour sa part, le canyon de la Chicotte abrite de curieux visiteurs : en effet, d'extraordinaires monolithes qui peuvent s'élever à plus de 100 m se cramponnent à ses parois.

Pages précédentes : (à gauche) À marée basse, l'île aux Grues a l'âme d'une artiste et se plaît à ciseler ses battures.

(en haut à droite) L'île du Havre aux Maisons vue comme une immense braise.

(en bas à droite) La joie de vivre se chante en rouge et blanc dans l'île du Havre aux Maisons.

L'île changea plusieurs fois de mains au fil des siècles, mais ne s'épanouit réellement qu'au XIXe siècle, lorsque le richissime chocolatier français Henri Menier en fit l'acquisition. Il y fit construire le village de Port-Menier et y introduisit 16 espèces animales – qui venaient s'ajouter aux 6 espèces indigènes –, dont le cerf de Virginie, qui a connu depuis une croissance spectaculaire. Grâce à sa capacité d'adaptation et à l'absence de prédateurs, le cerf est devenu en l'espace d'un quart de siècle l'espèce animale la plus renommée d'Anticosti. De 200 qu'ils étaient en 1896, ils sont maintenant 120 000, soit une densité de 15 cerfs par kilomètre carré. Le nombre d'habitants de l'île ? Trois cents ! On trouve également orignaux, renards, castors, lièvres et rats musqués. Sans compter les diverses espèces de baleines et de phoques qui batifolent au large de ses côtes.

Si l'île est appréciée des amoureux de plein air, des chasseurs et des pêcheurs, elle l'est également des volatiles, petits et gros. En tout, plus de 200 espèces d'oiseaux y ont été recensées. Aire de reproduction, pause migratoire mais également résidence permanente, l'île abrite l'une des plus importantes concentrations de pygargues à tête blanche de l'est de l'Amérique du Nord.

Pour ajouter à l'exotisme de l'île, des cours d'eau qui se faufilent par une perte – une fissure dans la pierre calcaire – coulent sous terre, ne laissant pour trace que le son étouffé d'un vague ruissellement. Le voyageur non averti aura tôt fait de croire aux légendes qui ont cours ici. Comme

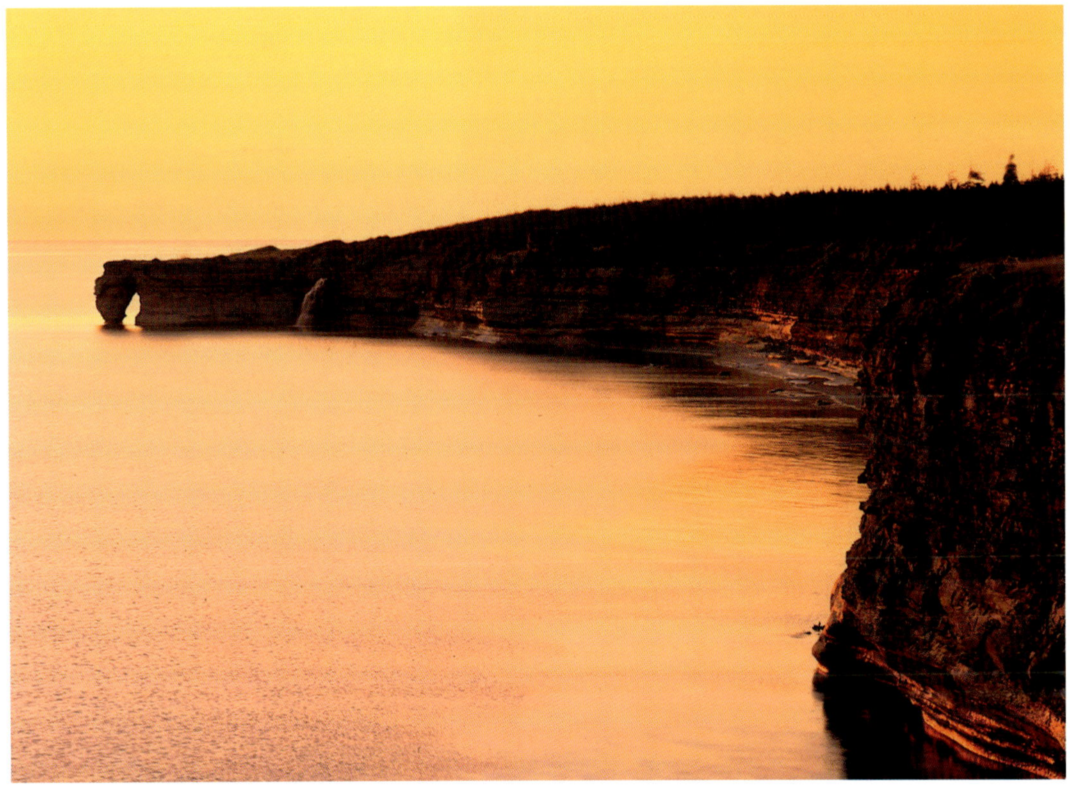

Sur l'île d'Anticosti, le cap Tunnel semble suspendu entre mer et ciel dans la lumière du levant.

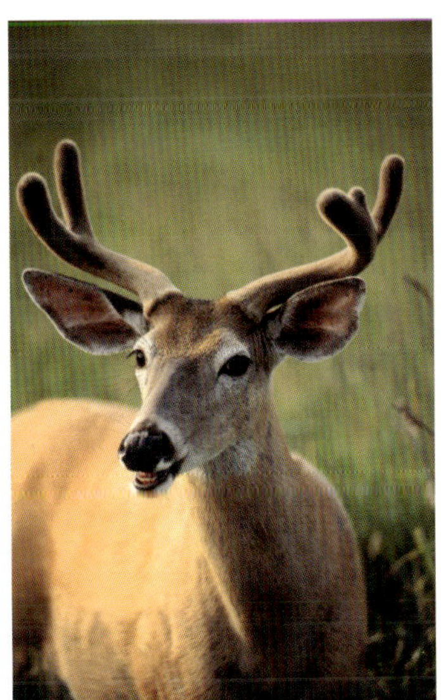

Une bête lumineuse aperçue dans son royaume de l'île d'Anticosti : le cerf de Virginie.

celle du sorcier de l'île. Louis-Olivier Gamache s'est longtemps plu à alimenter nombre d'histoires qui lui ont permis de garder jalousement « son » île pour lui tout seul. Marin remarquable, il accosta à Anticosti en 1810 et y vécut jusqu'à sa mort, en 1854. Il continua cependant de voyager et de faire courir toute sorte de rumeurs à son sujet. On dit qu'il commandait au diable lui-même de lui livrer le vent qu'il fallait pour gonfler ses voiles et filer sur les flots, tandis que les autres navires restaient là, immobiles. Certains affirmaient même l'avoir vu dîner avec Satan à Rimouski…

DES GÉANTS DE PIERRE

Tout juste en face d'Anticosti, un autre trésor se profile dans le golfe du Saint-Laurent : l'archipel de Mingan. Plus de 40 îles calcaires et plus de 1 000 îles et îlots granitiques composent ce territoire si précieux qu'il a été classé réserve de parc national au début des années 1980.

Dispersés le long des côtes, des monolithes géants, immenses vigiles de pierre en perpétuel changement, inlassablement sculptées par la mer et le vent. Chefs-d'œuvre de calcaire, ces blocs composés d'une roche friable vieille de plus de 450 millions d'années constituent la plus grande concentration de monolithes du Canada.

Autre particularité de ces îles qui semblent sorties tout droit de la « terre du milieu », les saxifrages (briseurs de roche), ces plantes qui se fraient un chemin dans chaque petite fissure de la pierre. En juin, elles offrent au regard des bouquets de fuchsia mêlé de jaune et de blanc, sans compter le violet des campanules et le rosé des primevères.

Et pour ajouter un brin de folie à ce paysage saisissant, le tout mignon, tout dodu macareux moine, voisin du pingouin, avec son profil replet et son bec aux couleurs vives qui lui vaut le surnom de perroquet des mers. Mais pourquoi moine ? C'est que, pour garder son équilibre sur la terre ferme, l'oiseau se tient les pattes jointes comme un frère en prière.

Les macareux préfèrent les petites îles en raison de la rareté des prédateurs. On trouve les deux colonies les plus importantes dans l'île de la Maison et l'île à Calculot – autre surnom de l'oiseau inspiré par son hochement fréquent de la tête. Une toute petite colonie niche dans l'île aux Perroquets.

Outre ces magnifiques oiseaux, la réserve de parc national du Canada de l'Archipel-de-Mingan abrite, durant leur période de reproduction, quelque 35 000 couples d'oiseaux marins de 12 espèces. L'eider à duvet, dont le mâle arbore le blanc, le noir et le jaune, est le plus abondant.

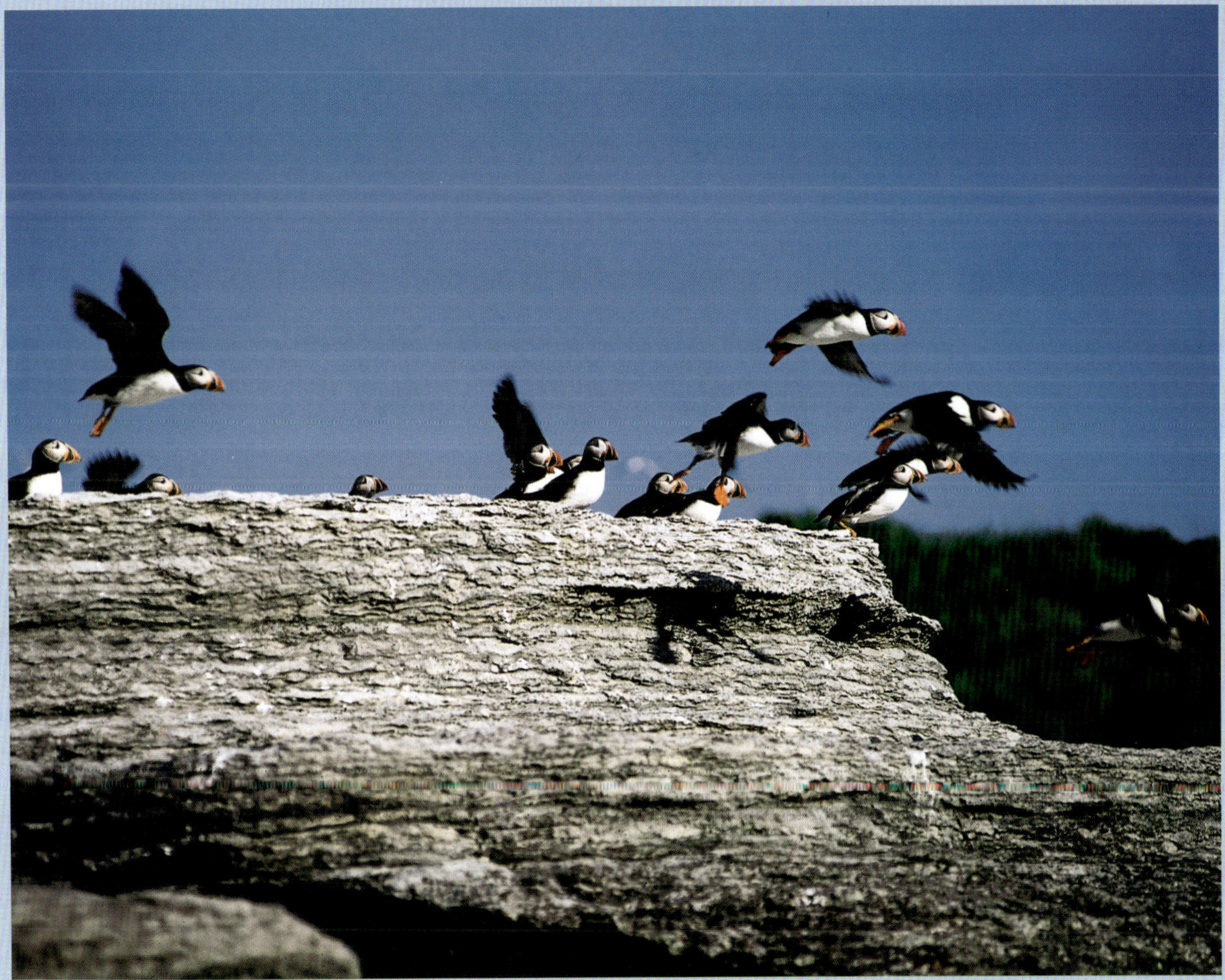

Ces macareux moines en tenue de soirée sont les élégants locataires de l'île de la Maison, en Minganie.

AU GRÉ DU FLEUVE

Si quelques-unes des nombreuses îles qui logent à l'enseigne du Québec ont décidé d'aller s'éclater au large, d'autres îles, adoptées par une faune ailée variée et abondante, ont préféré rester dans l'écrin douillet du golfe du Saint-Laurent.

Baignées par l'eau salée de l'Atlantique qui s'insinue dans le fleuve, tourbillonnant au large des côtes du Bas-Saint-Laurent, un bouquet d'îles déploie mille et un trésors.

Sauvageonne piquée de rosiers et autres fleurs sauvages, l'île Verte est située à 5 km au large de la municipalité de l'Isle-Verte. Seule île du Bas-Saint-Laurent à être habitée à l'année – par quelque 40 habitants –, elle déploie 11 km de terres bucoliques émaillées de marais salés qui

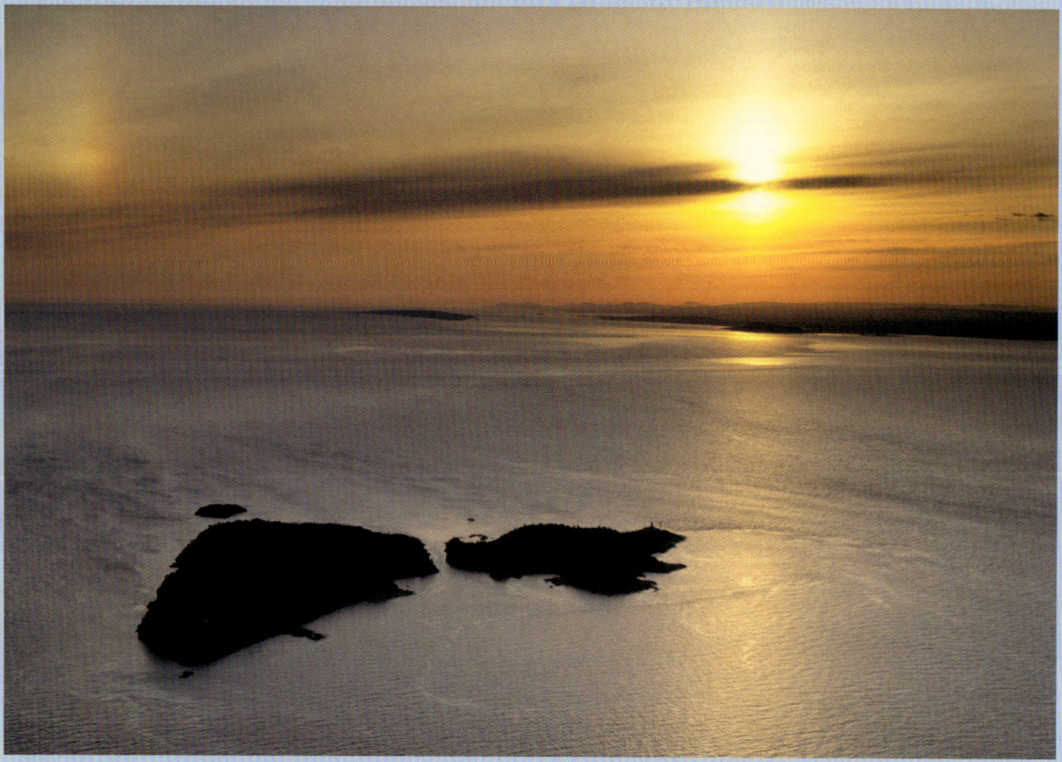

En plein milieu du Saint-Laurent, pas très loin de Rivière-du-Loup, les îles du Pot à l'Eau-de-Vie font la grasse matinée.

font le régal des moutons, petites boules de laine qui ajoutent au charme de l'endroit. Une côte découpée ainsi qu'une multitude de fleurs sauvages sont quelques-uns des secrets de beauté de cette île immaculée.

L'île aux Lièvres fut baptisée ainsi par Jacques Cartier à cause de ses nombreux petits occupants à quatre pattes. Elle devint plus tard fort populaire auprès des contrebandiers de l'époque de la prohibition, scotch et whisky étant les liqueurs de prédilection pour étancher la soif des Américains.

Autre bijou, situé au large de Trois-Pistoles, celui-là, l'île aux Basques doit son nom aux pêcheurs basques du XVIe siècle qui venaient chasser phoques, marsouins et autres baleines dans l'estuaire du Saint-Laurent. Site historique fort intéressant – on y retrouve encore trois fours utilisés à l'époque pour faire fondre la graisse de ces mammifères marins –, l'île est également un refuge d'oiseaux migrateurs.

Outre les quelque 230 espèces d'oiseaux observées à ce jour, dont le grand héron, l'eider à duvet et le balbuzard pêcheur, de nombreux mammifères marins fréquentent les eaux de l'estuaire du Saint-Laurent.

Autres habitants indissociables de ces îles, les phares, gardiens immuables des côtes accidentées. Le plus ancien du Québec à être encore debout fut bâti en 1809 et se trouve dans l'île Verte. Ici, comme dans celui des îles du Pot-à-l'Eau-de-Vie, âgé de plus de 140 ans, des chambres ont été aménagées, histoire de prendre le pouls de la vie marine, la vraie. Ceux de l'île aux Perroquets (1888) et de la Petite Île au Marteau (1915) valent également le détour.

On le sait, les îles ont de tout temps été adoptées par les artistes et les poètes, qui y trouvent une inspiration sans cesse renouvelée. Si l'île aux Grues, dans l'archipel du même nom, fut le dernier refuge de Jean-Paul Riopelle, l'île aux Coudres berçait Jean Paul Lemieux, qui y avait planté sa résidence estivale. Félix Leclerc a quant à lui longtemps chanté les charmes de l'île d'Orléans. Isolé jusqu'au début des années 1930, ce « berceau de l'Amérique française » semble tout droit surgi du passé. Maisons en pierre aux toits pentus, manoirs seigneuriaux et clochers pointus plantés sur une terre de cocagne font de l'endroit un ensemble pastoral irrésistible.

Lorsque Cartier posa les yeux sur l'île, en 1534, il la baptisa « île de Bacchus », en raison des nombreuses vignes qui tapissent ses terres. Mais elle fut longtemps connue des Amérindiens sous le nom de *Windigo*, mot algonquin qui signifie « coin ensorcelé ». C'est que les pêcheurs, la nuit venue, s'y déplaçaient avec des lampes à huile qui, vues de loin, étaient prises pour des feux follets. Son nom définitif lui fut donné par Jacques Cartier en l'honneur du duc d'Orléans, fils de François Ier.

Aujourd'hui, plus de 600 bâtiments de l'île sont reconnus pour leur valeur patrimoniale. Outre les quelques boulangeries datant des XVIIIe et XIXe siècles, l'île peut se targuer d'abriter la plus ancienne église du Québec.

Autant d'îles, autant d'histoires qui ajoutent au paysage et au patrimoine du Québec une richesse inestimable, des tableaux fabuleux.

Saint-Pierre-de-l'Île-d'Orléans déroule un petit bout des « 42 milles de choses tranquilles » que chantait Félix Leclerc.

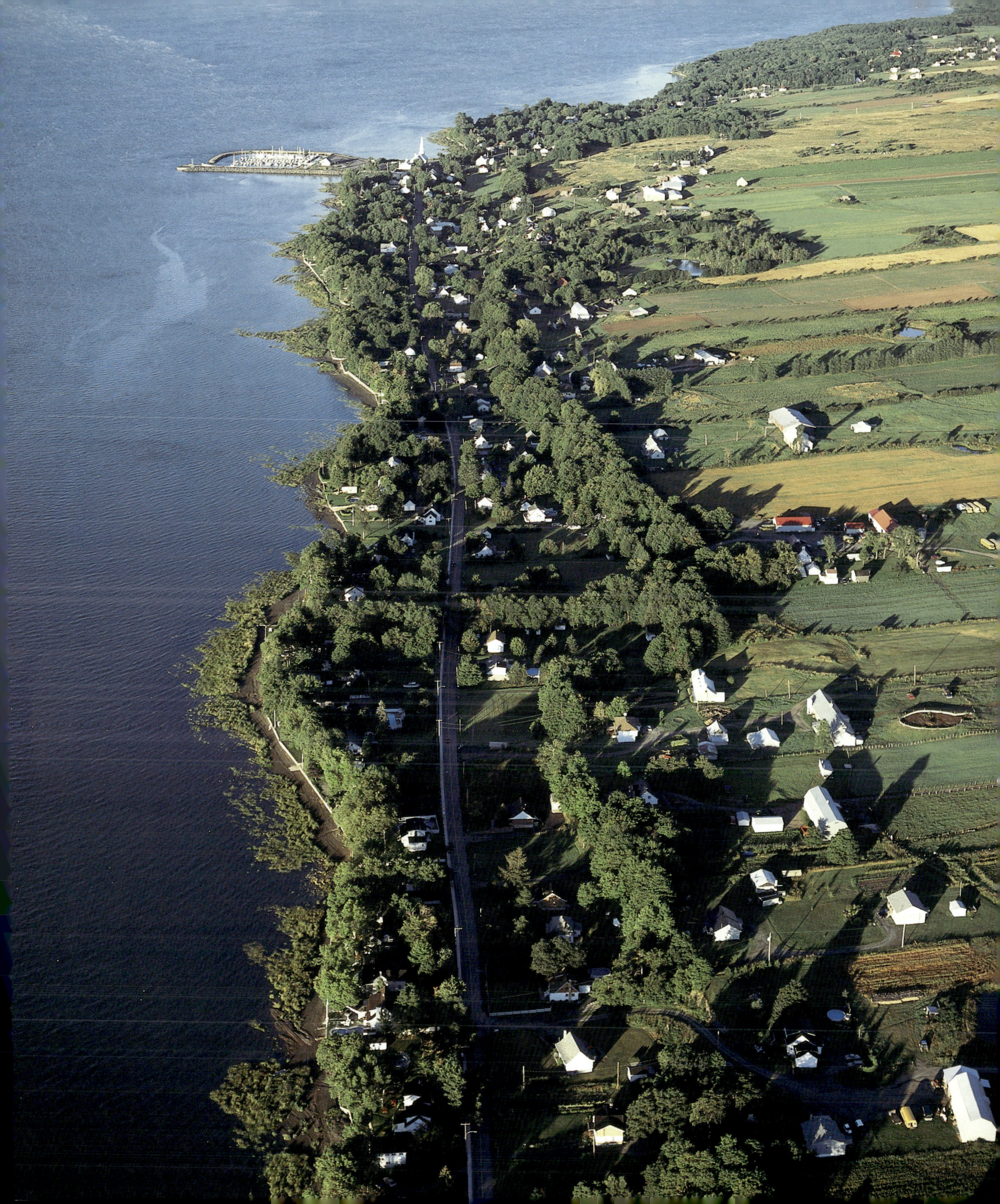

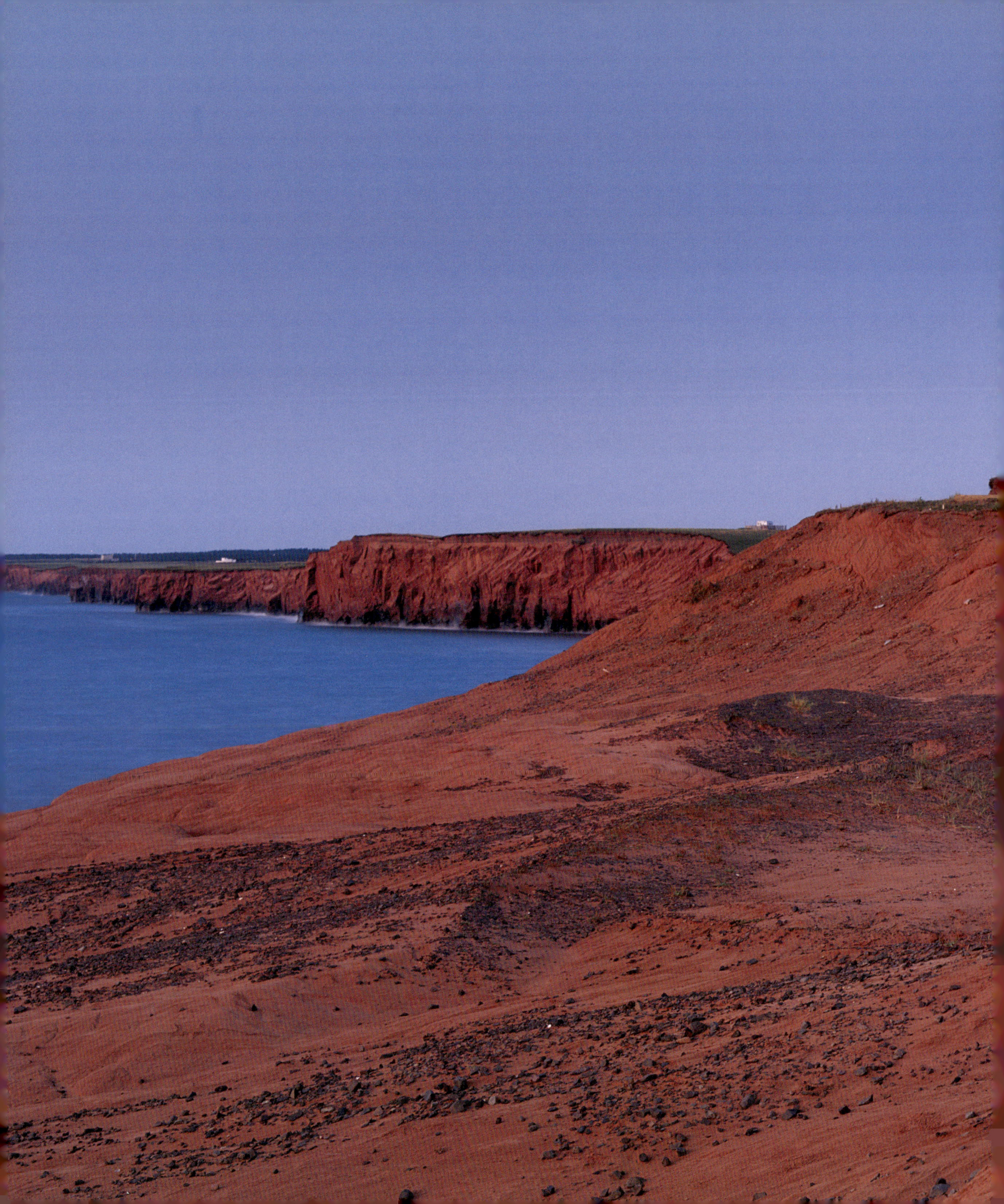

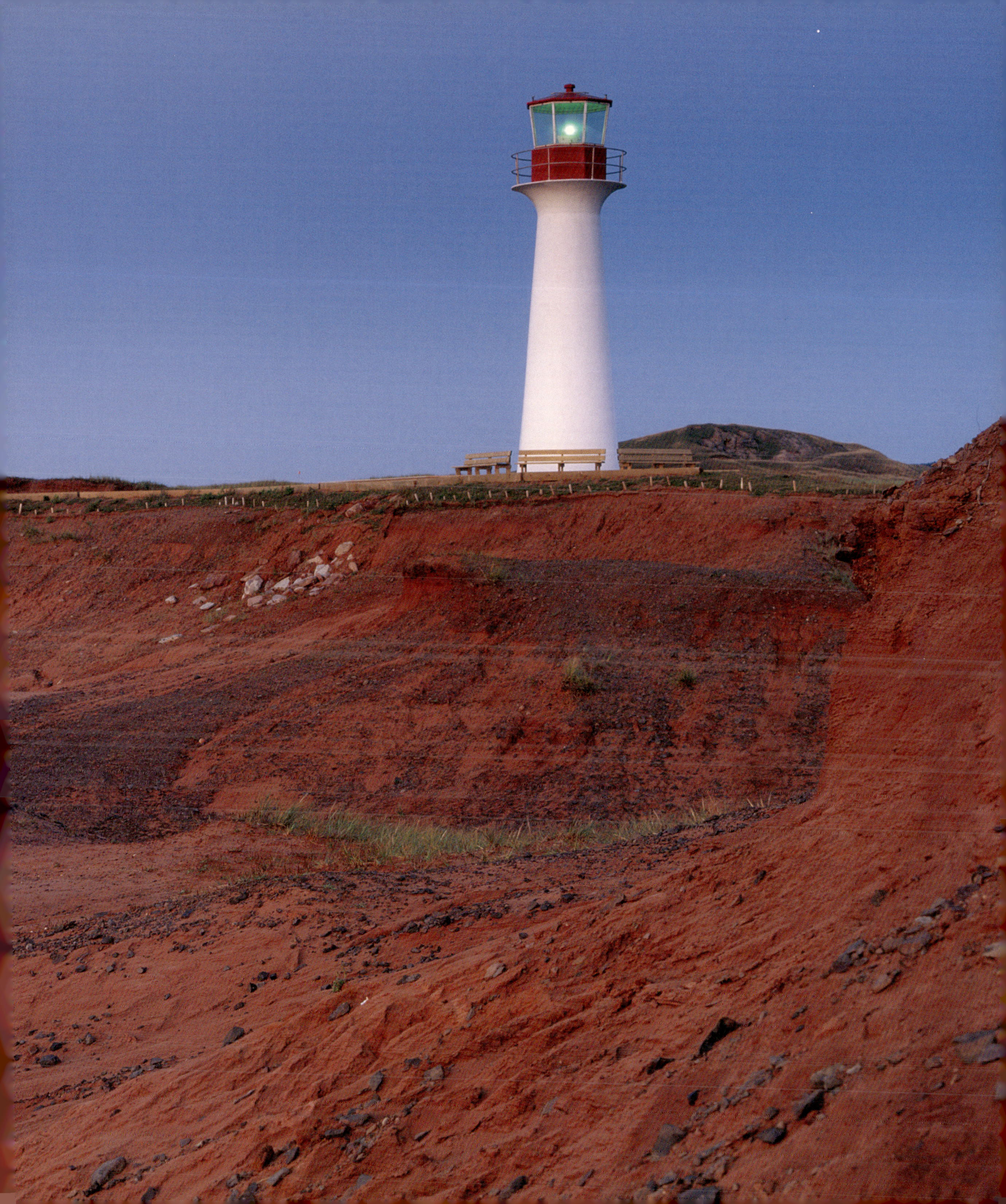

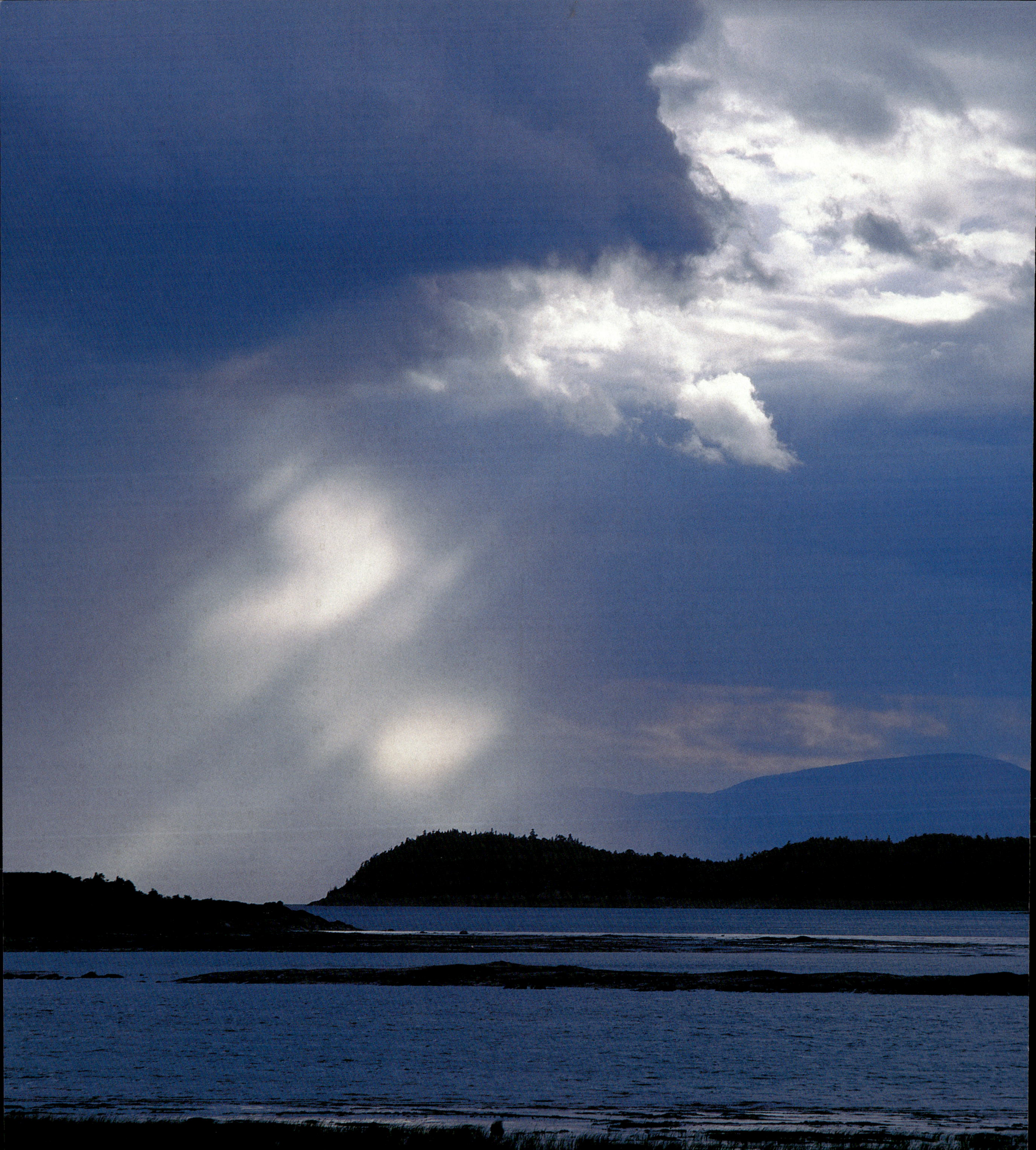

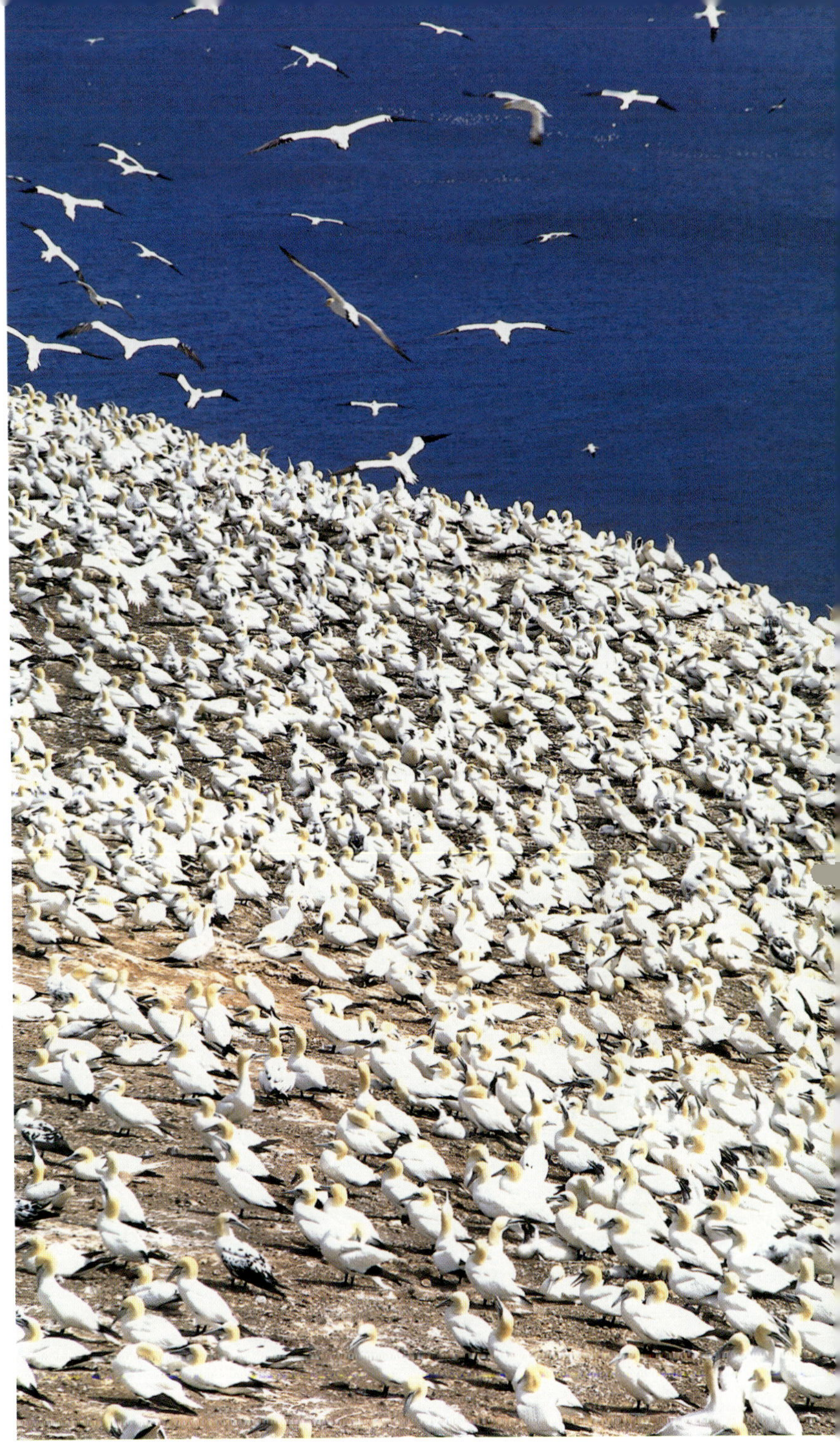

Année après année, les fous de Bassan reviennent passer l'été dans leur « cinq étoiles » de l'île Bonaventure.

Un voile de lumière vient chatouiller l'archipel de l'Isle-aux-Grues dans ses draps indigo.

Pages précédentes : La nuit tombe sur l'île du Cap aux Meules, mais le phare monte la garde.

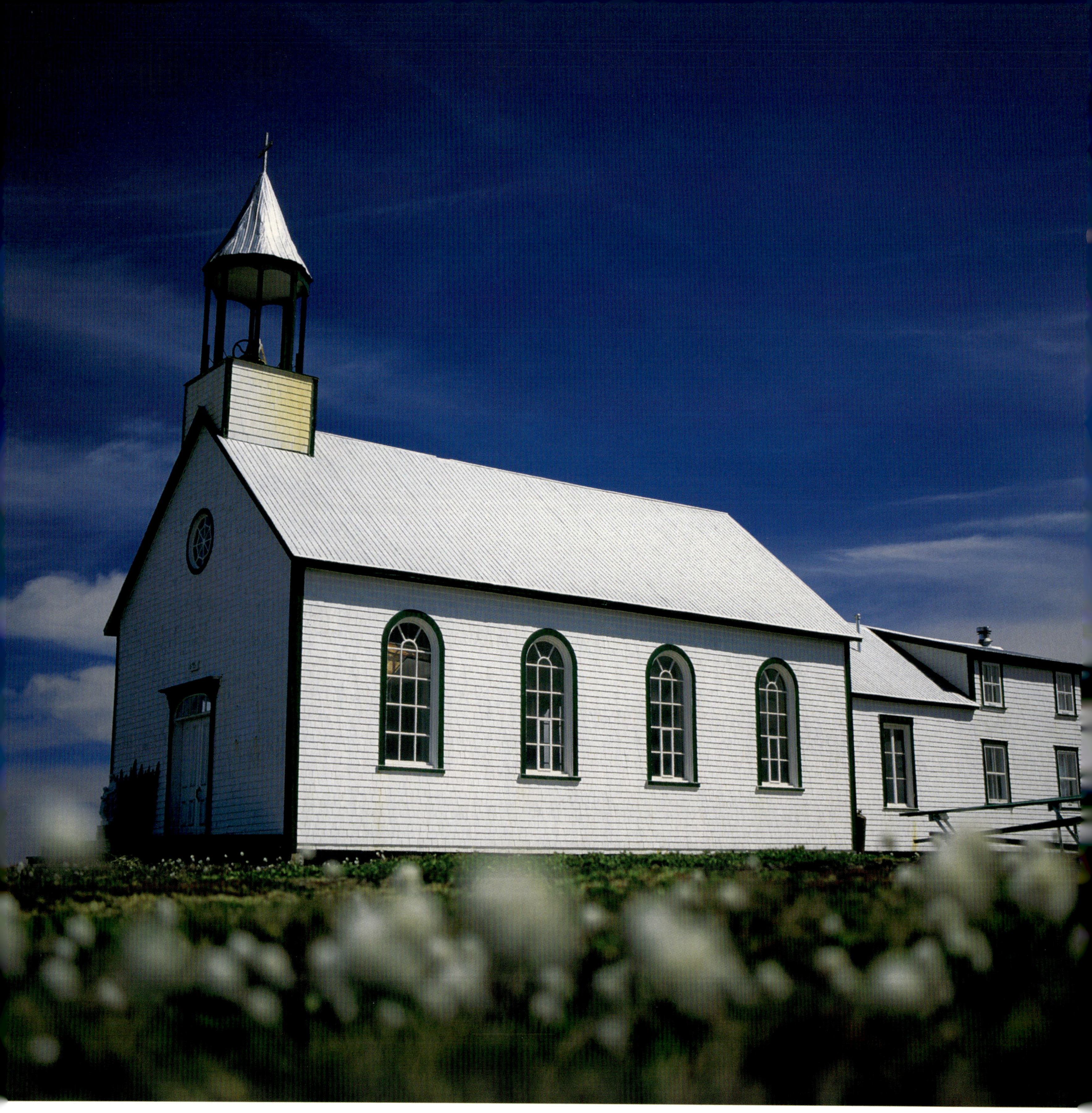

Sur l'île Providence, la chapelle Sainte-Anne
est la doyenne de la Basse-Côte-Nord.

Dans la lumière du matin, l'île aux Grues laisse
deviner son caractère à la fois sauvage et paisible.

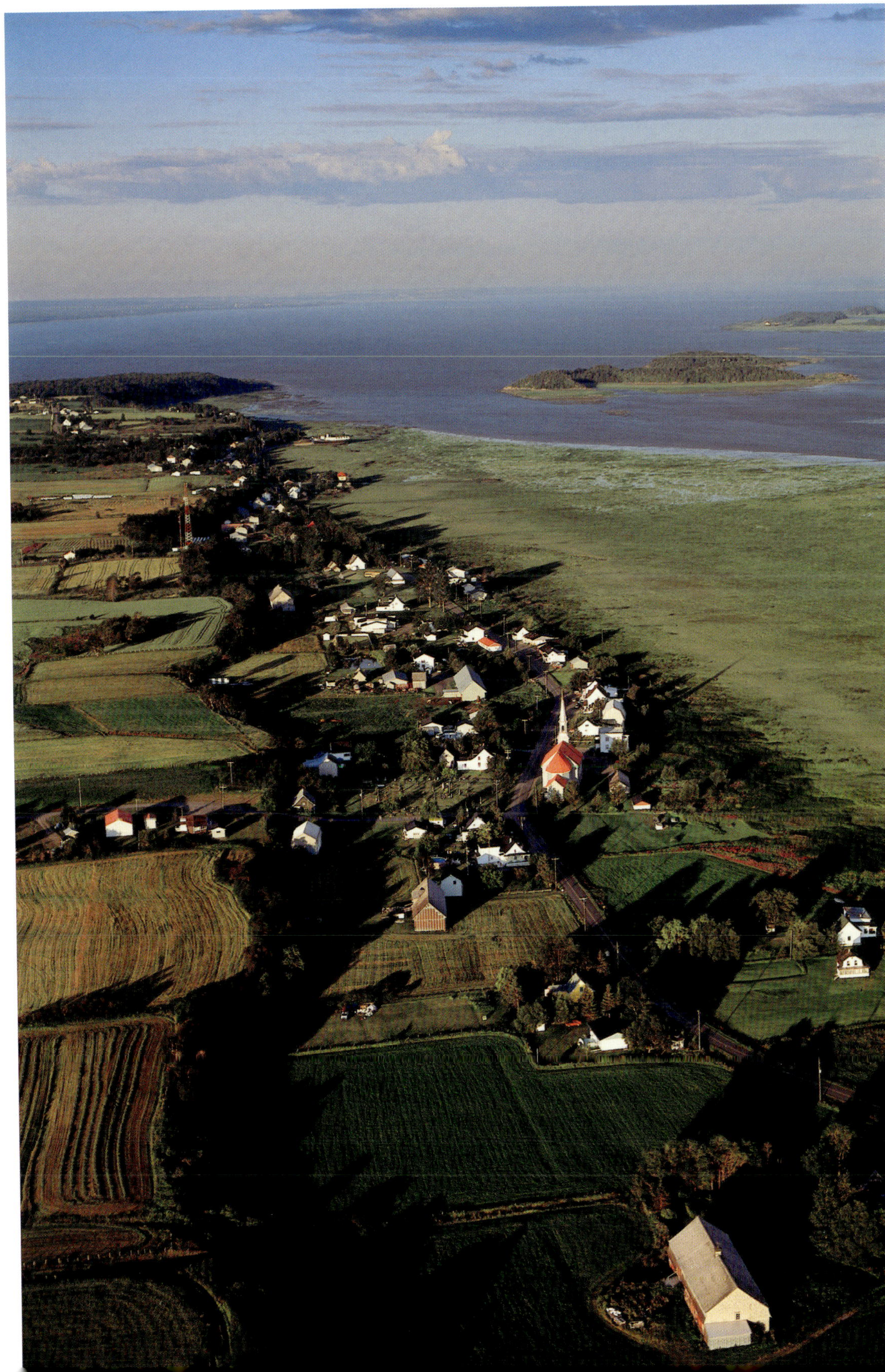

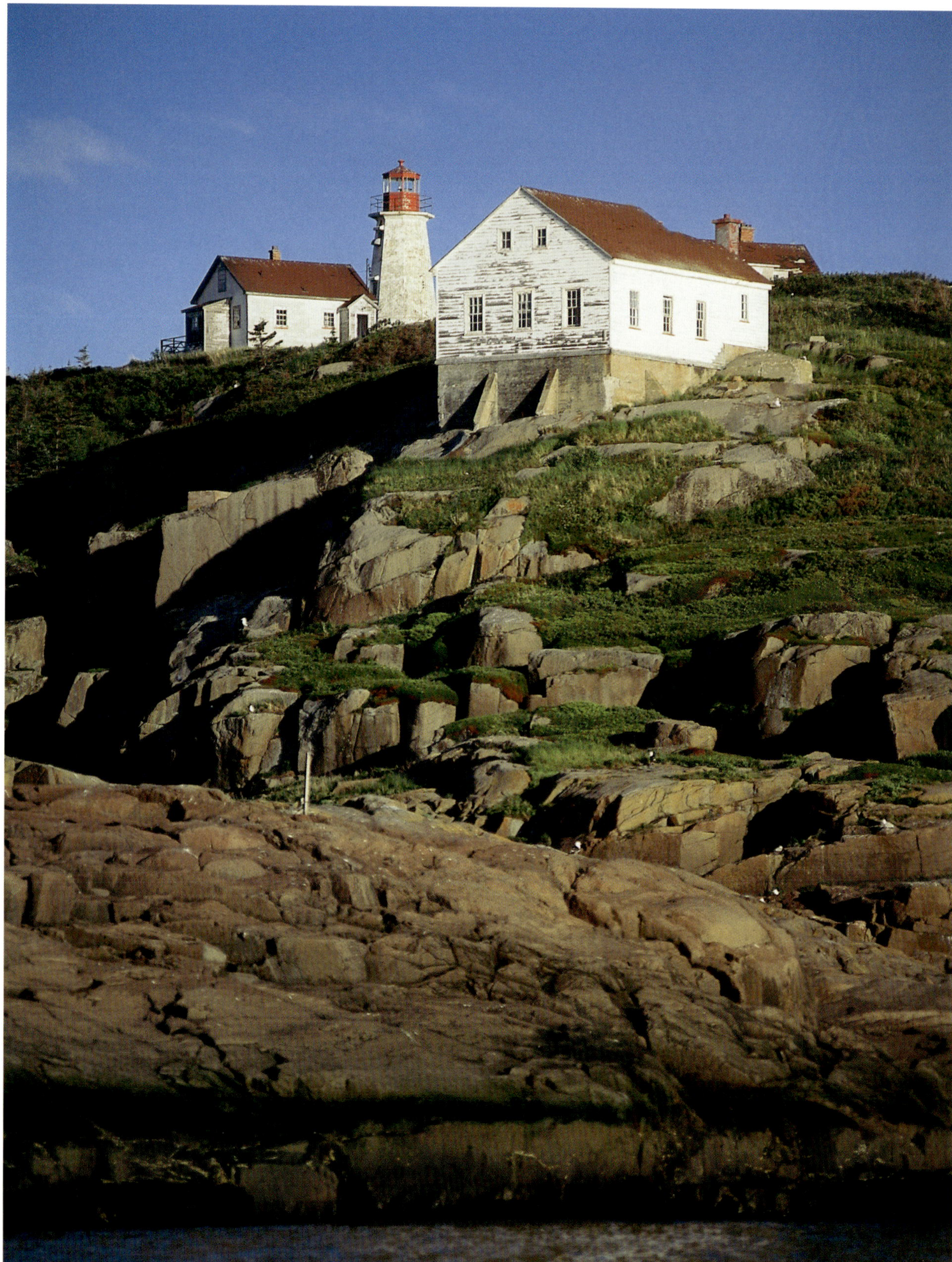

L'île du Corossol, beauté rocheuse et aride de l'archipel de Sept-Îles.

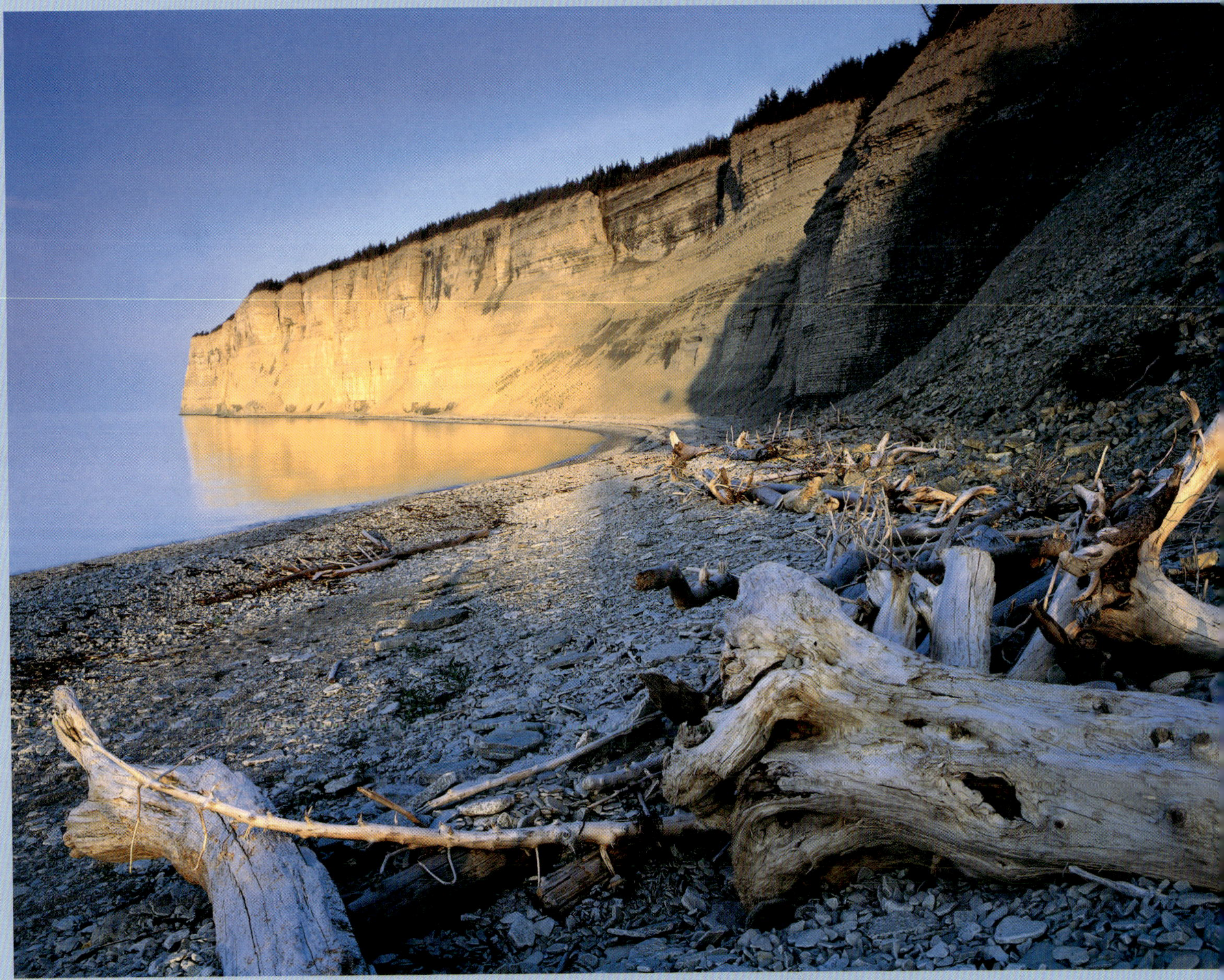

Sur l'île d'Anticosti, la lumière du couchant transforme la baie de la Tour en contrée mythique.

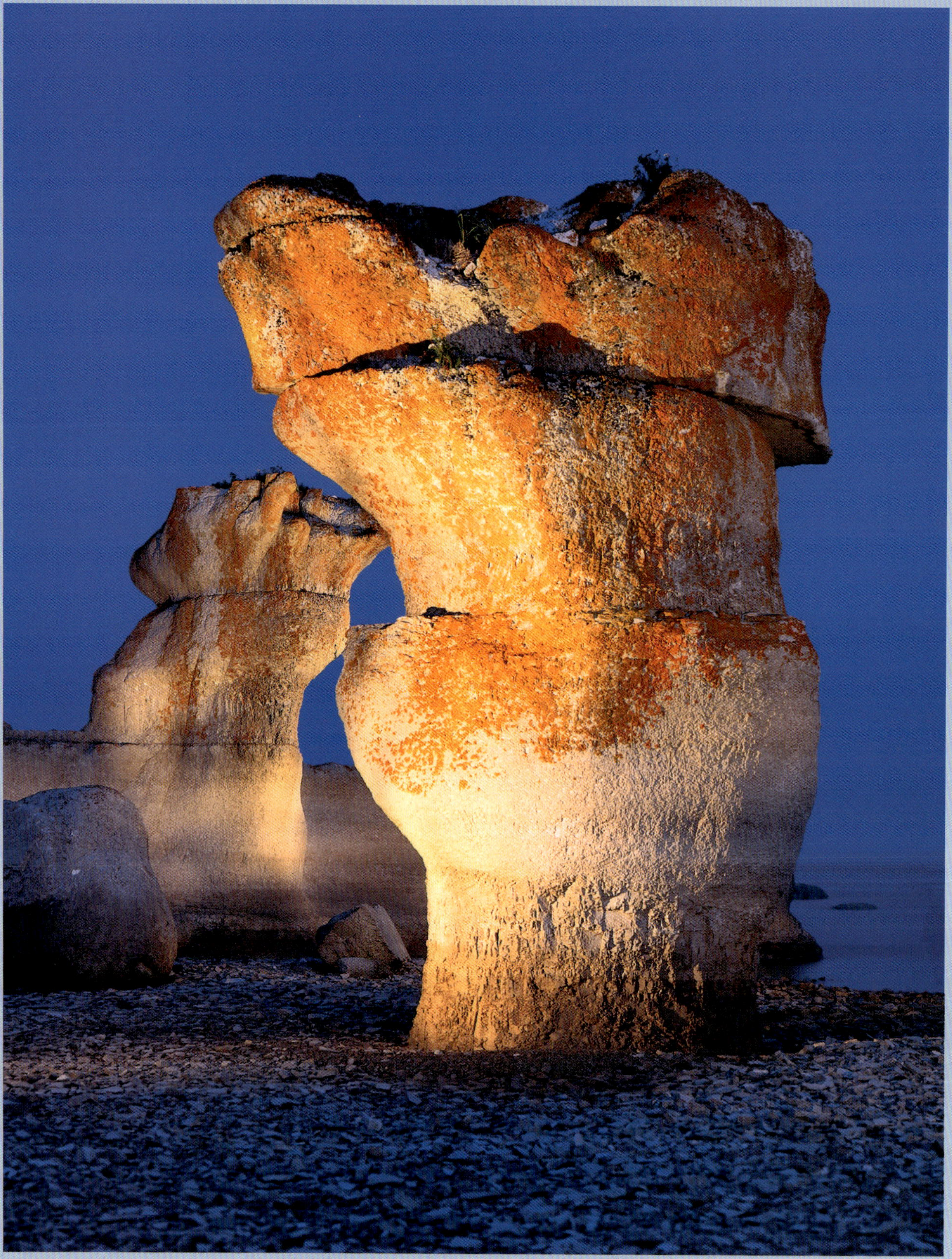

Sur l'île Quarry, dans l'archipel de Mingan,
Dame Nature tient une exposition permanente
de ses œuvres à rêver.

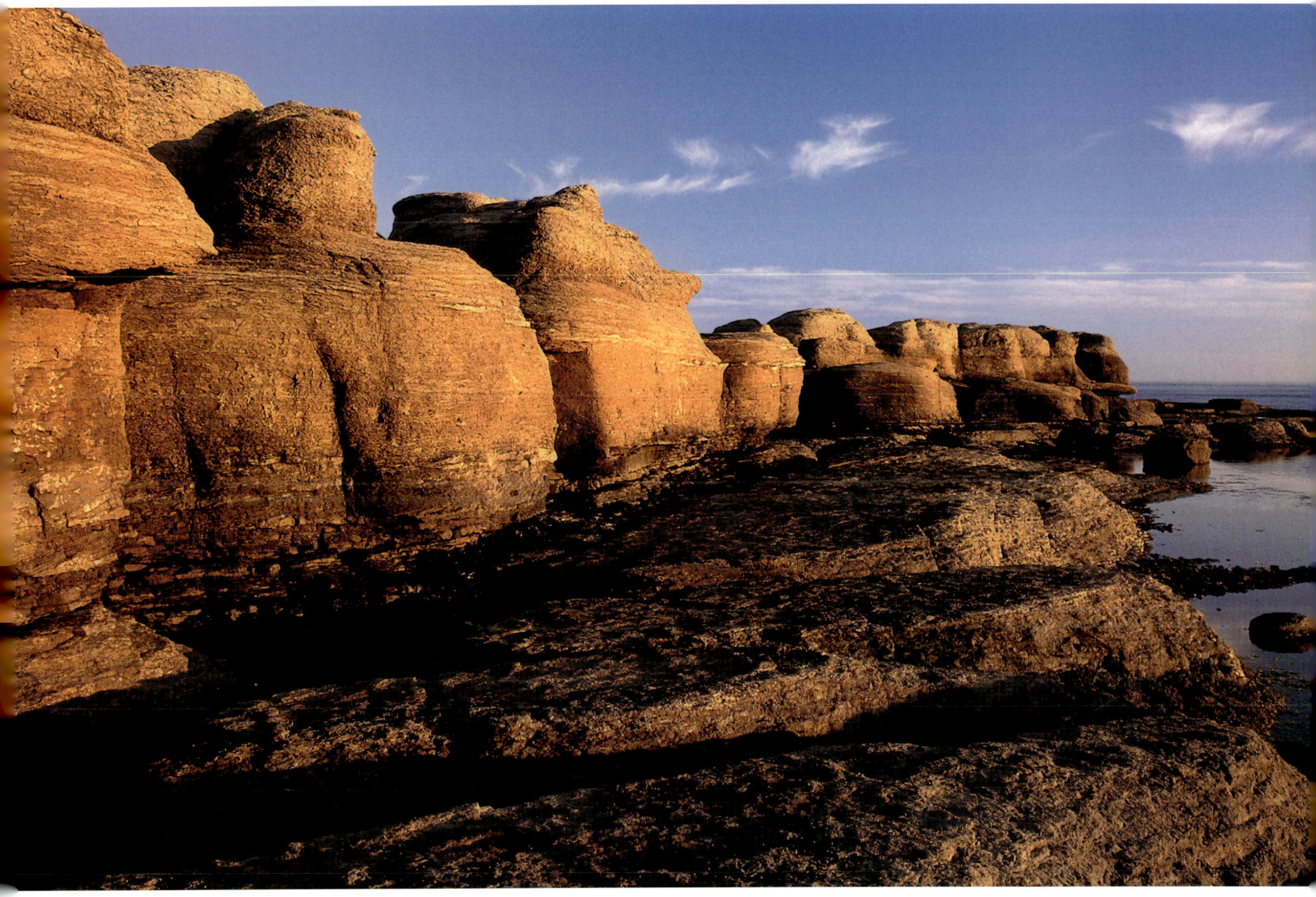

Ici, l'Artiste a peuplé l'île Nue de Mingan d'une étrange foule.

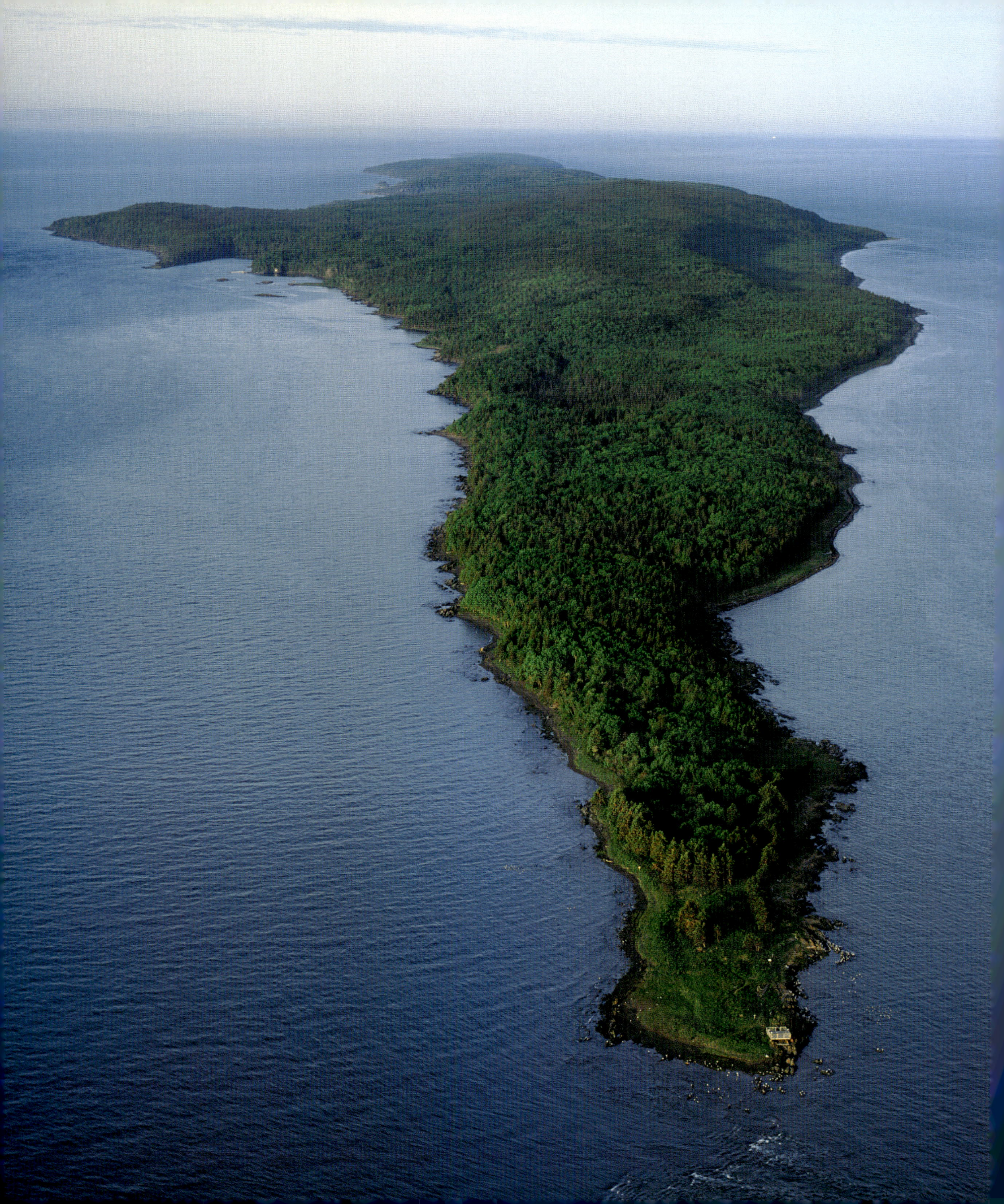

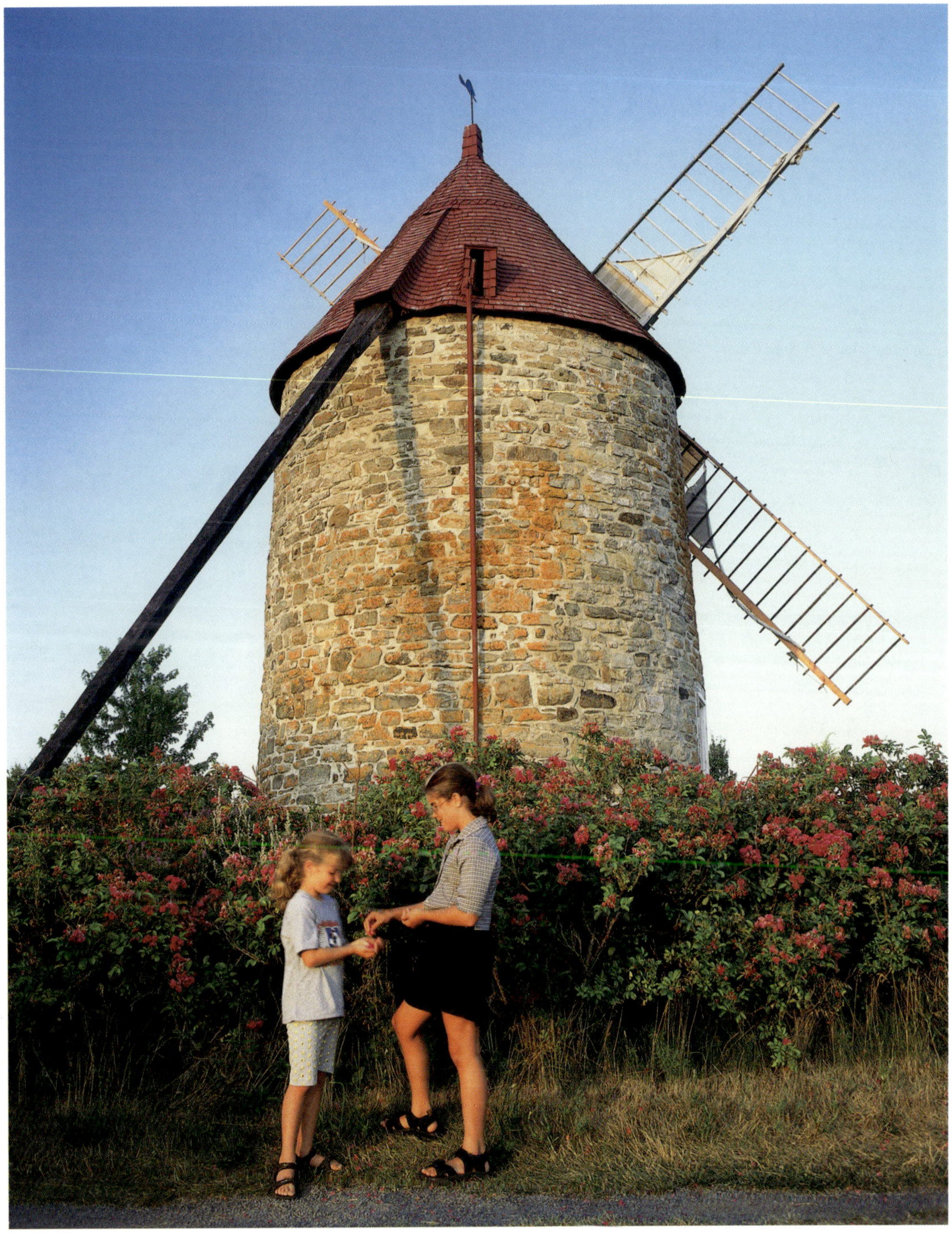

Entouré d'un jardin où poussent fleurs et enfants, le moulin de l'île aux Coudres.

Dans une apaisante harmonie de vert et de bleu, l'île aux Lièvres s'éveille au cœur du parc marin du Saguenay – Saint-Laurent.

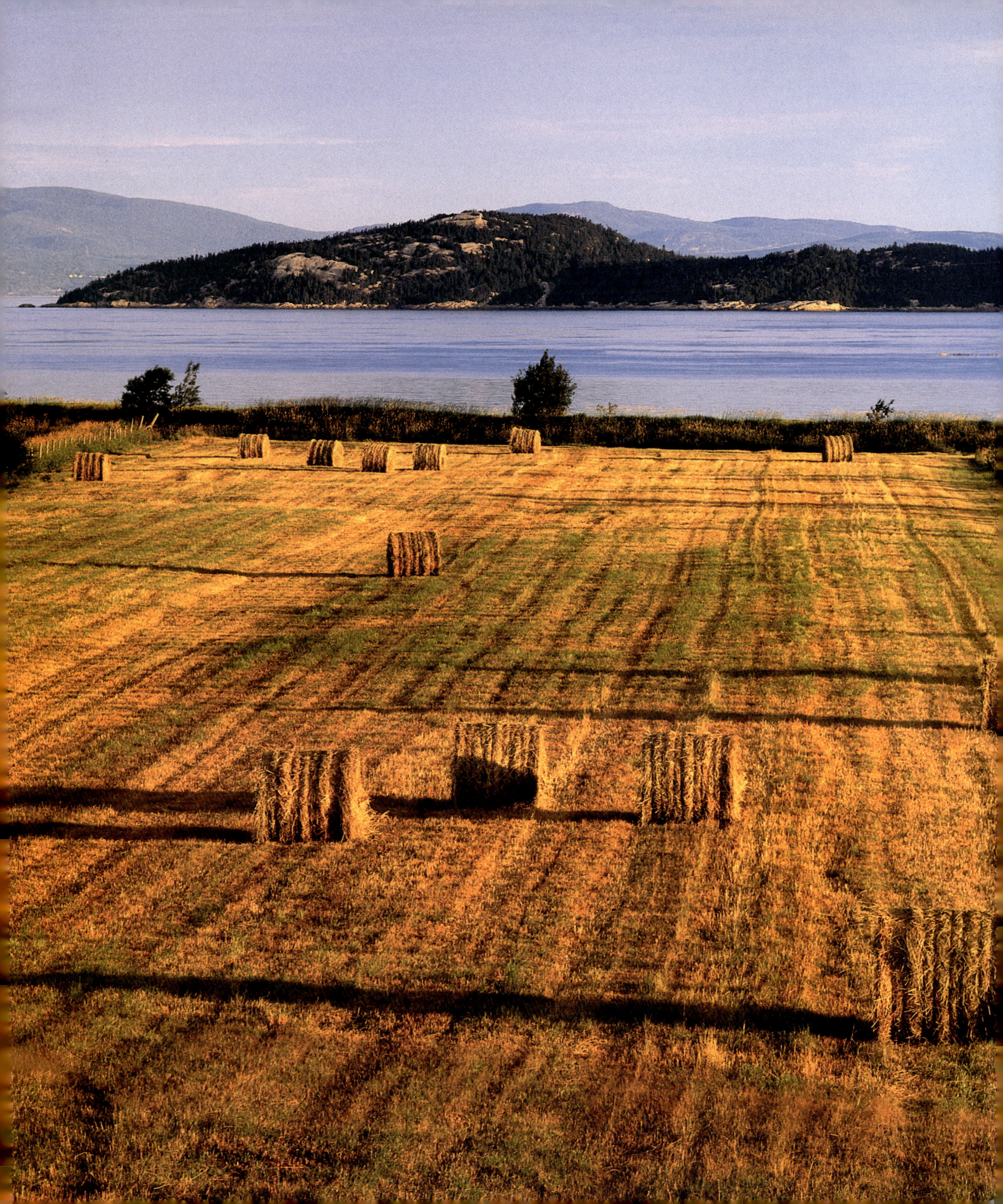

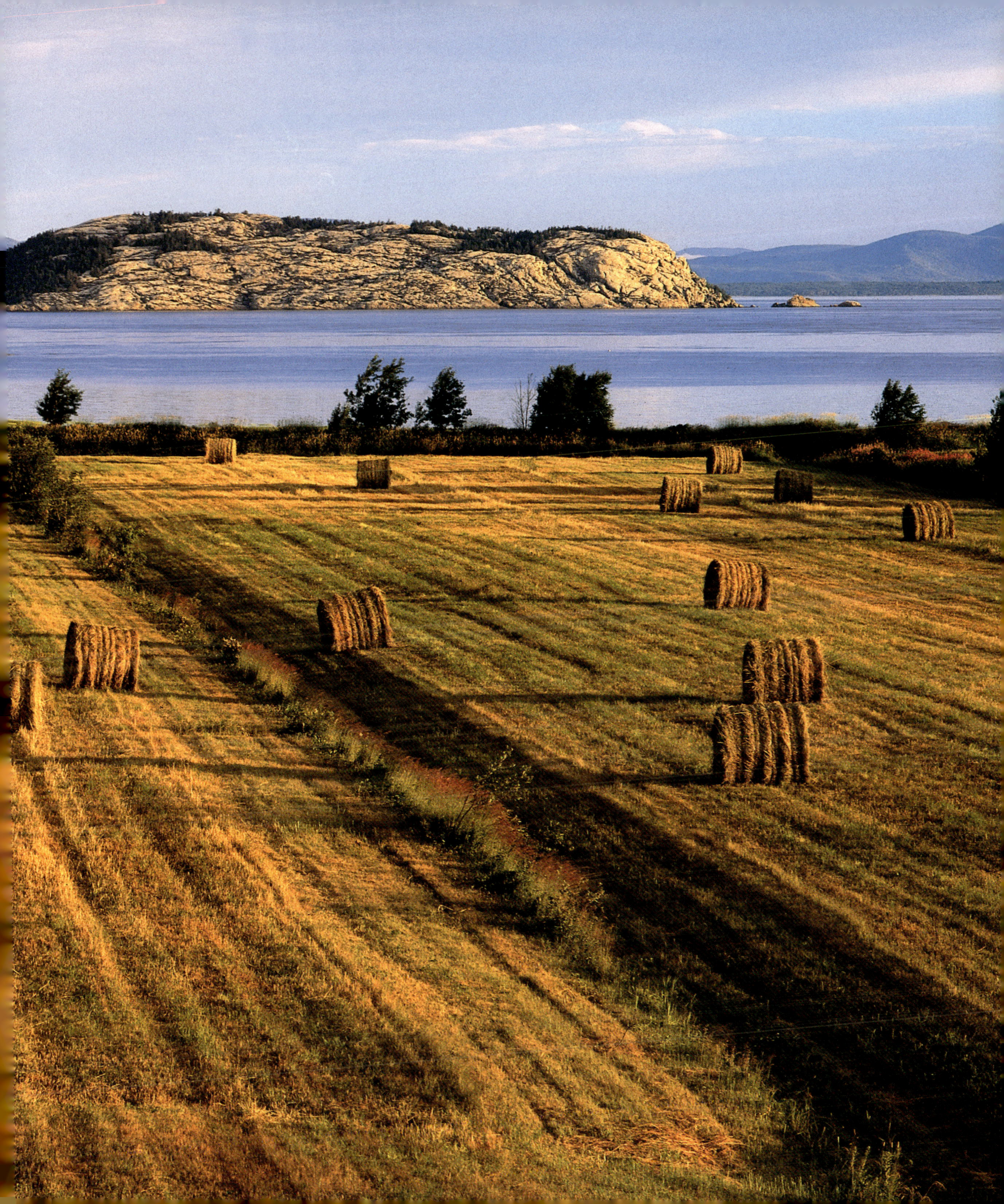

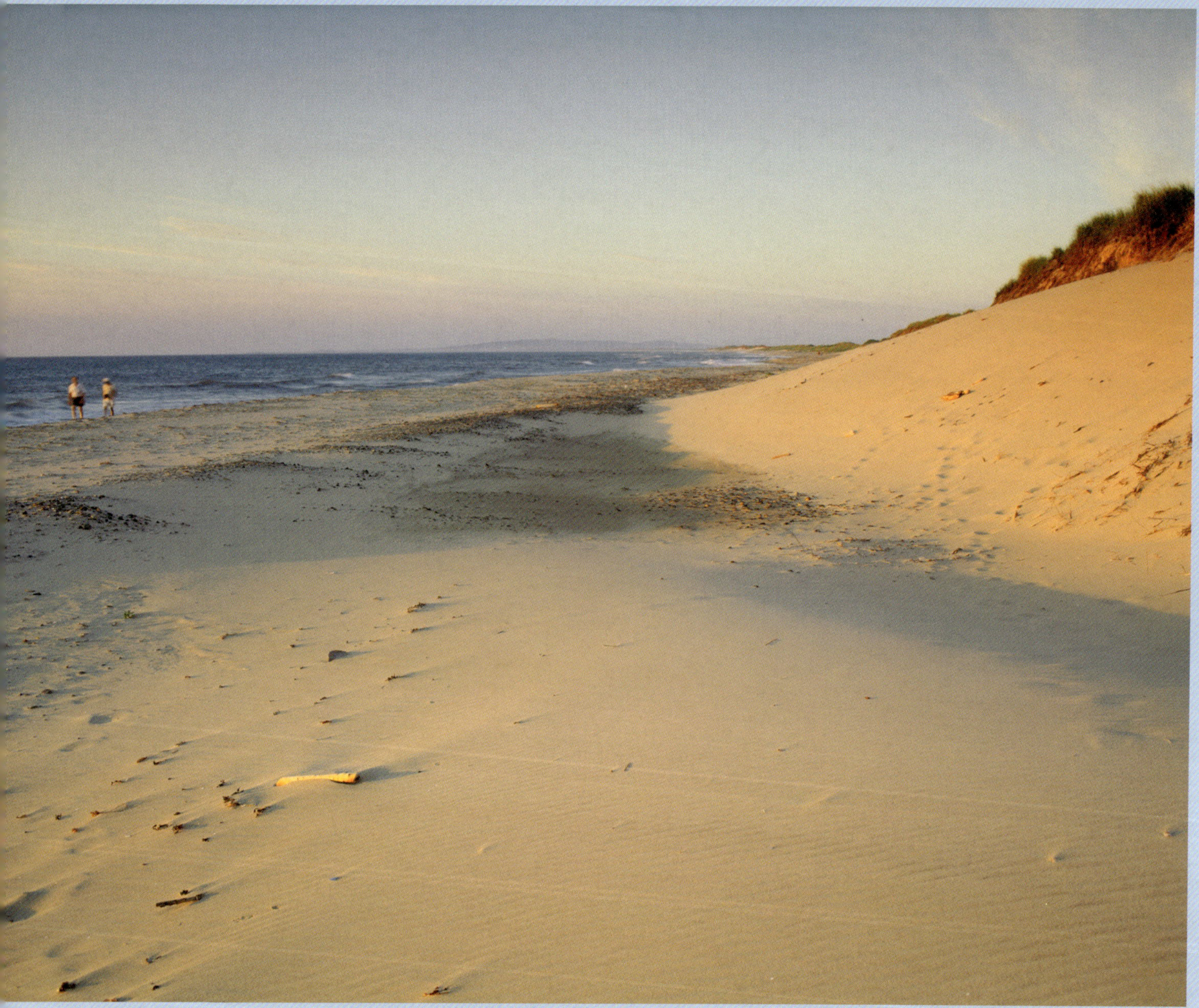

L'île du Havre Aubert, le soleil, la mer et le bonheur dans chaque grain de sable.

Pages précédentes : Le fleuve suit son cours et les îles Pèlerins se reposent auprès de Saint-André-de-Kamouraska.

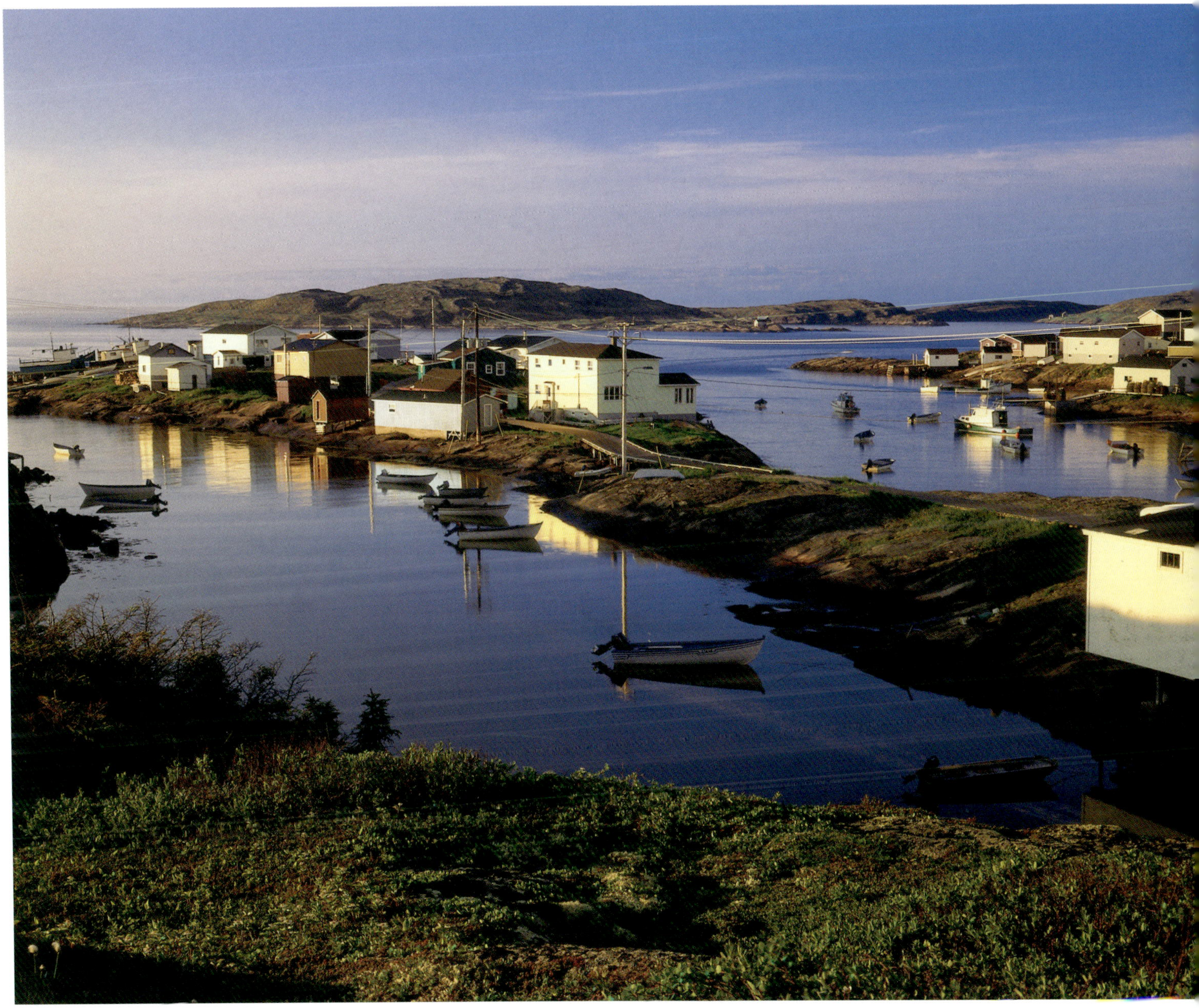

Une poussière d'étoile a bloqué l'écoulement du temps dans le sablier de Harrington Harbour.

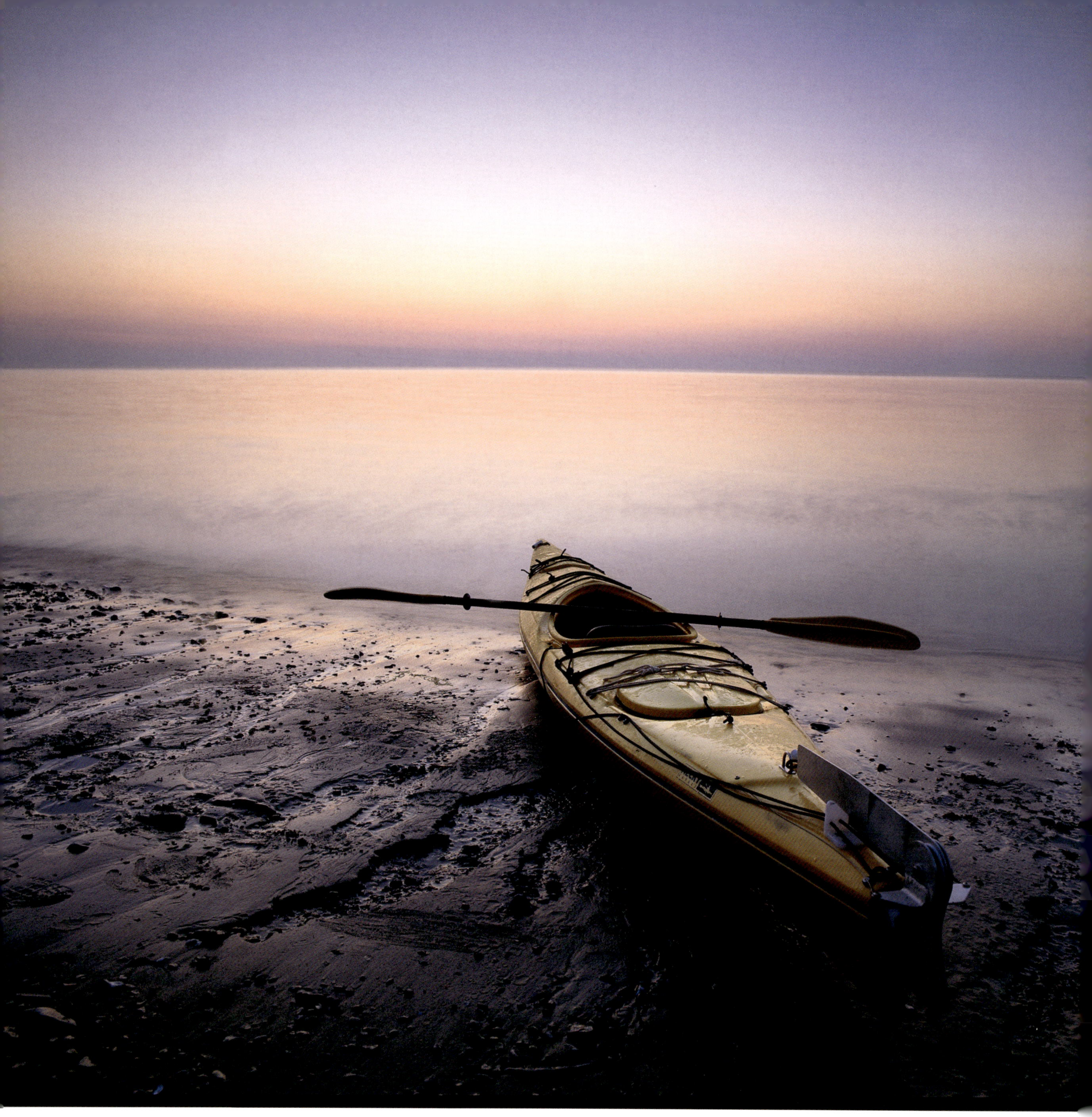

Pointe Carleton, île d'Anticosti : un kayak volant
amarré au pays des mille et une aubes.

La tête dans l'azur, les pieds dans les fleurs sauvages, le phare de l'île aux Perroquets, en Minganie, est au repos jusqu'à la nuit.

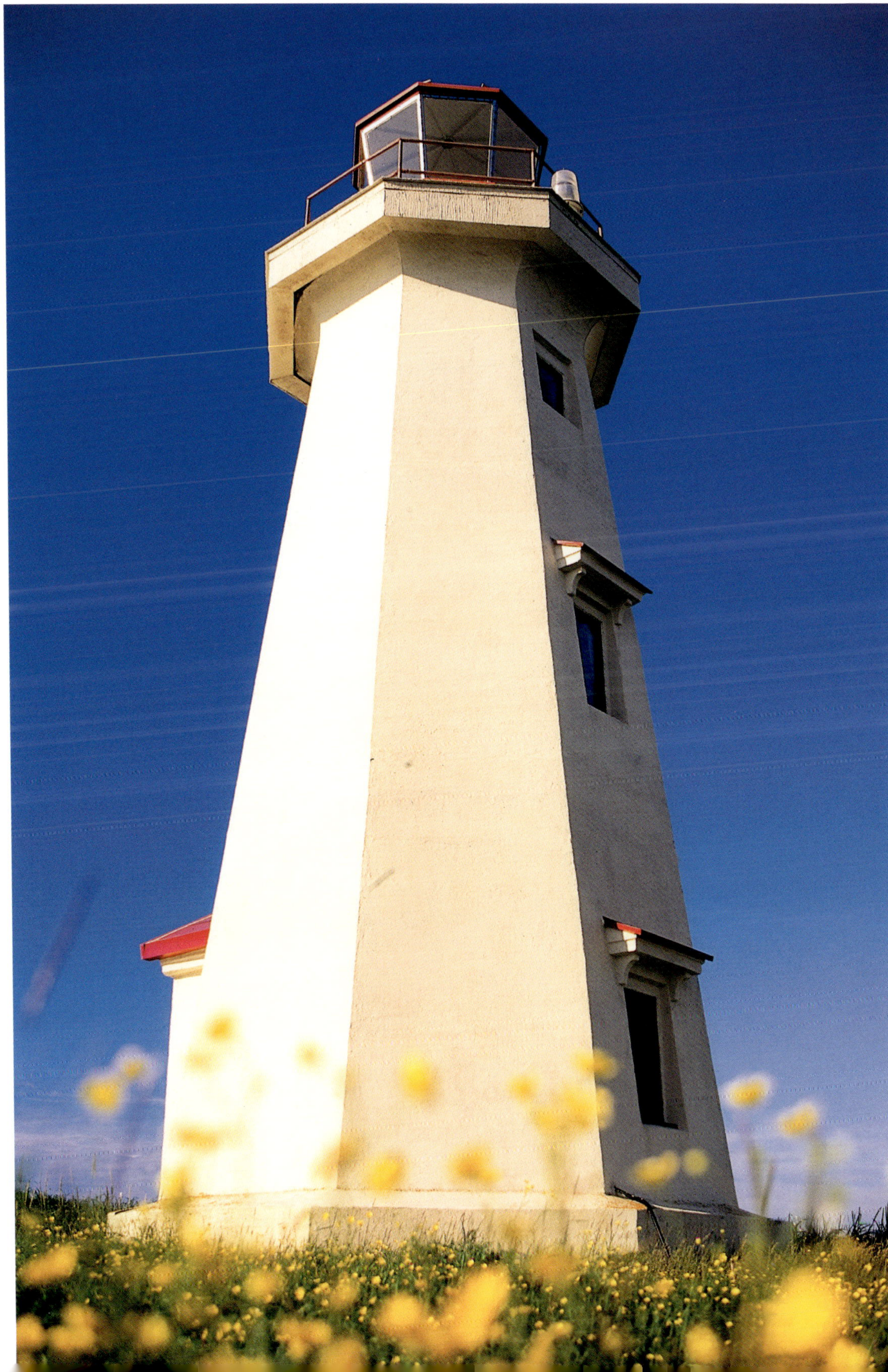

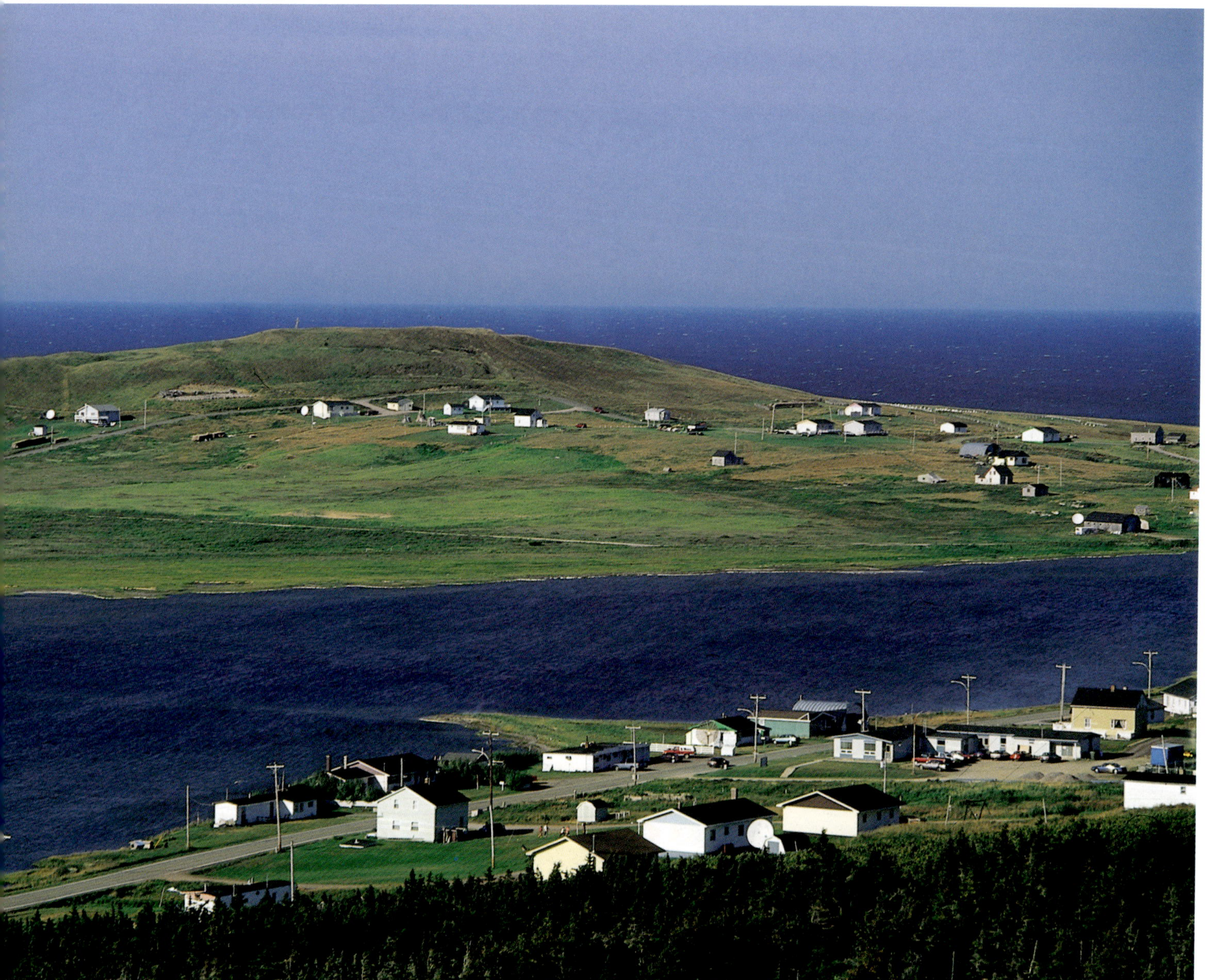

L'une des 12 filles de la Madeleine, Grosse Île,
la rêveuse, toujours tournée vers le large.

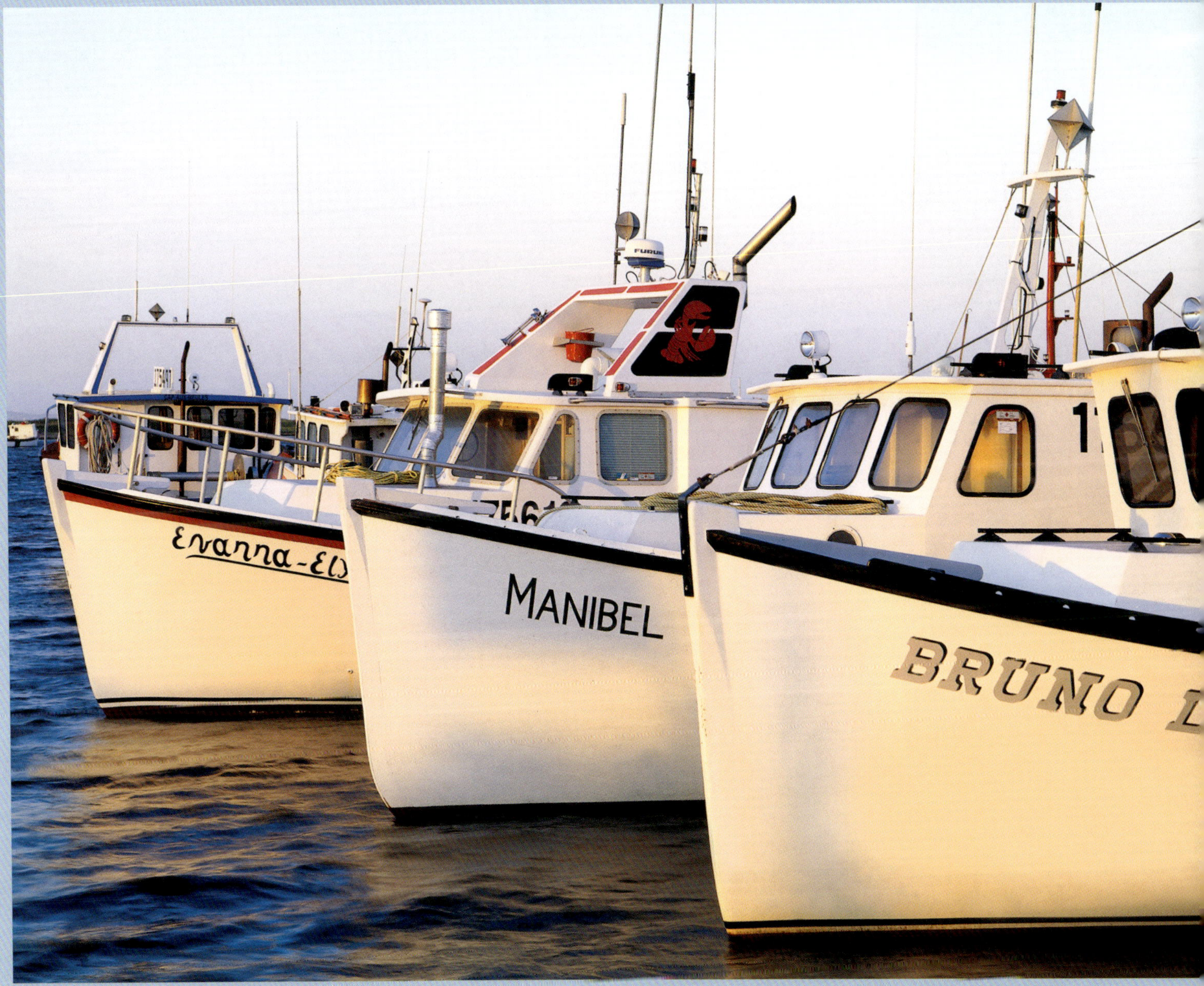

Un moment de repos au mouillage de L'Étang-du-Nord, loin des caprices de la mer.

Maître renard surpris en pleine sieste dans son domaine de l'île d'Anticosti.

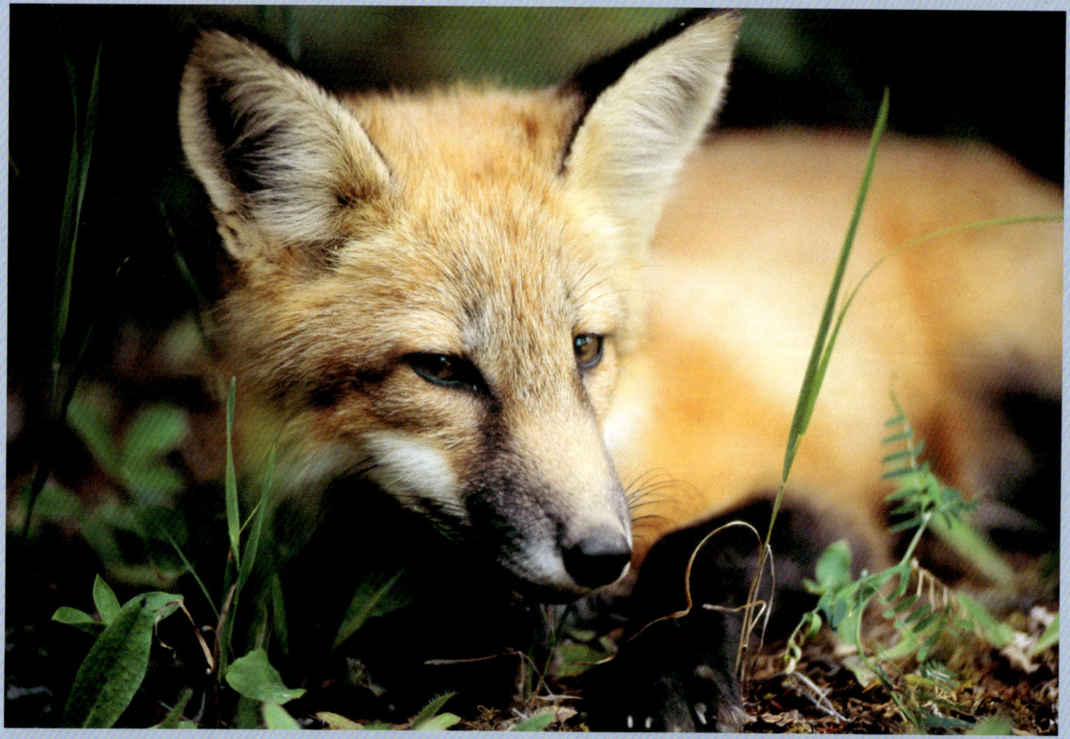

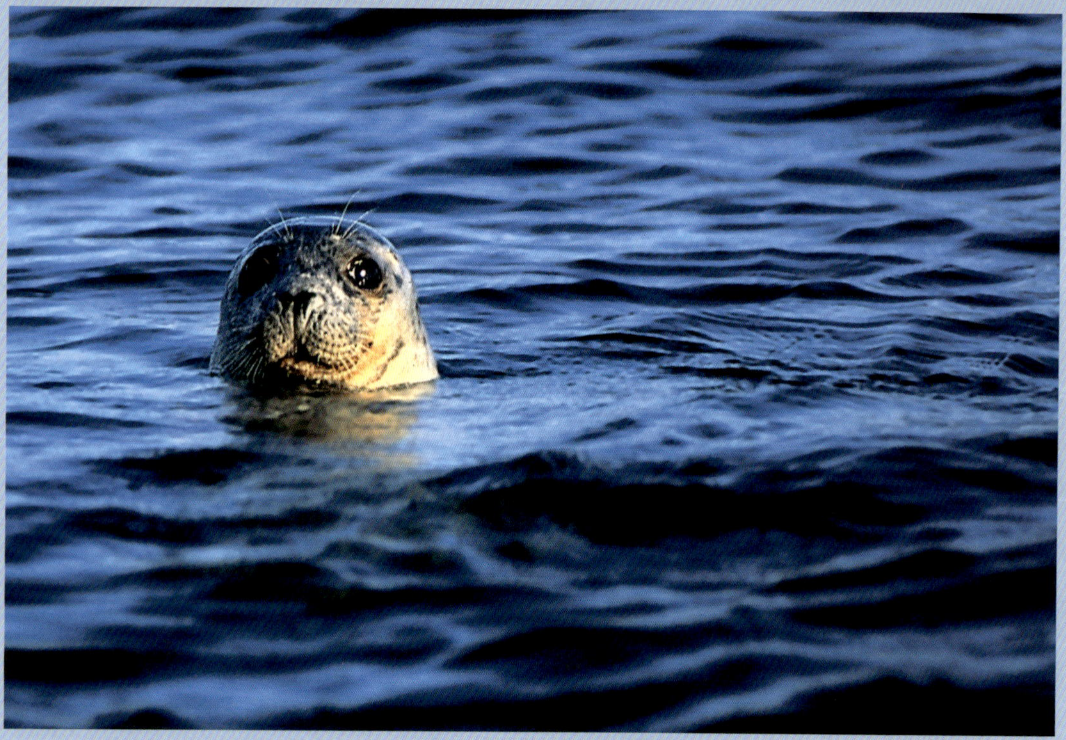

Le sourire goguenard du phoque, roi des clowns au pays de Minganie.

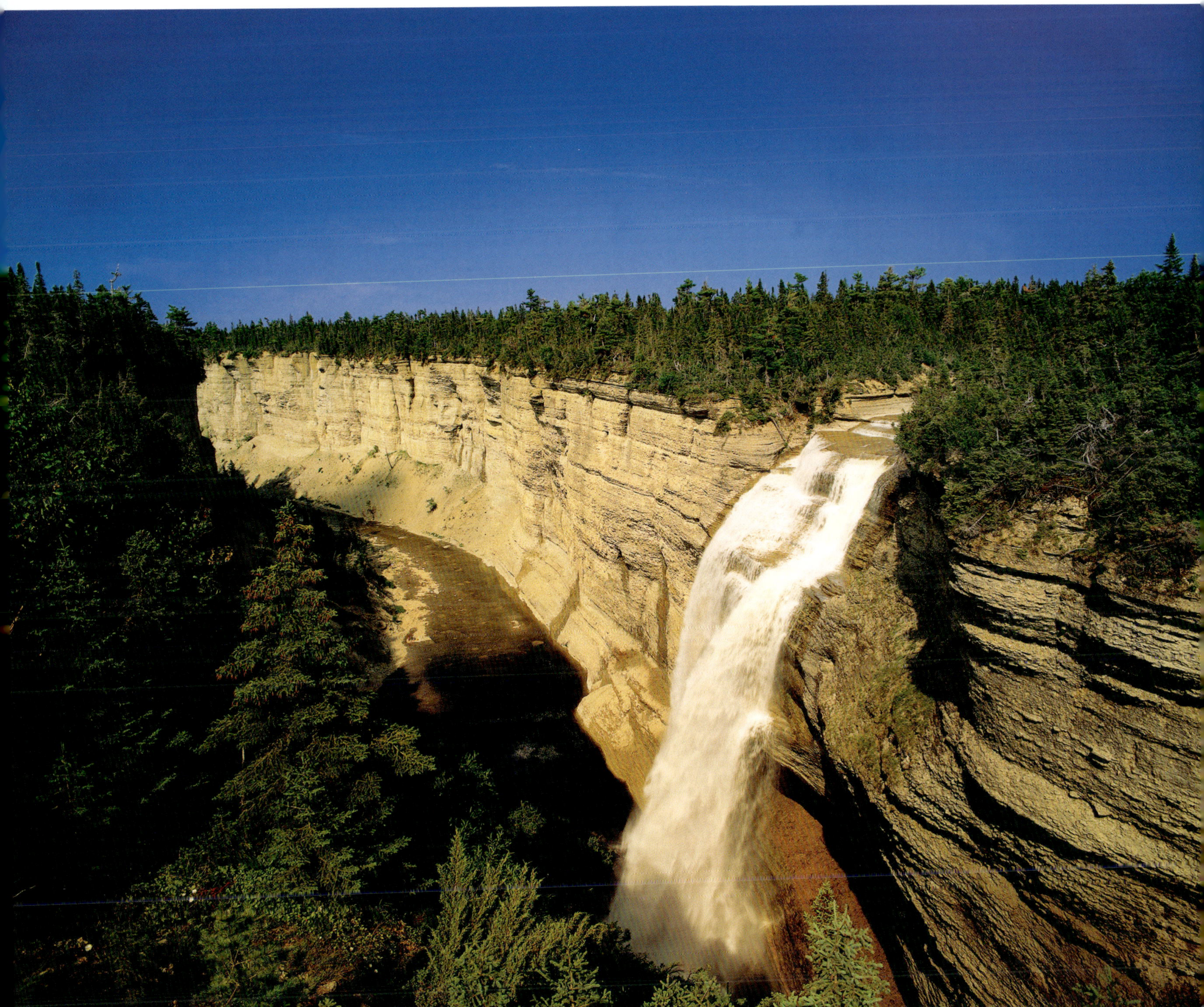

Acrobatique, la chute Vauréal fait un plongeon de 75 m jusqu'au pied de la falaise de l'île d'Anticosti.

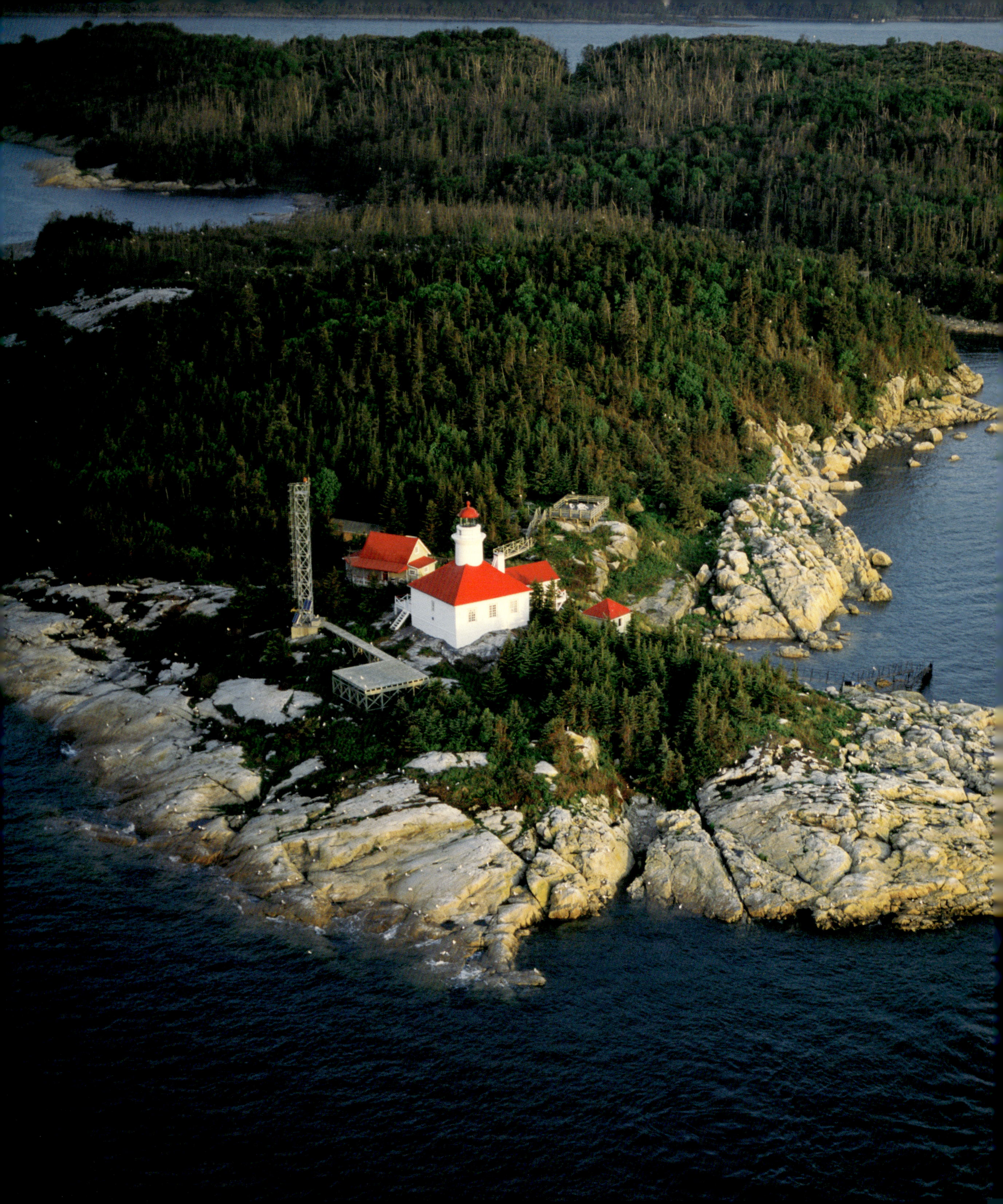

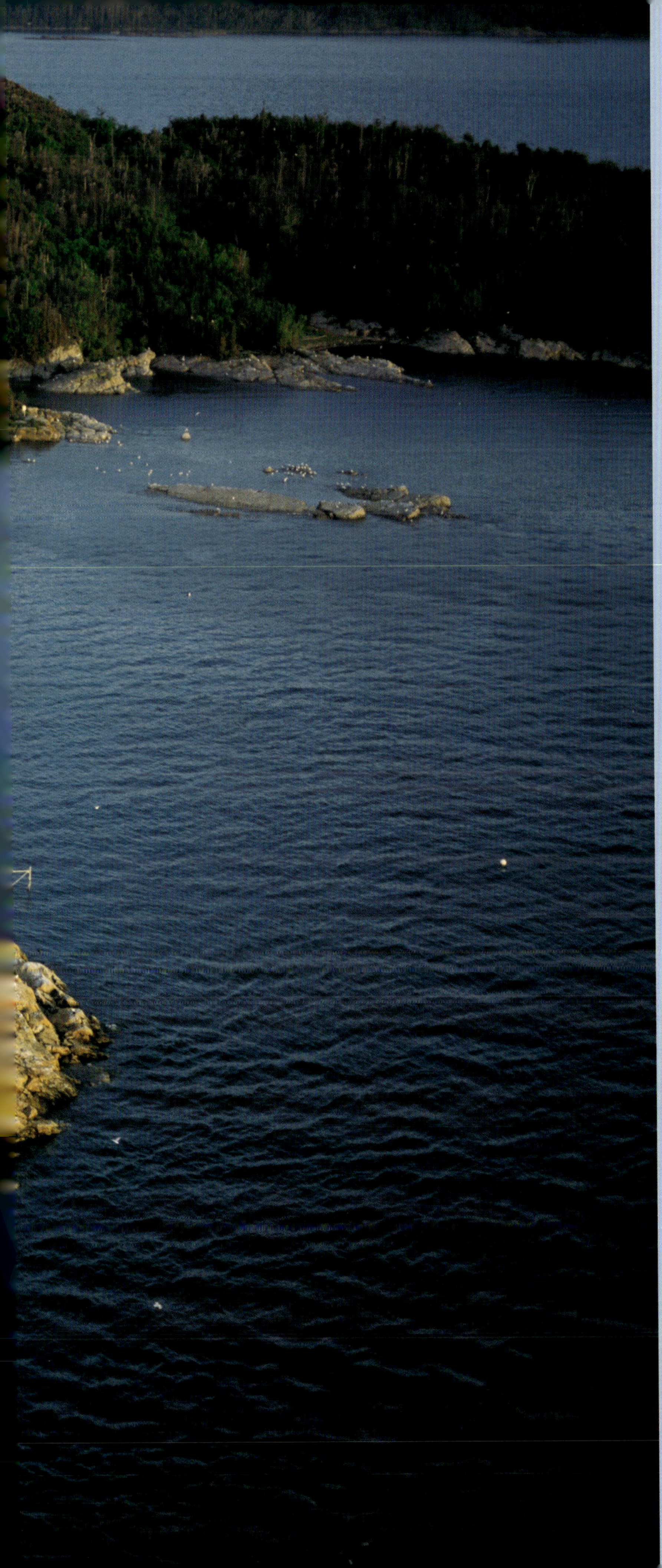

Vus à vol de grand oiseau, les îles du Pot à l'Eau-de-Vie et leur phare, dans le parc marin du Saguenay – Saint-Laurent.

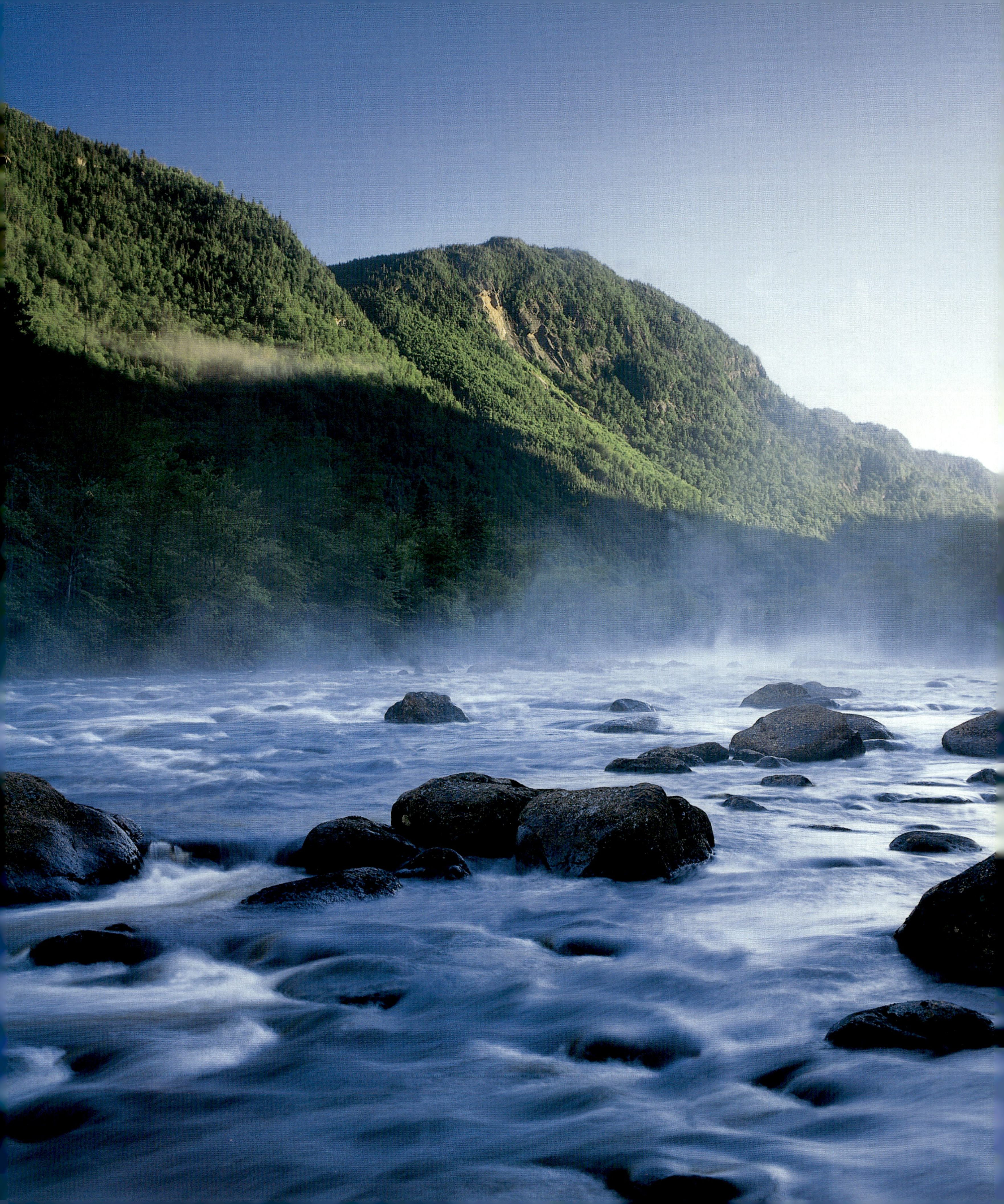

De montagnes
ET DE VALLÉES

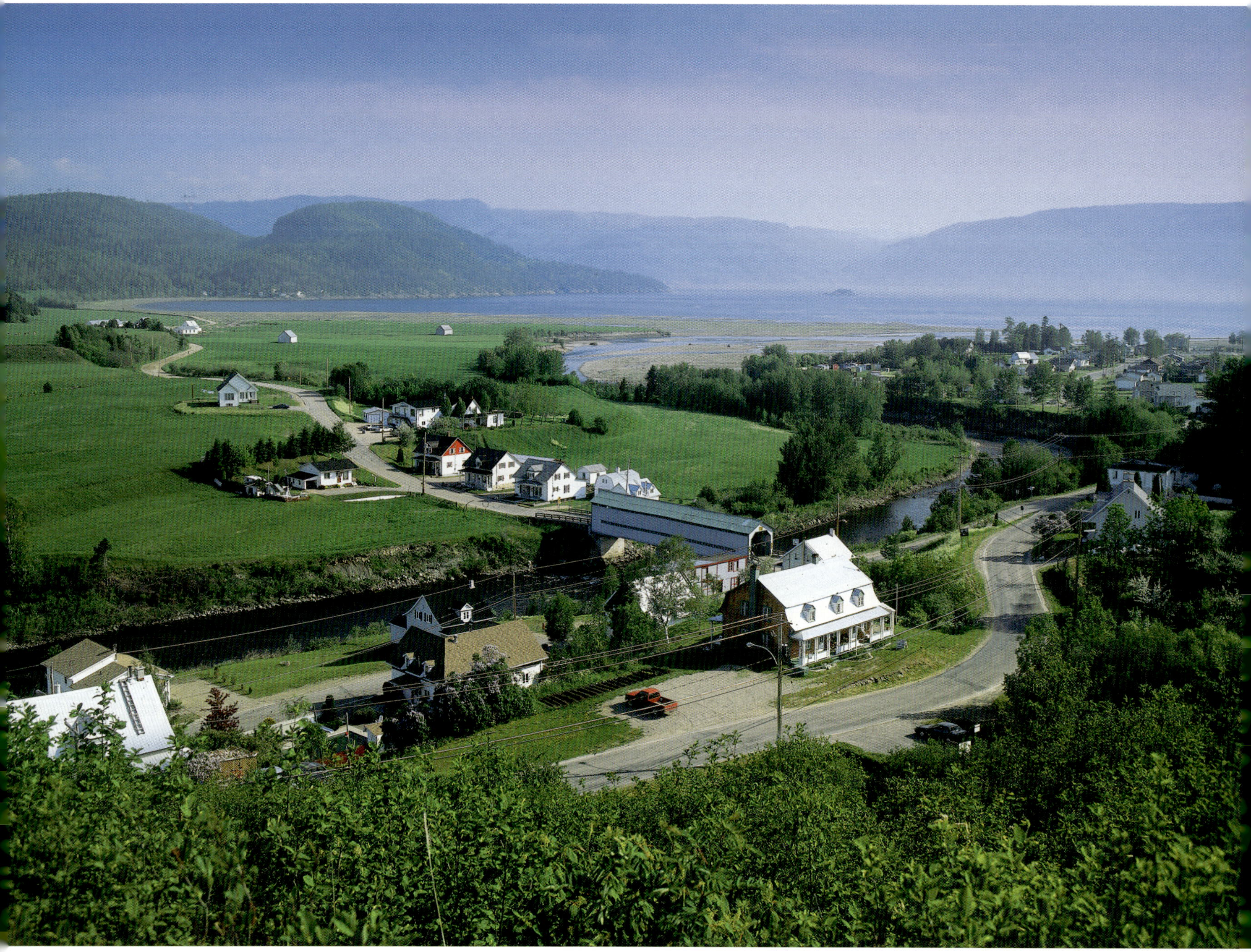

Le doux pays de L'Anse-Saint-Jean a rêvé
du bonheur toute la nuit.

Page précédente : La rivière Jacques-Cartier sous son léger voile de brume du matin, dans le parc national de la Jacques-Cartier.

Cimes tapissées d'une végétation des plus variées qui déclinent leurs vertes splendeurs. Chapelet de rondes collines qui se jettent dans de profondes vallées luxuriantes. Plateaux d'argent aux dentelles de pierre déployant des trésors fabuleux. Le Québec est assurément un pays de contrastes. En fait, son territoire est confortablement installé sur le Bouclier canadien, une formation géologique qui couvre près de 90 % de la province. Les roches qui le forment sont parmi les plus vieilles de la planète. Trois milliards d'années, rien de moins !

Sur tout le territoire, les glaciers ont creusé des milliers de sillons, creusant ainsi le lit d'autant de lacs et de rivières. Le Bouclier canadien résulte à la fois du passage des glaciers qui, telles de gigantesques machines, ont raboté le roc et l'ont mis à nu, et du travail incessant de l'érosion qui a au fil du temps aplani des reliefs jadis spectaculaires. Pas étonnant que cette vaste région soit peu propice à l'agriculture…

L'Amérique, immense continent qui semble immuable, s'est construite petit à petit, au gré de la tectonique des plaques. De chaque collision sont nées des chaînes de montagnes. Tout au nord, près de la baie d'Ungava, se dressent les monts Torngat, pics sauvages et immenses, les plus élevés du Québec, où culmine le mont d'Iberville à 1 652 m. Les monts Otish, au centre du Québec, présentent une altitude moyenne de 750 m et sont la source de plusieurs rivières importantes.

AU NORD, LES LAURENTIDES

Le tout dernier choc tectonique, qui date d'environ un milliard d'années, a engendré les Laurentides, une chaîne qui s'avance jusqu'au Saint-Laurent. C'est pour protéger ces géants de pierre émaillés de forêts qui abritent une faune et une végétation d'une richesse et d'une variété à nulles autres pareilles que furent créés les premiers parcs nationaux.

À 30 minutes de route au nord de Québec, la rivière Jacques-Cartier coule dans le parc du même nom, s'immisçant dans un vaste plateau montagneux, laissant ainsi voir des parois immenses, véritables cathédrales de pierre qui s'élèvent à plus de 550 m. Le lieu est majestueux, le paysage, saisissant. La vallée au creux de laquelle se faufile la rivière est si profondément encaissée dans le Bouclier canadien qu'elle est bénie d'un microclimat. Résultat ? Les bouleaux jaunes et les érables à sucre y côtoient les forêts d'épinettes noires. Cette étonnante diversité écologique favorise d'ailleurs la cohabitation des grands cervidés : le caribou, l'orignal et le cerf de Virginie. Mais vous pourriez aussi bien entrevoir un renard ou un lynx…

Pendant des siècles, ce territoire a été utilisé par les Montagnais et les Hurons comme axe de communication pour le commerce, la pêche et la chasse. Au XVIIe siècle, ces Amérindiens ont servi de guides aux Jésuites qui voulaient traverser le massif des Laurentides, entre Québec et le lac Saint-Jean.

Véritable curiosité, le parc national des Grands-Jardins, situé un peu plus à l'est, dans la pittoresque région de Charlevoix, est doté d'une faune et d'une flore normalement présentes beaucoup plus au nord, près de la baie James, où seulement 40 jours par année sont épargnés par le mordant glacial du gel. Partie intégrante de la réserve mondiale de la biosphère de Charlevoix, le parc est caractérisé par la taïga, forêt clairsemée d'épinettes noires et de lichens où broute un troupeau de caribous des bois dont la survie dépend justement de cet habitat. La population de caribous comptait quelque 10 000 têtes au début du xxe siècle, mais elle a été totalement décimée en 1928. Le caribou a cependant été réintroduit dans la région à la fin des années 1960.

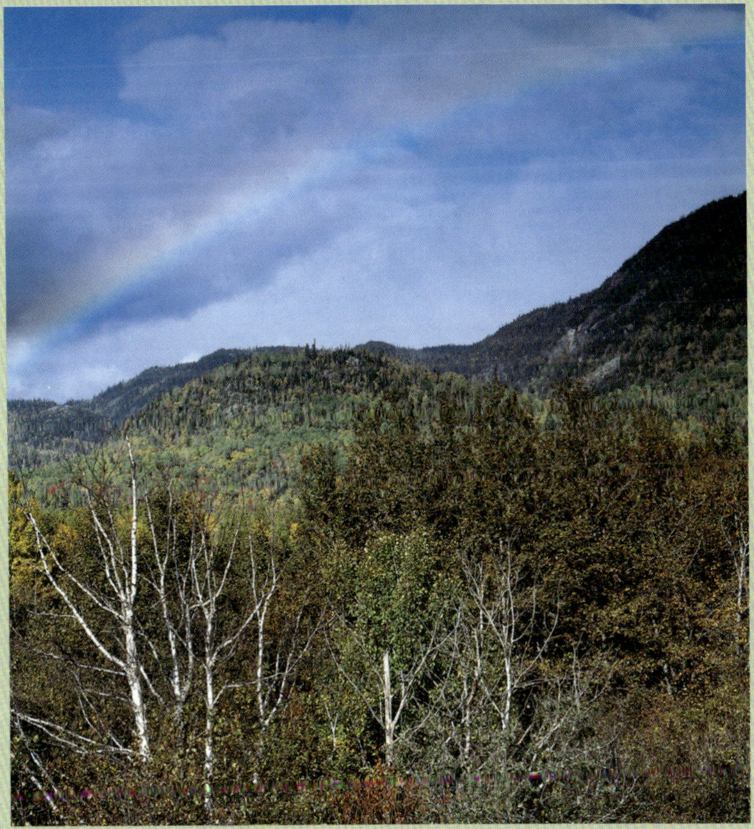

Les dieux s'amusent souvent à dessiner dans le ciel du parc national des Grands-Jardins.

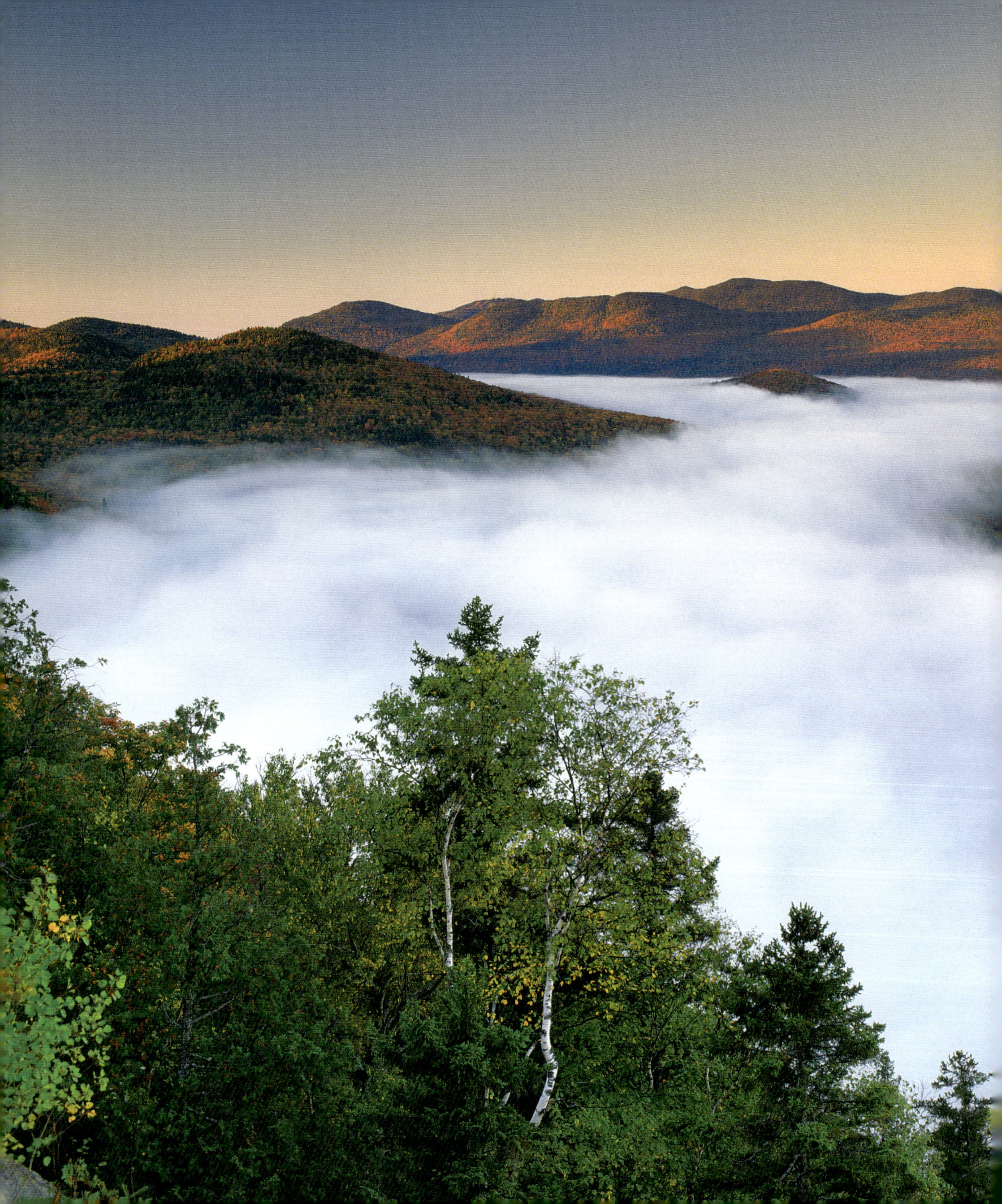

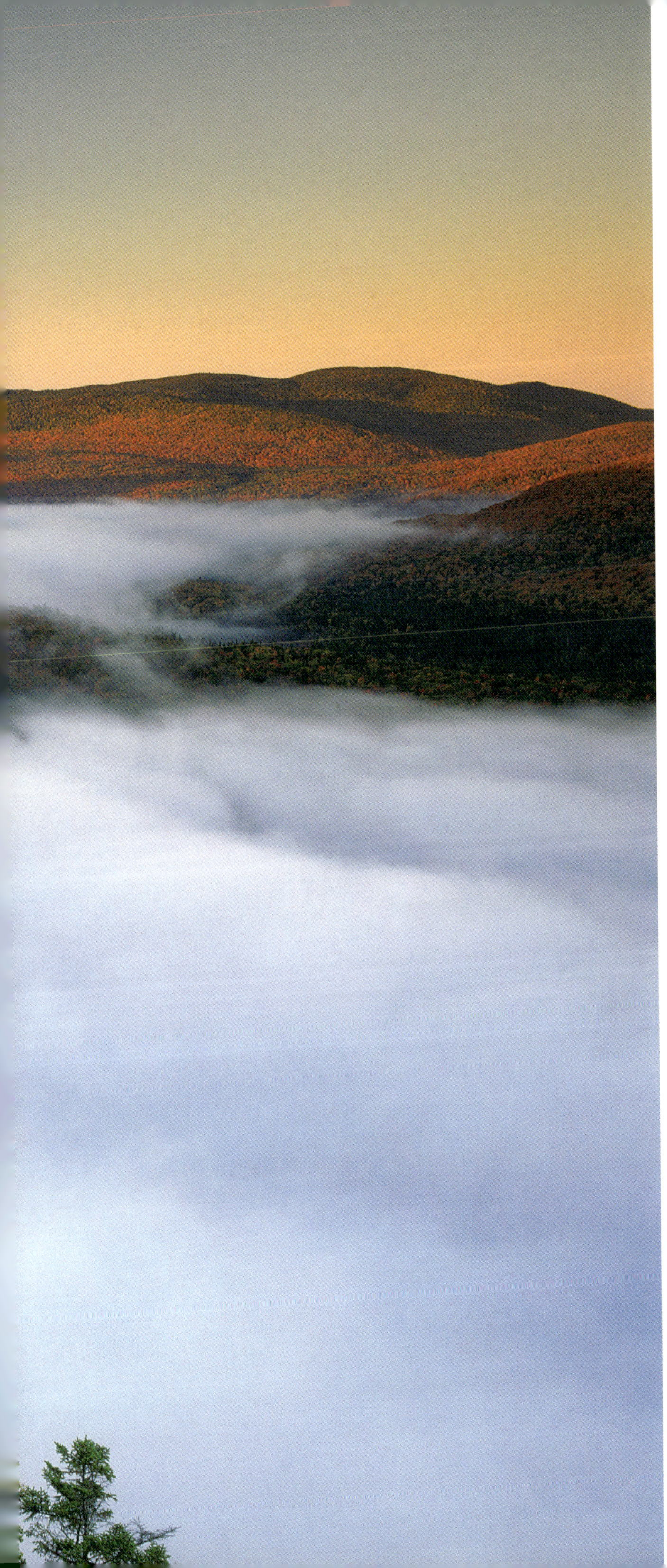

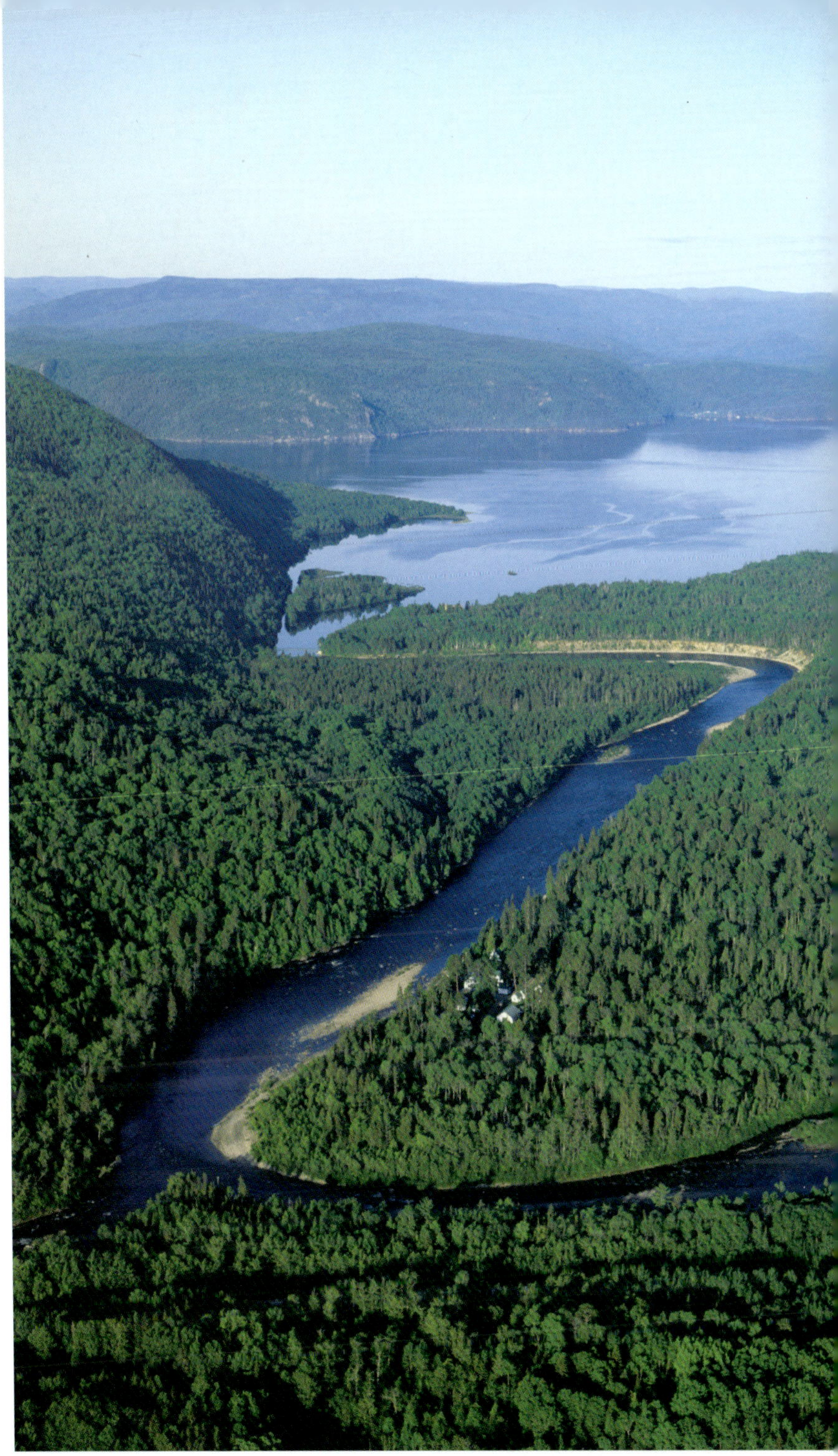

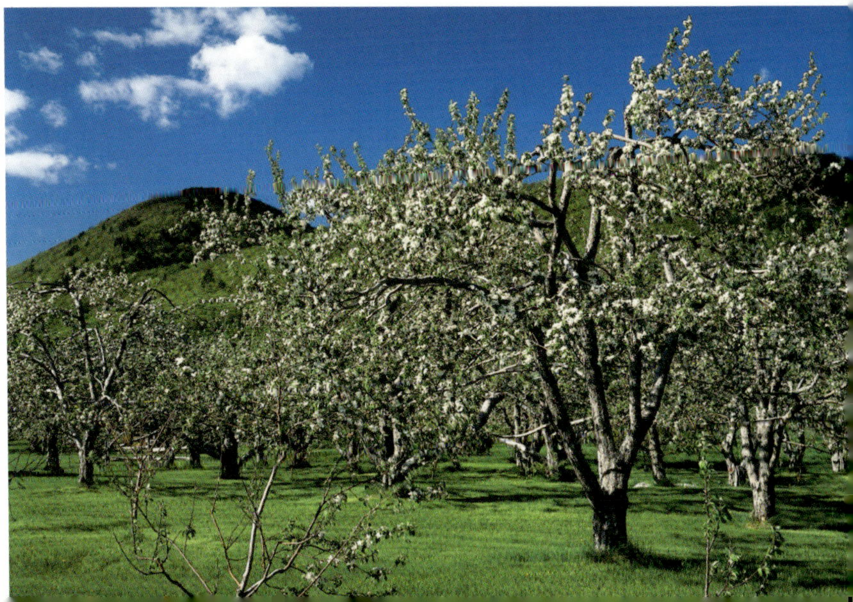

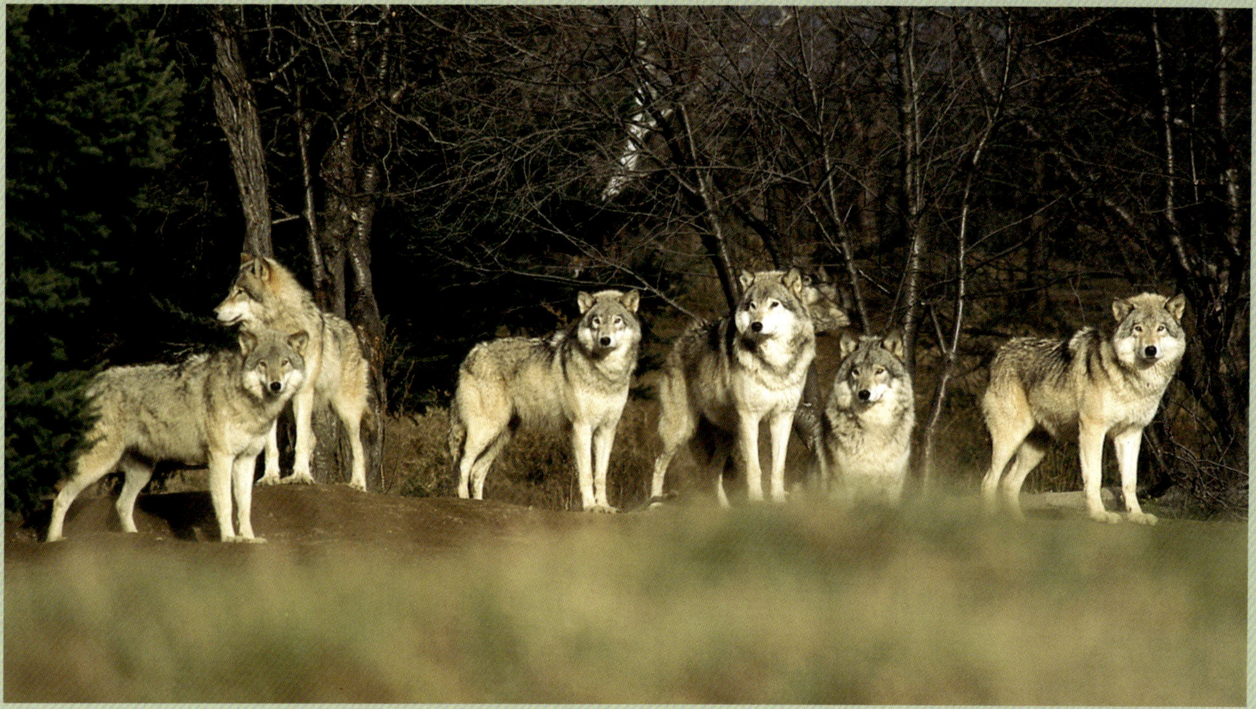

Représentants d'une espèce plus menacée que menaçante, une meute d'arrière-petits-cousins de Fido.

Pages précédentes :
(à gauche)
Dans le parc national du Mont-Tremblant, le lac Monroe s'est tout ennuagé de brume.

(en haut à droite)
Jeux d'eau dans un pays majestueux : la rivière Sainte-Marguerite et sa baie embrassent la rivière Saguenay.

(en bas à droite)
La promesse gourmande des pommiers en fleurs du mont Saint-Hilaire.

Le troupeau, qui connaît une progression démographique très lente, compte actuellement 95 bêtes. Outre ce grand cervidé de l'Amérique du Nord, on trouve dans le parc l'orignal, l'ours noir, le renard, le castor ainsi que plusieurs espèces d'oiseaux.

Le loup se fait quant à lui de plus en plus rare. En fait, si la bête n'a jamais été abondante dans la réserve faunique des Laurentides, elle est, pour l'heure, carrément en voie de disparition. Déjà, seuls les plus costauds arrivaient à survivre, en raison de l'hiver et de la famine. Mais le piégeage est également à pointer du doigt dans la disparition de meutes entières. Le gouvernement, qui s'est donné comme mandat de protéger le caribou – dont le canidé est un des principaux prédateurs –, ne limite plus la chasse au loup. Résultat ? Le loup ne répond plus à l'appel.

AU PAYS DE LA PITOUNE

Un peu plus à l'est, le parc national des Hautes-Gorges-de-la-Rivière-Malbaie doit son spectaculaire relief au passage des glaciers et aux mouvements de la croûte terrestre. Les traces de ce grand dérangement géologique sont encore visibles : auges et cirques glaciaires, vallées suspendues... Ici, la montagne domine avec majesté et lance vers les nuages des flèches dépassant parfois les 1 000 m. Plus grand que nature, le parc abrite aussi une centaine de lacs et bon nombre de chutes qui se jettent avec fracas du haut de falaises d'une centaine de mètres.

Véritable microcosme de la flore québécoise, le parc présente un échantillon de toute la végétation de la province. À la forêt de feuillus typique de la vallée du Saint-Laurent succèdent forêt mixte, forêt boréale peuplée de résineux et toundra alpine des contrées nordiques.

Si on y rencontre parfois quelques gros mammifères comme l'ours et l'orignal, les falaises escarpées ne leur permettent pas de s'y installer de façon permanente. À l'inverse, de plus petits mammifères dont le lièvre, la marmotte et le vison en ont fait leur royaume.

Les Hautes-Gorges, c'est aussi le pays de Menaud, maître-draveur, personnage mythique du célèbre roman de Félix-Antoine Savard publié en 1937. Vêtements trempés impossibles à faire sécher et muscles endoloris par des travaux périlleux, tel était le lot quotidien des draveurs. Du levant au couchant, ces braves guidaient des billots de bois – les pitounes – au fil de la rivière, sautant de l'un à l'autre au péril de leur vie. Perdre pied dans la Malbaie, sous les billes de bois qui dérivaient par centaines, était bien sûr fatal. La drave continua jusqu'en

1985 sur la rivière Malbaie. Le cours d'eau porte d'ailleurs encore les stigmates de cette époque, notamment au barrage des Érables, construit en 1954 et restauré après les pluies diluviennes de juillet 1996.

En 1989, l'Unesco a fait du site une aire centrale de la réserve mondiale de la biosphère de Charlevoix.

AU SUD, LES APPALACHES

Au sud du Saint-Laurent se dressent les Appalaches, qui étalent leurs charmes en terre québécoise de la Montérégie à la Gaspésie. Par rapport aux Laurentides, les Appalaches sont de jeunes montagnes. Leurs sommets, particulièrement les monts Chic-Chocs, sont parmi les plus élevés du Québec, avec une altitude de plus de 1 000 m. Mais comme les autres montagnes du Québec, et contrairement aux grandes cordillères de ce monde, ces monts ont été polis par les glaciers.

Près du village de Saint-Fabien, le long de l'estuaire du Saint-Laurent, le parc du Bic sème caps, baies, anses, falaises et montagnes. Comme le veut la légende, on croirait qu'une main divine a laissé échapper des cailloux géants et les a éparpillés sur les rives du fleuve. Petite bande de terre blottie en bordure du fleuve, la région abrite une flore à la fois rare et fragile.

Le milieu marin influence la diversité faunique du parc. Des colonies de goélands argentés et de cormorans à aigrettes se rassemblent sur les îlots, récifs et falaises, dans un concert pour le moins cacophonique. Pour sa part, l'eider à duvet utilise fréquemment les baies abritées du Bic comme aire d'alimentation. Mais la mascotte du parc est sans conteste le phoque commun. Une colonie d'au moins 150 bêtes a élu domicile dans ses eaux. Par beau temps, on les voit souvent se dorant

Le parc bénéficie de la rencontre entre la terre et la mer : moules, oursins, crabes et homards fréquentent ses rives. Attirés par cette abondante nourriture, le rorqual bleu et le marsouin commun viennent souvent en visite. Et une fois de plus, le phoque, qui utilise les côtes rocheuses du parc comme aire de repos.

Ainsi va le cycle de la vie. Le vent et la mer poursuivent leur travail sur les rochers. Et parfois, la terre tremble. Les bouleversements géologiques de demain sont déjà amorcés…

Il y a plus de 35 parcs nationaux et réserves au Québec, sans compter ceux en devenir. Autant de joyaux sertis dans un écrin de flèches rocheuses qui nous rappellent que la Nature s'écrit au passé comme au futur avec un grand N !

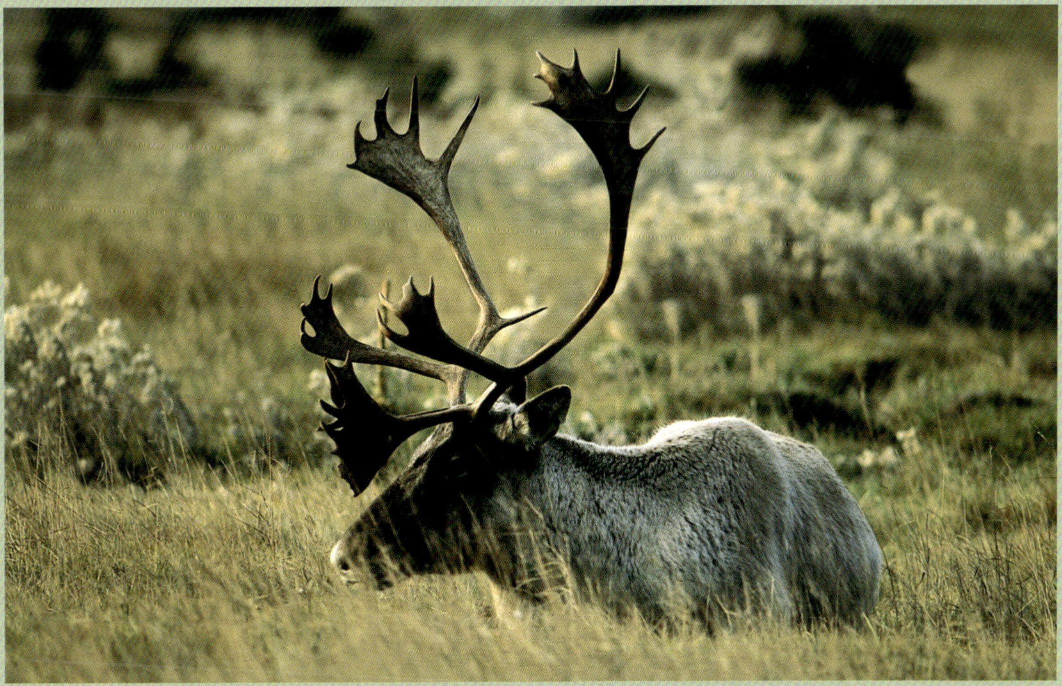

Le caribou ne manque pas d'air
et surtout pas de panache.

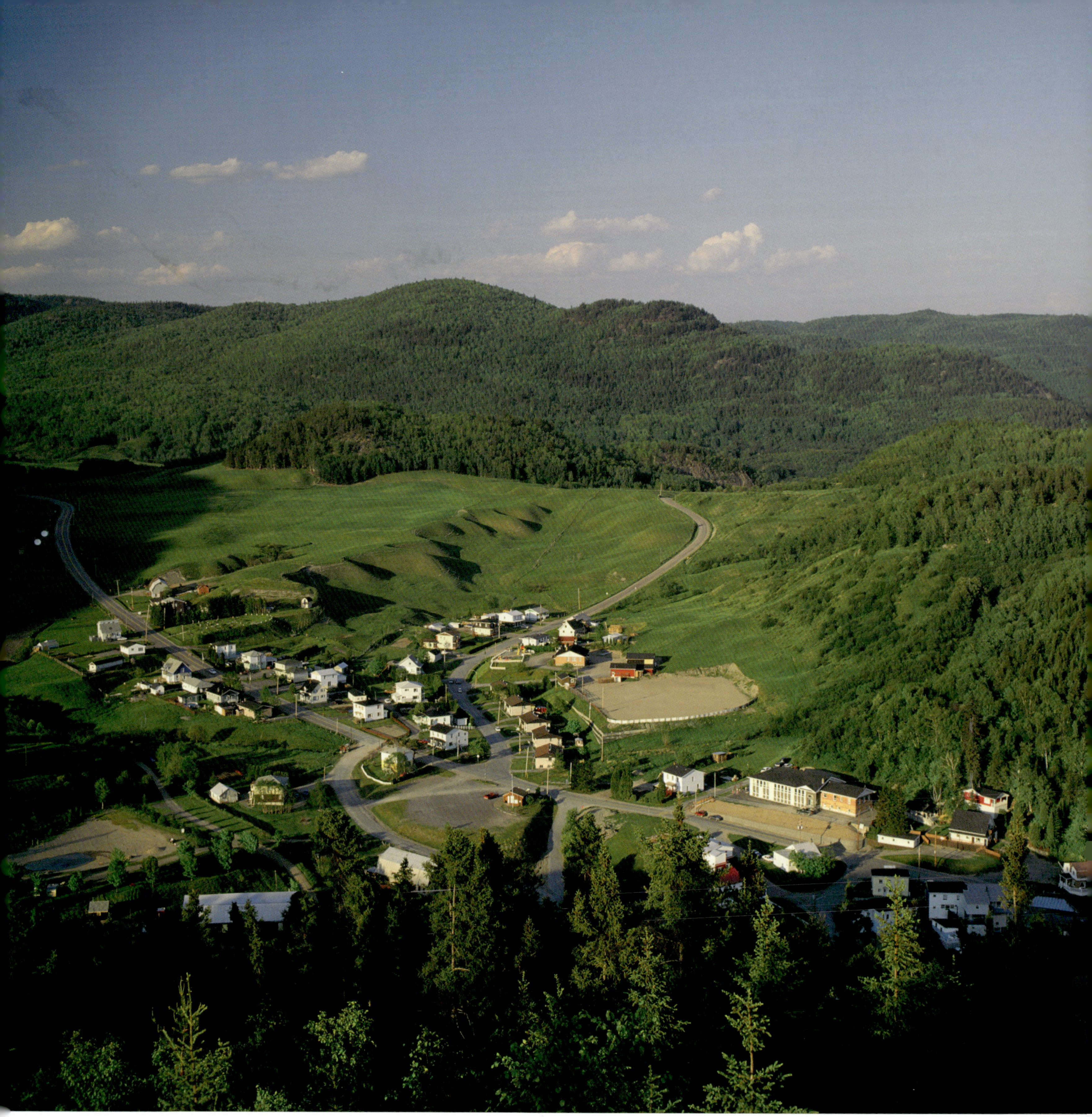

Hommage aérien à la toute belle Sainte-Rose-du-Nord en tenue d'été.

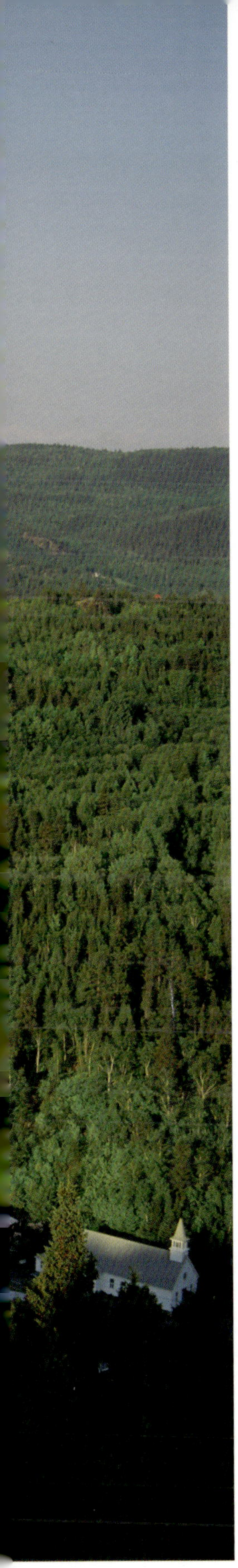

Au-dessus de Saint-Jean-sur-Richelieu,
quelques silencieux visiteurs du ciel.

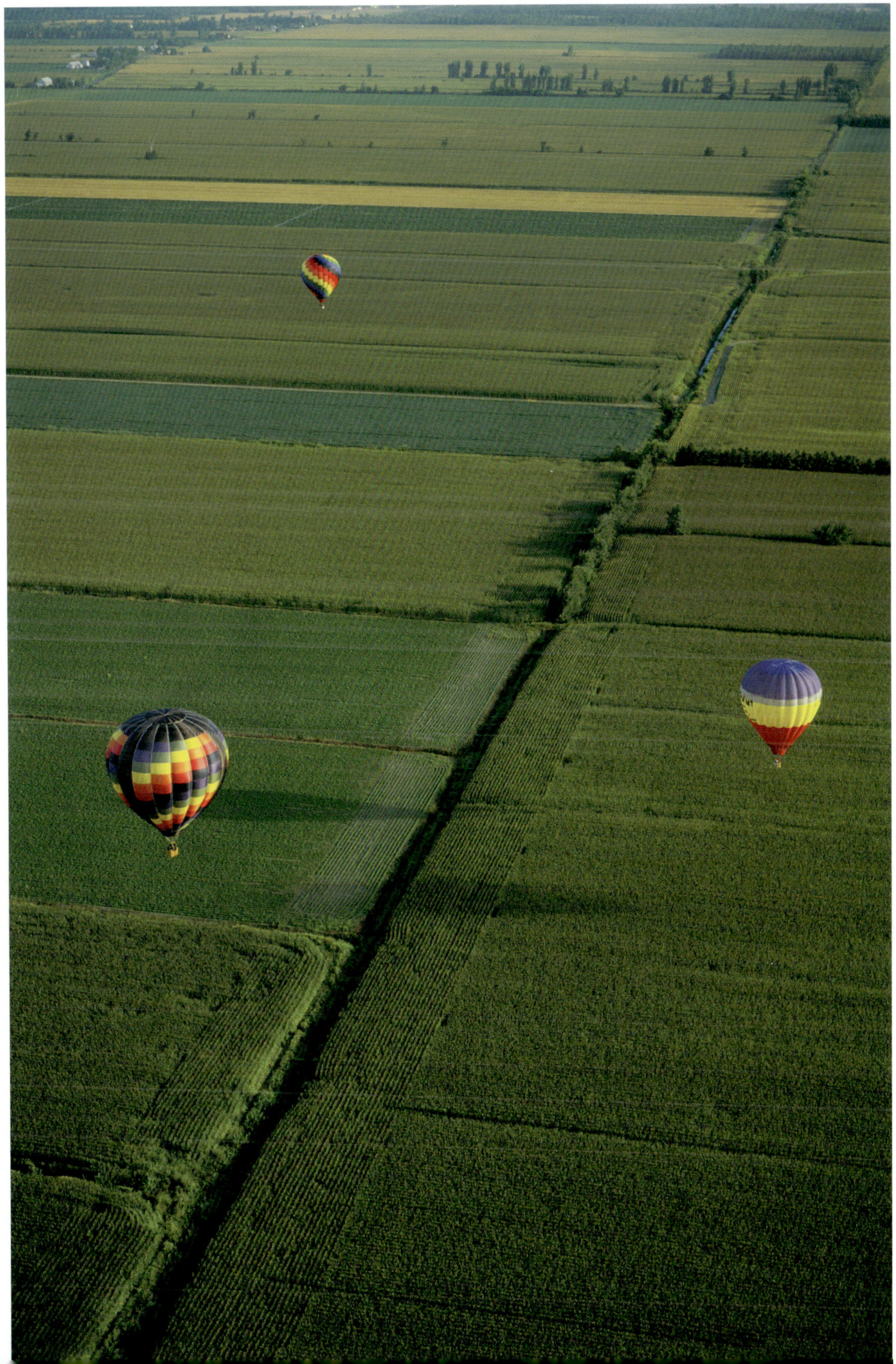

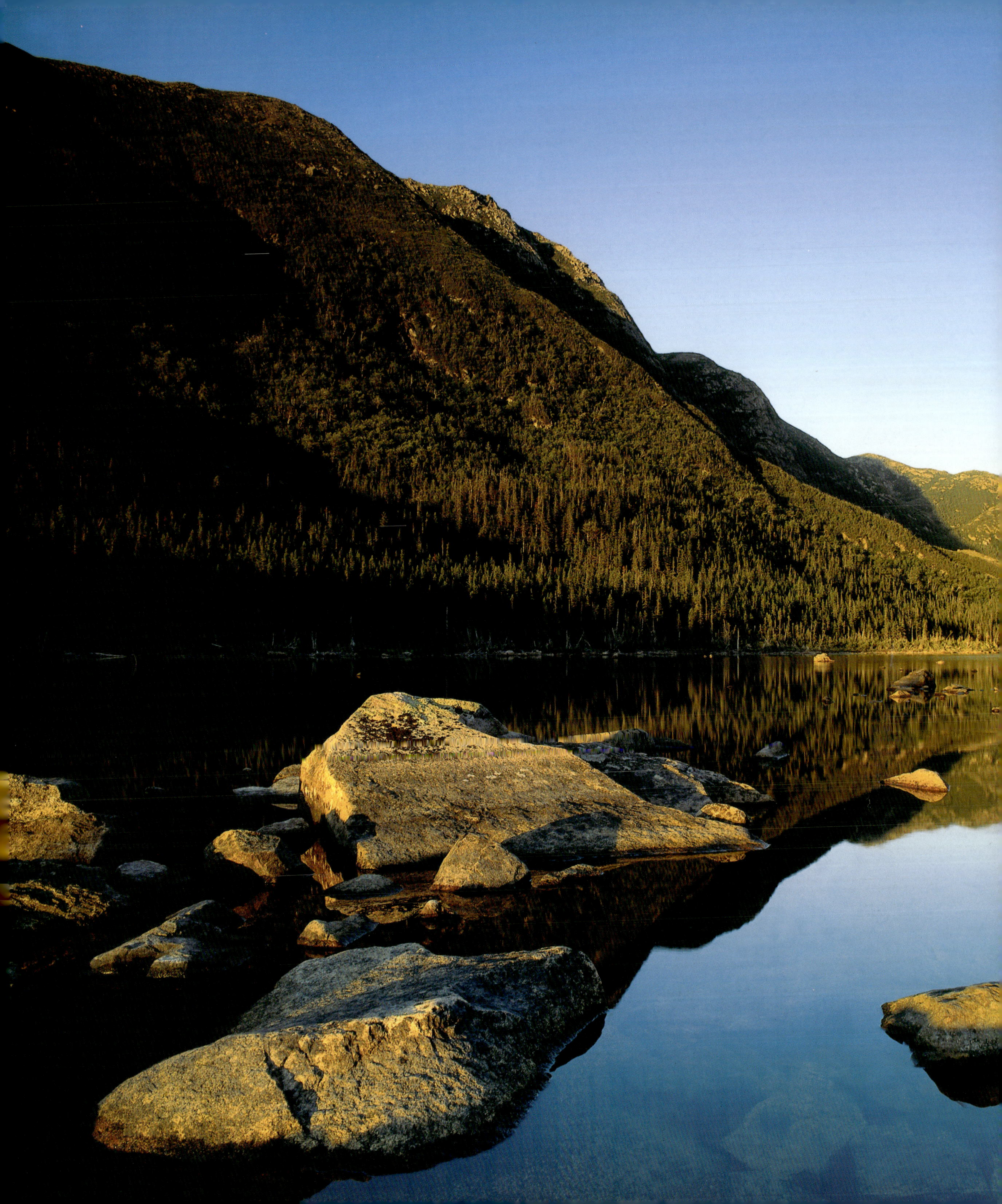

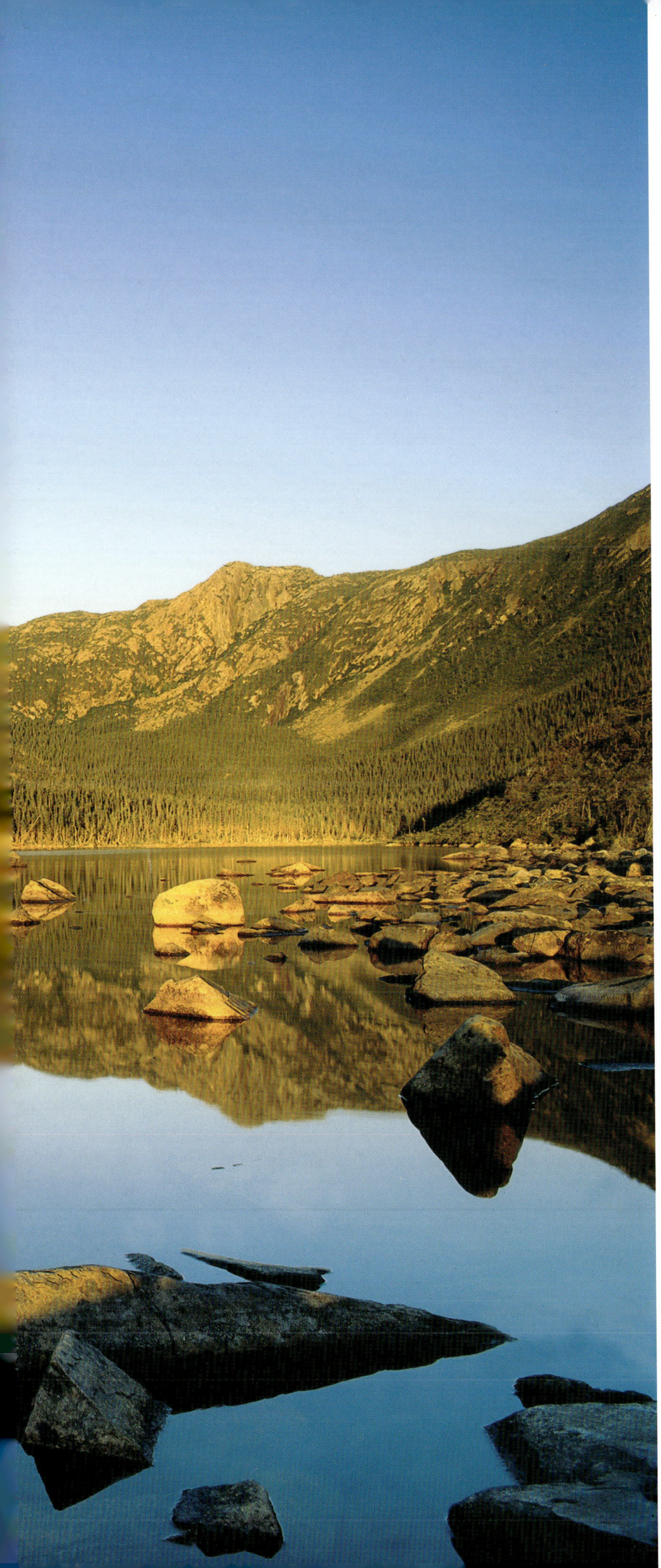

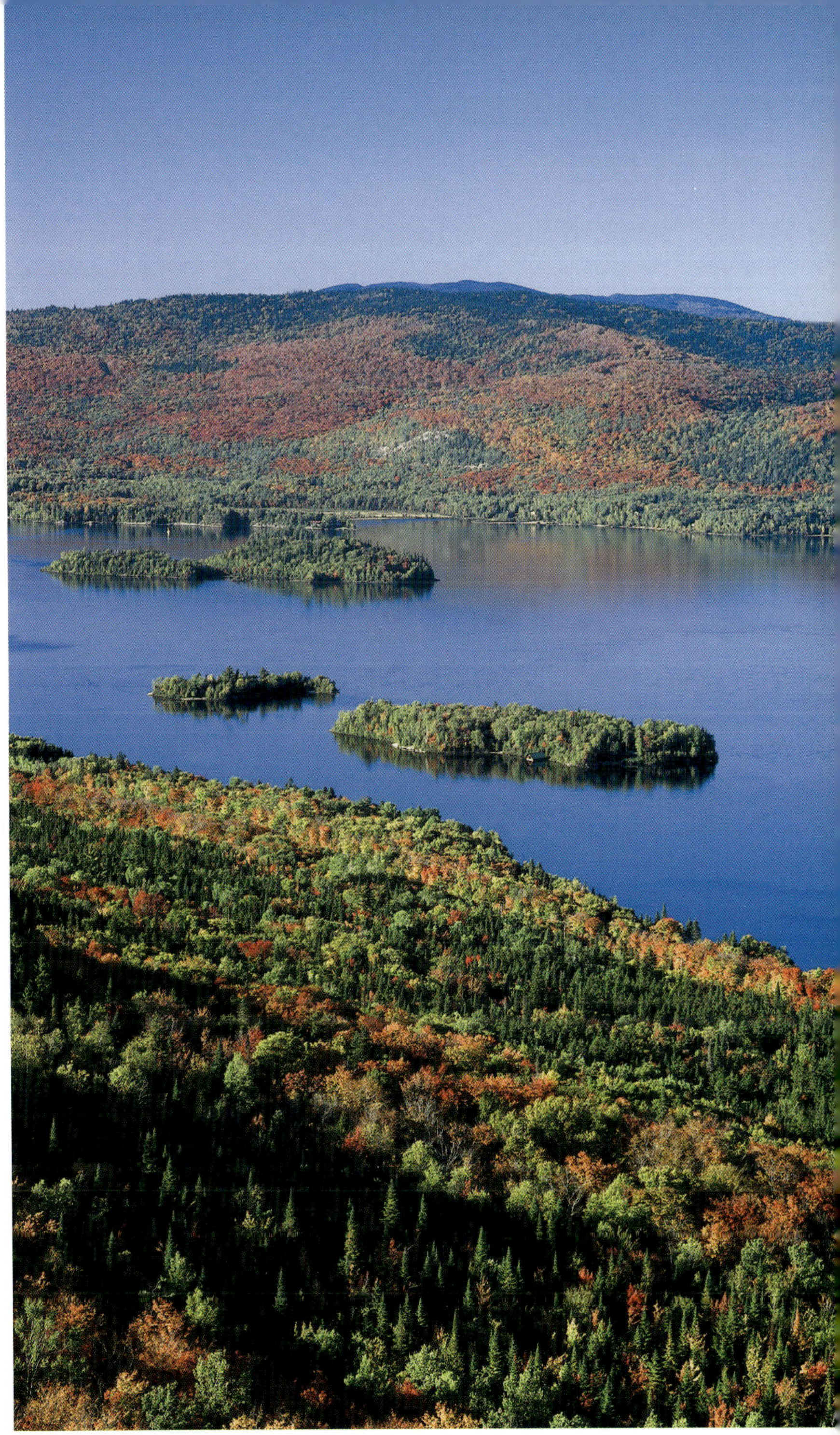

Dans Lanaudière, le lac Ouareau et son environnement couleur du temps d'automne.

Comme un miroir de titans, le lac des Américains, dans le parc national de la Gaspésie.

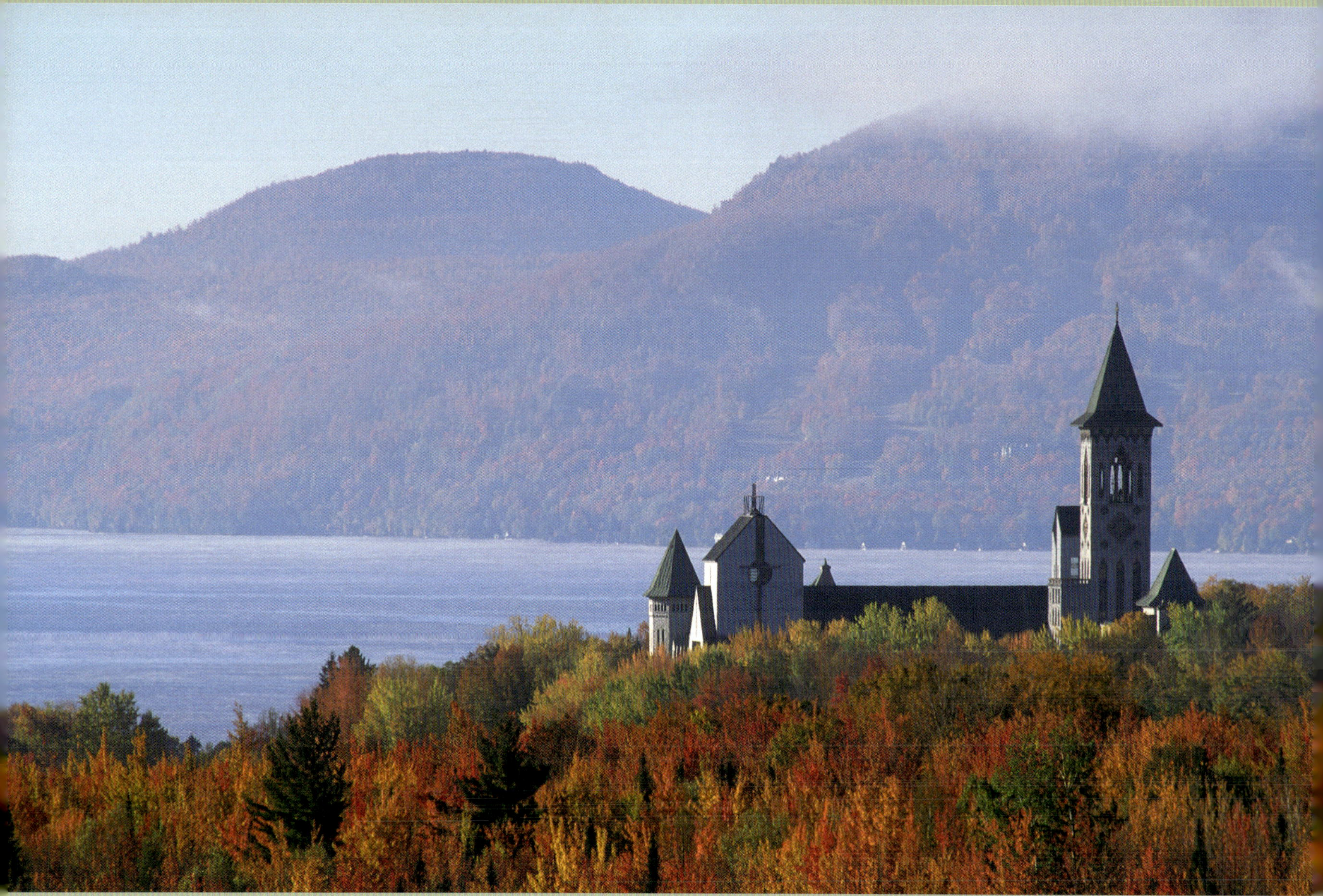

Avec le mont Owl's Head en toile de fond, l'abbaye Saint-Benoît-du-Lac surgit dans l'exubérance de l'automne.

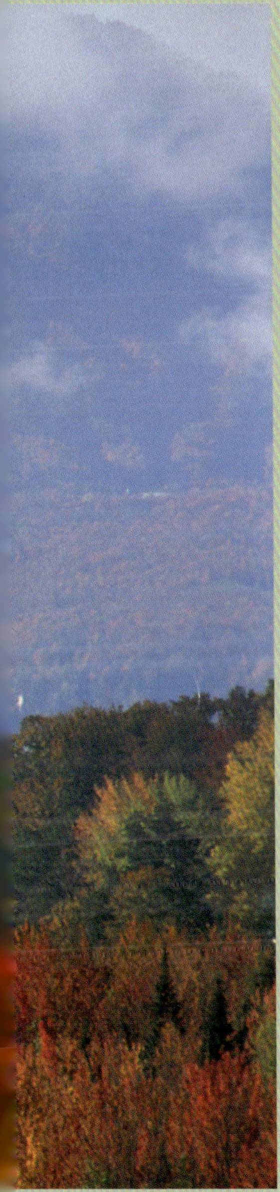

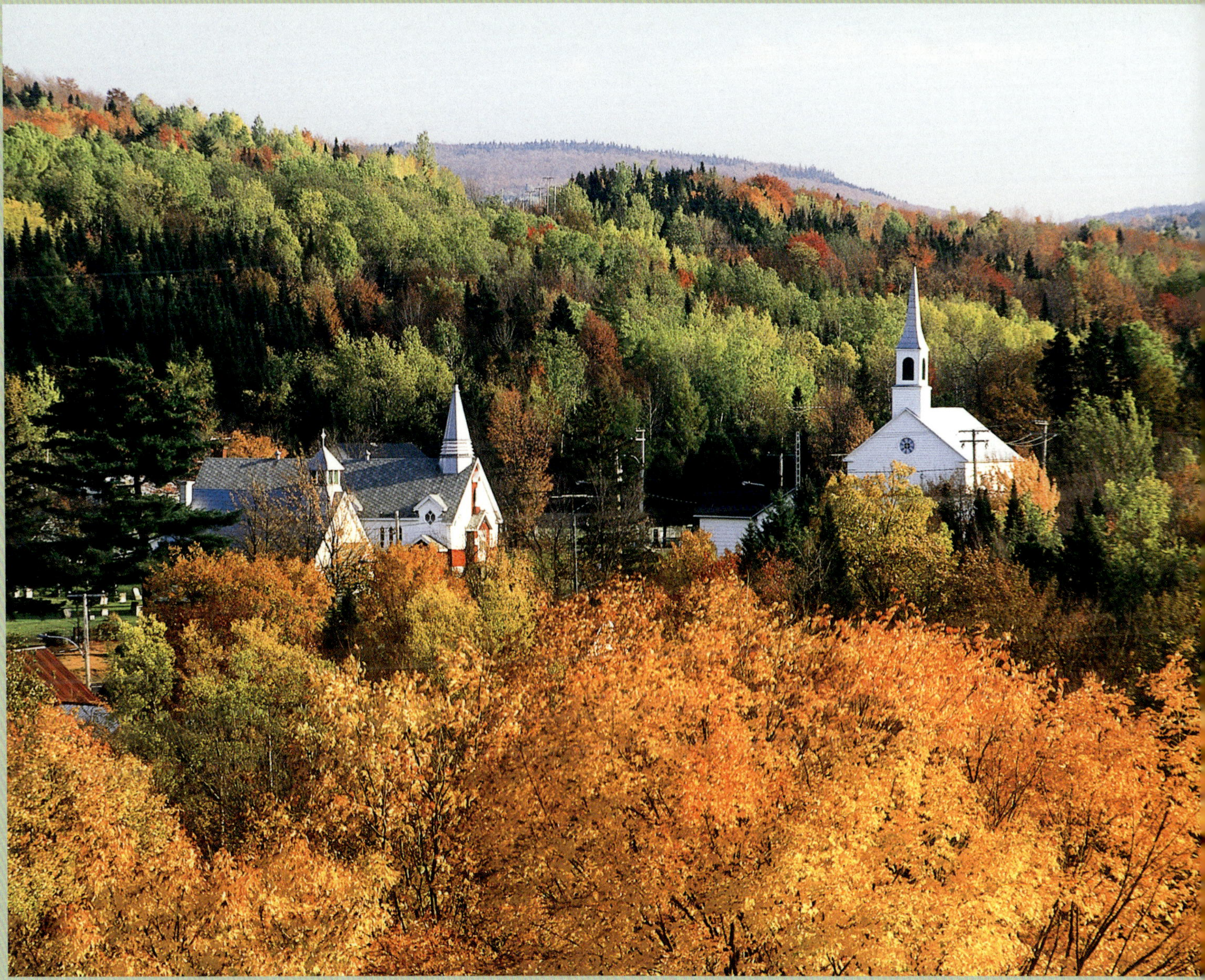

Dans un décor de carte postale, Kinnear's Mills
et ses trois ravissants clochers.

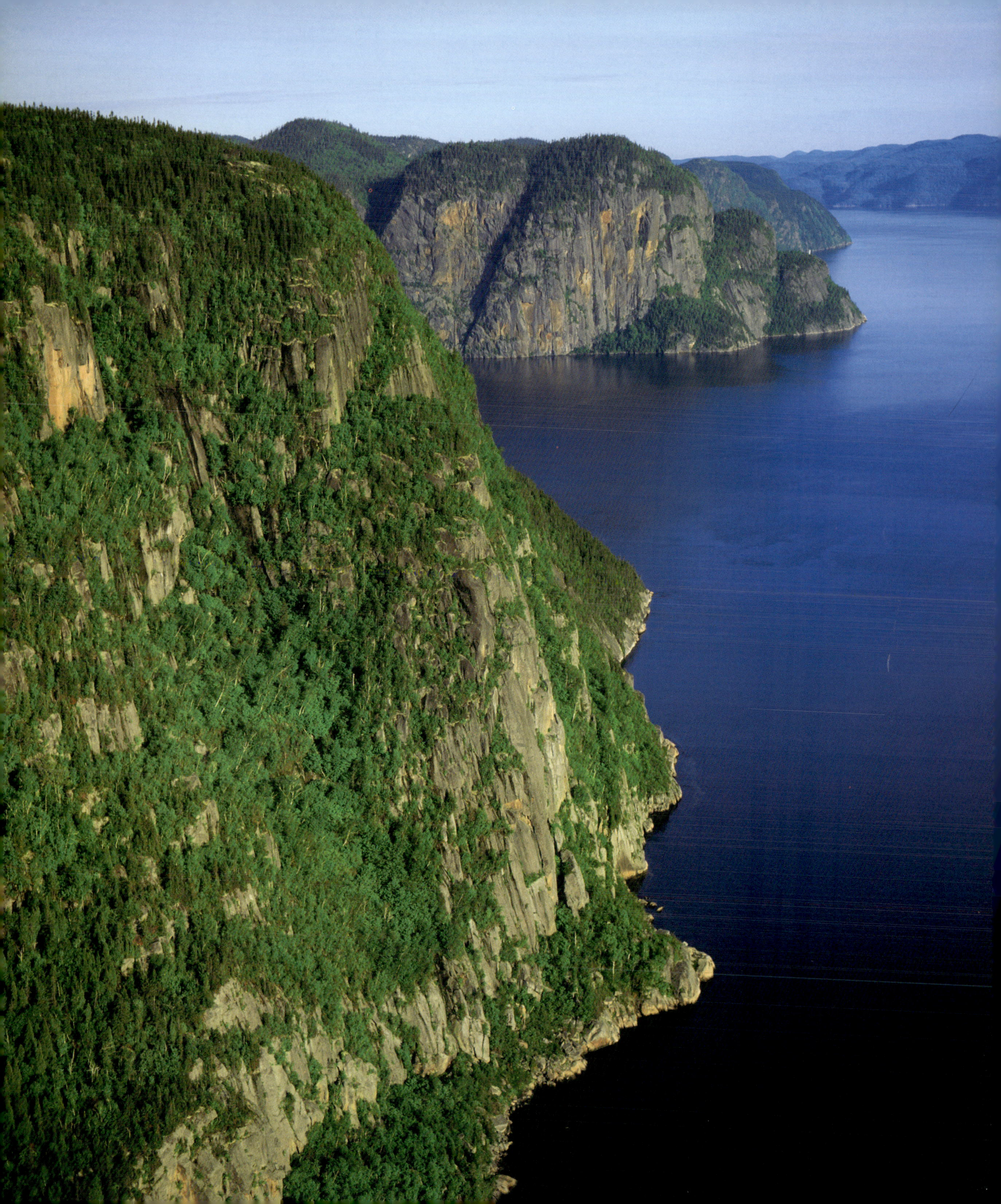

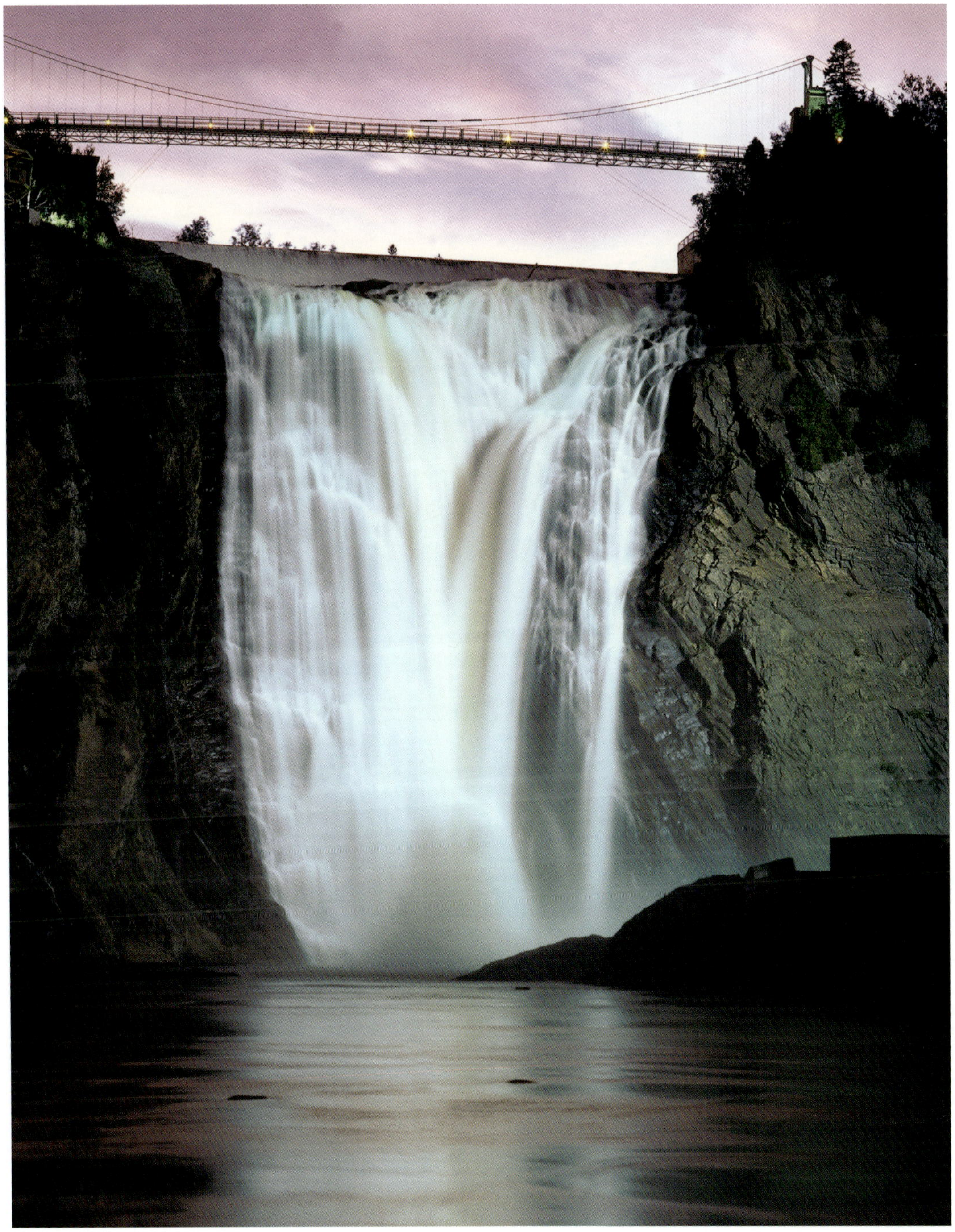

La chute Montmorency, grandiose,
coiffée d'un ciel rose bonbon.

Dans le fjord du Saguenay, un tête-à-tête de
colosses entre le cap Éternité et le cap Trinité.

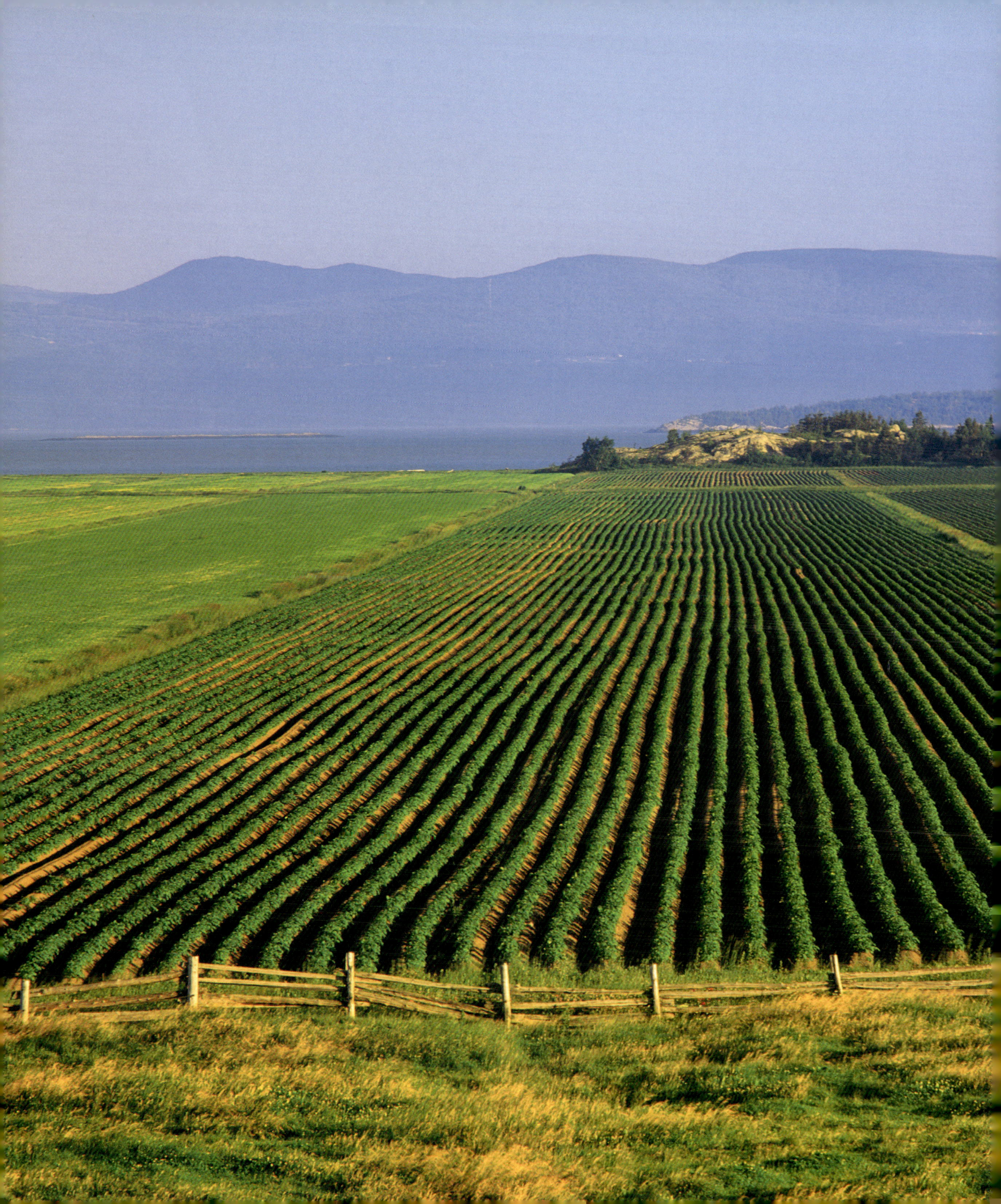

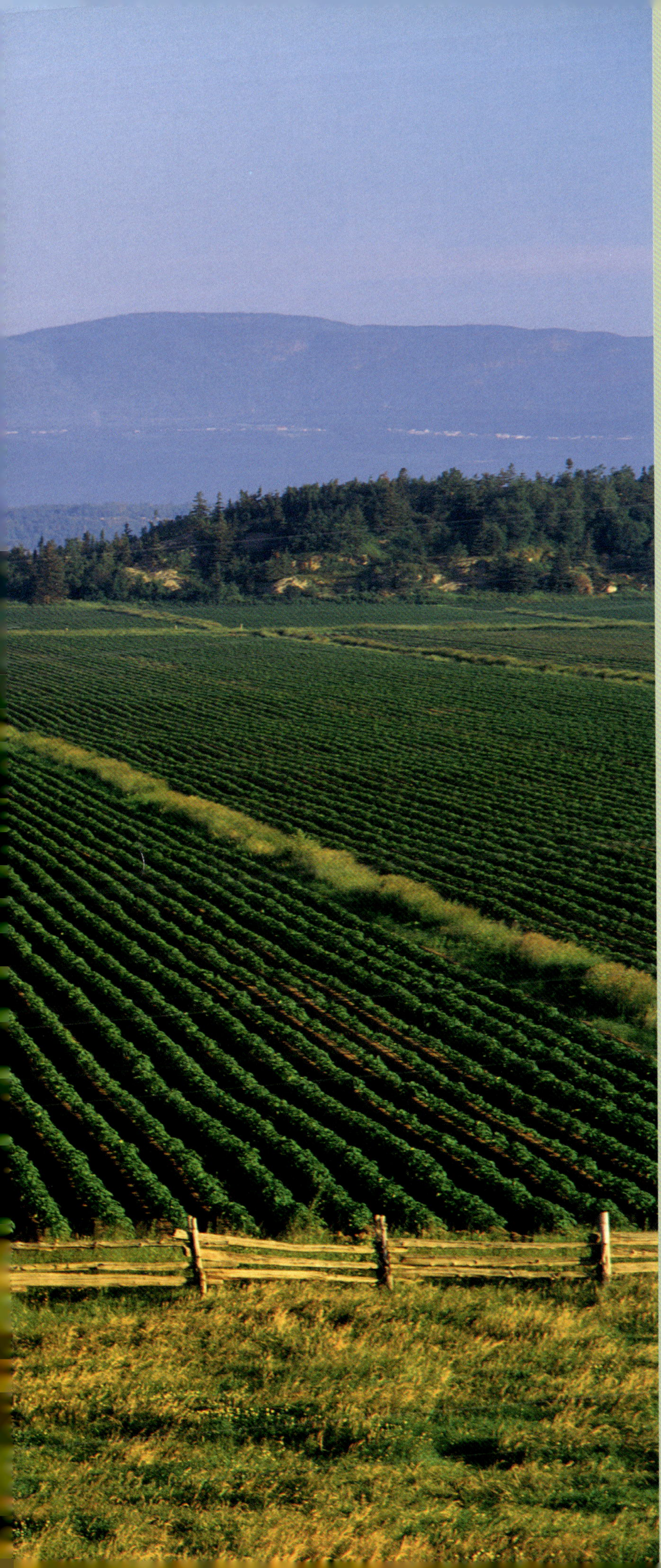

À Saint-Germain-de-Kamouraska, un champ de patates qui a de la culture et semble très bien élevé.

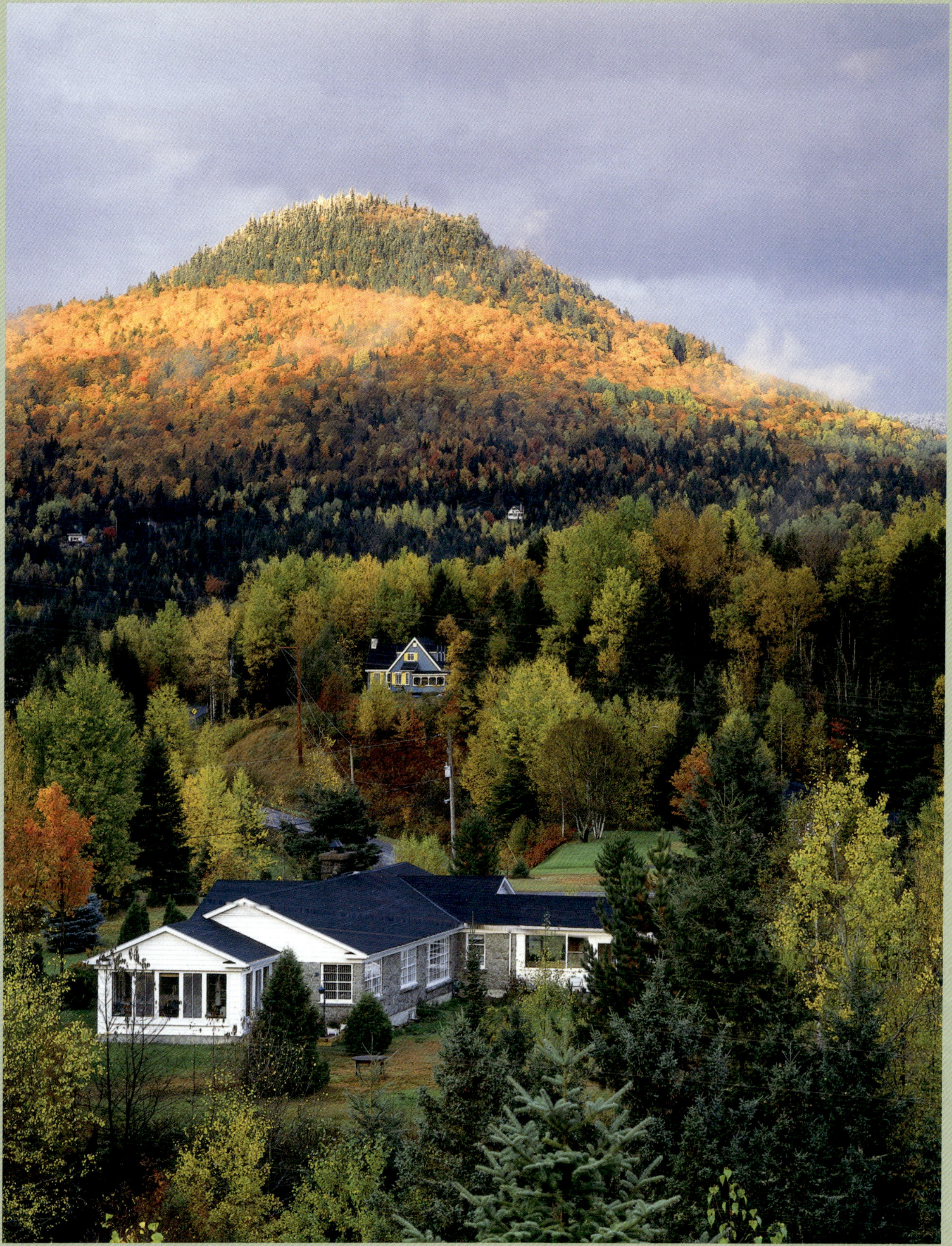

Tewkesbury étrenne son tout nouveau
manteau d'automne.

Au sommet du mont du Lac des Cygnes,
dans le parc des Grands-Jardins, un bouquet
de cailloux improvisé.

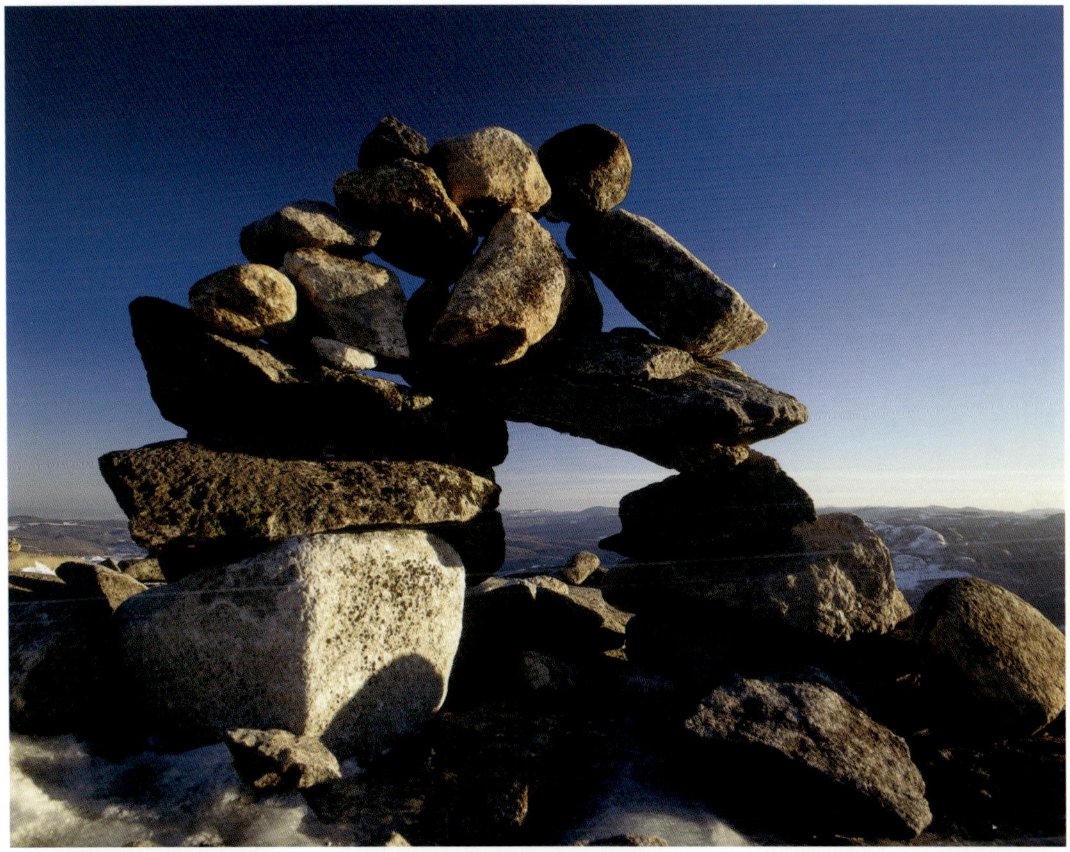

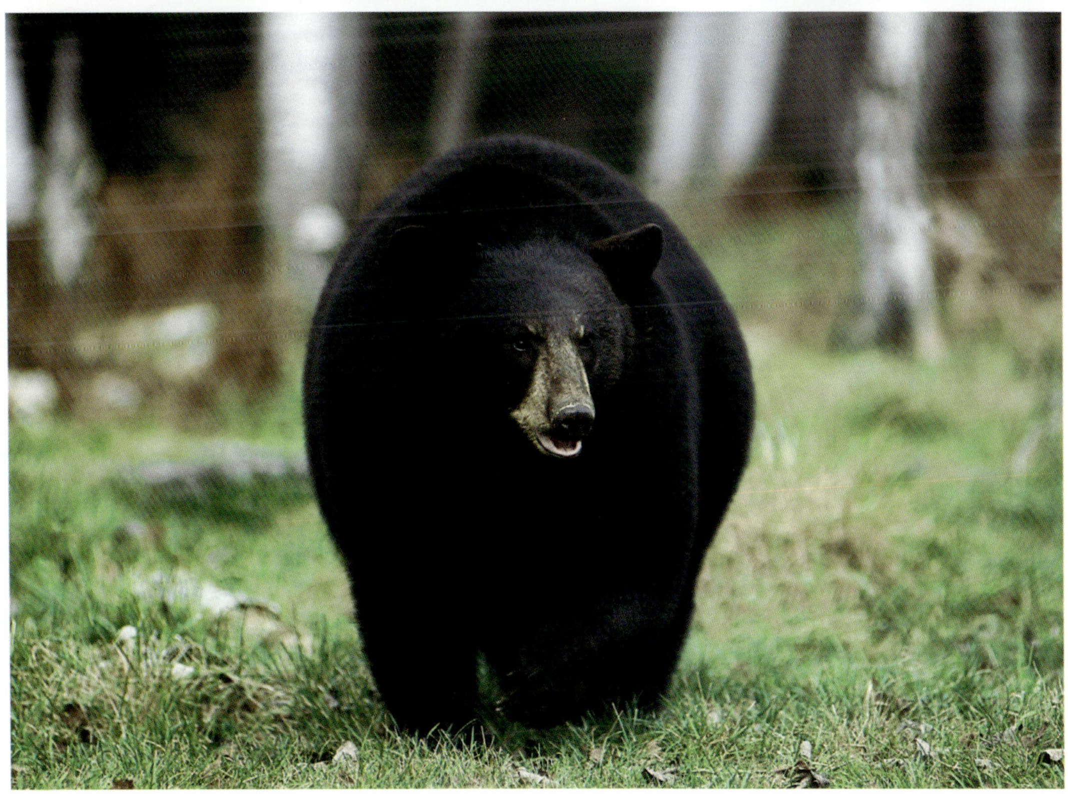

L'ours noir, redoutable bête de légende.

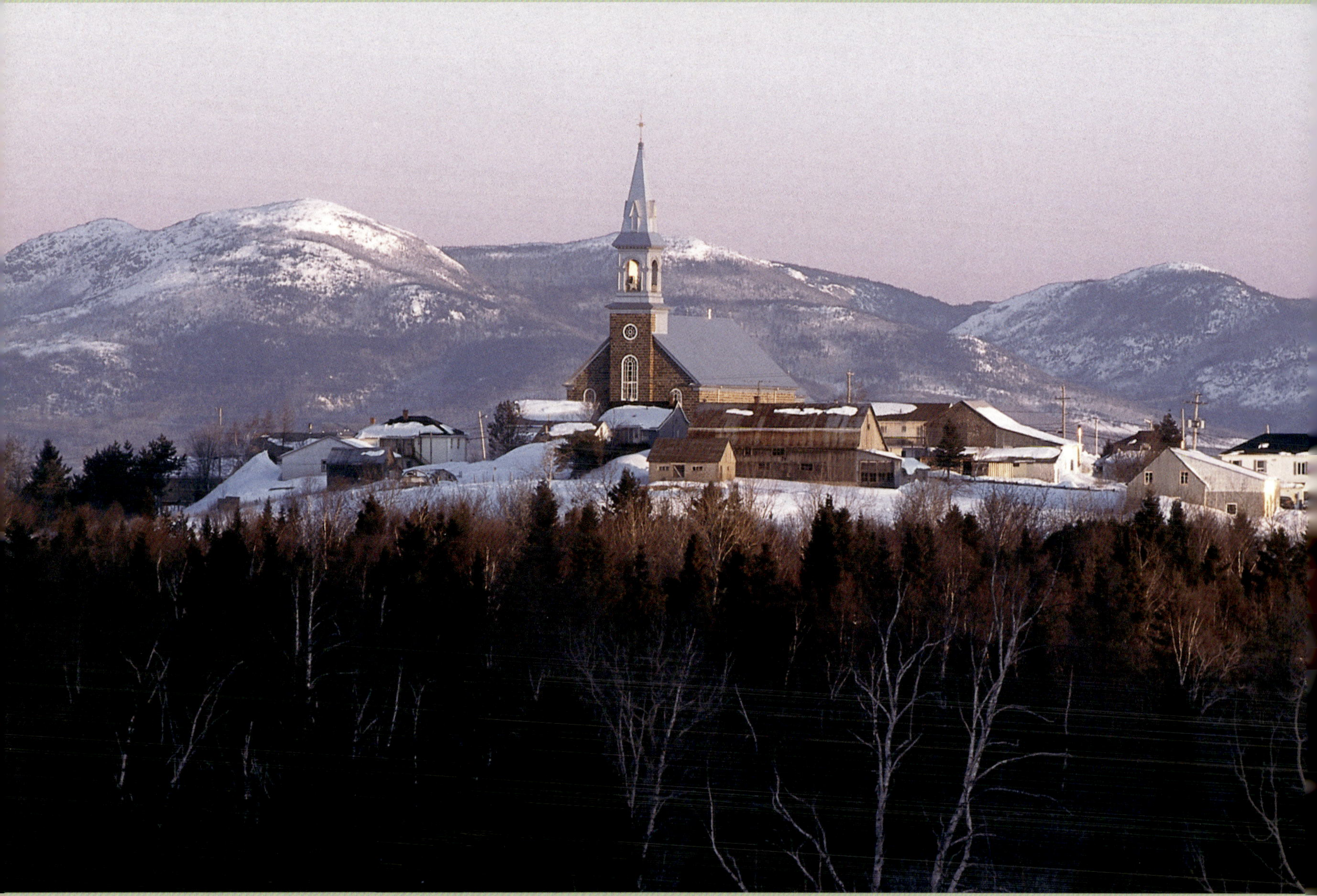

Blotti contre les montagnes des Grands-Jardins,
Saint-Hilarion lutte contre le froid.

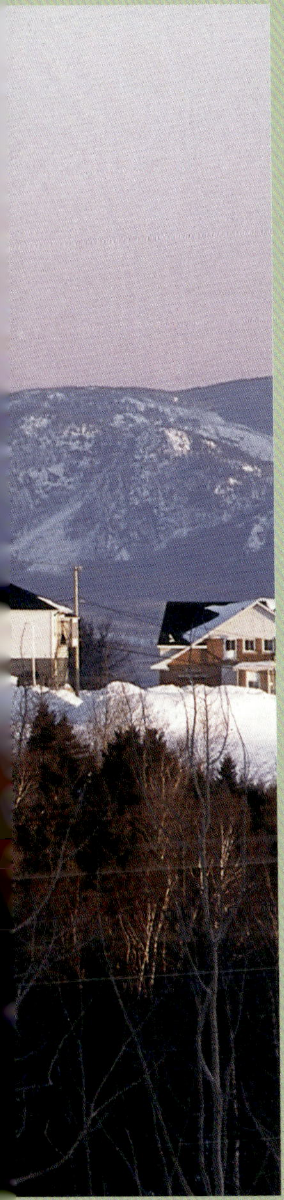

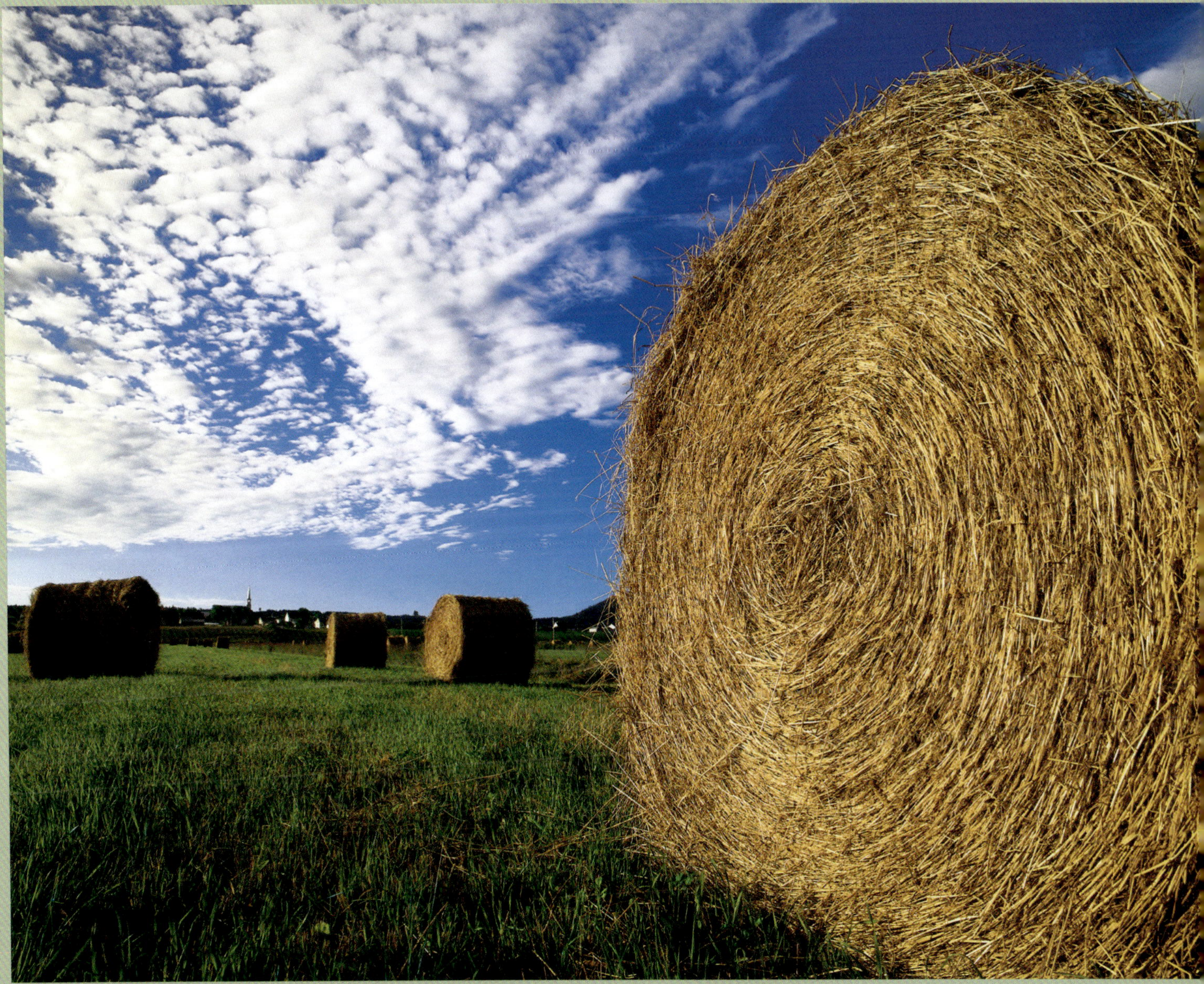

À Saint-Germain-de-Kamouraska, le temps des foins s'achève et l'automne est déjà dans l'air.

Songe d'une nuit d'été rose et bleue dans le parc national des Hautes-Gorges-de-la-Rivière-Malbaie.

La célèbre grange à 12 côtés de Mystic.

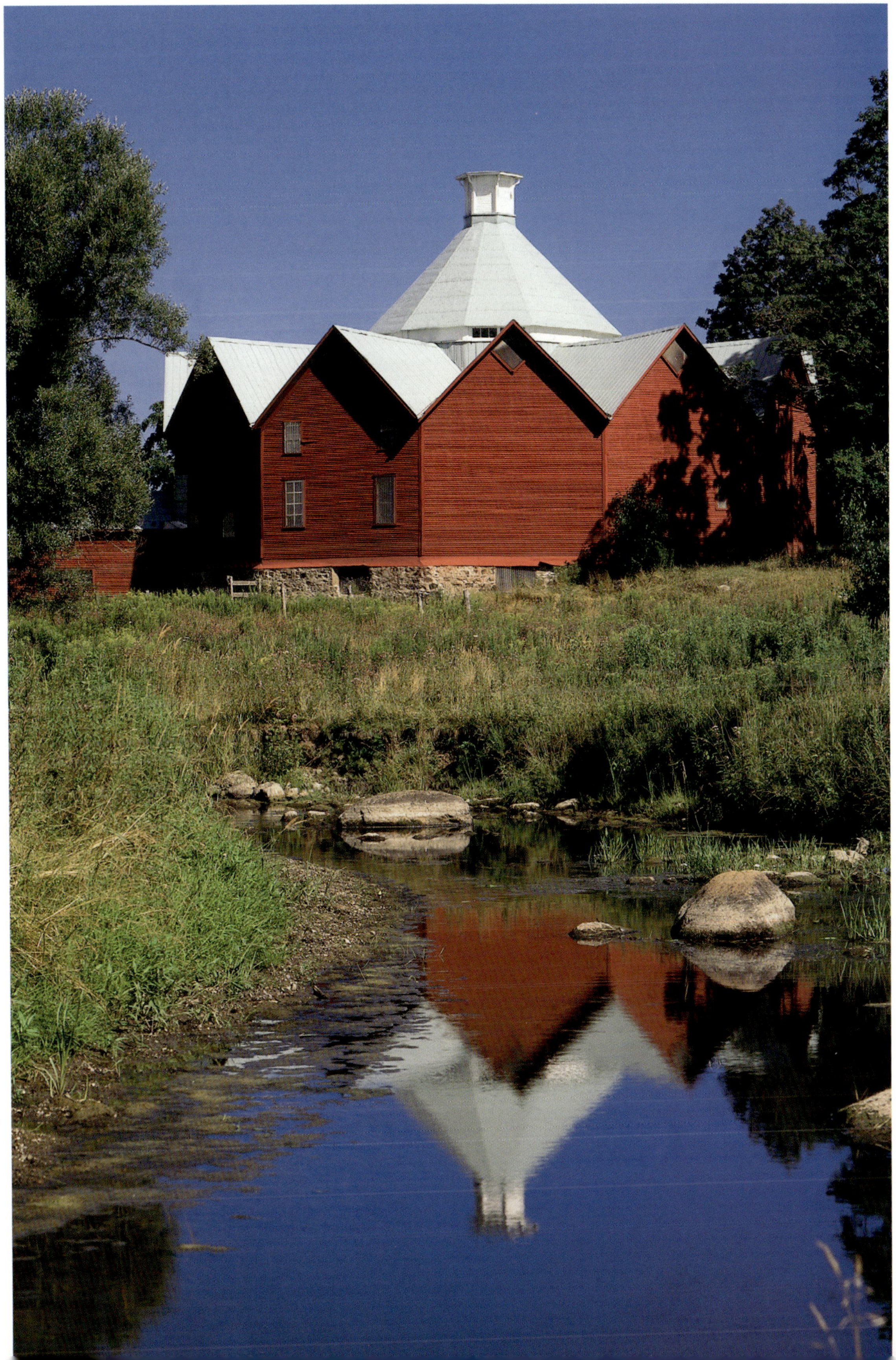

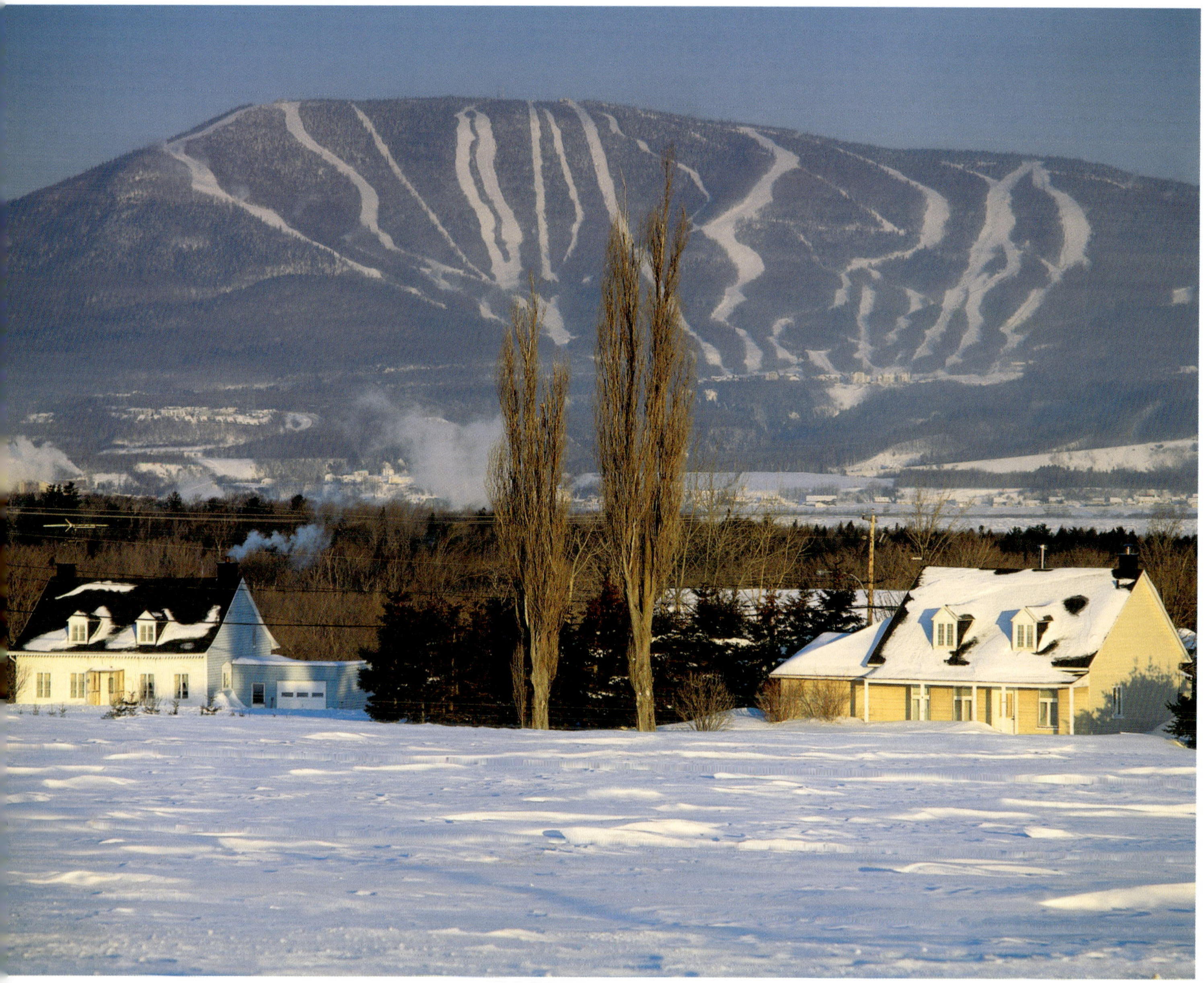

Un coin de l'île d'Orléans, la magnifique,
devant le mont Sainte-Anne qui fait tapisserie.

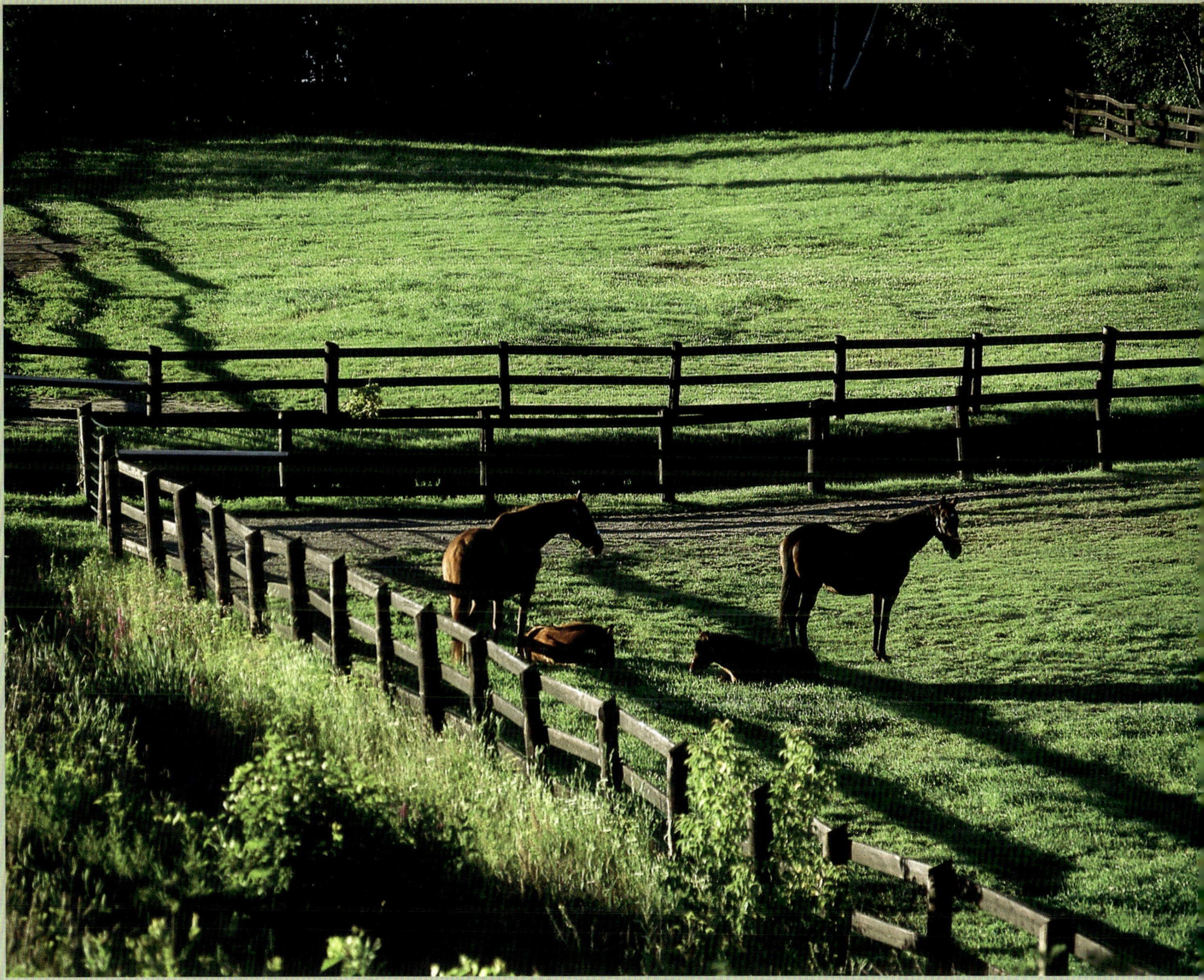

Neuville, à l'heure où le nouveau jour murmure
à l'oreille des chevaux.

Le moulin Beaumont dans son décor champêtre.

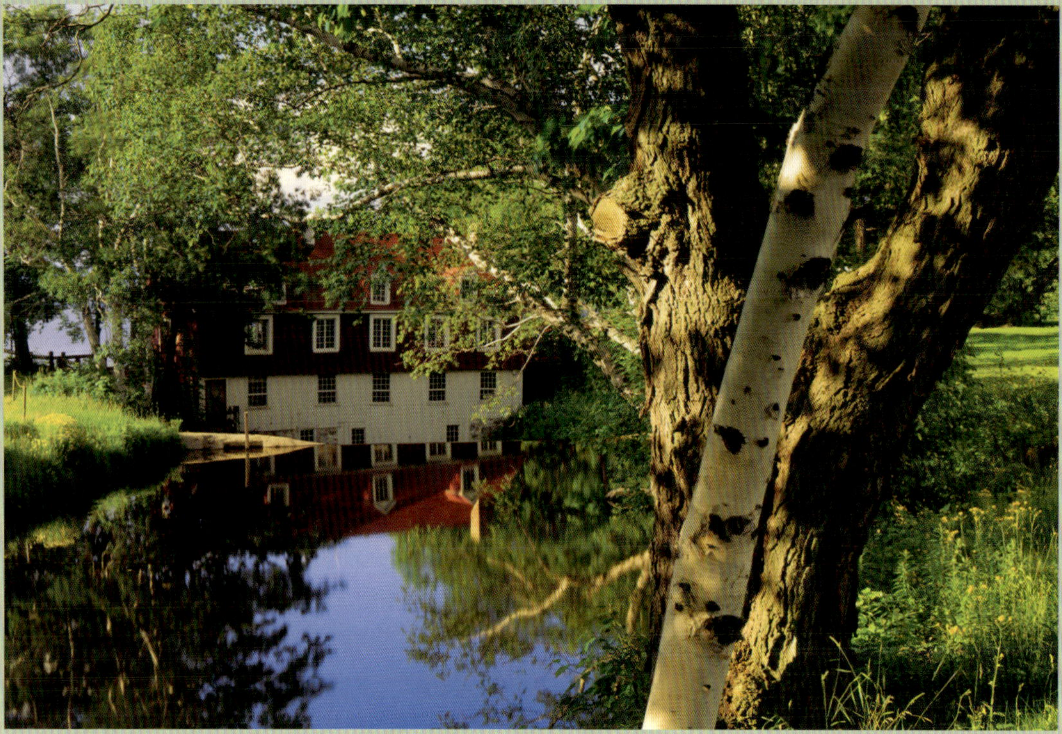

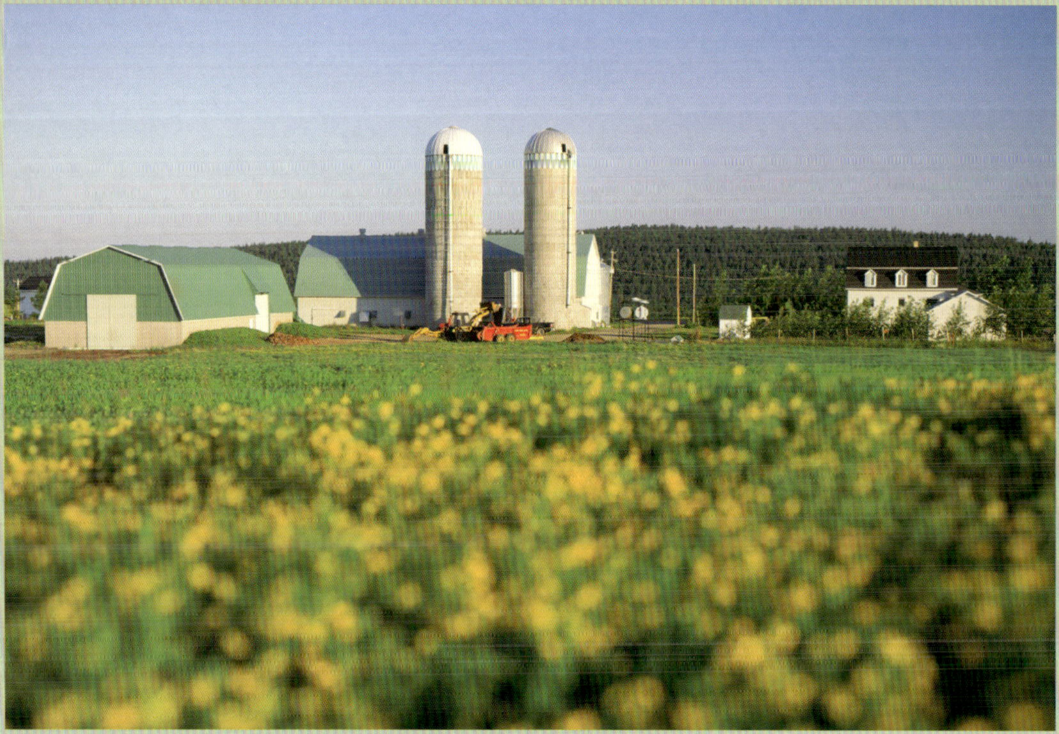

Le Bic au naturel, croqué dans ses habits de tous les jours.

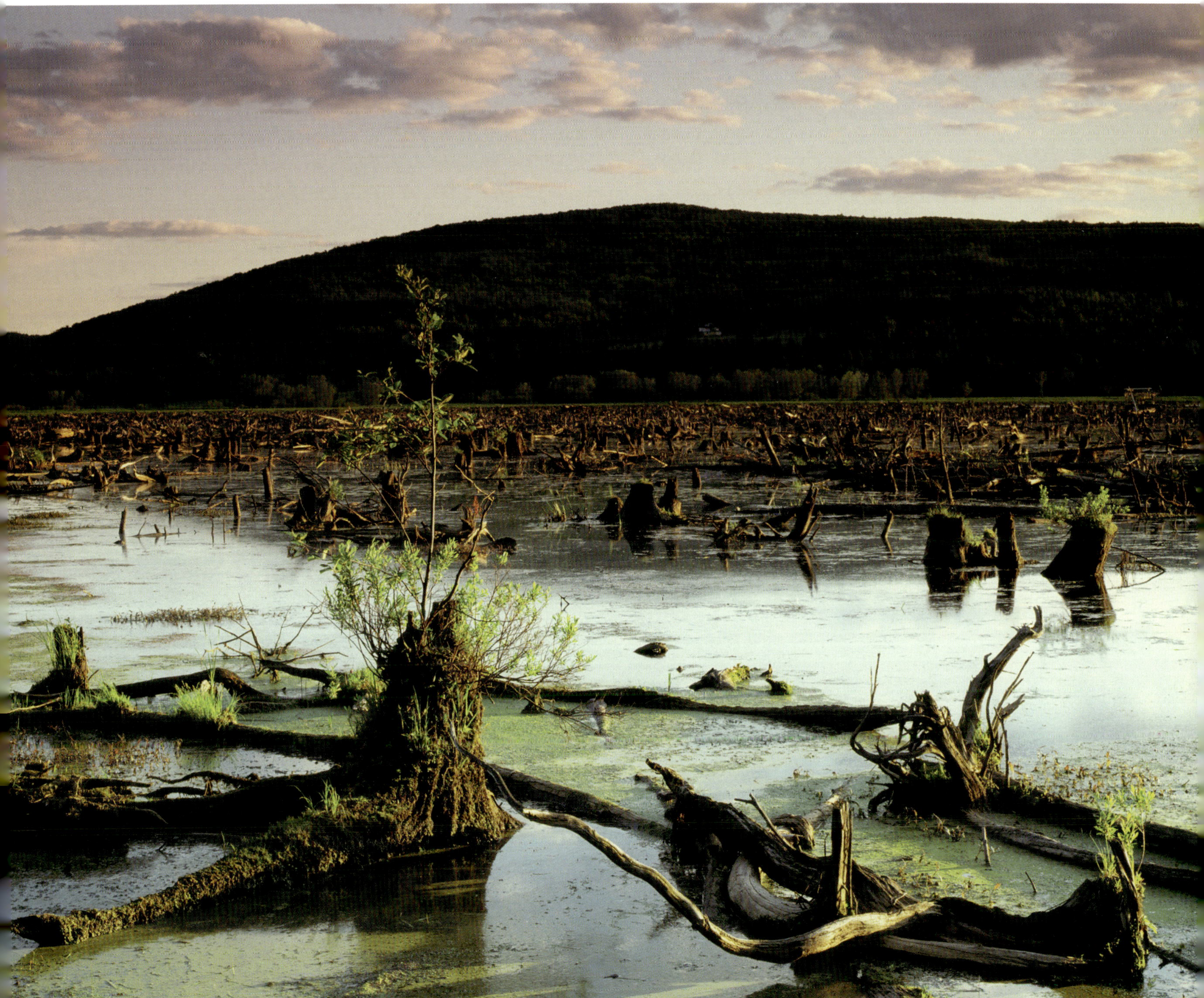

Le soleil se couche sur Irlande et, bientôt, les spectres reviendront hanter l'étang Stater, dans la région de Chaudière-Appalaches.

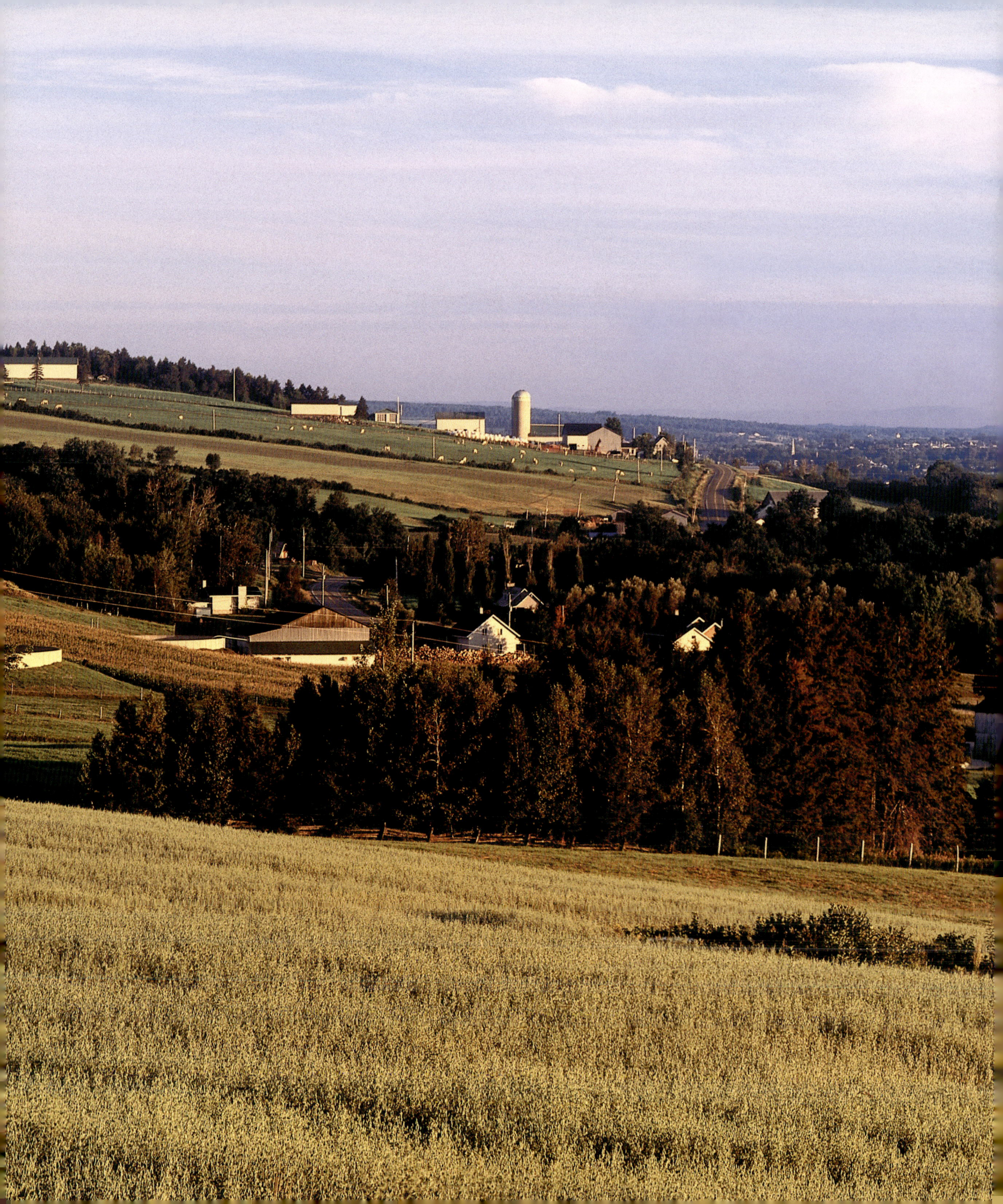

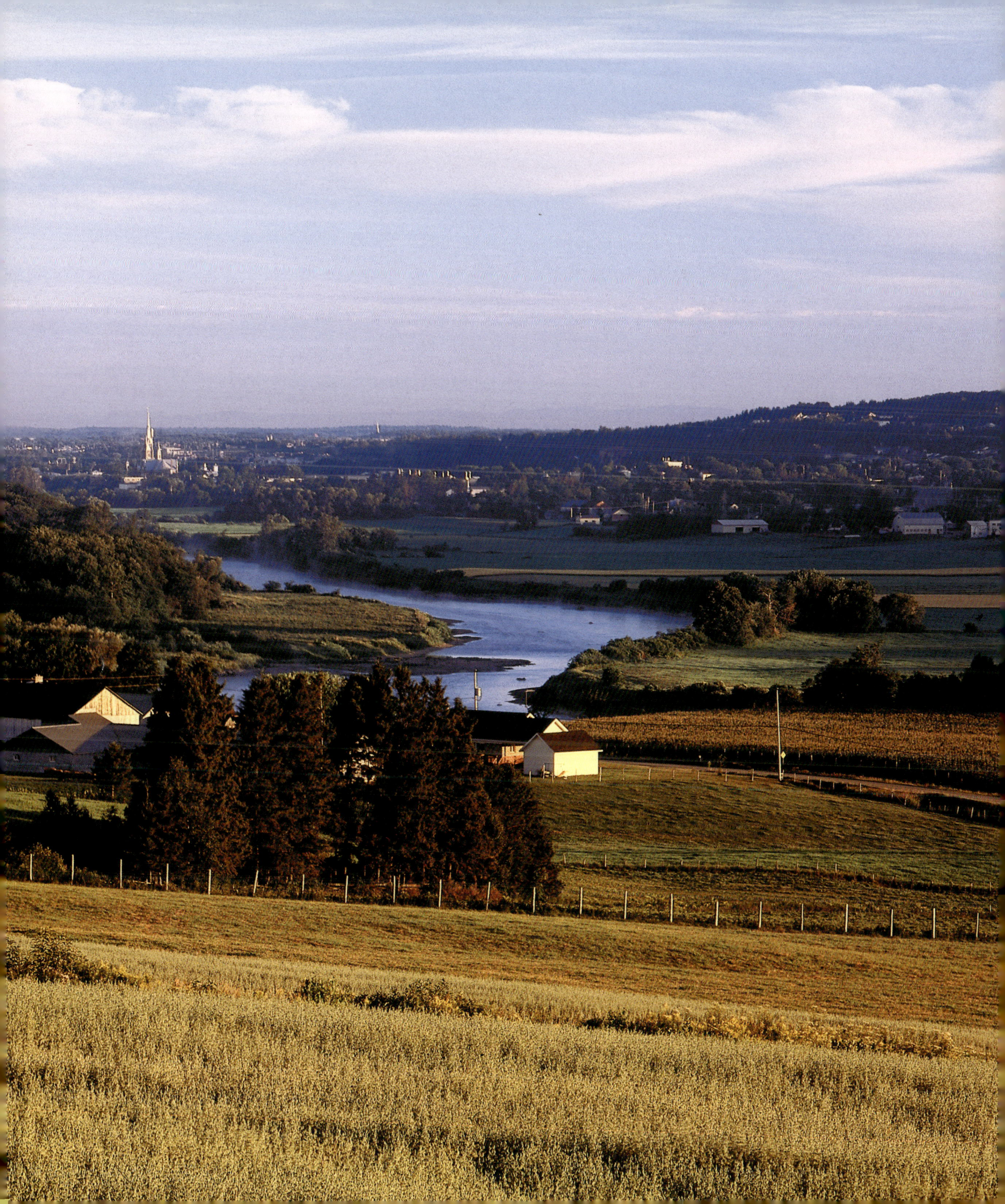

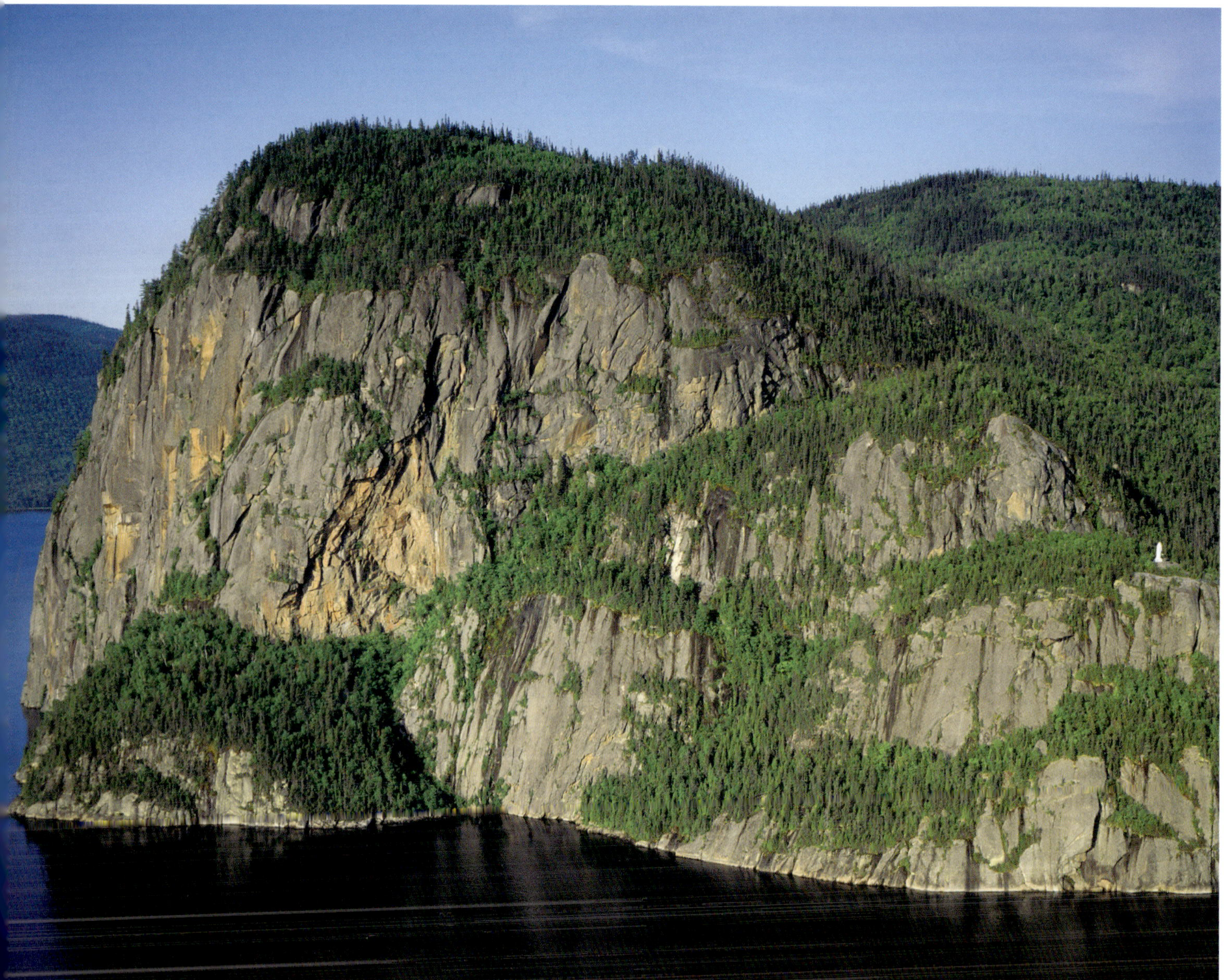

Le cap Trinité et, posée sur le premier de ses trois paliers, la statue de Notre-Dame-du-Saguenay.

Pages précédentes : La paisible vallée de la Chaudière s'étire au réveil.

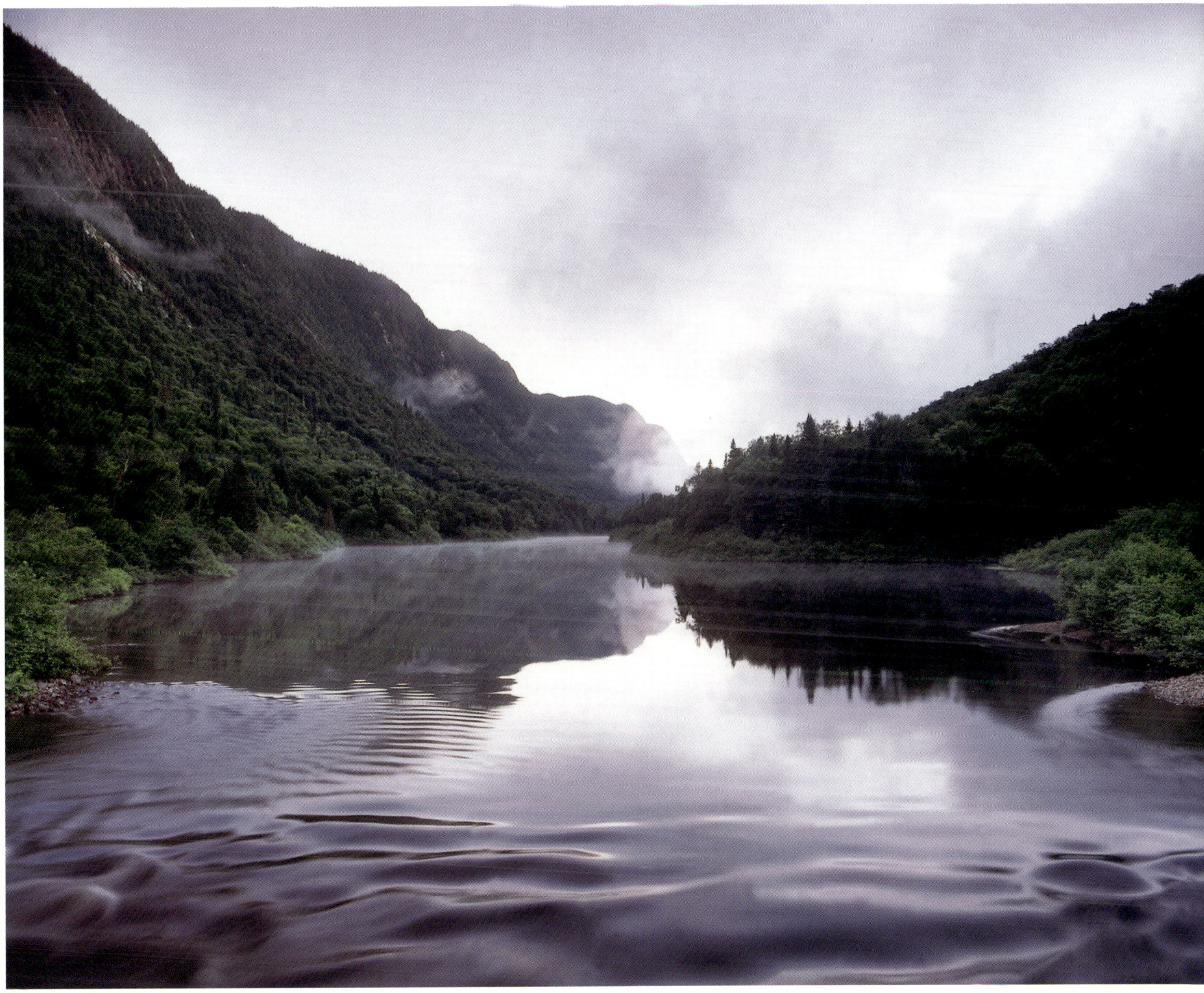

Frisson matinal sur la rivière Jacques-Cartier
dans le parc national de la Jacques-Cartier.

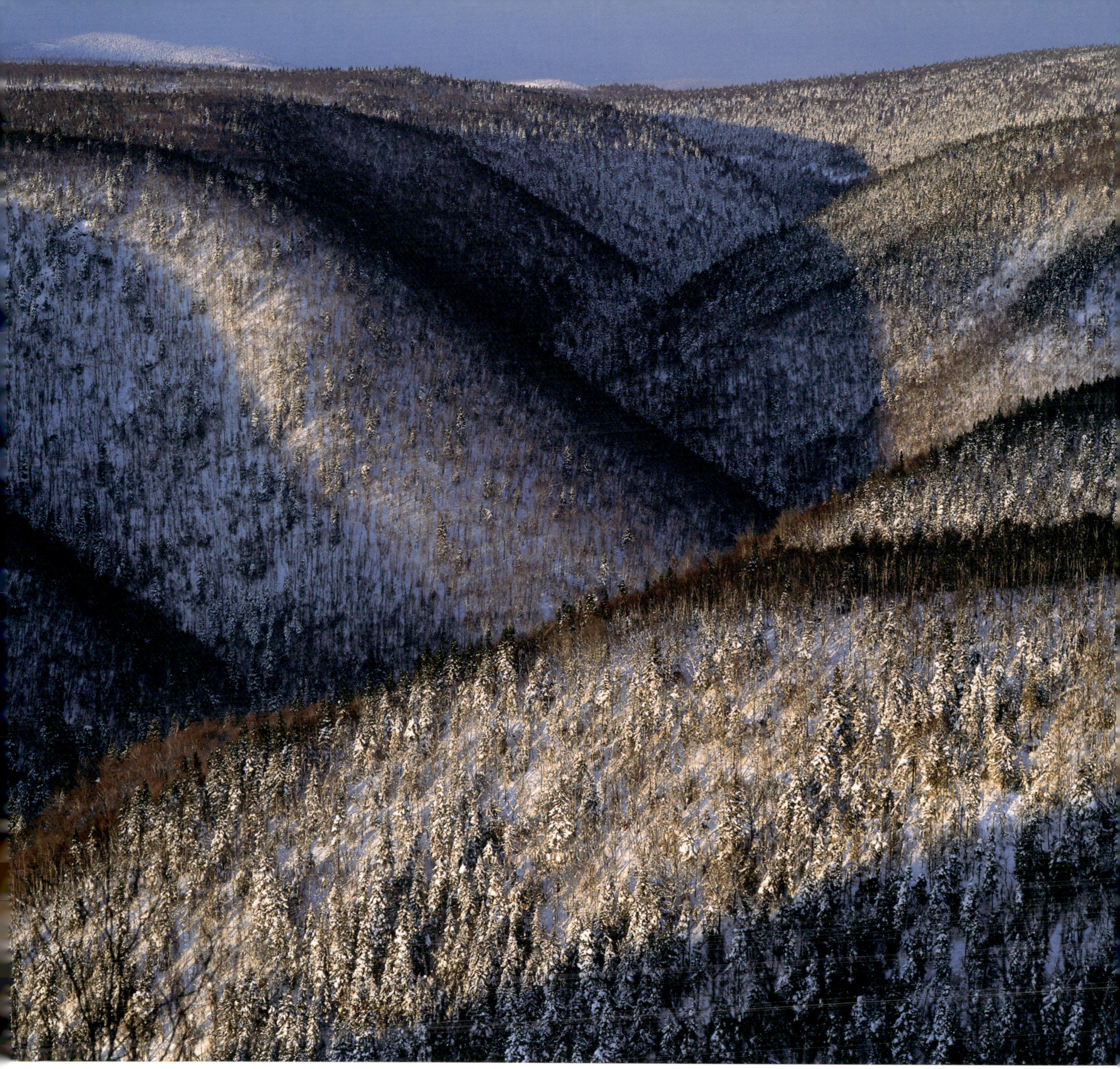

Dans le froid gaspésien, les rondeurs de
Carleton ont la chair de poule perpétuelle.

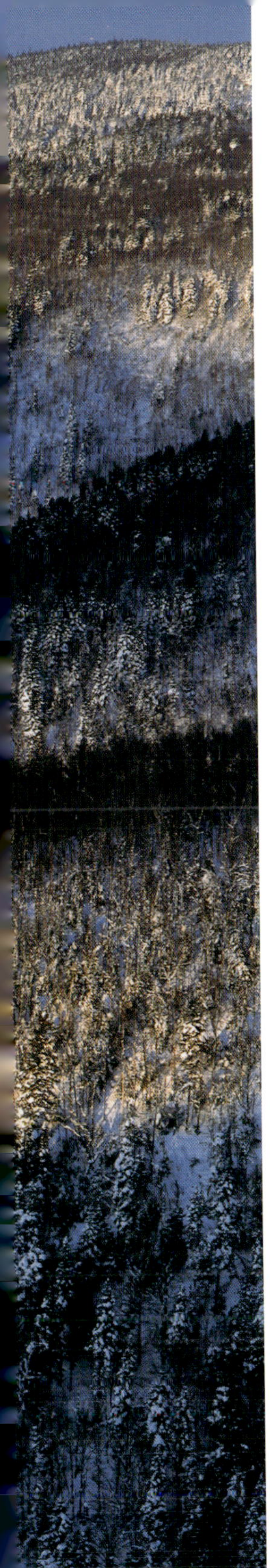

Cheveux d'ange et chute sublime dans le parc des Hautes-Gorges-de-la-Rivière-Malbaie.

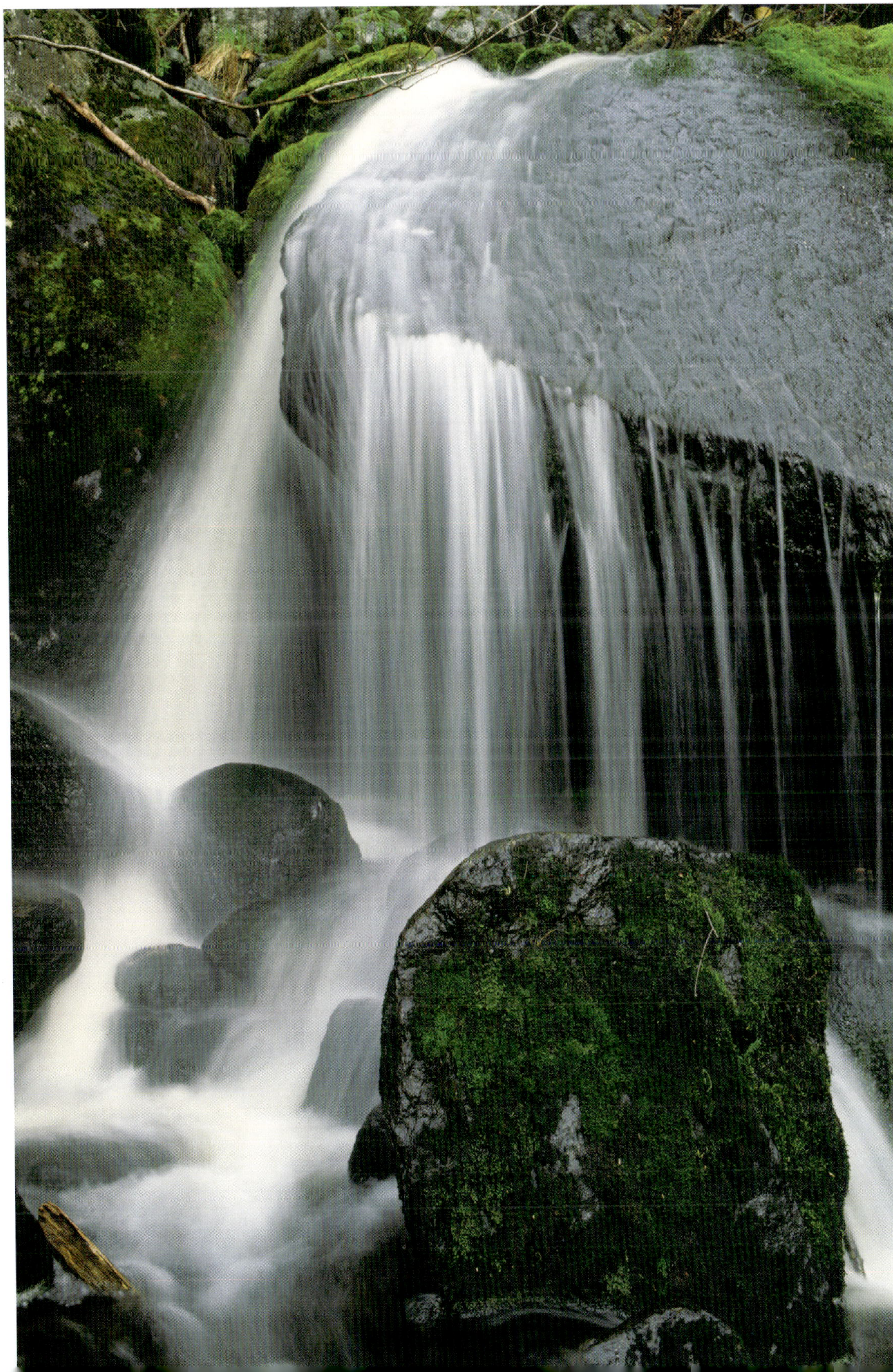

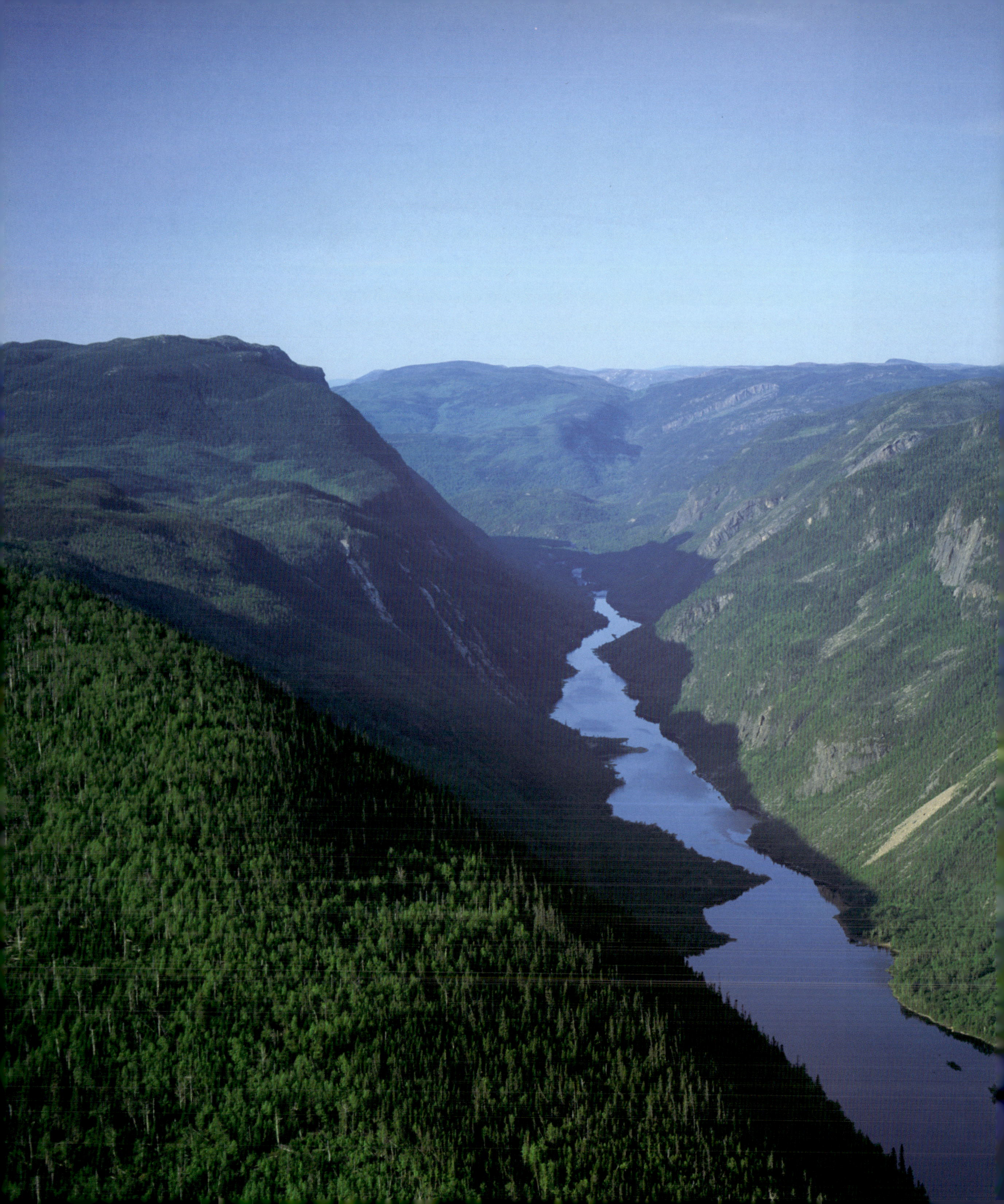

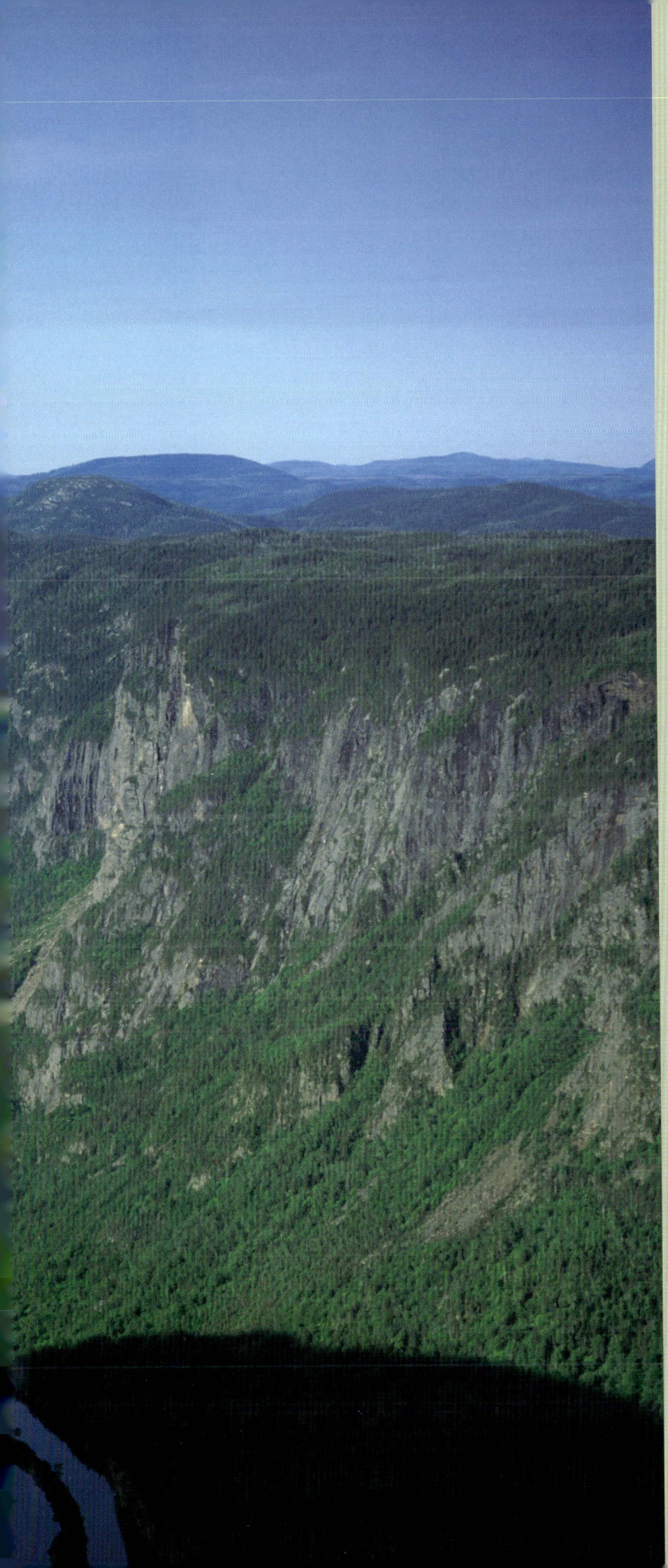

La rivière Malbaie se faufile au creux de ses Hautes-Gorges.

Remerciements

Je tiens à exprimer ma gratitude aux gens de la Société des établissements de plein air du Québec (Sépaq) et en particulier aux employés du parc national du Bic, du parc national de la Gaspésie, de la réserve de parc national du Canada de l'Archipel-de-Mingan et du parc national du Mont-Mégantic ainsi qu'aux employés de la réserve faunique Assinica et de la réserve faunique des Lacs-Albanel-Mistassini-et-Waconichi. Ma reconnaissance va également aux gens de l'association touristique de la Gaspésie et de l'association touristique des Îles-de-la-Madeleine pour l'aide appréciable qu'ils m'ont apportée soit en m'informant, en me véhiculant ou en m'hébergeant.

Je remercie François Beiger de m'avoir aidé à réaliser les photographies de traîneaux à chiens.

Je réserve un merci spécial à l'éditeur Pierre Bourdon, qui a cru au projet, et à toute l'équipe des Éditions de l'Homme pour sa chaleureuse collaboration.

Je suis sincèrement reconnaissant à Mario Hamel qui, en me prêtant son véhicule, a rendu possible mon inoubliable aventure sur l'île d'Anticosti.

Je suis redevable à mes collègues et amis, Jean-Marc Petit et Marc-André Côté, qui m'ont éclairé et conseillé dans la sélection des photos.

Enfin, un merci affectueux à mes trésors, Frédérique et Sabrina, que je porte dans mon cœur tout au long de mes voyages.

Yves Marcoux

Sources et ressources

ASTROlab du parc du Mont-Mégantic

Centre de Ressources en Impact et Adaptation au Climat et à ses Changements (CRIACC)

Centre Saint-Laurent

Comité de développement Bic – Saint-Fabien

Commission de toponymie (Topos sur le Web)

Cybersciences. com

Dupont, Jean-Claude, *Légendes du Saint-Laurent II*, Éditions JC Dupont, Québec, 1990

Durette, Magie-Lia, « Les premiers phares du Saint-Laurent », *Histoire Québec*, vol. 6, n° 2

Environnement Canada

Frank, Alain, « La navigation sur le fleuve Saint-Laurent », *Histoire Québec*, vol. 6, n° 2

Gander Academy

Groupe de recherche et d'éducation sur les mammifères marins

Le Québec maritime

Météomédia

Ministère des Ressources naturelles, de la Faune et des Parcs (Québec)

Musée Virtuel du Canada

Parc marin du Saguenay – Saint-Laurent

Parcs Canada

Québec Science

Radio-Canada

Reeves, Hubert, *Patience dans l'azur*, Éditions du Seuil, 1981, 1988

Région Basques – Bas-Saint-Laurent – Québec

Ressources naturelles Canada

Sécurité publique et protection civile Canada

Service météorologique du Canada

Société de la faune et des parcs du Québec

Société des établissements de plein air du Québec (Sépaq)

Tourisme Bas-Saint-Laurent

Tourisme Îles-de-la-Madeleine

Tourisme Île-d'Orléans

Tourisme Québec

Université Laval

Table des matières

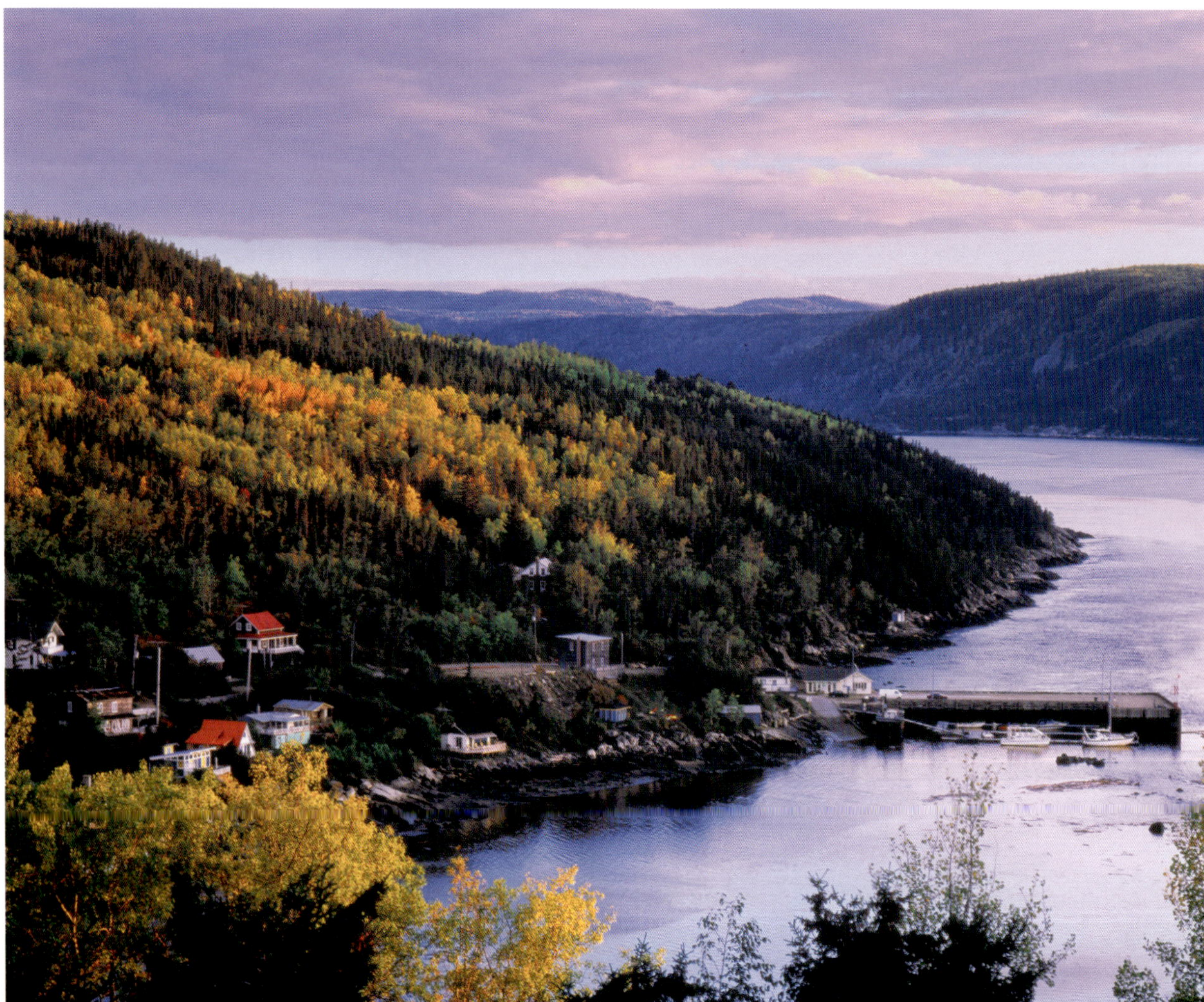

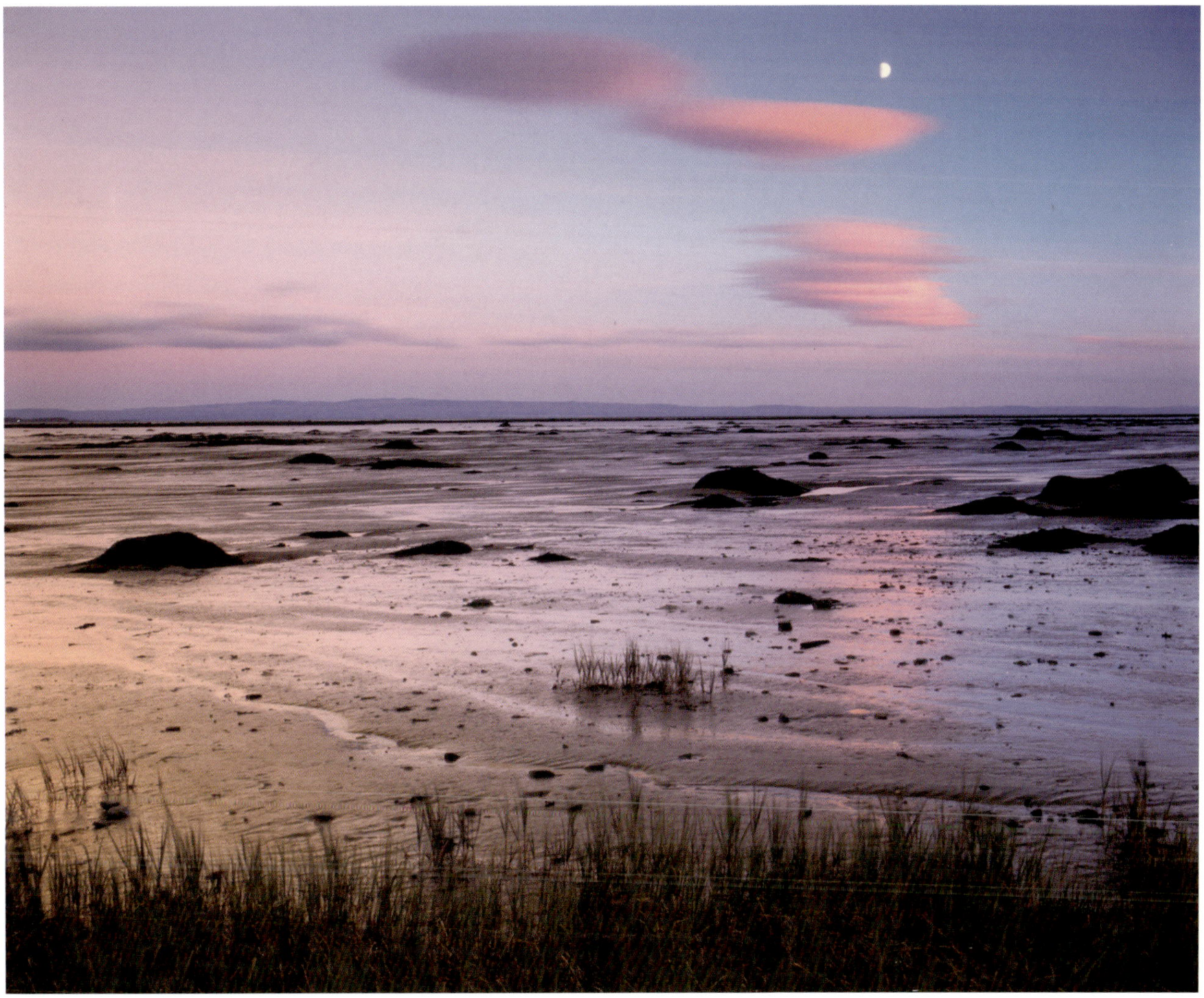

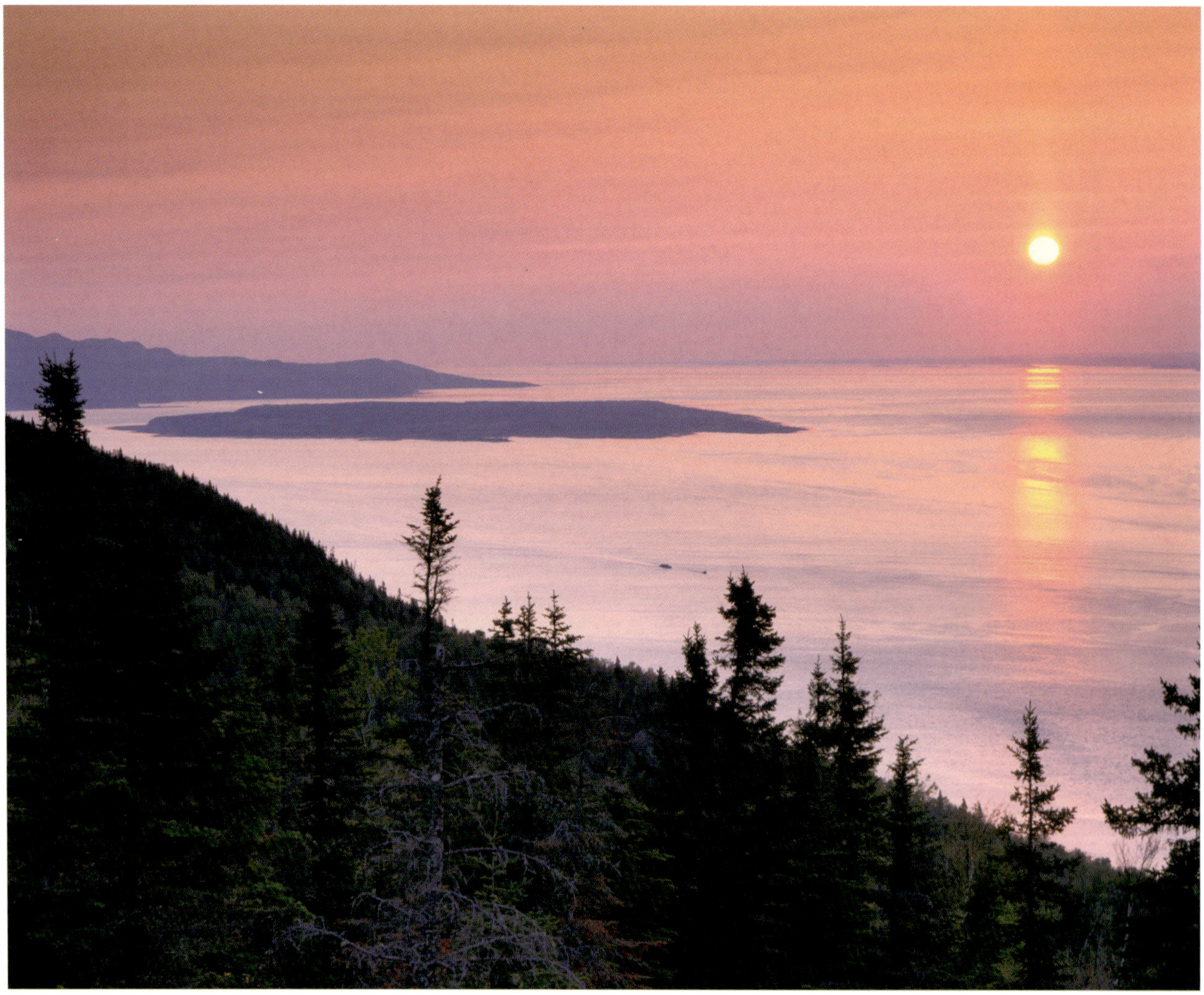

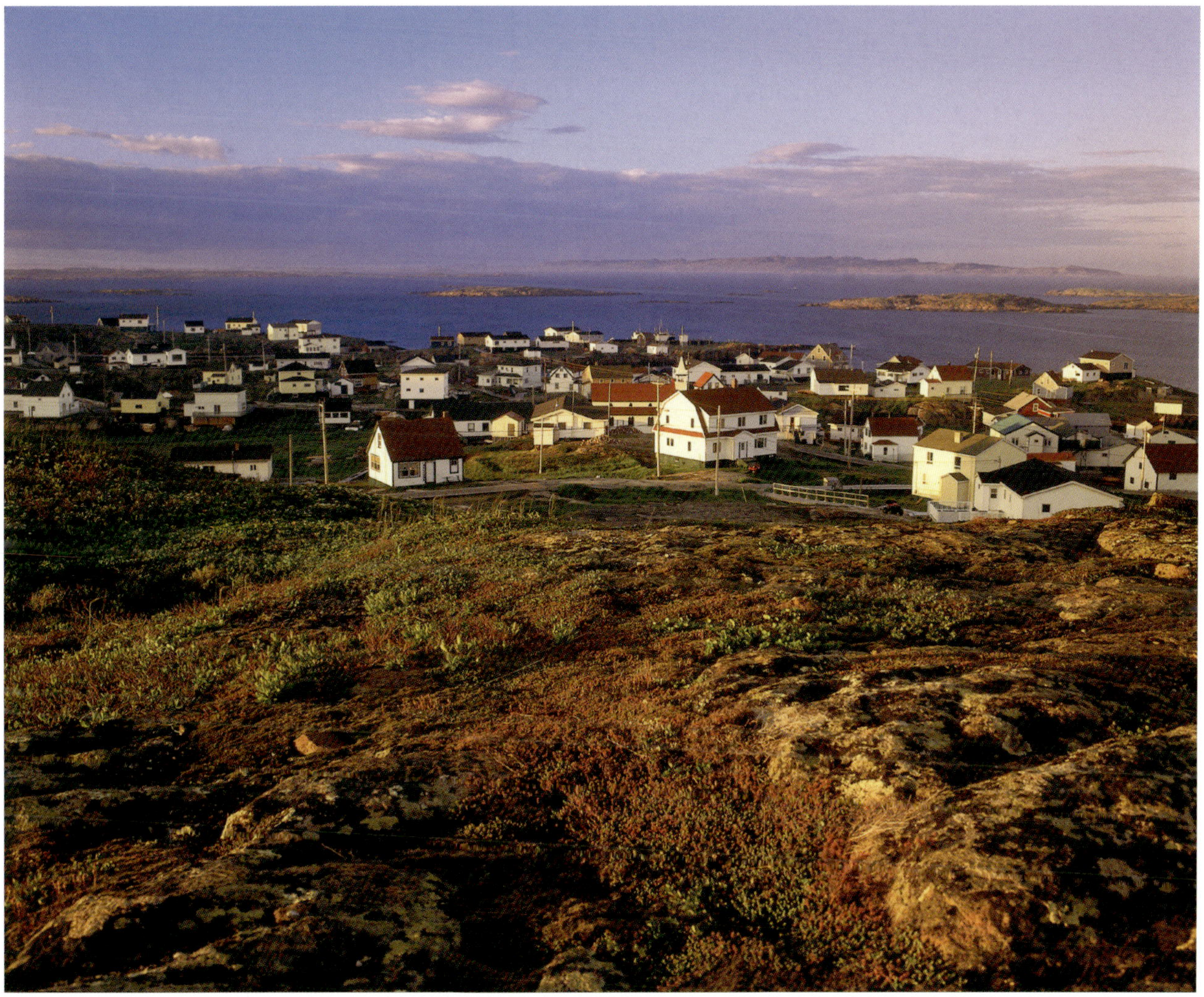

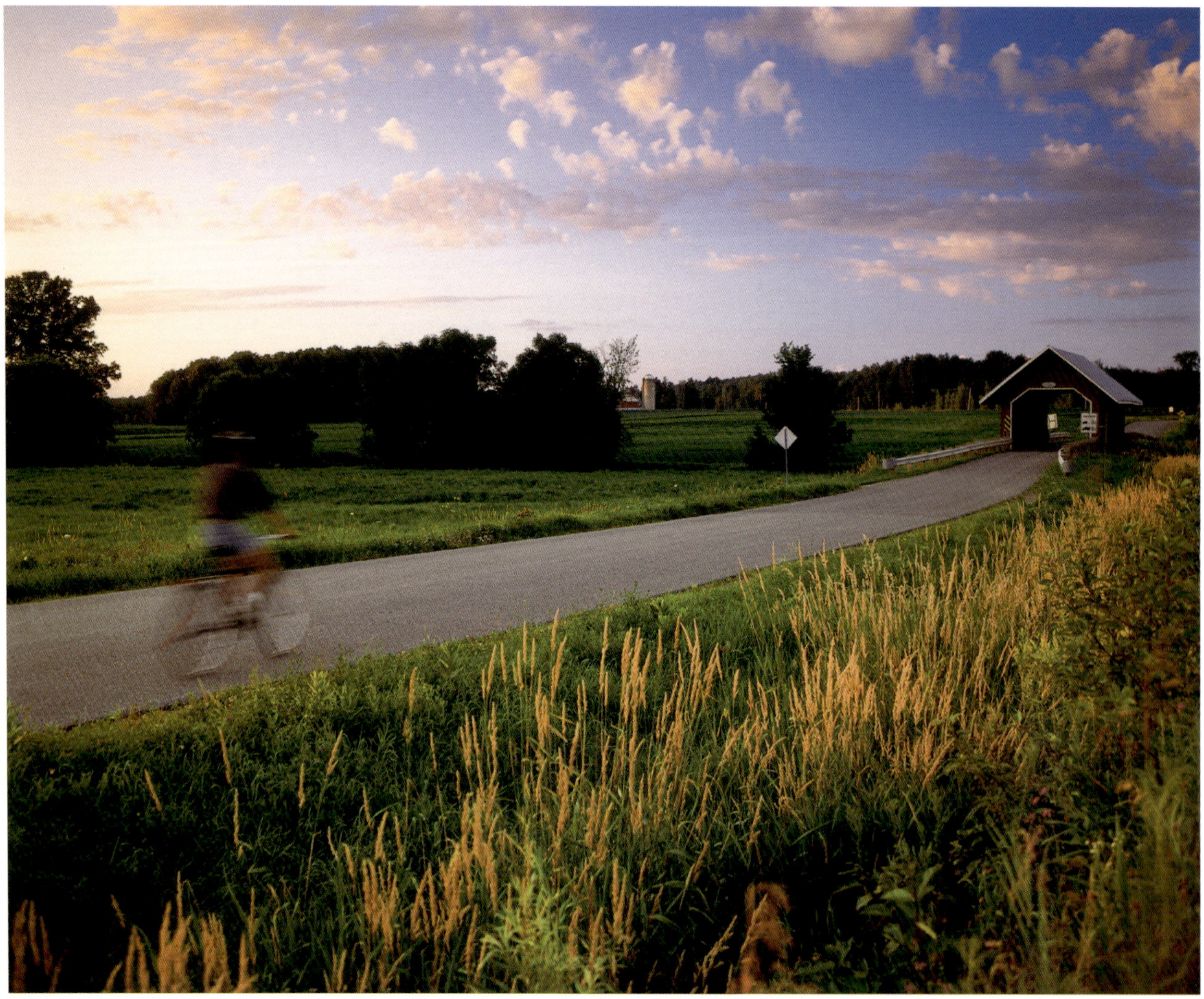

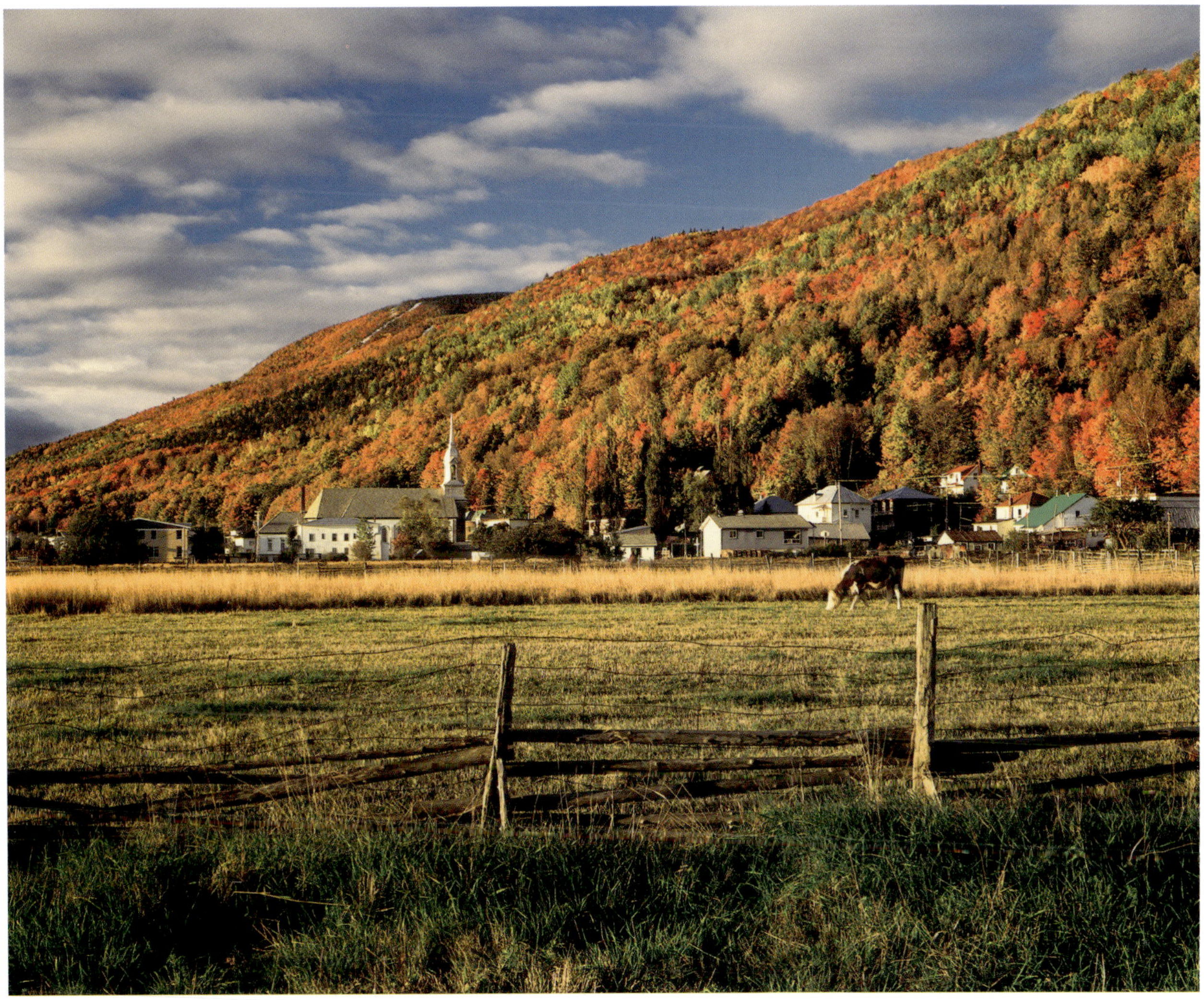

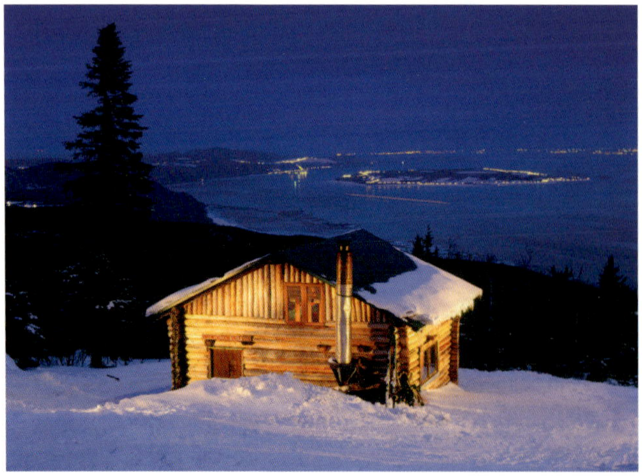

Imprimé au Canada en mars 2004
sur les presses d'Interglobe